Der Berlin-Status
im intertemporalrechtlichen Konflikt

AF822865

SCHRIFTEN ZUM STAATS- UND VÖLKERRECHT

Herausgegeben von Prof. Dr. Dieter Blumenwitz

Band 88

Peter Lang

Frankfurt am Main · Berlin · Bern · Bruxelles · New York · Oxford · Wien

Mark Weber

Der Berlin-Status im intertemporal-rechtlichen Konflikt

Dargestellt am Beispiel von Grundstücksenteignungen im Ostteil Groß-Berlins

Peter Lang
Europäischer Verlag der Wissenschaften

Die Deutsche Bibliothek - CIP-Einheitsaufnahme

Weber, Mark:

Der Berlin-Status im intertemporalrechtlichen Konflikt : dargestellt am Beispiel von Grundstücksenteignungen im Ostteil Groß-Berlins / Mark Weber. - Frankfurt am Main ; Berlin ; Bern ; Bruxelles ; New York ; Oxford ; Wien : Lang, 2001
(Schriften zum Staats- und Völkerrecht ; Bd. 88)
Zugl.: Würzburg, Univ., Diss., 2000
ISBN 3-631-37306-6

D 20
ISSN 0172-7796
ISBN 3-631-37306-6

© Peter Lang GmbH
Europäischer Verlag der Wissenschaften
Frankfurt am Main 2001
Alle Rechte vorbehalten.

Das Werk einschließlich aller seiner Teile ist urheberrechtlich geschützt. Jede Verwertung außerhalb der engen Grenzen des Urheberrechtsgesetzes ist ohne Zustimmung des Verlages unzulässig und strafbar. Das gilt insbesondere für Vervielfältigungen, Übersetzungen, Mikroverfilmungen und die Einspeicherung und Verarbeitung in elektronischen Systemen.

Eva Weber und Wolfgang Fabig
in Dankbarkeit gewidmet

Inhaltsverzeichnis

Abkürzungsverzeichnis

a.A.	anderer Ansicht
a.a.O.	am angegebenen Ort
Abl. AllHohKom	Ambstblatt der Alliierten Hohen Kommission
Abs.	Absatz
Abschn.	Abschnitt
a.F.	alte Fassung
AG	Amtsgericht
AHK	Alliierte Hohe Kommission
Anh	Anhang
AufbauG	Aufbaugesetz
AufbauVO	Aufbauverordnung
AöR	Archiv des öffentlichen Rechts
Art.	Artikel
Auflg.	Auflage
BAnz	Bundesanzeiger
BauGB	Baugesetzbuch
BBauG	Bundesbaugesetz
BaulandG	Baulandgesetz
BGB	Bürgerliches Gesetzbuch
BGBl.	Bundesgesetzblatt
BGH	Entscheidungen des Bundesgerichtshof
BK/O	Befehl der Alliierten Kommandantur Berlin
BR-Drucks.	Bundesratsdrucksache
BT-Drucks.	Bundestagsdrucksache
BVerwG	Bundesverwaltungsgericht
BVerfG	Bundesverfassungsgericht
BVerfGG	Bundesverfassungsgerichtsgesetz
ders.	derselbe
d.h.	das heißt
DÖV	Die öffentliche Verwaltung
DtZ	Deutsch-Deutsche Rechtszeitschrift
DVBl.	Deutsches Verwaltungsblatt
DVO	Durchführungsverordnung
DWW	Deutsches Wohnungswirtschaft

EGBGB	Einführungsgesetz zum Bürgerlichen Gesetzbuch
Erl.	Erläuterung
EinigungsV	Einigungsvertrag
EntschädigungsG	Entschädigungsgesetz
FAZ	Frankfurter Allgemeine Zeitung
GG	Grundgesetz
GrenzG	Grenzgesetz
GrenzVO	Grenzverordnung
GS	Gesetzessammlung
HessAG	Hessisches Aufbaugesetzes
HLKO	Haager Landkriegsordnung
Hrsg.	Herausgeber
IPrax	Praxis des Internationen Privat- und Verfahrensrechts
i.V.m.	in Verbindung mit
Jg.	Jahrgang
JuS	Juristische Schulung
KG	Kammergericht
LeistungsVO	Leistungsverordnung
LG	Landgericht
LBeschG	Landbeschaffungsgesetz
LM	Nachschlagewerk des Bundesgerichtshofs, hrsg. v. Lindenmaier, Möhring
MauerG	Mauergrundstücksgesetz
m.w.N.	mit weiteren Nachweisen
NJ	Neue Justiz
NJW	Neue Jursitsiche Wochenschrift
OLG	Oberlandesgericht
RabelsZ	Rabels Zeitschrift für ausländisches und internationales Privatrecht
RV	alte Reichsverfassung
RVI	Rechtshandbuch Vermögen und Investitionen in der ehemaligen DDR
ÜberleitungsV	Überleitungsvertrag
VermG	Vermögensgesetz
VerteidigungsG	Verteidigungsgesetz
VIZ	Zeitschrift für Vermögens- und Investitionsrecht
VwGO	Verwaltungsgerichtsordnung
VZOG	Vermögenszuordnungsgesetz
WRV	Weimarer Reichsverfassung

Ziff.	Ziffer
ZaöRV	Zeitschrift für ausländisches öffentliches Recht und Völkerrecht
ZOV	Zeitschrift für offene Vermögensfragen

Einführung

Rechtsnormen können sowohl in Raum als auch Zeit miteinander kollidieren. An die Stelle des interlokalen Konflikts ist in Deutschland die intertemporalrechtliche Kollision getreten. Vor dem 3. Oktober 1990 bestanden in Deutschland mehrere Rechtssysteme, die mit den überkommenen deutschen Staaten mehr oder weniger intensiv verbunden waren. Auf der zeitlichen Schiene stellt sich nunmehr die Frage, welche Wirksamkeit eine untergegangene Rechtsordnung für die Lösung aktueller Rechtsfragen zu entfalten vermag.

In Berlin trafen verschiedene Rechtsbereiche aufeinander. Neben den auf kommunalrechtlicher und staatsrechtlicher Ebene bestehenden deutschen Rechtsordnungen existierte mit dem sogenannten Besatzungsrecht eine weitere rechtliche Ebene.

Die Kollision zweier Staatsgewalten in Groß-Berlin sowie die Überlagerung der deutschen Rechtsordnungen durch das Besatzungsrecht ist kein verfassungshistorisiches Thema.

Der staats- und völkerrechtliche Status Groß-Berlins hat unter intertemporalrechtlichen Gesichtspunkten unmittelbar Bedeutung für die Lösung vermögensrechtlicher Rechtsfragen im Zusammenhang mit Grundstücksenteignungen im Ostteil Groß-Berlins.

Dies wird nachfolgend anhand von zwei Fallgruppen untersucht: den Aufbau- und Baulandenteignungen und den Enteignungen der Mauergrundstücke an der innerstädtischen Sektorengrenze.

Im ersten Teil der Arbeit geht es um die Bedeutung des staatsrechtlichen Status Groß-Berlins für die Frage, ob den Betroffenen der Aufbau- und Baulandenteignungen ein sogenannter Rückenteignungsanspruch zusteht.

Nach bundesrepublikanischem Recht kann ein enteigneter Eigentümer, bei späterer Verfehlung oder späterem Wegfall des Enteignungszwecks unter bestimmten Voraussetzungen die Rückenteignung verlangen. Dieser Anspruch ergibt sich bei Fehlen einer einfachgesetzlichen Grundlage nach dem Recht der Bundesrepublik Deutschland unmittelbar aus der verfassungsrechtlichen Eigentumsgarantie.

Einem Rückenteignungsanspruch von Grundstückseigentümern, die nach dem Aufbau- und Baulandgesetz enteignet wurden, wurde bisher die fehlende Geltung des Art. 14 GG zum Zeitpunkt der DDR-Enteignung entgegengehalten; ob dies jedoch auch für Aufbau- und Baulandenteignungen im Osteil Groß-Berlins zutrifft, ist noch nicht ausreichend geklärt. Denn nach Art. 23 Satz 1 GG alte Fassung galt das Grundgesetz zum Zeitpunkt der Enteignung in „Groß-Berlin“ und damit auch im Ostteil der Stadt; Ost-Berlin war kein „anderer Teil Deutschlands“ im Sinne des Art. 23 Satz 2 GG alte Fassung.

Trotz des eindeutigen Wortlautes war die Geltung des Grundgesetzes in „Groß-Berlin“ keinesfalls unbestritten.

Dabei stellt sich zunächst die vorrangige Frage, inwieweit die faktische Abtrennung Ost-Berlins und seine spätere Integration in die DDR für die Geltung des Grundgesetzes in „Groß-Berlin“ nach Art. 23 GG alte Fassung zu berücksichtigen sind. Hierbei gilt es zunächst eine Methode zu finden, mit der das Verhältnis zwischen Recht und Wirklichkeit in Art. 23 GG alte Fassung untersucht werden kann.

Sodann ist der Frage einer Beschränkung des deutschen pouvoir constituant vom Standpunkt der Alliierten nachzugehen. Diese hatten das Grundgesetz mit Schreiben vom 12. Mai 1949 genehmigt.

Die Brisanz dieser Fragen stellt sich angesichts einer Rechtsprechung, die die Prämissen der Berlin-Rechtsprechung des Bundesverfassungsgerichts völlig außer acht läßt oder hieran nur noch zitatweise anknüpft, sich aber inhaltlich weit davon entfernt hat.

Die staatsrechtliche Stellung Groß-Berlins war für das rechtliche Selbstverständnis der Bundesrepublik Deutschland eine zentrale Frage mit erheblicher politischer Bedeutung. Sollte Groß-Berlin - wie es einmal SENDLER formuliert hat - bei einem Wegfall der alliierten Rechte ins Bodenlose fallen?

Auf dem Prüfstand steht damit auch das System des Beitritts nach Art. 23 GG alte Fassung: Gehörte Ost-Berlin vom Standpunkt des Grundgesetzes der Bundesrepublik Deutschland, dem die DDR *gemäß* Art. 23 GG alte Fassung beitrat, zur DDR?

Wenn dagegen von einer Geltung des Grundgesetzes zum Zeitpunkt der Aufbau- und Baulandenteignungen auch im Ostteil Groß-Berlins auszugehen ist, dann ist zu untersuchen, ob sich durch die Bindung der Bundesrepublik Deutschland an die objektive Wertordnung des Grundgesetzes nach Art. 1 Abs. 3 GG Konsequenzen für die Behandlung der hier untersuchten Fallgruppen ergeben.

Die zweite Fallgruppe, Enteignung der Mauergrundstücke an der innerstädtischen Sektorengrenze, weist gegenüber den Aufbau- und Baulandenteignungen einen zusätzlichen besonderen Berlin-Bezug auf, der den völkerrechtlichen Status Groß-Berlins betrifft und im zweiten Teil der Arbeit untersucht wird.

Bei den Enteignungen der Mauergrundstücke geht es in erster Linie um die intertemporalrechtliche Frage, ob das von den Vier-Mächten geschaffene Entmilitarisierungsrecht die wirksame Inanspruchnahme dieser Liegenschaften zu militärischen Zwecken verhinderte.

Dies wird bei der Überprüfung der privatrechtsgestaltenden Wirkung dieser Enteignungen relevant. Kann die Rechtsordnung der Bundesrepublik Deutschland an die Übernahme des Verteidigungsgesetzes in den sowjetischen Sektor Groß-Berlins anknüpfen, wenn die Landbeschaffung zu militärischen Zwecken die Gebietshoheit der Alliierten in Groß-Berlin verletzte?

Bei der Überprüfung der privatrechtsgestaltenden Wirkung der Enteignung der Mauergrundstücke ist auch der von der Rechtsprechung aufgestellten These nachzugehen, daß die Viermächte-Rechte zum Zeitpunkt des Mauerbaus 1961 nur noch bloße Fiktion waren. Dagegen würde der Fortbestand der Viermächte-Rechte bis zu ihrer Beendigung durch den „2+4“-Vertrag sprechen.

Die Untersuchung des Fortbestandes der Viermächte-Rechte in Deutschland hat auch Bedeutung für die Frage, ob durch den Einigungsvertrag und das Vermögensgesetz über die Viermächte-Rechte deutscherseits disponiert wurde, also den Viermächte-Rechten schon zu diesem Zeitpunkt - so die These des Bundesverwaltungsgerichts - gewissermaßen nachträglich die Grundlage entzogen wurde.

Schließlich sind bei der Zuordnung der Mauergrundstücke die hierfür maßgeblichen verfassungsrechtlichen Vorgaben zu untersuchen.

Die Groß-Berlin betreffenden Entmilitarisierungsvorschriften könnten in ihrer allgemeinen Bedeutung gemäß Art. 25 GG - sogenannter internationaler ordre public - zu beachten sein. Hierbei ist die Bedeutung dieser Vorschrift für die Gerichte, Behörden und den Gesetzgeber zu untersuchen. Aus den verfassungsrechtlichen Vorgaben des internationalen ordre public und der von der Deutschland-Rechtsprechung des Bundesverfassungsgerichts bis zur deutschen Einheit vertretenen verfassungs- und völkerrechtskonformen Konzeption einer Viermächteverantwortung für Deutschland könnten sich bei der Bewertung der privatrechtsgestaltenden Wirkung der Enteignung der Mauergrundstücke maßgebliche Einschränkungen für Gerichte, Behörden und den Gesetzgeber ergeben.

Das Mauergrundstücksgesetz vom 15. Juli 1996 ist nur dann verfassungsgemäß, wenn es diese verfassungsrechtlichen Vorgaben nicht verletzt.

Anders als bei den Aufbau- und Baulandenteignungen stellt sich bei den Enteignungen der Mauergrundstücke erst in zweiter Linie die Frage, ob den Betroffenen ein sogenannter Rückenteignungsanspruch zusteht. Denn das Bestehen eines Rückenteignungsanspruchs setzt die Wirksamkeit der Enteignung voraus. Damit befaßt sich der dritte Teil der Arbeit.

Ein verfassungsunmittelbarer Rückenteignungsanspruch, soweit ein solcher für Grundstücksenteignungen im Ostteil Groß-Berlins im ersten Teil der Arbeit nachgewiesen werden kann, wird auch hier erst relevant, wenn ein einfachgesetzliches Rückenteignungsrecht nicht besteht. Begründet § 9 GrenzVO ein einfachgesetzliches Rückenteignungsrecht?

Teil 1: Der staatsrechtliche Status Groß-Berlins im intertemporalrechtlichen Konflikt: Die Anwendung der Rückenteignungsregeln auf Enteignungen nach der Aufbauverordnung des Magistrats von Groß-Berlin und dem Baulandgesetz der DDR im Ostteil Groß-Berlins

Bei der ersten Fallgruppe - "Inanspruchnahme" von Grundstücken nach der Aufbauverordnung vom 18.12.1950[1] und dem „Gesetz über die Bereitstellung von Grundstücken für Baumaßnahmen" vom 15.6.1984 (Baulandgesetz[2]) - im Ostteil Groß-Berlins ist zu untersuchen, ob den Betroffenen dieser Enteignungen ein sogenannter Rückenteignungsanspruch zusteht.

Worum geht es bei den Enteignungen nach der Aufbauverordnung und dem Baulandgesetz[3]?

Im Gegensatz zu entschädigungslosen Enteignungen und gleichgerichteten Maßnahmen der DDR, die primär teilungsspezifisches Unrecht darstellen, sind während der vierzigjährigen Existenz der DDR auch Enteignungen zum Zweck wirtschaftlicher und infrastruktureller Entwicklung auf der Grundlage allgemeiner Planungsgesetze durchgeführt worden[4].

Mit dem Aufbaugesetz vom 6. September 1950[5] und seinen Durchführungsverordnungen[6] wurden die rechtlichen Grundlagen für Enteignungen (in der damaligen Terminologie „Inanspruchnahme" genannt) von Boden, Grundstücken oder Grundstücksteilen zum Aufbau der Städte und Gemeinden geschaffen. Diese Regelungen gaben die Möglichkeit, Städte, Kreise und Gemeinden oder Teile davon zu „Aufbaugebieten" zu erklären. In den Aufbaugebieten konnten bebaute und unbebaute Grundstücke für den Aufbau in Anspruch genommen werden.

Demgegenüber stellte die Aufbauverordnung eine eigenständige Regelung für Ost-Berlin dar, die vom Magistrat von Groß-Berlin erlassen wurde[7]. In der Aufbauverordnung war die Möglichkeit der Inanspruchnahme in § 9 AufbauVO vorgesehen[8].

---

1 VOBl. Groß-Berlin I, S. 379

2 Baulandgesetz vom 15.6.1984, GBl. DDR I, S. 201

3 zum Aufbaugesetz und Baulandgesetz, vgl. UECHTRITZ, Rückabwicklung, S.97 ff.; zu den Einzelheiten der gesetzlichen Regelungen siehe auch: VON TROTT ZU SOLZ, Rückübertragungsansprüche, S. 67 ff.

4 OSSENBÜHL, Eigentumsfragen, § 212 Rdnr. 26

5 GBl. DDR I, S. 965

6 vgl. hierzu im einzelnen VON TROTT ZU SOLZ, a.a.O., S. 67 f.; UECHTRITZ, a.a.O., S.97

7 zur Gleichschaltung der Rechsordnungen vgl. unten D.IV.2)

8 VOBl. Groß-Berlin I 1950, S. 380

Aufbaugesetz[9] und Aufbauverordnung[10] sahen eine Entschädigung nach dem jeweils geltenden Entschädigungsgesetz der DDR vor; geregelt wurde dies im Entschädigungsgesetz vom 25.4. 1960[11] und der hierzu erlassenen Durchführungsbestimmung[12]. Das Entschädigungsgesetz wurde durch Verordnung vom 13.5.1960[13] für den Ostsektor übernommen.

Das Baulandgesetz vom 15.6.1984[14] löste das Aufbaugesetz und die dazu erlassenen Durchführungsbestimmungen ab[15]. Das Baulandgesetz sah in § 12 BaulandG vor, daß über den Entzug des Eigentums durch Beschluß zu entscheiden war. Aus Sicht der DDR bedurfte es für die Übernahme des Gesetzes in den Ostsektor keiner speziellen Übernahmeverordnung mehr[16].

Ebenso wie bei der Anwendung des Aufbaugesetzes war die Enteignung nach dem Baulandgesetz nur gegen Entschädigung[17] zulässig. Weitere Einzelheiten wurden in der Durchführungsbestimmung zum Baulandgesetz vom 15.6.1984[18] und in dem Entschädigungsgesetz vom 15.6.1984[19] geregelt.

Bei der Bemessung der Entschädigungshöhe ging man selbst bei Einhaltung der DDR-Vorschriften stets von sehr niedrigen Bodenwerten aus, die der allgemeinen wirtschaftlichen Situation im real existierenden Sozialismus entsprachen. Folglich markiert diese Fallgruppe im wesentlichen wirtschaftlich bedingte Unterschiede zu vergleichbaren Enteignungen nach bundesdeutschem Recht. Zumindest prinzipiell offenbaren diese Enteignungen damit kein rechtsstaatliches Defizit[20]. Sie werden deshalb auch als sogenannte „ordentliche“ Enteignungen“ bezeichnet[21].

Den Betroffenen dieser Enteignungen könnte ein einfachgesetzlicher oder verfassungsunmittelbarer Rückenteignungsanspruch zustehen. Zu den umstrittenen Voraussetzungen des Rückenteignungsanspruchs gehört auch die Prämisse der höchstrichterlichen Rechtsprechung, wonach ein solcher Anspruch die Geltung des Art. 14 GG zum Zeitpunkt der DDR-Enteignung voraussetzt.

---

9 § 14 Abs. 3 AufbauG
10 § 9 Abs. 2 AufbauVO
11 GBl. DDR I, S. 257
12 zu den Einzelheiten vgl. VON TOTT ZU SOLZ, Rückübertragungsansprüche, S. 68
13 VOBl. Groß-Berlin I, S. 397
14 GBl. DDR I. S. 201
15 UECHTRITZ, Rückabwicklung, S.97
16 zur Einstellung des „Verordnungsblattes von Groß-Berlin“ vgl. unten D.IV.3)
17 § 18 BaulandG
18 GBl. DDR I, S. 205
19 GBl. DDR I, S. 209
20 OSSENBÜHL, Eigentumsfragen, § 212 Rdnr. 26
21 DROBNIG, Rückenteignung bei Verfehlung oder Wegfall des Zweckes von „ordentlichen“ Enteignungen in der DDR, S. 228

So stellt sich von diesem Ausgangspunkt her das Problem, ob Enteignungen im Ostteil Groß-Berlins anders zu behandeln sind, als Enteignungen in der DDR, denn nach Art. 23 GG alte Fassung galt das Grundgesetz zum Zeitpunkt der Enteignung in Groß-Berlin und damit auch im Ostteil der Stadt. Hierbei ist zu erörtern, ob diese Enteignungen unter Verweis auf eine fortgeltende Beschränkung des Geltungsbereichs des Grundgesetzes als in der Vergangenheit abgeschlossen angesehen und folglich intertemporal vom geltenden Grundrechtsschutz ausgegrenzt werden können.

A. Einfachgesetzlicher Befund

Zur näheren Eingrenzung des Untersuchungsgegenstandes ist zunächst der Frage nachzugehen, inwieweit Rückübertragungsansprüche für Enteignungen nach der Aufbauverordnung und dem Baulandgesetz bereits einfachgesetzlich bestehen oder ausgeschlossen sind.

I. Ausschluß rückenteignungsrechtlicher Ansprüche durch den Einigungsvertrag?

Nach Art. 19 Satz 1 EinigungsV[22] bleiben vor dem Wirksamwerden des Beitritts ergangene Verwaltungsakte der DDR wirksam. Als nicht-diskriminierende Enteignungen[23] haben die Enteignungen nach dem Aufbau- oder Baulandgesetz der DDR Bestand.

Die Rückenteignungsproblematik taucht jedoch aus anderer zeitlicher Perspektive auf[24]. Der Einigungsvertrag regelt das Rechtsschicksal der DDR-Verwaltungsakte für die Vergangenheit. Die Entstehung des Rückenteignungsanspruchs beurteilt sich jedoch nach der Gegenwart und setzt die Rechtmäßigkeit der Enteignung geradezu voraus[25].

22 Vertrag zwischen der Bundesrepublik Deutschland und der Deutschen Demokratischen Republik über die Herstellung der Einheit Deutschlands - Einigungsvertrag - vom 31.8.1990, BGBl. II, S. 889

23 zu nichtigen Enteignungen vgl. unten Teil 2 V.

24 WESSELS, Rückenteignung, S. 462; vgl. unten C.II.1)gg)

25 WESSELS, a.a.O., S. 462

II. Ausschluß rückenteignungsrechtlicher Ansprüche durch das Vermögensgesetz?

In Literatur und Rechtsprechung hat sich die Ansicht vom abschließenden Charakter des Vermögensgesetzes durchgesetzt. Außerhalb des Vermögensgesetzes[26] sollen keine weiteren Ansprüche zur Rückübertragung in der DDR geschädigter Vermögenswerte bestehen.

Vor diesem Hintergrund ist der Frage nachzugehen, ob eine derartige Sperrwirkung des Vermögensgesetzes auch bei Aufbau- und Baulandenteignungen besteht, wenn der Zweck erst nach dem Beitritt der DDR weggefallen ist.

1) § 1 Abs. 1 a) und b) und § 3 VermG

Die Frage der Restituierbarkeit der Aufbau- und Baulandenteignungen nach dem Vermögensgesetz war keineswegs unumstritten. Die Ansicht vom abschließenden Charakter des Vermögensgesetzes hat sich erst allmählich durchgesetzt.

Könnten die Aufbau- und Baulandenteignungen nach § 1 VermG in Verbindung mit § 3 VermG rückgängig zu machen sein?

Von dem Schädigungstatbestand des § 1 Abs. 1 a) VermG werden alle Vermögenswerte erfaßt, die „entschädigungslos enteignet und in Volkseigentum überführt wurden."

Der Umstand, daß eine nach den anzuwendenden Rechtsvorschriften der DDR an sich bestehende Entschädigungsverpflichtung im Einzelfall nicht erfüllt wurde[27], stellt nach überwiegender Ansicht für sich genommen keine entschädigungslose Enteignung im Sinne des § 1 Abs. 1 a) VermG dar; dabei wird auf den formal bestehenden Anspruch auf Entschädigung verwiesen[28].

Nach § 1 Abs. 1 b) VermG sind auch solche Vermögenswerte zurückzuübertragen, die „gegen eine geringere Entschädigung enteignet wurden, als sie Bürgern der früheren Deutschen Demokratischen Republik zustand."

Eine Enteignung gegen eine geringere Entschädigung, als sie Bürgern der früheren DDR zustand, wird nach überwiegender Ansicht[29] nur bei solchen Enteignungen angenommen, bei denen gegenüber den Betroffenen in bewußter Abkehr von den ansonsten für Bürger der DDR geltenden einschlägigen Rechtsvor-

---

26 BGBl. 1990 II, S. 1159

27 so etwa bei Verrechnung, zu niedriger Festsetzung, oder Nichtausbezahlung der Entschädigungssumme

28 NEUHAUS: in FIEBERG/REICHENBACH, § 1 VermG Rdnr. 45; BVerwGE 95, 284 = NJW 1994, 2105 = VIZ 1994, 292 = ZOV 1994, 203

29 NEUHAUS: in FIEBERG/REICHENBACH, § 1 VermG Rdnr. 44; BVerwGE 95, 289 = NJW 1994, 2106 = VIZ 1994, 293 = ZOV 1994, 205

schriften Entschädigungsbestimmungen zur Anwendung kamen, die den diskriminierenden Zugriff auf Eigentum erleichtern sollten.

Als einziger Anwendungsfall des § 1 Abs. 1 b) VermG werden die nach den in der DDR unveröffentlichten Ministerratsbeschlüssen vom 23.12.1976 und 28.7.1977 durchgeführten diskriminierenden Enteignungen anerkannt, wonach für die Bewertung von Mietwohngrundstücken bei Berechtigten aus „kapitalistischen Staaten und „Westberlin" nicht mehr die bis dahin für alle Enteigneten unabhängig von deren Wohnsitz gleichermaßen einschlägigen Durchführungsbestimmungen zum Entschädigungsgesetz und die Bewertungsrichtlinie vom 4.5.1960 Anwendung finden sollten[30].

Umstritten war, ob Enteignungen, die nicht unter die positiv geregelten Ausschlußtatbestände der § 4 und § 5 VermG fallen, im Hinblick auf Ziff. 3 der Gemeinsamen Erklärung der beiden deutschen Regierungen vom 15. Juni 1990[31] zu restituieren sind. Dieses Problem stellte sich grundsätzlich auch bei den Aufbau- und Baulandenteignungen, weil diese Enteignungen in der Regel nicht unter den Tatbestand des § 1 VermG fallen, andererseits aber auch kein positiv geregelter Ausschlußtatbestand wegen redlichen Erwerbs besteht.

2) Bedeutung von Ziff. 3 der Gemeinsamen Erklärung

In Ziff. 3 der Gemeinsamen Erklärung wird zur Rückgabe enteigneten Vermögens wie folgt Stellung genommen:

„Enteignetes Grundvermögen wird grundsätzlich unter Berücksichtigung der unter a) und b) genannten Fallgruppen den ehemaligen Eigentümern oder ihren Erben zurückgegeben."

Die unter lit. a), lit. b) in Bezug genommenen Fallgruppen entsprechen den später in § 4 und § 5 VermG geregelten Sachverhalten.

Nach Auffassung von KNAUTHE/HEISTERKAMP[32] stünde ein genereller Ausschluß der Restitution von Enteignungen im Widerspruch zu Nr. 3 der gemeinsamen Erklärung, in der grundsätzlich ohne Einschränkung eine Rückgabe von Grundstücken vorgesehen sei, sofern nicht die dort aufgeführten Ausnahmefälle gegeben sind.

30 Nachweise in BVerwGE 95, 289, 292

31 Gemeinsame Erklärung der beiden deutschen Regierungen zur Regelung offener Vermögensfragen vom 15. Juni 1990 (Anlage III zum Einigungsvertrag), BGBl. II, S. 1237

32 KNAUTHE/HEISTERKAMP, Die Rückgabe von Mauergrundstücken, S. 18 ff.

BRETTHOLLE/KÖHLER-APELL[33] und SÄCKER-HUMMERT[34] sind ebenfalls der Ansicht, es bestünde eine Regelungslücke zwischen dem Anwendungsbereich des Vermögensgesetzes sowie Nr. 3 der gemeinsamen Erklärung.

Die aus dem Wortlaut des § 1 Abs. 1 a) und b) VermG abgeleitete inhaltliche Beschränkung auf Enteignungen mit keiner oder nur einer geringeren Entschädigung stünde im Widerspruch zu Nr. 3 der Gemeinsamen Erklärung, die grundsätzlich ohne diese Einschränkung die Rückgabe des enteigneten Grundvermögens an die ehemaligen Eigentümer oder ihre Erben unter Berücksichtigung der dort genannten Grundsätze bestimme.

Da die Gemeinsame Erklärung gemäß Art. 45 Abs. 2 und 41 Abs. 1 EinigungsV geltendes Recht bliebe, sei das Tatbestandsmerkmal „entschädigungslos" extensiv auszulegen, um die Regelungslücke zwischen den genannten Normen zu schließen.

KIMME streitet dagegen das Bestehen einer Regelungslücke ab[35]. Die grundsätzliche Pflicht zur Rückgabe enteigneten Grundvermögens sei im Hinblick auf die historische Entwicklung und den Geltungsbereich der Gemeinsamen Erklärung zu interpretieren. Ziff. 3 der Gemeinsamen Erklärung verpflichte nicht dazu, alle Enteignungen der ehemaligen DDR rückgängig zu machen.

Aus dem historischen Hintergrund der Gemeinsamen Erklärung und ihrer Präambel ergebe sich, daß mit Ziff. 3 nur Enteignungen auf dem Gebiet der ehemaligen DDR gemeint seien, die diskriminierenden Charakter hätten oder dem Teilungsunrecht im Sinne eines interlokalen Bezuges zuzurechnen seien.

Ziff. 3 der Gemeinsamen Erklärung verfolge nicht den Zweck, sämtliche Enteignungen der ehemaligen DDR noch rückgängig zu machen.

3) Sperrwirkung des Vermögensgesetzes nach Art. 143 Abs. 3 GG?

Das Fehlen einer Regelungslücke bei der Umsetzung der Ziff. 3 der Gemeinsamen Erklärung wird dabei auch mit einer sogenannten Sperrwirkung des Vermögensgesetzes nach Art. 143 Abs. 3 GG begründet.

Es sei mit dem Grundgesetz vereinbar, daß der Einigungsvertrag nicht alle Eingriffe in das Eigentum im Beitrittsgebiet umfasse[36]. Nicht nur Art. 41 EinigungsV, sondern auch die Regelungen zu seiner Durchführung, also das Vermögensgesetz, teilten den gleichen Bestandsschutz. Eine totale Revision der DDR-Eigentumsordnung aufgrund des Grundgesetzes sei nicht vorgesehen.

---

33 BRETTHOLLE/KÖHLER-APELL in: RÄDLER/RAUPACH/BEZZENBERGER, Vermögen in der ehemaligen DDR, § 1 VermG Rdnr. 16

34 MüKo-SÄCKERT-HUMMERT, Zivilrecht im Einigungsvertrag, § 1 VermG Rdnr. 1083

35 KIMME in: KIMME, Gemeinsame Erklärung Rdnr. 16

36 KIMME in: KIMME, Vor § 1,2 VermG Rdnr. 10

Mit Art. 143 Abs. 3 GG wären nicht nur die ausdrücklichen Ausschlußtatbestände gemeint, denn um diese zu erwähnen, hätte der Verweis auf Art. 41 EinigungsV genügt, und es hätte nicht noch das Vermögensgesetz als Regelung zur Durchführung in Bezug genommen werden müssen[37]. Der Geltungsbereich des Vermögensgesetzes sei daher abschließend.

Der Ausschluß der Rückübertragung, wenn gegen die übliche DDR-Entschädigung enteignet worden sei, und es sich nicht um einen Fall der unlauteren Machenschaften handele, habe insoweit verfassungsrechtlichen Bestand.

Die Rechtsprechung bestreitet ebenfalls das Bestehen einer Regelungslücke[38]. Das Vermögensgesetz regele abschließend, unter welchen Voraussetzungen Enteignungen durch staatliche Stellen der DDR rückgängig gemacht werden können. Das Vermögensgesetz wolle im Anschluß an die nach Art. 41 EinigungsV zum Bestandteil des Einigungsvertrages gewordene Gemeinsame Erklärung dem Staat DDR zuzurechnenden vermögensentziehenden oder vermögensbeeinträchtigenden Unrechtsmaßnahmen wiedergutmachen, die auf die Teilung Deutschlands oder auf bestimmte teilungsunabhängige Erscheinungen des Staats- und Gesellschaftssystems der DDR zurückgingen, und die für den Gesetzgeber aus rechtsstaatlicher Sicht nicht hinnehmbar waren[39].

Das im Vermögensgesetz aufeinander abgestimmte System von anspruchsbegründenden und anspruchsausschließenden Umständen würde grundlegend gestört, wenn die Rückübertragung rechtsstaatswidrig entzogener Vermögenswerte auch auf andere Rechtsgrundlagen gestützt werden könnte.

Die Ausschlußwirkung des Vermögensgesetzes beträfe auch Enteignungen nach dem Aufbaugesetz oder dem Baulandgesetz, die ihr Ziel nicht erreicht hätten, weil der mit ihnen verfolgte Gemeinwohlzweck nicht verwirklicht wurde. Dies gelte jedenfalls für diejenigen Fälle, in denen der Enteignungszweck noch vor dem Beitritt der DDR endgültig verfehlt wurde[40].

Weder das Aufbaugesetz, noch das Baulandgesetz, noch andere Rechtsvorschriften der DDR, einschließlich des Verfassungsrechts, gewährleisteten eine etwa dem § 102 BauGB vergleichbaren Anspruch auf Rückübereignung bei Verfehlung oder Fortfall des Enteignungszwecks. Der frühere Eigentümer habe bei Inkrafttreten des Grundgesetzes keinerlei Rechtsposition mehr innegehabt[41].

Die Entscheidung des Gesetzgebers sei verfassungsrechtlich durch Art. 143 Abs. 3 GG abgesichert.

---

37 KIMME in: KIMME, Vor § 1,2 VermG Rdnr. 24
38 BVerwGE 96, 172, 176 = NJW 1994, 2712 = VIZ 1994, 537 = ZOV 1994, 401
39 BVerwGE 95, 284; BVerfGE 84, 90, 126
40 BVerwGE 96, 172, 175
41 BVerwGE 96, 172, 176

4) Die Rückenteignungsproblematik

Im Zusammenhang mit Enteignungen, die ohne tatsächlich gezahlte Entschädigung bzw. nur gegen geringe Entschädigung erfolgten, kann wohl kaum noch von „ordentlichen" Enteignungen gesprochen werden. Auf den vorgehend referierte Streit kommt es hier jedoch nicht an, da auch nach der Rechtsprechung die Ausschlußwirkungen des Vermögensgesetzes in solchen Fällen nicht greifen, in denen sich erst *nach dem Beitritt der DDR* ergibt, daß der Zweck einer Aufbau- oder Baulandenteignung endgültig nicht verwirklicht wurde[42].

Bei der Rückenteignungsproblematik geht es um die Frage, ob der Enteignungsbegünstigte den zu Gemeinwohlzwecken enteigneten Vermögenswert auch dann behalten darf, wenn der bislang nicht verwirklichte Zweck erst unter der Geltung einer das Eigentum schützenden Verfassungsordnung entfallen ist und damit erst zu diesem Zeitpunkt die tatsächlichen Voraussetzungen für eine mögliche Rückübertragung entstanden sein können[43].

Während das Vermögensgesetz Fragen teilungsbedingten Unrechts und eines sozialverträglichen Ausgleichs im weitesten Sinne regelt, geht es bei der Rückenteignungsproblematik darum, zu verhindern, daß ein späterer Wegfall des Enteignungszwecks sanktionslos in eine Bereicherung der öffentlichen Hand auf Kosten früherer Eigentümer umschlägt[44].

Der Untersuchungsgegenstand dieser Arbeit beschränkt sich auf Fälle, in denen der Zweck zum Zeitpunkt der Geltung einer das Eigentum schützenden Verfassungsordnung endgültig nicht verwirklicht wurde. Hierunter fällt auch schon die revolutionäre Rechtsordnung der DDR, worauf im dritten Teil der Arbeit einzugehen ist.

III. § 102 BauGB

Für die hier zu untersuchende Fallgruppe könnte die baurechtliche Regelung des § 102 Abs. 1 BauGB anwendbar sein. § 102 Abs. 1 BauGB lautet:

„Der enteignete frühere Eigentümer kann verlangen, daß das enteignete Grundstück zu seinen Gunsten wieder enteignet wird (Rückenteignung), wenn und soweit 1. der durch die Enteignung Begünstigte oder sein Rechtsnachfolger das Grundstück nicht innerhalb der festgesetzten Fristen (§113 Abs. 2 Nr. 3 und § 114) zu dem Enteignungszweck verwendet oder den Enteignungszweck vor

42 BVerwGE, a.a.O.

43 BVerwGE, a.a.O.

44 WEBER, MARTIN, Anmerkung, LM H. 3/1998, Art 14, A. GG Nr. 63, 2. a)

Ablauf der Frist aufgegeben hat oder 2. die Gemeinde ihre Verpflichtung zu Übereignung nach § 89 nicht erfüllt hat."

§ 102 BauGB erfordert grundsätzlich eine Enteignung nach den Bestimmungen des Baugesetzbuches. Allerdings hat das Bundesverwaltungsgericht hinsichtlich altrechtlicher Rückenteignungsfälle (Enteignungen vor Inkrafttreten des § 102 BauGB) entschieden, daß § 102 BauGB auch auf diese Fälle anwendbar ist[45].

Vor diesem Hintergrund wollte auch das Kammergericht die Anwendung der baurechtlichen Regelung auch auf DDR-Enteignungen „nicht von vornherein und ohne weiteres" ausschließen[46]. Dem hat sich die Literatur überwiegend angeschlossen[47]; der Bundesgerichtshof hat dies wegen Fehlens eines einfachgesetzlichen Rückübertragungsvorbehaltes[48] ausgeschlossen.

Im Hinblick auf DDR-Enteignungen stellt sich das Problem, ob der enteignungsbegünstigte Staat hinsichtlich der Aufbau- und Baulandenteignungen einer anfänglichen (zum Zeitpunkt der Enteignung bestehenden) *einfachgesetzlichen Zweckbindung* unterworfen ist. Dies ist bei den Aufbau- und Baulandenteignungen nicht der Fall, weil es hinsichtlich dieser Enteignungen an einer einfachgesetzlichen Rückenteignungsregelung fehlt.

Das ist der Unterschied zu dem vom Bundesverwaltungsgericht im Jahre 1989 entschiedenen Sachverhalt[49].

Der Kläger war im Jahre 1960 auf der Grundlage des hessischen Aufbaugesetzes (HessAG) enteignet worden. Dieses Gesetz enthielt bereits die Rechtsgrundlage für einen Rückenteignungsanspruch (§§ 11, 12 Abs. 3 HessAG analog); es wurde durch Bundesbaugesetz aufgehoben (§ 186 Abs. 1 2 Nr. 38 BBauG).

Anschließend, nach Inkrafttreten des Bundesbaugesetzes, verfehlte die öffentliche Hand den Enteignungszweck. Wäre in diesem Fall § 102 BauGB unanwendbar, fiele der Alteigentümer - auf einfachgesetzlicher Ebene - in ein Anspruchsloch, obwohl altes wie neues Recht einen Rückenteignungsanspruch gewähren.

Um den Wertungswiderspruch zu vermeiden, nahm das Bundesverwaltungsgericht eine anspruchserhaltende Auslegung vor[50]: § 102 BauGB erfasse auch die altrechtlichen Enteignungen nach dem hessischen Aufbaugesetz.; entscheidend

---

45 BVerwGE, 96, 172 ff.

46 KG, VIZ 1993, 501 = ZOV 1993, 342, 344

47 MOTSCH, Rückenteignung, S. 11; Wessels, Rückenteignung, S. 458 m.w.N. in Fußnote 1

48 BGH, NJW 1998, 222 = VIZ 1998, 53 = ZOV 1998, 32; zum Rückübertragungsvorbehalt und der höchstrichterlichen Rechtsprechung vgl. unten C.II.1)b)

49 BGH, NJW 1990, 2400 ff.; vgl. hierzu auch WESSELS, a.a.O., S. 463

50 BGH, NJW 1990, 2400, 2402

sei nämlich, daß der Gesetzgeber durch Inkraftsetzung des neuen Rechts keine „Schlechterstellung“ der Alteigentümer bezweckt habe.

Bei Enteignungen nach dem Aufbaugesetz und dem Baulandgesetz hilft die anspruchserhaltende Auslegung nicht weiter[51]. Das DDR-Recht enthielt keinen „altrechtlichen“ einfachgesetzlichen Rückenteignungstatbestand für diese Enteignungen. Zu einer „Schlechterstellung“ der Alteigentümer konnte die Inkraftsetzung des Baugesetzbuchs nicht führen. Dies schließt jedoch nicht aus, daß den Betroffenen von DDR-Enteignungen bzw. von Enteignungen des Magistrats von Ost-Berlin ein verfassungsunmittelbarer Rückenteignungsanspruch aus Art. 14 Abs. 1 Satz 1 GG zusteht.

IV. Ergebnis

Die weitere Untersuchung beschränkt sich auf die Fälle, in denen der Zweck einer Aufbau- oder Baulandenteignung erst zum Zeitpunkt der Geltung einer das Eigentum schützenden Verfassungsordnung endgültig nicht verwirklicht wurde.

Bei diesen Enteignungen besteht auf einfachgesetzlicher Ebene nach dem Recht der DDR keine Rückenteignungsregelung, so daß der Frage nach einem verfassungsunmittelbaren Rückenteignungsanspruch nachzugehen ist.

Dagegen besteht möglicherweise bei den Enteignungen nach dem Verteidigungsgesetz eine einfachgesetzliche Rückenteignungsregelung. Dies ist im dritten Teil dieser Untersuchung zu klären. Die Frage ist dort allerdings erst von sekundärer Bedeutung. Sie stellt sich nur, wenn man bereits die Inanspruchnahme dieser Liegenschaften für rechtmäßig hält.

B. Verfassungsunmittelbarer Rückenteignungsanspruch

Zunächst ist zu klären, unter welchen Voraussetzungen nach dem Recht der Bundesrepublik ein verfassungsunmittelbarer Rückenteignungsanspruch zu gewähren ist, bevor der Frage der Anwendbarkeit dieser Rückenteignungsregeln auf Aufbau- und Baulandenteignungen nachgegangen wird.

I. Rückenteignung / Rückübertragung

Der Begriff „Rückenteignungsanspruch“ ist unscharf, denn um eine echte Rück-Enteignung geht es dabei nicht; der Alteigentümer verlangt von der öffentlichen

---

51 WESSELS, Rückenteignung, S. 463

Hand schlicht die Rückübertragung des Enteignungsgegenstandes. Der Begriff „Rückenteignungsanspruch" soll hier dennoch verwendet werden, um eine Verwechslung mit dem vermögensgesetzlichen Rückübertragungsanspruch (§ 1 VermG) auszuschließen[52].

Was den Enteignungsgegenstand angeht, spielt heutzutage - anders als in der Nachkriegszeit[53] - nur noch die Rückenteignung von Grundstücken eine Rolle[54].

II. Fehlen einer einfachgesetzlichen Grundlage

Das Bundesverwaltungsgericht war 1967 der Auffassung, daß bei Fehlen eines einfachgesetzlichen Rückenteignungsanspruchs ein allgemeiner Anspruch auf Rückenteignung eines Grundstücks aus Art. 14 GG nicht hergeleitet werden könne; die Zweckbindung des Eigentumserwerbs auf Grund einer Enteignung habe nicht eigentlich mit der Rechtmäßigkeit oder Rechtswidrigkeit der ursprünglichen Enteignung zu tun[55].

Das Bundesverwaltungsgericht trennte damals nicht zwischen der Ebene der Enteignung und der Ebene des Zweckfortfalles. Die Zweckbindung könne - in weiter Parallele zu dem, was im Zusammenhang mit § 242 BGB als Fortfall der Geschäftsgrundlage praktiziert werde - darauf abstellen, daß dem Eigentumserwerb auf Grund von Enteignung die Zweckbindung als Schwäche immanent sei[56]. Der nachträgliche Zweckfortfall würde diese Schwäche nur aktuell werden lassen. Dann wäre möglicherweise der durch die Enteignung Begünstigte nach Zweckfortfall ohne weiteres zur Rückgewähr verpflichtet, so daß es einer förmlichen (eventuell an Art. 14 Abs. 3 Satz 2 GG scheiternden) Rückenteignung nicht bedürfe.

Die Entscheidung hänge davon ab, ob aus der Eigentumsgewährleistung des Art. 14 Abs. 1 GG in Verbindung mit den allgemeinen Grundsätzen über die Zulässigkeit einer Enteignung nach Art. 14 Abs. 3 GG eine derartige Zweckgebundenheit des Eigentumserwerbs abgeleitet werden könne.

Zwar sei bei einem rechten Verständnis des Art. 14 Abs. 1 GG das Institut der Rückenteignung angelegt. Insofern bestünden auch Bedenken gegen gesetzliche Regelungen, in denen ein solcher Anspruch nicht vorgesehen oder ausgeschlossen sei.

---

52 WESSELS, Rückenteignung, S. 458
53 vgl. BGHZ 9, 295 zur zwangsweisen Beorderung eines Kraftwagens
54 WESSELS, a.a.O., S. 458
55 BVerwG, NJW 1968, 810
56 BVerwG, NJW 1968, 810, 811

Diese Bedenken könnten jedoch nicht zu der Feststellung führen, daß in der Eigentumsgewährleistung das Institut der Rückenteignung bereits vollziehbar enthalten oder dem Gesetzgeber ein auf die allgemeine Einführung dieses Instituts gerichteter Auftrag erteilt worden sei. Das eine wie das andere könne damit, daß Art. 14 Abs. 1 GG das Eigentum gewährleiste, nicht belegt werden.

Im Jahre 1974 entschied das Bundesverfassungsgericht[57], die Entscheidung des Bundesverwaltungsgerichts aus dem Jahre 1967 verletze das Grundrecht des Beschwerdeführers aus Art. 14 Abs. 1 Satz 1 GG. Aus der Rückenteignungsgarantie des Art. 14 GG folge - bei Fehlen einer einfachgesetzlichen Grundlage - ein Rückerwerbsrecht des früheren Grundstückseigentümers, wenn der Zweck der Enteignung nicht verwirklicht wird.

Damals gab es noch kein Baugesetzbuch; das Bundesverfassungsgericht widersprach der Auffassung der Instanzgerichte, daß der Staat wegen fehlender gesetzlicher Grundlage zur Rückenteignung nicht verpflichtet sei.

Es war der Auffassung, ein derartiger Anspruch erwachse dem Alteigentümer ergänzend bei Fehlen einer einfachgesetzlichen Grundlage unmittelbar aus dem Inhalt und dem Wesen der Eigentumsgarantie des Art. 14 Abs. 1 Satz 1 GG in Verbindung mit der Enteignungsregelung des Art. 14 Abs. 3 GG[58].

Art. 14 Abs. 1 Satz 1 GG sichere den Eigentumsbestand des einzelnen Bürgers. Die verfassungsrechtliche Ermächtigung zum Eingriff in das Eigentum bestünde nicht dafür, daß ein Unternehmen beabsichtigt sei, sondern daß es ausgeführt werde[59]. Eine Enteignung müsse der Bürger daher gemäß Art. 14 Abs. 3 GG nur dulden, wenn sie „zum Wohle der Allgemeinheit", d. h. zur Verwirklichung eines bestimmten öffentlichen Zwecks, erforderlich sei[60].

Mit dieser Vorschrift knüpfe die Verfassung an den seit der Entstehung der Enteignung als Verfassungsinstitut unangefochtenen Rechtssatz an, daß die Enteignungen kein Instrument zur Vermehrung des Staatsvermögens sind. Enteignungen aus fiskalischen Gründen seien daher unzulässig, auch wenn hierdurch eine finanzielle Entlastung in anderen Bereichen bewirkt werde[61].

Das Bundesverfassungsgericht wies auf den uralten Grundsatz der deutschen Rechtsordnung hin, wonach dem Enteigneten ein Rückerwerbsrecht bei Zweckverfehlung zustand und führte ganz allgemein aus, dies sei schon in § 84 des badischen Expropriationsgesetzes vom 28. August 1835, in Artikel XII des bayeri-

---

57 BVerfGE 38, 175 ff.; vgl. hierzu auch KAYSER, Die deutschen Gerichte machen Deutsche aus der DDR zu Bürgern zweiter Klasse, ZOV 1998, S. 86

58 BVerfGE 38, 175, 179

59 BVerfGE 38, 175, 180

60 BVerfGE 38, 175, 180

61 BVerfGE 38, 175, 181

schen Gesetzes über die Eisenbahn-Unternehmungen vom 3. November 1838 (§ 16 ff.) und in § 141 des Allgemeinen Berggesetzes für die Preußischen Staaten vom 24. Juni 1865, zu finden gewesen[62]:

„In diesen gesetzlichen Regelungen wird eine allgemeine Vorstellung über die rechtliche Tragweite und den Inhalt der verfassungsrechtlichen Verbürgung des Eigentums sichtbar, ein traditionelles Element der Eigentumsgarantie, das heute noch in Art. 14 GG und in zahlreichen unter seiner Geltung ergangenen Bundes- und Landesgesetzen fortlebt."

Unter Aufgabe seiner früheren Rechtsprechung aus dem Jahre 1967 entschied das Bundesverwaltungsgericht im Dezember 1989, daß der eine Ausformung des Art. 14 GG darstellende Rückübereignungstatbestand des § 102 BauGB auch auf Fälle anwendbar sei, in denen eine Enteignung vor seinem Inkrafttreten stattfand[63].

Dabei trennte das Bundesverwaltungsgericht zwischen der Ebene der Enteignung und der Ebene der Rückenteignung.

Es bestätigte den rechtlichen Ausgangspunkt des Berufungsgerichts, daß die Enteignung mit ihrem Vollzug abgeschlossen ist und etwa später entstehende Rückerwerbsansprüche daran nichts änderten.

Auch wenn die Rückabwicklung einer zweckverfehlten Enteignung als deren „Kehrseite" bezeichnet werde, folge daraus nicht, daß der Enteignungsbegünstigte sein Recht als von vornherein mit einem Rückübertragungsanspruch des früheren Eigentümers belastet erworben habe. Mit der Bestandskraft des Enteignungsbeschlusses sei die Rechtsänderung vollzogen. Daß der ehemalige Eigentümer unter Umständen zu einem späteren Zeitpunkt einen Anspruch darauf haben könne, den enteigneten Gegenstand zurückzuerhalten, ändere daran nichts.

Der Sache nach ginge es bei dem Recht auf Rückabwicklung um den verfassungsrechtlich gebotenen Ausgleich einer ungerechtfertigten Rechtsübertragung, wenn der rechtliche Grund später weggefallen oder der mit der Leistung nach dem Inhalt des Rechtsgeschäfts bezweckte Erfolg nicht eingetreten ist[64]. Das Bundesverwaltungsgericht zitiert hierzu § 812 Abs. 1 Satz 2 BGB. In jedem Fall entstünde der Anspruch erst, wenn dessen Voraussetzungen konkret erfüllt seien.

---

62 BVerfGE 38, 175, 181 f.

63 BVerwG, NJW 1990, 2400 ff., 2401; vgl. oben A.III.

64 BVerwG, NJW 1990, 2401

C. Anwendbarkeit der grundgesetzlichen Rückenteignungsregeln auf Enteignungen nach der Aufbauverordnung und dem Baulandgesetz im Ostteil Groß-Berlins

Bei den Aufbau- und Baulandenteignungen stellt sich die Frage, ob der Enteignungsbegünstigte den zu Gemeinwohlzwecken enteigneten Vermögenswert auch dann behalten darf, wenn der bislang nicht verwirklichte Enteignungszweck erst unter der Geltung einer das Eigentum schützenden Verfassungsordnung entfallen ist und damit erst zu diesem Zeitpunkt die tatsächlichen Voraussetzungen für eine mögliche Rückenteignung entstanden sind[65]. Dies ist zunächst eine Frage des intertemporalen Rechts[66].

I. Offener Sachverhalt

Der Einigungsvertrag enthält zum Rückenteignungsrecht kein besonderes Überleitungsrecht; mithin gelten die allgemeinen Grundsätze. Ein Anspruch kann nur entstehen, wenn sich der anspruchsbegründende Sachverhalt *nach* Inkrafttreten des anspruchsgewährenden Gesetzes ereignet; das neue Gesetz wirkt nicht zurück[67].

Die grundgesetzlichen Rückenteignungsregeln können auf DDR-Enteignungen bzw. Enteignungen des Magistrats also nur Anwendung finden, wenn der anspruchsbegründende Sachverhalt in den zeitlichen Geltungsbereich des Grundgesetzes zumindest hineinragt (offener Sachverhalt). Dies gilt nach übereinstimmender Auffassung für die Rückenteignungsfälle, in denen der Wegfall des Enteignungszwecks zum Zeitpunkt der Geltung des Grundgesetzes noch nicht abgeschlossen war[68].

II. Subjektivrechtliche Position

Liegt ein offener Sachverhalt vor, stellt sich die Fragen nach den Anspruchsvoraussetzungen. Wie jeder Folgenbeseitigungsanspruch setzt der Rückenteignungsanspruch voraus, daß

65 BVerwGE, 96, 172, 176
66 WESSELS, Rückenteignung, S. 459
67 WESSELS, a.a.O.
68 auch das Bundesverwaltungsgericht bejaht einen offen Sachverhalt, BVerwGE 96, 172 ff.

1. durch einen hoheitlichen Eingriff,
2. in ein subjektives Recht,
3. ein andauernd rechtswidriger Zustand

geschaffen wird[69].

In den Zweckverfehlungsfällen besteht der hoheitliche Eingriff in der Aufrechterhaltung der Enteignung, obwohl das Grundstück entgegen dem Enteignungszweck verwendet wird.

Die Rechtswidrigkeit des Eingriffs geht einher mit der Zweckwidrigkeit der Grundstücksverwendung, vorausgesetzt, daß der bundesdeutschen Staatsgewalt aus dem Zweck der Enteignung eine zumindest objektiv-rechtliche Bindung erwächst[70]. Dies ist umstritten. Die Frage nach dem Bestand einer objektivrechtlichen Zweckbindung läßt sich jedoch einbetten in die Prüfung der wichtigsten Anspruchsvoraussetzung: der subjektivrechtlichen Position des Alteigentümers[71]. Der bundesdeutschen Staatsgewalt muß aus dem Zweck der Enteignung gerade auch eine subjektivrechtliche Bindung gegenüber dem Alteigentümer erwachsen sein, wenn dieser noch heute in seinem Eigentumsrecht verletzt sein soll[72].

1) Rechtswirkung der Enteignung

Alles andere als selbstverständlich ist zunächst, daß die von einer Enteignung in der DDR oder in Ost-Berlin Betroffenen überhaupt noch eine durch Art. 14 GG geschützte subjektivrechtliche Eigentumsposition innehaben können[73].

a) Exkurs: Rechtswirkungen vorkonstitutioneller Enteignungen

Die Rechtsprechung hat sich mit der Frage der Rechtswirkung vorkonstitutioneller Enteignungen in einer Reihe von Entscheidungen auseinandergesetzt. Eine schützenswerte Rechtsposition i.S. des Art. 14 GG hat die Rechtsprechung immer verneint, wenn dem Enteigneten, bezogen auf eine konkrete Rechtsordnung, zum Zeitpunkt der Enteignung keine *faktisch durchsetzbare Rechtsposition* zustand. Hierfür lassen sich die nachfolgenden Entscheidungen anführen.

aa) Abkommen über deutsche Vermögenswerte in der Schweiz

Das Bundesverfassungsgericht hat die Klage eines in Deutschland lebenden Eigentümers für unbegründet gehalten, der unter Berufung auf Art. 14 GG einen

69 WESSELS, Rückenteignung, S. 459
70 WESSELS, a.a.O.
71 WESSELS, a.a.O.
72 WESSELS, a.a.O.
73 WESSELS, a.a.O.

Verstoß gegen das Abkommen über die deutschen Vermögenswerte in der Schweiz vom 7. März 1953[74] rügte[75]. Das Abkommen eröffnete die Möglichkeit, die freie Verfügbarkeit über Vermögenswerte von in der Schweiz beschlagnahmten deutschen Vermögen wiederzuerlangen[76].

Die Schweiz verpflichtete sich zur Freigabe dieses Vermögens gegen Zahlung eines Ablösebetrages seitens der Bundesrepublik. Dieser Betrag sollte durch Beiträge betroffener Eigentümer abgedeckt werden, die in der Regel ein Drittel des Wertes des freizugebenden Vermögens ausmachten. Das Schweizer Bundesgericht hatte dem Abkommen entnommen, daß hierdurch auch alle Einwendungen von deutschen Eigentümern gegen die Umwandlungen abgeschnitten sein.

Das Bundesverfassungsgericht wollte selbst von diesem Standpunkt aus keine Grundrechte des Beschwerdeführers verletzt sehen, denn dieser habe schon vorher nach Schweizer Recht keine Möglichkeit gehabt, Einwendungen gegen eine Liquidation zu erheben oder einen über den Liquidationserlös hinausgehenden Entschädigungsanspruch geltend zu machen.

Dem Beschwerdeführer sei daher - auch wenn man den Anspruchsverzicht so weit wie das Schweizer Bundesgericht auslege - durch das Abkommen nichts entzogen worden, was ihm vorher nicht zustand[77].

Die Klagbarkeit etwaiger Ansprüche sei durch Art. 3 des Gesetzes Nr. 63 der Alliierten Hohen Kommission[78] ausgeschlossen, und völkerrechtliche Ansprüche könne der Beschwerdeführer als Privatperson ohnehin nicht geltend machen. Ein Eingriff in Art. 14 GG scheide damit aus[79].

bb) Rückgewähr-/ Entschädigungsansprüche bei Völkerrechtswidrigkeit der Enteignung

Die Verfassungsbeschwerde richtete sich gegen die Ostverträge, und der Rechtsstreit betraf unter anderem die Frage, ob bei Völkerrechtswidrigkeit des östlich von Oder und Neiße enteigneten Privatvermögens noch von einer durchsetzbaren Rechtsposition der Betroffenen auszugehen ist[80].

Das Bundesverfassungsgericht entschied, es könne offenbleiben, ob die Beschwerdeführer sich noch auf ihre ursprüngliche Eigentumsposition berufen könnten oder ob unter dem Einfluß der tatsächlichen Verhältnisse an deren Stelle

74 BGBl. II, S. 15
75 BVerfGE 6, 290, 300
76 BVerfGE 6, 290, 292
77 vgl. BVerfGE 6, 290, 300
78 Abl. AllHohKom 1951, S. 1107
79 BVerfGE 6, 290, 300
80 BVerfGE 40, 141, 168

Ansprüche auf Entschädigung oder auf Wiedereinräumung des Eigentums getreten seien.

Ginge man davon aus, daß das Eigentum der Beschwerdeführer mit seiner Entziehung durch die sowjetischen und polnischen Behörden untergegangen ist, kämen Rückgewähr- oder Entschädigungsansprüche in Betracht, die aus der Völkerrechtswidrigkeit dieser Maßnahmen folgten. Auch solche Ansprüche könnten vermögenswerte Rechtspositionen im Sinne des Art. 14 GG darstellen[81].

cc) Reparationsschädengesetz

Das Reparationsschädengesetz vom 12. Februar 1969[82] sah für Reparationsschäden keine volle oder angemessene Enteignungsentschädigung vor, sondern gewährte nach dem Vorbild des Lastenausgleichsgesetzes vom 14. August 1952[83] nur einen nach sozialen Gesichtspunkten bemessenen Ausgleich und schloß insbesondere juristische Personen von den Entschädigungsleistungen aus[84].

Das Bundesverfassungsgericht argumentierte, vor Abschluß des Überleitungsvertrages[85] habe für die Reparationsgeschädigten keine Möglichkeit bestanden, etwaige individuelle Ersatz- oder Entschädigungsansprüche der bezeichneten Art gegen die ausländischen Staaten durchzusetzen[86].

dd) Reparationsschädenregelung im Überleitungsvertrag

In dem Rechtsstreit ging es unter anderem um die Frage, ob die Regelung, die die Reparationsschäden im Überleitungsvertrag gefunden haben, den Tatbestand einer Enteignung erfüllen. Bereits auf Grund der Art. 2 und 3 des Gesetzes Nr. 63 der Alliierten Hohen Kommission[87] seien die Rechte der früheren Eigentümer der zu Reparationszwecken weggenommenen Gegenstände erloschen und die Erhebung von solchen Ansprüchen oder Klagen, die sich auf die Übertragung dieser Vermögensgegenstände bezögen, unzulässig[88]. Ansprüche der Reparationsgeschädigten seien zumindest - wenn man den ausdrücklichen Ausschluß der Klagbarkeit insoweit nur auf die Geltendmachung von Ansprüchen vor deutschen Gerichten bezöge - in Deutschland nicht durchsetzbar und stellten kein „Eigentum" im Sinne des Art. 14 GG dar.

---

81 BVerfGE 40, 141, 168
82 BGBl. I, S. 105
83 BGBl. I, S. 446
84 BVerfGE 41, 126, 127
85 BGBl. 1955 II, S. 405 ff. in der Fassung vom 23. Oktober 1954
86 BVerfGE 41, 126, 166
87 Abl. AllHohKom 1951, S. 1107
88 BGHZ, 52, 371, 382

ee) „Bodenreform"-Enteignungen

Hinsichtlich der „Bodenreform"-Enteignungen verneinte das Bundesverfassungsgericht das Bestehen einer vermögenswerten Rechtsposition der Betroffenen[89]:

„Die Frage, ob jemandem eine bestimmte Rechtsposition zusteht, kann nur im Blick auf eine konkrete Rechtsordnung beantwortet werden."[90]

Das Bundesverfassungsgericht hat dabei eine Verantwortlichkeit der Bundesrepublik Deutschland im Sinne eines Einstehenmüssens für etwaige aus ihrer Sicht rechts- oder verfassungswidrige Maßnahmen der deutschen Staatsgewalt in der sowjetisch besetzten Zone abgelehnt und sich auf den Geltungsbereich des Art. 23 Satz 1 GG bezogen[91].

Die Enteignungen im Gebiet der sowjetischen Besatzungszone Deutschlands könnten unabhängig davon, ob sie unmittelbar von der sowjetischen Besatzungsmacht veranlaßt wurden oder ob den von dieser Besatzungsmacht eingesetzten deutschen Stellen insoweit ein eigener Entscheidungsspielraum zugestanden habe, nicht dem Verantwortungsbereich der dem Grundgesetz verpflichteten Staatsgewalt der Bundesrepublik Deutschland zugerechnet werden. Die Bundesrepublik habe sich zwar seit jeher im Sinne der Präambel des Grundgesetzes für das ganze Deutschland verantwortlich gefühlt. Ihre Staatsgewalt habe sich aber nicht nur tatsächlich, sondern gemäß Art. 23 Satz 1 GG auch staatsrechtlich auf das damalige Gebiet der Bundesrepublik beschränkt. Eine Verantwortlichkeit der Bundesrepublik Deutschland im Sinne eines Einstehenmüssens für etwaige aus ihrer Sicht rechts- oder verfassungswidrige Maßnahmen der deutschen Staatsgewalt in der sowjetisch besetzten Zone bestünde danach ebensowenig wie etwa gegenüber Maßnahmen ausländischer Staatsgewalten.

Dieser Linie folgte das Bundesverfassungsgericht auch noch in seiner zweiten „Bodenreform"-Entscheidung[92].

ff) Liste 1- Enteignungen

Das Bundesverfassungsgericht entschied für Enteignungen nach der „Liste 1"[93], daß den Eigentümern, deren Vermögenswerte auf der Grundlage des Gesetzes

---

89 BVerfGE 84, 90 ff.

90 BVerfGE 84, 90, 122

91 BVerfGE, a.a.O.

92 BVerfGE 94, 12, 46

93 Die „Liste 1" enthielt Unternehmen und Personen, deren Eigentum als Vermögen von Kriegsverbrechern und Naziaktivisten entschädigungslos eingezogen und „in das Eigentum des Volkes" überführt wurde, vgl. die Untersuchung dieser Enteignungen von VON DER BECK, Die Konfiskationen in der sowjetischen Besatzungszone, S. 138 f.

zur Einziehung von Vermögenswerten der Kriegsverbrecher und Naziaktivisten vom 8.2.1949 entzogen worden sind, unabhängig von der Frage der Vereinbarkeit der Enteignungen mit Besatzungs- und Völkerrecht keine realisierbaren Rechtspositionen verblieben sei[94].

Die Beschwerdeführerin zeige nicht auf, wie der von ihnen behauptete „Rechtsanspruch auf Anerkennung ihrer Eigentumsrechte" vor der Wiedervereinigung tatsächlich hätte verwirklicht werden können. Die Annahme hypothetischer Geschehensabläufe mit einer Entwicklung der DDR hin zu einer demokratischen und rechtsstaatlichen Ordnung anstelle ihres durch vertragliche Absprachen ermöglichten Beitritts zur Bundesrepublik Deutschland könne das Vorhandensein real existierender und durchsetzbarer Rechtspositionen nicht ersetzen.

gg) Ergebnis

Der Betroffene einer Enteignung kann sich auf Art. 14 GG berufen, wenn ihm zum Zeitpunkt der Enteignung eine durchsetzbare vermögenswerte Rechtsposition zustand.

Bei den Enteignungen nach dem Aufbaugesetz und dem Baulandgesetz handelt es sich grundsätzlich um wirksame Enteignungen, die auch nach DDR-Recht grundsätzlich als rechtmäßig zu betrachten sind. Ein durchsetzbarer Abwehranspruch stand den Betroffenen zum Zeitpunkt dieser Enteignungen nicht mehr zu.

Diese rechtliche Gegebenheit darf jedoch nicht den Blick auf die Rückübereignungsproblematik trüben, die aus einer anderen zeitlichen Perspektive auftaucht[95]. Der Rückenteignungsanspruch entsteht - soweit herrscht Einigkeit - erst im Moment des Zweckfortfalles. Der Rückenteignungsanspruch knüpft an eine Zweckbindung an, die den Rechtsgrund des staatlichen Eigentumserwerbes bildet. Dieser Rechtsgrund wird durch den Enteignungsvorgang nicht beseitigt, sondern gerade erst geschaffen[96].

b) Enteignung durch die bundesdeutsche Staatsgewalt als Voraussetzung für eine Rückenteignungspflicht?

Im Hinblick auf die Rechtsnatur des Rückenteignungsanspruchs ist umstritten, inwieweit es für die Entstehung eines Rückenteignungsanspruchs auf die zeitliche Ebene der Enteignung ankommt.

---

94 BVerfG, NJW 1997, 449 = VIZ 1997, 95 = ZOV 1997, 34

95 WESSELS, Rückenteignung, S. 462

96 WESSELS, a.a.O., S. 460

Die Rechtsprechung knüpft in den DDR-Rückenteignungsfällen das Bestehen einer vermögenswerten Rechtsposition an die Bedingung, daß die Enteignung in der DDR unter einem Rückenteignungsvorbehalt gestanden haben muß. Eine derartige Bedingung soll aber nach dem Recht der DDR nicht bestanden haben, da unter der Rechtsordnung der DDR weder einfachgesetzlich noch verfassungsrechtlich zum Zeitpunkt der Enteignung ein Rückenteignungsrecht bestand.

aa) Der Wandel in der Rechtsprechung des Bundesverwaltungsgerichts

Gegen die Annahme, die Enteignung stünde unter einer derartigen Bedingung, hat sich das Bundesverwaltungsgericht noch im Jahre 1989 entschieden[97]. Als es aber über DDR-Altrechtfälle zu entscheiden hatte, gab das Bundesverwaltungsgericht im Jahre 1994 die zuvor von ihm vertretene Trennung zwischen der Ebene der Enteignung und der Ebene der Rückenteignung auf[98].

Während es noch im Jahre 1989 die Ansicht vertrat, aus der Bezeichnung der Rückenteignung als Kehrseite der Enteignung folge nicht, daß der Enteignungsbegünstigte sein Recht als von vornherein mit einem Rückübertragungsanspruch des früheren Eigentümers belastet erworben habe[99], postulierte es nunmehr, der Rechtsordnung der DDR seien Grundrechte als verfassungsverbürgte subjektive Rechte des Bürgers gegenüber dem Staat fremd gewesen, und Enteignungen der DDR hätten daher nicht unter einem *Rückübereignungsvorbehalt* gestanden. Mangels Rückübertragungsvorbehalt sei ein unwiederbringlicher Verlust des Vermögenswertes eingetreten[100].

bb) Die Rechtsprechung des Bundesgerichtshofs

Hierauf stellt auch der Bundesgerichtshof ab[101]. Weder das Aufbaugesetz, noch das Baulandgesetz, noch andere Vorschriften der DDR gewährten einen dem § 102 BauGB vergleichbaren Anspruch auf Rückübereignung. Ein solcher Anspruch könne auch nicht unmittelbar aus der Verfassung der DDR - etwa aus Art. 16 der Verfassung vom 6. April 1968 in der Fassung vom 7. Oktober 1974 - hergeleitet werden; die Rechtsordnung der DDR habe Grundrechte als verfassungsverbürgte subjektive Rechte des Bürgers gegenüber dem Staat nicht gekannt.

---

97 BGH, NJW 1990, 2400, 2401; vgl. oben B.II.

98 BVerwGE, 96, 172 ff.; vgl. hierzu WEBER, MARTIN, Anmerkung, LM H. 3/1998, Art 14, A. GG Nr. 63, 2 b)

99 BGH, NJW 1990, 2400, 2401; vgl. oben B.II.

100 BVerwGE, 96, 172 ff.

101 BGH, NJW 1998, 222, 223 vgl. oben A.III.

Mit Wirksamkeit der Enteignung wäre der Vermögenswert mangels eines „Rückübertragungsvorbehalts“ unwiederbringlich verloren[102].

cc) Bestätigung der höchstrichterlichen Rechtsprechung durch das Bundesverfassungsgericht

Mit Beschluß vom 9. Dezember 1997 hat das Bundesverfassungsgericht[103] die Rechtsprechung des Bundesverwaltungsgerichts und des Bundesgerichtshofs bestätigt und entschieden, der verfassungsrechtlich verbürgte Eigentumsschutz zwinge nicht dazu, die Vorschrift des § 102 BauGB auf DDR-Enteignungen zu erstrecken. Ein verfassungsunmittelbarer Anspruch auf Rückübereignung bestünde ebensowenig.

Das Bundesverfassungsgericht begründet seine Entscheidung maßgeblich mit dem Geltungsbereich des Grundgesetzes.

Zwar folge aus Art. 14 GG ein Rückerwerbsrecht des früheren Grundstückseigentümers, wenn der Zweck der Enteignung nicht verwirklicht werde. Dies gelte jedoch nur für Enteignungen, die unter der Geltung des Grundgesetzes angeordnet und vollzogen worden sind.

Die Eigentumsgarantie des Art. 14 Abs. 1 Satz 1 GG sichere den konkreten Bestand des Eigentums in der Hand des einzelnen Eigentümers[104]. Der Bürger müsse allerdings den Zugriff des Staates auf sein Eigentum dulden, wenn die Voraussetzungen des Art. 14 Abs. 3 GG erfüllt seien[105]. Nach Art. 14 Abs. 3 GG sei eine Enteignung nur zum Wohle der Allgemeinheit zulässig[106]. Die öffentliche Aufgabe, der die Enteignung dienen sollte, sei einerseits deren Zweck, andererseits aber auch deren Legitimation.

Werde sie nicht ausgeführt oder das enteignete Grundstück hierzu nicht benötigt, so entfalle diese Legitimation und mit ihr der Rechtsgrund für den Eigentumserwerb durch die öffentliche Hand[107]. Damit entfalte die Garantie des Art. 14 Abs. 1 Satz 1 GG wieder ihre Schutzfunktion. Die durch die Enteignung erlangte Rechtsposition der öffentlichen Hand könne dann keinen Vorrang vor der verfassungsrechtlich geschützten Rechtsstellung des Bürgers mehr haben.

Mit dem Wegfall der die Enteignung legitimierenden verfassungsrechtlich geschützten Rechtsposition entbehre auch das Eigentum in der öffentlichen Hand für die Zukunft der Rechtfertigung.

---

102 BGH, NJW 1998, 222, 223
103 BVerfGE 97, 89 = VIZ 1998, 203 = ZOV 1998, 110
104 BVerfGE 97, 89, 96
105 BVerfGE 97, 89, 96 f.
106 BVerfGE 97, 89, 97
107 BVerfGE, a.a.O.

Der Enteignete könne daher aufgrund der Garantie des Art. 14 Abs. 1 Satz 1 GG nach Maßgabe näherer Ausgestaltung durch den Gesetzgeber die Wiederherstellung des verfassungsmäßigen Zustandes, d.h., die Rückübereignung des enteigneten Objekts fordern.

Entscheidend für das Entstehen dieses Anspruchs sei danach der an die Voraussetzung des Art. 14 Abs. 3 GG gebundene Enteignungsvorgang, der dementsprechend begrenzte Zugriff auf das durch Art. 14 Abs. 1 Satz 1 GG geschützte Eigentum und die Abhängigkeit des Fortbestandes der durch ihn zugunsten der öffentlichen Hand geschaffenen Eigentumslage vom Erreichen des Enteignungszwecks[108].

Die im Einklang mit Art. 14 Abs. 3 Satz 1 GG vollzogene Enteignung stünde deshalb unter dem Vorbehalt, daß das enteignete Objekt auch tatsächlich dem Zweck zugeführt werde, zu dem es enteignet wurde und der die Enteignung gerechtfertigt hat. Das durch Art. 14 Abs. 1 Satz 1 GG geschützte Eigentumsrecht wirke im Anschluß an eine Enteignung in dem Sinne nach, daß dem enteigneten Bürger eine eigentumsrechtlich geschützte Restposition, das Recht

auf Rückerwerb des Eigentums, verblieben sei, die wirksam werde, wenn es später nicht zu der vorgesehenen Verwendung des enteigneten Gegenstandes kommt.

Ein auf Art. 14 GG gestützter Anspruch auf Rückübereignung käme nur dann in Betracht, wenn bereits die Enteignung zum Zeitpunkt ihrer Vornahme den Anforderungen des Art. 14 Abs. 3 Satz 1 GG unterlag[109]. Nur dann könne sich die aus dieser Vorschrift folgende Nachwirkung ergeben. Umgekehrt sei für einen Rückerwerbsanpruch auf der Grundlage des Art. 14 GG kein Raum, wenn der Eigentümer geschützte vermögenswerte Rechtspositionen nicht innehabe.

2) Bewertung der Rechtsprechung

Aufbau- und Baulandenteignungen waren keiner anfänglichen (zum Zeitpunkt der Enteignung bestehenden) einfachgesetzlichen Zweckbindung unterworfen. Da den Enteigneten nach DDR-Verfassungsrecht auch kein verfassungsunmittelbarer Rückübertragungsanspruch zur Verfügung stand, verblieb den Betroffenen nach Ansicht der Rechtsprechung keine vermögenswerte Rechtsposition.

Auch in der Literatur wird vertreten, eine Rückenteignungspflicht der bundesdeutschen Staatsgewalt könne sich nur aus dem Fehlschlag einer eigenen Enteignung ergeben[110].

---

108 BVerfGE 97, 89, 97

109 BVerfGE 97, 89, 98

110 NEUHAUS, Anmerkung zum KG-Beschluß v. 30.3.1993 - W 1117/93 - Baul VIZ 1993, 503, 504; PAPIER, Verfassungsrechtliche Probleme der Eigentumsregelung im Einigungsvertrag, NJW 1991, 193, 195

Art. 14 GG sei über seinem Abwehrrechtsgehalt hinaus kein positiver Herstellungsanspruch immanent, wenn ein Eigentumseingriff oder -entzug der deutschen öffentlichen Gewalt überhaupt nicht vorausgegangen sei. Daher könne auch der dem Prinzip der Rückenteignung letztlich zugrunde liegende Gedanke der Folgenbeseitigung nicht zum Tragen kommen.

Gegen diese Konzeption ist eingewandt worden, sie vermenge in unzulässiger Weise die Ebene der Enteignung mit der Ebene der Rückenteignung[111].

Das Besondere des Rückenteignungsanspruchs sei, daß dem Rechtserwerb des Staates nicht von vornherein, sondern erst nachträglich die verfassungsmäßige Legitimation fehle. Von daher bestünde eine Verwandtschaft zum zivilrechtlichen Bereicherungsanspruch aus § 812 Abs. 1 Satz 2 BGB[112]. Der Kondiktionsanspruch bei Zweckverfehlung aus § 812 Abs. 1 Satz 2 BGB unterscheide sich von allen anderen Kondiktionsansprüchen gerade dadurch, daß er in systemwidriger Weise den ansonsten anderweitig normierten Grund der Rückabwicklung in der Bereicherungsvorschrift selbst mitregele, der Kondiktionsanspruch also der Sache nach erst mit ihm entstehe[113].

Die unterschiedlichen Auffassungen der Rechtsprechung und der Literatur zur Rechtsnatur des Rückenteignungsanspruchs dürfen nicht den Blick auf die hier zu untersuchende Fallgruppe versperren, die einen besonderen lokalen Bezug aufweist: Der Bedeutung der Geltung des Grundgesetzes für Enteignungen im Ostteil Groß-Berlins ist vom Standpunkt beider Auffassungen zu untersuchen.

Das Bundesverfassungsgericht[114] ist der Bedeutung der Geltung des Grundgesetzes in Ost-Berlin bei einer Verfassungsbeschwerde gegen die Entscheidung des Bundesgerichtshofs[115] nicht weiter nachgegangen.

Der Beschwerdeführer war der Ansicht, der Bundesgerichtshof habe in seiner Entscheidung die für Ost-Berlin gegebene Ausnahmesituation nicht berücksichtigt[116]. Nach Art. 23 Satz 1 GG alter Fassung habe Groß-Berlin zu den Ländern der Bundesrepublik Deutschland gehört. Die Geltung der Verfassung von Berlin und des Grundgesetzes für den Ostsektor von Berlin sei zwar bis zum Beitritt nach Art. 23 GG alter Fassung suspendiert gewesen.

Das habe aber nicht in Frage gestellt, daß Art. 14 GG für diesen Bereich auch schon vor dem 3. Oktober 1990 Geltung beansprucht habe. Es könne deshalb nicht angenommen werden, daß Bürgern der Bundesrepublik oder den im sowjetischen Sektor von Berlin lebenden Personen hinsichtlich ihrer in diesem Gebiet

111 WEBER, MARTIN, Anmerkung, LM H. 3/1998, Art 14, A. GG Nr. 63, 2 b)
112 WESSELS, Rückenteignung, S. 458
113 WEBER, MARTIN, a.a.O.
114 BVerfG, ZOV 1998, 182 f.
115 BGH, NJW 1998, 222; vgl. oben C.I.1.b)bb)
116 BVerfG, ZOV 1998, 182, 183

gelegenen Vermögenswerte keine sich aus Art. 14 GG ergebende Rechtsposition zugestanden habe.

Hiergegen wandte sich das Bundesverfassungsgericht. Es könne dahingestellt bleiben, ob und inwieweit das Grundgesetz nach dem Wortlaut des Art. 23 GG alte Fassung damit Geltung auch im sowjetischen Sektor von Berlin beansprucht habe. Auch die Beschwerdeführerin stelle nicht in Abrede, daß das Grundgesetz im Ostteil Berlins jedenfalls faktisch nicht durchgesetzt werden konnte. Das Bundesverfassungsgericht berief sich dabei auf seine grundlegende, die staatsrechtliche Stellung Berlins betreffende Entscheidung aus dem Jahre 1957[117].

Im übrigen zitierte es die Auffassung von SCHOLZ[118], wonach der östliche Teil Berlins aufgrund der Vorbehaltswirkungen des Besatzungsrechts und wegen seiner faktischen Abtrennung nicht Teil des Bundesgebietes werden konnte.

Zwar hat das Bundesverfassungsgericht die Bedeutung der Geltung des Grundgesetzes für die bezeichnete Fallgruppe dahingestellt lassen. Die knappe Begründung der Nichtannahmeentscheidung des Bundesverfassungsgerichts rechtfertigt es jedoch, die aufgeworfene Frage an dieser Stelle zu vertiefen.

a) Durchsetzbarkeit des Rückenteignungsanspruchs

Ein Eingriff in Art. 14 GG setzt im Hinblick auf eine konkrete Rechtsordnung eine real existierende und durchsetzbare Rechtsposition voraus[119].

Auf die Durchsetzbarkeit des Rückenteignungsrechts kommt es erst zum Zeitpunkt des Vorliegens seiner tatsächlichen Voraussetzungen an. Dies gilt unabhängig davon, ob ein Eingriff in ein Rückenteignungsrecht von der Rechtsprechung davon abhängig gemacht wird, daß die Enteignung unter Rückübereignungsvorbehalt gestanden haben muß.

Davon zu unterscheiden ist die Frage nach der Durchsetzbarkeit des Grundgesetzes. Wenn das Grundgesetz unabhängig von dessen Durchsetzbarkeit in Ost-Berlin galt, ist der Frage nachzugehen, welche Auswirkungen die Geltungsanordnung für die Rechtsposition der Betroffenen der Aufbau- und Baulandenteignungen haben könnte.

b) Rückübertragungsvorbehalt

Für die These, eine Rückenteignungspflicht der bundesdeutschen Staatsgewalt könne sich nur aus dem Fehlschlag einer eigenen Enteignung ergeben, ist die Be-

117 BVerfGE 7, 1, 7 ff., 10, vgl. unten E.II.2)a)

118 SCHOLZ, Berlin - Status und nationale Aufgabe, S. 358, 361

119 vgl. C.II.1)gg)

gründung entscheidend: Nach der Rechtsprechung fehlt es in anderen Fällen an einem Rückübertragungsvorbehalt.

Mit der Enteignung wird das entzogene Grundstück einer grundrechtlichen Zweckbindung unterworfen, die den Rechtsgrund des staatlichen Eigentumserwerbs bildet. Eine derartige Zweckbindung ergibt sich bei konstitutionellen Enteignungen aus dem Rückübertragungsvorbehalt. Eine Bindung der Bundesrepublik Deutschland an den Enteignungszweck ist aber auch im Zusammenhang mit Enteignungen der Magistratsbehörden vorstellbar[120].

Dies wurde bisher unter zwei Gesichtspunkten untersucht:

- dem Eintritt der bundesdeutschen Staatsgewalt in die anfängliche (zum Zeitpunkt der *Enteignung)* bestehende Zweckbindung einer fremden Staatsgewalt (kraft DDR-Verfassungsrechts)[121] und einer
- eigenen nachträglichen (zum Zeitpunkt des *Zweckfortfalles*) bestehende Zweckbindung der bundesdeutschen Staatsgewalt (Wertentscheidung des Art. 14 Abs. 3 Satz 1 GG)[122].

Dem Recht der DDR waren Folgenbeseitigungsansprüche fremd. Nach Auffassung der Rechtsprechung verbot sich daher eine Anknüpfung an das DDR-Verfassungsrecht.

Der zweite von WESSELS unter Berücksichtigung der Wertentscheidung des Art. 14 Abs. 3 Satz 1 GG vorgeschlagene Lösungsweg wurde soweit erkennbar in keiner der hier referierten Entscheidungen aufgegriffen.

III. Gegenstand der nachfolgenden Untersuchung

In der nachfolgenden Untersuchung wird der Bedeutung der Geltungsanordnung des Grundgesetzes für Groß-Berlin unter zwei Gesichtspunkten nachgegangen. In Betracht kommt eine

- eigene anfängliche Zweckbindung der bundesdeutschen Staatsgewalt aus der Schutzpflicht der Bundesrepublik Deutschland für Eigentum im Ostteil Groß-Berlins gegenüber Eingriffen einer fremden eigentumsfeindlichen Staatsgewalt und der Wertentscheidung des Art. 14 Abs. 3 Satz 1 GG und eine
- eigene nachträgliche Zweckbindung der DDR-Staatsgewalt an den Enteignungszweck, verbunden mit einem Eintritt der bundesdeutschen Staatsgewalt in diese Zweckbindung.

---

120 WESSELS, Rückenteignung, S. 460

121 VG Meiningen, VIZ 1993, 400, 402 = ZOV 1993, 283, 284

122 eine Vermögensverschiebung kann schließlich noch nach ihrer Vornahme auf einen Rechtsgrund gestützt werden, WESSELS, a.a.O., S. 460

Unter Berücksichtigung der Prämissen der Rechtsprechung stellt sich bei Enteignungen im Ostteil Groß-Berlins die Frage, ob die für das Vorliegen eines Rückenteignungsanspruchs geforderte *Nachwirkung des Eigentumsschutzes* auch dann besteht, wenn die Bundesrepublik Deutschland zum Zeitpunkt der Enteignung verpflichtet war, Eigentum in Ost-Berlin vor dem Zugriff der dem Grundgesetz nicht verpflichteten eigentumsfeindlichen Staatsgewalt zu schützen und sich die Wertentscheidung des Art. 14 Abs. 3 Satz 1 GG, daß die öffentliche Hand sich an Enteignungen nicht bereichern darf, gegenüber dem anderslautenden Rechtsverständnis der DDR durchsetzt.

Zwar ist dies für das Gebiet der SBZ bzw. DDR nicht denkbar, da das Grundgesetz dort nicht galt. Das Problem stellt sich jedoch für das Gebiet von Ost-Berlin, da gemäß Art. 23 GG alte Fassung das Grundgesetz den Anspruch erhob, auch dort zu gelten.

Schließlich ist im dritten Teil dieser Arbeit zu untersuchen, ob eine selbständige nachträgliche Zweckbindung der DDR-Staatsgewalt an den Enteignungszweck aufgrund der einfachgesetzlichen Rückenteignungsregelung des § 9 Grenzgesetz in Verbindung mit Artikel 2 des Gesetzes über die Verfassungsgrundsätze hinsichtlich der Mauer- und Grenzgrundstücke besteht.

D. Begrenzung des Geltungsbereichs des Grundgesetzes wegen fehlender tatsächlicher Durchsetzbarkeit?

Die in Art. 23 GG alte Fassung angeordnete Geltung des Grundgesetzes könnte von vornherein wegen fehlender tatsächlicher Durchsetzbarkeit auf West-Berlin begrenzt sein.

Obwohl Art. 23 Satz 1 GG alte Fassung den Ausdruck Groß-Berlin verwendet, besteht in der Literatur, wenn auch unausgesprochen oder ohne Begründung (wie Vertreter dieser Ansicht einräumen[123]), Einigkeit darüber, daß nur West-Berlin Land der Bundesrepublik geworden ist[124].

Der Geltungsbereich des Grundgesetzes habe sich von Anfang an auf den Teil Berlins beschränkt, in dem es auch anfänglich wirksam werden konnte[125]. Weil wegen der faktischen Abtrennung Ost-Berlins die grundgesetzliche Ordnung von Anfang an nur in West-Berlin wirksam werden konnte, und weil sich das Grundgesetz zum Effektivitätsprinzip bekannt habe, sei von dem einheitlichen Staats-

123 von Lampe/Pfennig, Verfassung von Berlin, Art. 1 Rdnr. 31

124 von Lampe/Pfennig, a.a.O., Art. 1 Rdnr. 31 m.w.N.

125 von Lampe/Pfennig, a.a.O., Schuster, Deutschlands staatliche Existenz im Widerstreit politischer und rechtlicher Gesichtspunkte 1945 - 1963, S. 106; Scholz, Berlin - Status und nationale Aufgabe, S. 361

gebiet Deutschland und der einheitlichen Gebietskörperschaft Groß-Berlin nur West-Berlin in das Bundesgebiet einbezogen worden[126].

Hiervon scheint inzwischen auch das Bundesverfassungsgericht - unter Berufung auf SCHOLZ - auszugehen[127].

VON MÜNCH vertritt die Auffassung, bei dem in Art. 23 GG verwendeten Ausdruck Groß-Berlin handele es sich um einen terminus technicus, der heute[128] als (West-) Berlin zu lesen sei. Als Geltungsbereich des Grundgesetzes komme daher nur West-Berlin in Betracht.

Neben der tatsächlichen Unmöglichkeit nennt VON MÜNCH auch einen stillen Verfassungswandel des Art. 23 GG alte Fassung als Grund für die Beschränkung des Geltungsbereichs des Grundgesetzes auf West-Berlin[129].

Soweit zwischen Annahme der tatsächlichen Unmöglichkeit und der Annahme eines stillen Verfassungswandels überhaupt ein Unterschied gemacht werden kann, ist im letzteren Sinne wohl gemeint, daß Art. 23 GG alte Fassung wenigstens ursprünglich eine Geltungssubstanz hatte.

I. Die faktische Abtrennung Ost-Berlins

Wie sah der Vorgang der Abtrennung Ost-Berlins aus, der zu der von einem Teil der Literatur behaupteten Beschränkung des Geltungsbereichs des Grundgesetzes von Anfang an geführt haben soll?

Die administrative Abtrennung Ost-Berlins erfolgte im Jahre 1948[130]. Die SED hatte bei den Wahlen am 20.10.1946 nur 26 von 130 Sitzen erlangt. Da nach der vorläufigen Verfassung vom 13.8.1946 jede Fraktion der Stadtverordnetenversammlung, die sich an der Bildung des Magistrats beteiligen wollte, entsprechend ihrer Stärke Vertreter entsenden durfte, war die SED nur schwach vertreten.

Im August und September 1948 wurden im Ostsektor der Stadt, wo der Magistrat und die Stadtverwaltung ihren Sitz hatten, von der SED Unruhen inszeniert, weil die Stadtverwaltung eine Politik betrieb, die dieser Partei nicht paßte[131]. Die unter sowjetischem Einfluß stehende Polizei schritt dagegen nicht ein. Darauf verlegten zunächst die Stadtverordnetenversammlung und später auch der Magistrat ihren Sitz nach West-Berlin.

---

126 VON LAMPE/PFENNIG, a.a.O., m.w.N.

127 BVerfG, ZOV 1998, S. 182, 183

128 zum Zeitpunkt der zweiten Auflage 1983 (Anmerkung des Verfassers)

129 VON MÜNCH-VON MÜNCH, Art. 23 Rdnr. 7, 2. Auflg.

130 vgl. die Untersuchung von MAMPEL, Die sozialistische Verfassung der DDR, Art. 1 Rdnr. 79 ff. und ZIVIER, Der Rechtsstatus des Landes Berlin, 2. Auflg. S. 60 ff.

131 MAMPEL, a.a.O., Art. 1 Rdnr. 79

Am 10.10.1948 wurde von einer willkürlich zusammengerufenen Funktionärsversammlung im Ostberliner Admiralspalast eine neuer Magistrat „gewählt“. Dieser machte die Amtsausübung des legalen Magistrats im Ostsektor vollends unmöglich, konnte aber seine Gewalt nur dort ausüben[132].

Von diesem Zeitpunkt an bestanden in Berlin zwei deutsche Stadtverwaltungen, die Regierungsbefugnisse für die ganze Stadt beanspruchten, deren Wirkungsbereich de facto aber auf die Westsektoren bzw. Ostsektor beschränkt waren[133].

II. Geltung und Durchsetzbarkeit des Grundgesetzes in Groß-Berlin

Nach den oben genannten Ansichten ist die Begrenzung des Geltungsbereichs des Grundgesetzes auf West-Berlin in den hier beschriebenen Vorgängen begründet. Diese werden als *faktische* Abtrennung Ost-Berlins qualifiziert. Aber welcher Standpunkt ist für diese Beurteilung maßgeblich?

Aus *deutschlandrechtlicher Sicht* galt das Grundgesetz unter Hinweis auf Art. 23 GG alte Fassung in Groß-Berlin. Aus dieser Sicht war die administrative Spaltung Groß-Berlins auf kommunaler Ebene kein verfassungsrechtlich relevanter Vorgang, der zur Neubewertung der staatsrechtlichen Stellung Groß-Berlins nach dem Grundgesetz führen konnte.

Der Ansicht einer Begrenzung des Geltungsbereichs des Grundgesetzes auf West-Berlin bliebe dagegen nur die Lösung, die Abtrennung Ost-Berlins vom *besatzungsrechtlichen Status* aus als faktisch zu qualifizieren, denn Berlin war aus dieser Sicht nie Teil der sowjetischen Besatzungszone und daher auch nicht Teil der am 7. Oktober 1949 gegründeten DDR[134].

Hierauf scheinen auch einige der genannten Ansichten hinzudeuten, wenn neben der faktischen Abtrennung Ost-Berlins die alliierten Vorbehaltswirkungen als maßgeblicher Grund für die fehlende Geltung des Grundgesetzes in Ost-Berlin genannt werden[135].

---

132 MAMPEL, a.a.O., Art. 1 Rdnr. 79

133 ZIVIER, a.a.O., S. 60

134 Der völkerrechtliche Status Groß-Berlins wird in Teil 2 der Arbeit untersucht.

135 SCHOLZ, Berlin - Status und nationale Aufgabe, S. 361; wohl auch VON MÜNCH (sogenannte „rechtliche Unmöglichkeit“) in seiner Kommentierung zu Art. 23 Rdnr. 7; eine Einschränkung des deutschen pouvoir constituant durch die Alliierten bejahen: FINKELNBURG, Die Rechtsstellung Berlins im Bund, S. 543 f.; SCHRÖDER, Grenzen der verfassungsgebenden Gewalt, S. 300; WERNER, Zuständigkeit des Bundesverfassungsgerichts, S. 43; vgl. unten E.

Schon an dieser Stelle zeigt sich ein Dilemma, das mit dem Verzicht auf den Geltungsanspruch nach Art. 23 GG alte Fassung verbunden war: die Einbeziehung West-Berlins in die Bundesrepublik Deutschland. Ebensowenig wie Ost-Berlin ein Teil der SBZ West-Berlin war, konnte vom besatzungsrechtlichen Standpunkt aus die Zugehörigkeit West-Berlins zu den westlichen Besatzungszonen begründet werden.

Dessen war sich das Bundesverfassungsgericht noch bewußt, als es 1957 feststellte[136]:

„Art. 23 Satz 1 GG erstreckt den Geltungsbereich des Grundgesetzes auf das Gebiet des Landes Groß-Berlin. Nach dieser kraft der verfassungsgebenden Gewalt des Deutschen Volkes getroffenen Entscheidung ist Berlin ein Land der durch das Grundgesetz organisierten deutschen Bundesrepublik."

Bevor mit dem vom Bundesverfassungsgericht entwickelten deutschlandrechtlichen Standpunkt der Frage einer Begrenzung des Geltungsanspruchs nach Art. 23 GG durch das alliierte Genehmigungsschreiben im einzelnen nachgegangen wird[137], ist zunächst zu klären, ob überhaupt Veränderungen im Bereich des Faktischen - mit anderen Worten die von der SED unter dem Schutz der sowjetischen Besatzungsmacht vollzogene Spaltung der Stadt - den Geltungsbereich des Grundgesetzes begrenzen konnten. Damit ist das Verhältnis von Geltung und Durchsetzbarkeit des Grundgesetzes angesprochen.

Hierbei ist zunächst zu untersuchen, nach welcher Methode das Verhältnis zwischen Geltung und Durchsetzbarkeit des Grundgesetzes in Art. 23 GG alte Fassung geklärt werden kann.

1) Die Bedeutung der Unterscheidung zwischen der Geltung und der Anwendung des Grundgesetzes nach der Untersuchung von Werner

Mit der Bedeutung des Verhältnisses zwischen Geltung und Durchsetzbarkeit für Art. 23 Satz 1 GG alte Fassung hat sich erstmals WERNER befaßt[138].

WERNER stellt am Anfang seiner Untersuchung zunächst fest, daß das Grundgesetz selbst über die Bedeutung der in Art. 23 Satz 1 GG bestimmten Geltung des Grundgesetzes keine Aussage enthalte. Die Bedeutung dieses Begriffs sei daher nach *allgemeinen Grundsätzen* zu klären. Er verweist hierzu auf die von SCHREIBER[139] und HENKEL[140] verwendeten Aussagen zum Begriff der Rechtsgeltung[141].

---

136 BVerfGE 7, 1, 7 ff.
137 vgl. unten E.III.1)
138 WERNER, Die Zuständigkeit des Bundesverfassungsgerichts für Berlin, S. 7 ff
139 SCHREIBER, Die Geltung von Rechtsnormen
140 HENKEL, Einführung in die Rechtsphilosophie
141 WERNER, a.a.O., S. 8 ff

Der Begriff der faktischen Geltung erfasse den Vollzug, die Verwirklichung der jeweiligen Rechtsnorm. Dies sei gleichbedeutend mit der Anwendung der Rechtsnorm. Die Anwendung von Rechtsnormen führe zu deren Verwirklichung in der sozialen Umwelt.

Die Bedeutung der Anwendung einer Rechtsnorm vermöge den Begriff der Geltung der Rechtsnorm nicht zu klären. Die Anwendung eines Gesetzes setze seine Geltung voraus. Geltung und Anwendung einer Rechtsnorm seien nicht identisch. Dies gelte daher auch für die Bedeutung dieser Begriffe.

Die Tragweite der in Art. 23 Satz 1 GG bestimmten Geltung des Grundgesetzes für Groß-Berlin könne anhand des von HENKEL verwendeten Begriffs der Normgeltung geklärt werden.

Der Begriff der Normgeltung erfasse sowohl die Existenz des Rechts (Seinsgeltung) als auch den Zweck des Rechts als Aufforderung zu normgerechtem Verhalten (Sollgeltung, Normativgeltung). Diese beiden Faktoren seien bei allem positiven Recht vorhanden, also auch beim Grundgesetz.

Die in Art. 23 Satz 1 GG bestimmte Geltung des Grundgesetzes bedeute im Anschluß an HENKEL das Vorhandensein des Normenkomplexes „Grundgesetz für die Bundesrepublik Deutschland vom 23. Mai 1949“ als verbindliches System von Rechtssätzen.

Mit der von WERNER vorgenommenen Untersuchung ist anhand der von HENKEL und SCHREIBER verwendeten Aussagen begrifflich zwischen der Geltung des Grundgesetzes einerseits und dessen Anwendung anderseits zu unterscheiden.

Diese begriffliche Unterscheidung beantwortet jedoch nicht in ausreichendem Maße die Frage nach dem Verhältnis zwischen Geltung und Durchsetzbarkeit in Art. 23 GG alte Fassung. Möglicherweise läßt sich die Ausgangsfrage in Art. 23 GG alte Fassung gerade nicht nach „allgemeinen Grundsätzen“ beantworten. Art. 23 GG alte Fassung könnte eine Verfassungsnorm darstellen, bei der die Veränderung der Wirklichkeit - die vollzogene Abtrennung Ost-Berlins - für die Frage ihrer Geltung zu berücksichtigen ist.

2) Recht und Wirklichkeit

Den Einfluß der Durchsetzbarkeit auf die Normgeltung wird von den verschiedenen Aussagen zur Rechtsgeltung als ein Problem von Recht und Wirklichkeit untersucht.

Die hierzu bisher vertretenen Ansichten zur Rechtsgeltung enthalten dabei nur allgemeine Aussagen. Entweder wird das Recht mit der Wirklichkeit identifiziert (sogenannte psychologische/soziologische Auffassungen der Rechtsgeltung), oder die Wirklichkeit wird als eine Bedingung der Rechtsgeltung verstanden (sogenannte normative Auffassung der Rechtsgeltung).

a) *Psychologische / Soziologische Auffassungen der Rechtsgeltung*

Die These, die Geltung des Rechts sei mit seiner Wirksamkeit identisch, wird vor allem auf der Grundlage psychologisch/soziologischer Auffassungen der Rechtsgeltung vertreten.

Die psychologische Auffassung der Rechtsgeltung gründet sich auf die sogenannte *Anerkennungstheorie*.

Die Anerkennungstheorie wird in verschiedenen Varianten vertreten. Sie hat sich von der individuellen Anerkennungstheorie, wonach es auf die tatsächliche oder stillschweigende Anerkennung der einzelnen Rechtsnormen durch den einzelnen Rechtsgenossen ankommen soll, zur sogenannten generellen Anerkennungstheorie gewandelt[142].

Als Beispiel für die der individuellen Anerkennungstheorie mag die Aussage von BIERLING dienen:

„Recht besteht nur so lange, als es gilt, d.h. solange es anerkannt (respektiert, geachtet, als bindend oder maßgebend angesehen, empfunden) wird."[143]

Auch die generelle Anerkennungstheorie ist durch eine Vielzahl von Unsicherheiten gekennzeichnet, die den Träger der Anerkennung betreffen (Mehrheit der Rechtsgenossen, die weitaus überwiegende Zahl, oder die tonangebende Schicht in der Bevölkerung)[144]. Auch über den Gegenstand der Anerkennung lassen sich verschiedene Aussagen finden: darunter sei nicht nur die einzelne Rechtsnorm zu verstehen, sondern das Rechtssystem im ganzen. Am meisten schillert der Begriff der Anerkennung selbst, der nie klar definiert worden ist.

Um sich über das Wesen des Rechts eine klare Vorstellung zu machen, ist es nach Auffassung JELLINEK^s methodisch geboten, das Recht nur als psychologische, innermenschliche Erscheinung zu betrachten.

JELLINEK begreift das Recht als einen Teil der menschlichen Vorstellung[145]. Alles Recht habe als notwendiges Merkmal das der Gültigkeit[146]:

„Ein Rechtssatz ist nur dann Bestandteil der Rechtsordnung, wenn er gilt, ein nicht mehr geltendes Recht oder ein Recht, das erst Geltung gewinnen soll, ist nicht Recht im wahren Verstande des Wortes. Eine Norm gilt dann, wenn sie die Fähigkeit hat, motivierend zu wirken, den Willen zu bestimmen. Diese Fähigkeit entspringt aber aus der nicht weiter ableitbaren Überzeugung, daß wir verpflichtet sind, sie zu befolgen."

---

142 vgl. die Untersuchung von HENKEL, Einführung in die Rechtsphilosophie, S. 547 ff.

143 BIERLING, Zur Kritik der juristischen Grundbegriffe, S. 7

144 HENKEL, Einführung in die Rechtsphilosophie, S. 547

145 JELLINEK, Allgemeine Staatslehre, S. 332

146 JELLINEK, a.a.O., S. 333 f.

Möglichen Einwendungen begegnet JELLINEK damit, daß die Gültigkeit des wahren Rechtssatzes keineswegs subjektiver Willkür anheim gegeben sei[147]. Denn die psychologische Grundtatsache des sich Verpflichtetwissen durch eine Norm sei in keiner Weise individuellem Belieben überlassen. Die Norm trete dem ihr Widerstrebenden mit dem nicht zu bannenden Anspruch auf Gültigkeit entgegen. Allerdings gehöre es weiter zur Geltung des Rechts, daß seine psychologische Wirksamkeit garantiert sei[148]:

„Garantiert ist das Recht aber dann, wenn die motivierende Kraft seiner Vorschriften durch sozialpsychologische Mächte derart verstärkt ist, daß jene Normen sich gegen widerstrebende individuelle Motive als Bewegungsgründe des Handelns durchzusetzen imstande sind."

Ein Widerstreit verschiedener Anschauungen über die Rechtsqualität bestimmter Teile der staatlichen Ordnung könne schließlich zur formellen Beseitigung der bekämpften Normen durch derogatorisches Gewohnheitsrecht führen.

Das Verhältnis des Faktischen zum Normativen trete besonders scharf in der Entstehung des Rechtes hervor[149]. Alles Recht in einem Volke sei ursprünglich nichts als faktische Übung. Aber nicht nur für die Entstehung, auch für das Dasein der Rechtsordnung gebe die Einsicht in die normative Kraft des Faktischen erst das rechte Verständnis:

„Weil das Faktische überall die psychologische Tendenz hat, sich in Geltendes umzusetzen, so erzeugt es im ganzen Umfang des Rechtssystems die Voraussetzung, daß der gegebene soziale Zustand der zu Recht bestehende ist, so daß jeder, der eine Veränderung in diesem Zustand herbeiführen will, sein besseres Recht zu beweisen hat."[150]

STAMMLER gibt die Lösung des Problems vom rechtlichen Gelten durch psychologische Erörterungen[151]:

„Das Gelten eines Rechtes ist die Möglichkeit, es durchzusetzen."[152] Der Begriff des Rechts bedeute eine Teilvorstellung[153], die im Unterschied von anderen Arten - sittlichem, konventionalem und willkürlichem Wollen - zu bestimmen sei. Die Möglichkeit der Durchsetzung trete bei allen Fällen des Wollens auf. Das Gelten des Rechtes sei die Betätigung eines rechtlich bestimmten Wollens in der empfindbaren Wirklichkeit[154].

---

147 JELLINEK, a.a.O., S. 333 in Fußnote 1)
148 JELLINEK, a.a.O., S. 334
149 JELLINEK, a.a.O., S. 339
150 JELLINEK, a.a.O., S. 339 f.
151 STAMMLER, Lehrbuch der Rechtsphilosophie, S. 150
152 STAMMLER, a.a.O., S. 148
153 STAMMLER, a.a.O., S. 148
154 STAMMLER, a.a.O., S. 149

Die Möglichkeit, sich durchzusetzen, die den Begriff des rechtlichen Geltens ausmache, verlange eine Einwirkung auf die rechtlich Verbundenen[155].

Es sei somit das Eingreifen einer gewissen Macht vonnöten. Allein der Grad in der Stärke des möglichen Einwirkens könne außerordentlich verschieden sein.

Manchmal bestünde ein rechtliches Wollen, erscheine mit positivem Inhalt und sei als geltend angenommen, aber es zeige sich im Streitfalle kraftlos, und das Ergebnis der Lage entspreche nicht dem, was dieses in Kraft stehende Recht fordere.

Ein solches Recht sei nur ein schwaches Recht. Die Schwäche dieses Rechts bestünde gerade in seinem Auftreten.

Maßgeblich ist wohl nach Auffassung STAMMLER^s, daß das Recht in einem solchen Fall als schwach empfunden wird.

Der Kerngehalt der psychologischen Auffassung der Rechtsgeltung läßt sich schließlich zu der Aussage zusammenfassen, daß die Geltung auf einer in der Rechtsgemeinschaft vorherrschenden positiven Haltung gegenüber dem Recht beruht, derart, daß die Mitlebenden, im ganzen genommen, das bestehende Recht im ganzen gutheißen und als das ihrige anerkennen [156].

An die psychologische Auffassung der Rechtsgeltung knüpft sich die soziologische Auffassung an, die ebenso wie jene auf die Wirksamkeit der Rechtsnorm abstellt, sie aber nicht so sehr in bezug auf das einzelne Individuum, als in bezug auf die Gesellschaft betrachtet und daher die Geltung des Rechts weniger als ein psychisches, denn als ein soziales Phänomen ansieht[157].

EHRLICH sieht in dem Recht etwas, was in der menschlichen Gesellschaft als Recht lebt und wirkt[158]:"Rechtsnormen sind die aus den Tatsachen des Rechts fließenden Normen"[159].

Ob eine gesellschaftlich geltende, wider ein staatliches Verbot verstoßende Norm als Rechtsnorm im soziologischen Sinne betrachtet werden könne, sei eine Art gesellschaftlicher Machtfrage. Es komme darauf an, ob sie in der Gesellschaft die Gefühlstöne auslöse, die der Rechtsnorm eigentümlich seien, die opinio necessitatis der gemeinrechtlichen Juristen.

Gerade in dieser Frage habe aber bereits die gemeinrechtliche Jurisprudenz in der Lehre vom sogenannten derogierenden Gewohnheitsrecht der Soziologie des Rechts vorgearbeitet. Sie habe die Möglichkeit eines Absterbens der Rechtssätze, die dem Rechtsbewußtsein widersprechen, angenommen und bewiesen[160].

---

155 STAMMLER, a.a.O., S. 153
156 HENKEL, Einführung in die Rechtsphilosophie, S. 548
157 LARENZ, Das Problem der Rechtsgeltung, S. 13
158 EHRLICH, Grundlegung der Soziologie des Rechts, S. 20 ff.
159 EHRLICH, a.a.O., S. 150
160 EHRLICH, a.a.O., S. 21

SOMLÓ unterscheidet den Begriff der Norm, der für die Definition des Rechts verwendet wird, in eine Seins- und eine Sollensbedeutung[161]. Norm im ersten Sinn sei das gewöhnlich Geschehende, im zweiten das Geschehensollende. Das gewöhnlich Geschehende sei das Normale im Gegensatz zum Abnormalen, auch Enormen oder Ausnahmsweisen, das Geschehensollende sei das Normgemäße im Gegensatz zum Normwidrigen[162].

Wenn der Begriff der Norm den Begriff des Rechts bezeichne, so geschehe dies im Sinne eines Sollens, also in des Wortes sogenannter normativer Bedeutung. Nicht das Normale, das Regelmäßige solle damit bezeichnet werden im Gegensatz zum Abnormalen, zum Ausnahmefall, sondern das Normgerechte, das Normgemäße im Gegensatz zum Normwidrigen. Es sei der Begriff des Sollens, dem das Recht unterstellt sei, indem man es als eine Norm bezeichne.

Ein gewisser Grad der Verwirklichung der Norm gehöre dabei mit zu dem Begriff der Rechtsnormen[163]. SOMLÓ definiert das Recht als „die Normen einer gewöhnlich befolgten, umfassenden und beständigen höchsten Macht"[164].

LEIBHOLZ führt den frei von allen Inhalten gedachten Rechtsbegriff auf ein Sollen und nicht ein Wollen zurück[165]. Das Wollen sei in seiner ursprünglichen Bedeutung ebenso wie das Wahrnehmen überhaupt nur ein empirischer Bewußtseinsinhalt, ein reines Phänomen des Seins.

Zum Rechtsbegriff trete aber noch weiterhin ein faktisches, von der Norm unabhängiges Moment[166]. Die einzelne Norm werde nämlich zur Rechtsnorm erst durch ihre empirische potentielle „Geltung", d.h. durch die ihr zugeschriebene Fähigkeit und ihr auch tatsächlich anhaftende Möglichkeit, auf das faktische Verhalten der Menschen oder der Staaten bestimmend einzuwirken.

Konsequenterweise hält LEIBHOLZ die Frage nach der Geltung der Rechtsnorm für einen Pleonasmus. Es sei nicht erforderlich, daß die einzelne Rechtsregel sich irgendwie in das Faktische umsetze und die rechtsanwendenden Instanzen in die Lage kommen, Konflikte nach dieser Norm zu entscheiden, um damit die garantierende Funktion des Rechtssatzes zur Evidenz zu erweisen.

Es genüge vielmehr die „Chance der Durchsetzbarkeit"[167], die Vorstellung, daß, wenn der der Norm zugrunde liegende Sachverhalt praktisch werden könnte, die Menschen mehr oder minder im Sinne dieser Rechtsregel motiviert werden, ihr Verhalten danach einzurichten.

---

161 SOMLÓ, Jursitische Grundlehre, S. 55 f.
162 SOMLÓ, a.a.O., S. 56
163 SOMLÓ, a.a.O., S. 58
164 SOMLÓ, a.a.O., S. 105
165 LEIBHOLZ, Die Gleichheit vor dem Gesetz, S. 62
166 LEIBHOLZ, a.a.O., S. 63
167 LEIBHOLZ, a.a.O.

b) Normative Auffassungen der Rechtsgeltung

Normative Theorien sehen in der Wirklichkeit keinen Geltungsgrund, sondern eine - auflösende - Bedingung der Geltung.

KELSEN stellt fest, die korrekte Bestimmung des Verhältnisses zwischen Geltung und Wirksamkeit sei eines der wichtigsten und zugleich schwierigsten Probleme der von ihm vertretenen *positivistischen Rechtstheorie.* Es sei nur ein Spezialfall des Verhältnisses zwischen dem Sollen der Rechtsnorm und dem Sein der Naturwirklichkeit. Denn auch der Akt, mit dem eine positive Rechtsnorm gesetzt werde, sei - so wie die Wirksamkeit der Rechtsnorm - eine Seinstatsache.

Daß eine sich auf das Verhalten eines Menschen beziehende Norm gilt, bedeutet, so KELSEN, „daß sie verbindlich ist, daß sich der Mensch in der von der Norm bestimmten Weise verhalten soll.“[168]

Die Frage, warum sich der Mensch so verhalten solle, könne nicht mit der Feststellung einer Seinstatsache beantwortet werden[169]:

„Daraus, daß etwas *ist*, kann nicht folgen, daß etwas sein *soll*; sowie daraus, daß etwas sein *soll*, nicht folgen kann, daß etwas *ist*.“

Der Geltungsgrund einer Norm könne nur die Geltung einer anderen Norm sein. Eine Norm, die den Geltungsgrund einer anderen Norm darstelle, werde figürlich als die höhere Norm im Verhältnis zu einer niederen Norm bezeichnet[170]. Aus dieser Unterscheidung entwickelt KELSEN den Begriff der Grundnorm, auf die die Rechtsordnung als letzte Sollensnorm ableitbar sein soll.

Nach der von KELSEN vertretenen Auffassung entstammen also Existenz und Wirksamkeit der Rechtsnorm der Sphäre des Seins - und nicht des Sollens, und es stellt sich die Frage, wie das Verhältnis von Recht und Wirklichkeit aus dieser Sicht beurteilt wird:

„Eine positivistische Rechtstheorie ist vor die Aufgabe gestellt, zwischen zwei Extremen, die beide unhaltbar sind, den richtigen Mittelweg zu finden. Das eine Extrem ist die These, daß zwischen Geltung als einem Sollen und Wirksamkeit als einem Sein überhaupt keine Beziehung besteht, daß die Geltung des Rechts von seiner Wirksamkeit völlig unabhängig ist. Das andere Extrem ist die These, daß die Geltung des Rechts mit seiner Wirksamkeit identisch ist. Der ersteren Lösung des Problems neige eine idealistische, der zweiten eine realistische Theorie zu.“[171]

---

168 KELSEN, Reine Rechtslehre, S. 196
169 KELSEN, a.a.O., S. 196
170 KELSEN, a.a.O.
171 KELSEN, a.a.O., S. 215

Die erste sei falsch, denn es könne nicht geleugnet werden, daß eine Rechtsordnung als Ganzes ebenso wie eine einzelne Rechtsnorm ihre Geltung verliere, wenn sie aufhöre wirksam zu sein; und daß auch insofern eine Beziehung zwischen dem Sollen der Rechtsnorm und dem Sein der Naturwirklichkeit bestehe, als die positive Rechtsnorm, um zu gelten, durch einen Seinsakt gesetzt werden müsse[172]. Die zweite Lösung sei falsch, denn es könne nicht geleugnet werden, daß es zahlreiche Fälle gebe, in denen Rechtsnormen als gültig angesehen werden, obgleich sie nicht oder noch nicht wirksam sind.

KELSEN schlägt vom Standpunkt der Reinen Rechtslehre vor, zwischen der Soll-Geltung einer Rechtsnorm und ihrer Seins-Wirksamkeit zu unterscheiden; die Wirksamkeit der Rechtsordnung als Ganzes und die Wirksamkeit einer einzelnen Rechtsnorm - ebenso wie der Normsetzungsakt - sei eine *Bedingung der Geltung*, und zwar in dem Sinne Bedingung, daß eine Rechtsordnung als Ganzes und eine einzelne Rechtsnorm nicht mehr als gültig angesehen werden könnten, wenn sie aufhörten, wirksam zu sein[173].

Auch sei die Wirksamkeit einer Rechtsordnung ebensowenig wie die Tatsache ihrer Setzung Grund der Geltung[174]:

„Die Normen einer Rechtsordnung gelten, weil die Grundregel ihrer Erzeugung bildende Grundnorm als gültig vorausgesetzt wird, nicht weil sie wirksam sind, aber sie gelten nur, wenn, das heißt nur solange als diese Rechtsordnung wirksam ist."

Eine Rechtsnorm könne dadurch, daß sie dauernd unangewendet oder unbefolgt bleibe, das heißt durch die sogenannte desuetudo, ihre Gültigkeit verlieren. Desuetudo sei eine gleichsam negative Gewohnheit, deren wesentliche Funktion darin bestünde, die Geltung einer Norm aufzuheben[175].

Wirksamkeit sei eine Bedingung der Geltung, aber nicht die Geltung selbst. Dies müsse mit Nachdruck betont werden, da der Versuch, die Geltung des Rechts mit seiner Wirksamkeit zu identifizieren, immer wieder gemacht werde.

Gegen die psychologisch-soziologische Betrachtung der Rechtsgeltung wendet sich auch LARENZ. Die *Anerkennungstheorie* führe nicht aus dem Bereich der Psychologie heraus, die den mit seinem Normcharakter gesetzten Geltungsanspruch, die Normgeltung des positiven Rechts zu begründen vermöge[176].

Die Geltung des Rechts könne somit nicht nur als eine psychologische oder soziologische Tatsächlichkeit begriffen werden. Sie bezeichne nicht ein Verhal-

---

172 KELSEN, Reine Rechtslehre, S. 217

173 KELSEN, a.a.O., S. 219

174 KELSEN, a.a.O., S. 219

175 KELSEN, a.a.O., S. 220

176 LARENZ, Das Problem der Rechtsgeltung, S. 15

ten, sondern vielmehr eine Norm für das Verhalten, die es ermögliche, dieses danach zu beurteilen[177]:

'„Anerkennen" kann ich nur etwas, das mir bereits mit dem Anspruch auf Anerkennung gegenübertritt; „befolgen" kann ich nur eine Regel, die mir mit dem Anspruch auf Befolgung als Richtschnur gegeben ist; denn „befolgen" heißt einer Regel folgen, ihr nach folgen, und an erkennen heißt, etwas Vorhandenem zustimmen. Anerkennung gibt es nur dort, wo eine Norm schon vorliegt, das heißt also gilt, und diese „normative Geltung" meinen wir, wenn wir das Recht als Verbindlichkeit, als Anspruch und Forderung charakterisieren. Die „normative Geltung" des Rechts ist gleichbedeutend mit seinem Forderungscharakter. Eine Forderung, ein Anspruch, eine Verbindlichkeit ist aber etwas grundsätzlich anderes als ein zeitlicher Vorgang, als etwas Tatsächliches im Sinne der naturalistischen Psychologie."

LARENZ stellt zusammenfassend fest[178]:

„Die Norm gilt, nicht sofern sie befolgt wurde, sondern sofern sie befolgt werden soll."

Die Begründung der Verbindlichkeit der Rechtsnorm steht nach Auffassung von HENKEL im Mittelpunkt der rechtsphilosophischen Erörterungen und werde schlechthin als „der" Geltungsgrund des Rechts behandelt[179].

Das tatsächliche Gelten (=Wirksamsein) eines Rechtssatzes dürfe nicht verwechselt werden mit seinem Gelten-Sollen, d.h. mit seinem Anspruch, befolgt und durchgesetzt zu werden, und schon gar nicht mit der Begründetheit dieses Anspruchs, d.h. der Verbindlichkeit für den Normadressaten[180].

Ebensowenig dürfe aus der Tatsache, daß eine Rechtsnorm regelmäßig befolgt und durchgesetzt werde, gefolgert werden, daß sie auch befolgt und durchgesetzt werden solle[181]:

„Wer die normative Geltung des Rechts mit Faktischem begründen will, beweist damit, daß er das Wesen des Normativen verkennt."

Das Ergebnis seiner Untersuchung des Verhältnisses zwischen faktischer Geltung und Normativgeltung faßt HENKEL wie folgt zusammen[182]:

„Faktische Geltung und Normgeltung stehen in einem engen Verhältnis zueinander. Sie decken sich nicht, aber sie können auch nicht dauernd auseinanderfallen. Die Norm strebt zur faktischen Geltung, sie soll im Rechtswesen der Sozietät wirksam werden, die faktische Geltung einer Verhaltensregel bedarf der

---

177 LARENZ, a.a.O., S. 15
178 LARENZ, a.a.O, S. 16 unter Berufung auf Kelsen
179 HENKEL, Einführung in die Rechtsphilosophie, S. 554
180 HENKEL, a.a.O., S. 555
181 HENKEL, a.a.O.
182 HENKEL, a.a.O., S. 561 f.

rechtlichen Verbindlichmachung, um Rechtsgeltung zu sein. Beim Gesetzesrecht steht am Beginn die durch den Positivierungsakt begründete Normgeltung , die - zumindest zunächst - von der tatsächlichen Geltung, dem Befolgt- und Angewandtwerden der Norm unabhängig ist.

Dennoch tritt auch hier ein bedeutsamer Zusammenhang beider Geltungsarten zutage, nämlich in einem besonderen Bedingungsverhältnis: Zwar ist die Normgeltung nicht aufschiebend bedingt durch die tatsächliche Wirksamkeit der Verhaltensregel, d.h. ihr Befolgt- und Angewandtwerden wohl aber stellt deren Ausbleiben bei längerer Dauer eine auflösende Bedingung der Normgeltung dar.

Der Verlust der Wirksamkeit der Norm kann seine Ursache darin haben, daß sie entweder dem allgemeinen Bewußtsein entschwindet oder daß sie die generelle Anerkennung in dem oben bezeichneten Sinne verliert.

Da sie in beiden Fällen die tragende psychische Grundlage ihres geistigen Seins als Rechtsnorm, d.h. als maßgebliche Richtschnur rechtlichen Verhaltens, einbüßt, geht mit der faktischen Geltung auch ihre Normgeltung verloren. Unzählige Rechtsvorschriften, die nie ausdrücklich aufgehoben wurden, sind durch die Rechtsorgane außer Geltung gekommen. Die nur noch auf dem Papier stehende Vorschrift hat keine Normgeltung mehr; sie ist nicht mehr maßgebliche Richtschnur rechtlichen Verhaltens."

Nach Auffassung SCHREIBER[s] handelt es sich bei Durchsetzbarkeit nicht um ein Merkmal des Begriffs der Rechtsgeltung[183]. Das Merkmal der Durchsetzbarkeit von Rechtsnormen könne keinem Geltungsbegriff zugeordnet werden, sondern sei eine Eigenschaft von Rechtsnormen, die eine Relation zwischen zwei Geltungsnormen beschreibe.

Die Erscheinung, daß Rechtsnormen wirksam sein können, unabhängig davon, ob sie richtiges Recht, gerechtes Recht, positives Recht, verfassungsmäßiges Recht darstellen, beschreibt SCHREIBER mit dem Begriff der faktischen Geltung[184]:

„Eine Rechtsnorm gilt faktisch, soll bedeuten, eine Rechtsnorm ist wirksam derart, daß immer dann, wenn der Tatbestand der Rechtsnorm erfüllt ist, die Rechtsfolge eintritt."

Im günstigsten Falle würden sich faktische und verfassungsmäßige Geltung decken. Faktischer und verfassungsmäßiger Geltungsbereich könnten jedoch voneinander abweichen.

Eine Abweichung des Geltungsbereiches der faktischen Geltung von dem der verfassungsmäßigen Geltung bestünde nicht nur zu Beginn einer Entwicklung, z.B. wenn ein Verfassungsgesetzgeber eine neue Verfassung mit einem neuen

183 SCHREIBER, Die Geltung von Rechtsnormen, S. 245

184 SCHREIBER, a.a.O., S. 58

Begriff der verfassungsmäßigen Geltung gebe, oder wenn gemäß der Verfassung der Gesetzgeber neue Rechtsnormen setze, sondern auch nach Einführung dieser Normen könne die Rechtswirklichkeit hinter den Anforderungen der verfassungsmäßigen Normen zurückbleiben.

Diese Abweichungen des Geltungsbereichs der faktischen Geltung von dem der verfassungsmäßigen Geltung sei nicht ein Ergebnis des Zufalls, sondern das eines sozialen Kräftespiels. Da schon umfangreiche Gesetzmäßigkeiten für den Ablauf dieses sozialen Kräftespiels entdeckt wurden, sei interessant, diese Aussagen auf das Verhältnis von faktischer Geltung und verfassungsmäßiger Geltung anzuwenden. Gesetzmäßigkeiten dieser Art zu untersuchen, gehöre dabei in den traditionellen Bereich der Soziologie[185].

Die Untersuchung über die Durchsetzbarkeit sei trotz der enormen Schwierigkeiten von großer Bedeutung[186]. Werde eine rechtliche Regelung in den Rang verfassungsmäßiger Geltung erhoben und sei diese nicht durchsetzbar, weil sie sich keine faktische Geltung verschaffen könne, so bleibe diese Regelung nicht nur ein nullum, sondern sie entfalte Wirkungen.

Diese Wirkungen könnten den Zielsetzungen des Gesetzgebers oder der rechtsschöpfenden Rechtsprechung möglicherweise nicht entsprechen. Rechtsnormen, die nicht durch faktische Geltung einen klaren Bezug zur Rechtswirklichkeit behielten, würden leicht als Leerformeln benutzt und umgedeutet mit dem Ergebnis, rechtliche Regelungen, denen verfassungsmäßige Geltung nicht zukommt, den Mantel einer solchen Geltung zu verleihen.

Indem man die Frage der Durchsetzbarkeit von Rechtsordnungen und rechtlichen Regelungen dem Fragenkreis des Verhältnisses von faktischer Geltung und verfassungsmäßiger Geltung zuweise, sei damit die Struktur dieses Begriffes klargelegt.

Der Begriff der Rechtsgeltung könne mit dem Merkmal der Durchsetzbarkeit nicht formuliert werden. Das Merkmal der Durchsetzbarkeit von Rechtsnormen lasse sich selbst nicht einem Geltungsbegriff zuordnen, sondern sei eine Eigenschaft von Rechtsnormen, die eine Relation zwischen zwei Geltungsnormen beschreibe.

c) Die strukturierende Rechtslehre

Die genannten Ansichten setzen Recht und Wirklichkeit, Geltung und Durchsetzbarkeit entweder gleich oder betonen die Unterschiede beider Begriffe. Keine dieser Ansichten vermag jedoch eine methodische Antwort auf das Verhältnis zwischen Recht und Wirklichkeit in der jeweiligen Norm zu liefern.

---

185 SCHREIBER, a.a.O., S. 244
186 SCHREIBER, a.a.O., S. 245

Eine solche Methode erhält man nur, wenn man sich mit der von MÜLLER[187] entwickelten Methode der *strukturierenden Rechtslehre* der jeweils zu untersuchenden Norm zuwendet, der die Einbeziehung von „Wirklichkeit in die „Norm“ als einen Aspekt der Norm selbst versteht. Diesem Ansatz wird zur Klärung des Verhältnisses zwischen Recht und Wirklichkeit in Art. 23 GG alte Fassung im weiteren gefolgt.

Die Einsicht, das Faktische habe in allen Bereichen, so auch auf dem ganzen Feld der Rechtsordnung, die Tendenz, sich in Geltendes umzusetzen, den gegebenen sozialen Zustand zu legitimieren, ist bedeutsam für Grundfragen der Rechts- und Staatssoziologie[188]. Für die Konkretisierung von Rechtsnormen erweist sich die Lehre von der normativen Kraft des Faktischen als unbrauchbar, da sie die Frage der Struktur rechtlicher Normativität noch nicht einmal stellt [189].

Das Verständnis der Verfassung als des puren Spannungsverhältnisses der gesellschaftlichen Faktoren ist normtheoretisch unergiebig. Rein innerlich in den Köpfen der Menschen vollzieht sich die Umwandlung zunächst bloß faktischer Macht in rechtliche. Die dazukommende Vorstellung, dieses Faktische sei normativ, wird nur physiologischer und physischer Schwerkraft verdankt[190]. Das funktionelle Hinzutreten äußerer Garantien und Sanktionen des auf solche Weise in den Machtverhältnissen ausgeprägten Rechts ändert nichts an der Abstraktheit dieser Lehre gegenüber der Wirkungsweise und den Bedingungen des Konkretisierens einer bestimmten Rechtsordnung.

Die Vermittlung zwischen den gleichwohl vorausgesetzten Polen von Faktischem und Rechtlichem findet kein beide umgreifendes Staats- und Rechtsverständnis, weil sie die entscheidende Frage in das empirisch konventionelle Bewußtsein, damit aber außerhalb ihrer Prämissen verschiebt.

Ohne die Wendung ins Normtheoretische bleiben auch andere Versuche, vom Pol „Wirklichkeit“ her die Rechtsnorm konkreter zu erfassen auf halbem Weg stehen. Zwar wird aus der Perspektive einer sozialwissenschaftlichen Staatslehre erkannt, daß ein vom Gesetzgeber sprachlich formulierter Rechtssatz weder als nur befehlender Willensakt, noch ausschließlich als zeitlos objektive Vernunft, sondern als relativer Versuch eines historischen Gesetzgebers verstanden werden kann, einen als möglich vorgestellten gesellschaftlichen Sachverhalt in einer Weise zu regeln, die seinen Wertmaßstäben entspricht.

Doch wird der mögliche Wert dieses Verständnisses für die Rechtswissenschaft vereitelt, indem die sozialen Ordnungsgehalte, auf die sich die Rechtsord-

---

187 MÜLLER, Strukturierende Rechtslehre, S. 77 ff.
188 MÜLLER, a.a.O., S. 77 f.
189 MÜLLER, a.a.O., S. 78
190 MÜLLER, a.a.O., S. 78

nung verwiesen sieht, pauschal als außerrechtlich und metajuristisch qualifiziert werden[191].

Die dargestellten „Normativen Auffassungen der Rechtsgeltung" weisen zu Recht auf die Normblindheit hin, die mit einer generellen Gleichsetzung von Wirklichkeit und Recht verbunden ist. Auch diese Auffassungen beachten aber nicht ausreichend den Standpunkt der jeweiligen Norm, da sie ihre Aussagen ebenso verallgemeinern. Sie reflektieren nicht ausreichend den konkreten sachlichen Bezug der Norm zu dem von ihr geordneten Wirklichkeitsausschnitt und nehmen ihn als realen Vorgang ernst[192].

Die Trennung von Recht und Wirklichkeit führt letztlich zu einer zu jener Wirksamkeit des Rechts als einer Bedingung seiner Geltung und dieser Geltung selbst als einem Sollen[193]. Eine andere Behandlungsart des Rechts erscheint von hier aus unwissenschaftlich. Allerdings gerät dieser bemerkenswert geschlossenen Doktrin schon bei ihren Voraussetzungen das Recht abhanden.

Die Geltungsfrage ist weder rein soziologisch, noch rein normativistisch, noch auch im Auseinanderfallen dieser angeblich je selbstgesetzlichen Bereiche sinnvoll zu stellen.

Weder logische Analyse noch empirische Beobachtung können feststellen, daß Norm und Wirklichkeit grundsätzlich getrennt behandelt werden sollen[194]. Rechtsgeltung ist eine sehr komplexe Erscheinung. Das Sollen ist nicht nur auf Sachfragen zugeschnitten, sondern selbst sachlich geprägt[195].

Das Problem von Recht und Wirklichkeit liegt diesseits allgemeiner Identifizierung oder Nichtidentifizierung dieser Größen; es liegt in den Einzelheiten strukturierender Konkretisierung und entsprechend fragender Theorie[196].

Normstruktur als Arbeitsbegriff bezeichnet den Zusammenhang zwischen den begrifflichen Bestandteilen einer Norm (Normprogramm - Normbereich) und nicht etwa Verhältnisse zwischen Bezugspunkten aus der überkommenen Rechtslehre (wie Sollen und Sein, Tatbestand und Rechtsfolge, Norm und Sachverhalt)[197]. Die genannten Strukturelemente wirken in der tatsächlichen Arbeit der Juristen auf eine Art zusammen, der Normativität zugeschrieben wird.

„Normativität" meint keine normative Kraft des Faktischen und ebensowenig die Geltung eines Rechtstextes oder Rechtsbefehls.

---

191 MÜLLER, Strukturierende Rechtslehre, S. 79
192 MÜLLER, a.a.O., S. 226
193 MÜLLER, a.a.O., S. 25
194 MÜLLER, a.a.O., S. 20
195 MÜLLER, a.a.O., S. 25
196 MÜLLER, a.a.O., S. 33
197 MÜLLER, a.a.O., S. 17

Das Konzept der Norm setzt ein sachgeprägtes und strukturiertes Ordnungsmodel voraus. „Normativität“ bezeichnet die dynamische Eigenschaft einer so verstandenen Norm, sowohl die ihr zugrunde liegende Wirklichkeit zu ordnen - konkrete Normativität - als auch selbst durch diese Realität bedingt und strukturiert zu werden - sachbestimmte Normativität.

Damit ist die Frage nach dem Verhältnis von Recht und Wirklichkeit schon im theoretischen Ansatz dynamisiert und wird praktische Konkretisierung als realer Vorgang des Entscheidens begriffen. Von hier aus umfaßt Verfassungsrecht in jeweils zu differenzierender Weise zugleich auch den von seinen einzelnen Normen vorausgesetzten, rezipierten oder erzeugten Ausschnitt der sozialen Wirklichkeit[198].

Norm und Normtext sind nicht identisch[199]. Die normative Anweisung ist nicht schon im Normtext substantiell enthalten, vorhanden oder gegeben: der Gesetzespositivismus hat das allerdings geglaubt. Juristische Begriffe können so wenig wie andere ihre Aussagen verdinglichen.

Sie haben Zeichenwert, können nur verweisen und dementsprechend auf ihre jeweilige Gebrauchsweise hin untersucht werden. Sie sind nicht zugleich die Sache, die sie meinen; sondern allenfalls deren (sprachliche) Form. Eine Rechtsnorm ist somit mehr als ihre Sprachfassung[200]. Betrachtet man das Verhältnis Norm - Fall, kann nicht schon der Normtext, sondern erst das Ergebnis der umfassenden Sprachinterpretation als Rechtsnorm (Normprogramm) bezeichnet werden.

Im Blick auf das Verhältnis Norm und Wirklichkeit setzt sich die Rechtsnorm aus dem Normprogramm und demjenigen der Bearbeitung einschlägiger Sachgegebenheiten (Normbereich) zusammen. Interpretation oder Auslegung ist Normtextbehandlung.

Methodisch sind zunächst die normativen Leitgedanken (Normprogramm) zu bestimmen[201]. Die Auswahl- und Begrenzungsfunktion des Normprogramms bewirkt, daß die Normbereichsanalyse als integraler Teil der Rechtskonkretisierung die Normativität der Vorschrift als eine sachgeprägte stärkt, anstatt sie im Sinn eines normblinden Soziologismus zu beseitigen[202].

Das Normprogramm ist dabei nicht nur die Summe der normativ relevanten Sprachdaten des Normtextes, sondern das Ergebnis der Interpretation auch von Nicht-Normtexten, wie zum Beispiel Texten aus der Entstehungsgeschichte der Vorschrift (genetisches Element), Texten nicht mehr geltender Normvorläufer

---

198 HESSE, Grenzen der Verfassungswandlung, S. 41
199 MÜLLER, a.a.O., S. 234
200 MÜLLER, a.a.O., S. 234
201 MÜLLER, a.a.O., S. 136
202 MÜLLER, a.a.O., S. 185

(historisches Element), dogmatischen, theoretischen, rechtspolitischen und lösungstechnischen Texten[203].

Das Normprogramm ist durch die anerkannten Hilfsmittel der Normtextbehandlung (Genetik, Systematik, Teleologik usw.[204]), d.h. durch Interpretation aller Sprachdaten im Einzelfall zu erarbeiten[205].

Der Normbereich betrifft für jeden Typus von Vorschrift die mit Hilfe des Normprogramms ausgewählte Grundstruktur[206]. Der Normbereich umfaßt eine Teilmenge der Tatsachen, die mit der fraglichen Rechtsnorm thematisch in Verbindung stehen können[207].

Nicht die Fülle sämtlicher Einzelheiten, sondern die normativ erfragten, also mit Hilfe des Normprogramms ausgewählten „Grundtatsachen" sind vom Normbereich erfaßt[208].

Der für sich allein nicht klare Ausdruck „Grundstruktur" meint die für die Lösung des jeweiligen Falles grundlegenden im Sinne von: normativ mitbegründeten Tatsachen.

Im Gegensatz zum Sachbereich umfaßt also der Normbereich einer Rechtsnorm diejenigen bestimmbaren sachlichen Eigenschaften und Teilzusammenhänge aus der Menge gegenständlich einschlägiger Fakten, die erstens durch den Sachverhalt in den Konkretisierungsvorgang hineingetragen sind und zweitens durch das Normprogramm als mit ihm vereinbar und für die Entscheidungsnorm erheblich ausgewiesen werden können.

3) Normprogramm des Art. 23 GG alte Fassung

Das Normprogramm des Art. 23 GG alte Fassung entscheidet über die Einbeziehung der Wirklichkeit, ob also die faktische Abtrennung Ost-Berlins den Geltungsanspruch dieser Norm vernichtete.

Hier steht nun die Behauptung eines Teils des Schrifttums, Art. 23 GG alte Fassung bekenne sich zum sogenannten Effektivitätsprinzip, mit anderen Worten: Art. 23 GG alte Fassung gilt nur dort, wo sich der im Normtext dieser Vorschrift erhobene Geltungsanspruch auch durchsetzt.

Ausgehend vom Normtext werden in Art. 23 Satz 1 GG alte Fassung alle Länder aufgezählt, in deren Gebiet das Grundgesetz zunächst gilt:

---

203 MÜLLER, a.a.O., S. 252
204 MÜLLER, a.a.O., S. 434
205 MÜLLER, a.a.O., S. 252
206 MÜLLER, a.a.O., S. 251
207 MÜLLER, a.a.O., S. 252
208 MÜLLER, a.a.O., S. 253

„Dieses Grundgesetz gilt zunächst im Gebiete der Länder Baden, Bayern, Bremen, Groß-Berlin, Hamburg, Hessen, Niedersachen, Nordrhein-Westfalen, Rheinland-Pfalz, Schleswig-Holstein, Württemberg-Baden und Württemberg-Hohenzollern. In anderen Teilen Deutschlands ist es nach deren Beitritt in Kraft zu setzen."

a) „Groß-Berlin" und der Wille des deutschen pouvoir constituant

Mit dem in Art. 23 Satz 1 GG alte Fassung verwendeten Begriff „Groß-Berlin" ist entgegen der von MAUNZ geäußerten Zweifel[209] sowohl Ost-Berlin als auch West-Berlin gemeint.

Die Bezeichnung Groß-Berlin erscheint zum erstenmal in dem preußischen „Zweckverbandsgesetz für Groß Berlin" vom 19.7.1911[210].

Durch das „Gesetz über die Bildung einer neuen Stadtgemeinde Berlin" vom 27.4.1920[211] wurden 8 Stadtgemeinden, 59 Landgemeinden und 27 Gutsbezirke zu der Gebietskörperschaft Groß-Berlin[212] zusammengefaßt. Nach § 14 des Gesetzes in Verbindung mit Anlage 2 wurde die neue Gebietskörperschaft in 20 Verwaltungsbezirke eingeteilt, die mit einigen Grenzänderungen, hauptsächlich aus dem Jahre 1936, noch heute existieren und die auch die Grundlage für die Einteilung der Sektoren bildeten[213].

Erst gegen Ende des 2. Weltkrieges erscheint die Bezeichnung Groß-Berlin wieder als rechtlich fixierter Begriff[214]:

Im Londoner Protokoll vom 12.9.1944[215] wird die Bezeichnung „Greater Berlin" verwendet. In der Nr. 2 des Londoner Protokolls wird das Gebiet von Groß-Berlin als „territory ... as defined by the Law of the 27th April 1920" bestimmt. Nach diesem schon erwähnten Gesetz war das Gebiet von Groß-Berlin in insgesamt 20 Verwaltungsbezirke eingeteilt.

Als verfassungsrechtliche Bezeichnung findet sich der Begriff „Groß-Berlin" nach dem 2. Weltkrieg zuerst im Rahmen der „Vorläufigen Verfassung von Groß-Berlin" (Vorläufige Verfassung) vom 13.8.1946[216]. Die vorläufige Verfassung bestimmte das Territorium von Groß-Berlin - so wie das Londoner Protokoll - nach dem Gesetz vom 27.4.1920. Die 20 Verwaltungsbezirke bildeten das

209 MDHS-MAUNZ, Art. 23 Rdnr. 32
210 Preußische GS, S. 123 ff.
211 Preußische GS, S. 123 ff.
212 Das Gesetz kennt nur die Bezeichnung „Berlin".
213 ZIVIER, Der Rechtsstatus des Landes Berlin, 2. Auflg., S. 8
214 WERNER, Die Zuständigkeit des Bundesverfassungsgerichts für Berlin, S. 16
215 Dokumente zur Berlin-Frage 1944-1966, Nr. 1
216 Verordnungsblatt der Stadt Berlin, S. 295

Gebiet der früheren Reichshauptstadt Berlin. Wenn also in dem 1949 geschaffenen Grundgesetz von Groß-Berlin die Rede ist[217], so kann diese Bezeichnung durchaus auf eine gewisse Tradition zurückgeführt werden[218].

Die Bedeutung des Begriffs „Groß-Berlin" war den Mitgliedern des Parlamentarischen Rates durchaus bewußt. Dies zeigt sich auch am Beispiel einer Auseinandersetzung über die Einbeziehung Groß-Berlins in das Grundgesetz zwischen den Abgeordneten RENNER (KPD) und KAISER (CDU).

In der 47. Sitzung des Hauptausschusses des Parlamentarischen Rates vom 8.2.1949 wurde anläßlich der Beratung über die Präambel von dem Abgeordneten RENNER die Verwendung des Begriffs „Groß-Berlin" angesprochen[219]:

„Es soll jetzt der Tatbestand Groß-Berlins ein bißchen dadurch bereinigt werden, daß auf Vorschlag der CDU/CSU unten die Worte „unter Mitwirkung der Vertreter von Groß-Berlin" gestrichen werden und oben in der Liste der Länder an entsprechender alphabetischer Stelle „Groß-Berlin" eingefügt wird. Ich kann mir nicht helfen, Herr ADENAUER, das ist ein Dreh. ... Die Herren, die hier von Berlin sitzen, sind ja nicht Vertreter Groß-Berlins. Das sind auch nicht Vertreter des Groß-Berliner Volkes, sondern das sind Herren, die der Spaltermagistrat Westberlins hierher delegiert hat. Sie sind auch ursprünglich gar nicht mit Zustimmung der Besatzungsmächte hierher gekommen; die haben damals das Problem der Spaltung Berlins als ein allzu heißes Eisen angesehen und haben sich erst nach Ihrem Drängen, Herr Dr. Konrad ADENAUER, und nach dem Drängen durch Herren von der SPD dazu bereit gefunden, die Anwesenheit dieser „Groß-Berliner" Vertreter mit beratender Funktion hinzunehmen. Das ist der Standpunkt von den Militärmächten aus gesehen.

Nun hat sich im Zuge der Verschärfung der internationalen Gegensätze offensichtlich auch bei den westlichen Besatzungsmächten eine andere Konzeption durchgesetzt, und dieser Konzeption sind Sie folgerichtig auch gerecht geworden durch Ihren Beschluß von der vorvergangenen Woche im Spaltermagistrat von Berlin, Westberlin als zwölften Staat an diesen separaten Weststaat anzugliedern. Sie müßten also, wenn die Sie ihren eigenen Beschluß, diesen Beschluß der Berliner Spalter, realisieren wollen, hier zum mindesten das Wort „Groß-Berlin" vermeiden und das einsetzen, was Sie sind und was Sie in Ihrem Beschluß über Berlin selber festgelegt haben: Westberlin, nicht wahr, Herr KAISER?"

---

217 Art. 23 S. 1, 127 und 145 GG alte Fassung

218 WERNER, Die Zuständigkeit des Bundesverfassungsgerichts für Berlin, S. 15

219 Parlamentarischer Rat, Verhandlungen des Hauptausschusses, Dritte Lesung, 47. Sitzung vom 8.2.1949, S. 611 f.

Dem entgegnete der Abgeordnete der CDU KAISER[220]:

„Dazu haben wir keine Veranlassung. Wir sind nach wie vor Groß-Berlin, und die Spalter seid ihr."

In den Verhandlungen des Hauptausschusses des Parlamentarischen Rates hatte Art. 22 GG (der spätere Art. 23 GG) zunächst folgenden Wortlaut[221]:

„(1) Dieses Grundgesetz gilt zunächst für den Teil Deutchlands, der aus dem Gebiet der Länder Baden, Bayern, Bremen, Hamburg, Hessen, Niedersachsen, Nordrhein-Westfalen, Rheinland-Pfalz, Schleswig-Holstein, Württemberg-Baden und Württemberg-Hohenzollern besteht.

(2) Jeder andere Teil Deutschlands kann dem Bund beitreten. Seine Eingliederung wird durch Bundesgesetz vollzogen."

In der 48. Sitzung vom 9.2.1949 beschloß der Hauptausschuß des Parlamentarischen Rates in den damaligen Art. 22 GG nach „Bremen" die Worte „Groß-Berlin" einzufügen[222]. Der Antrag wurde mit allen gegen die Stimme des Abgeordneten RENNER angenommen.

Daraufhin stellte die KPD in der 57. Sitzung vom 5.5.1949 den Antrag „Groß-Berlin" aus Art. 22 GG zu streichen; der Abgeordnete RENNER erklärte hierzu[223]:

„Gründe kann ich mir wohl ersparen, nachdem die Herren Gouverneure Ihnen eindeutig klargemacht haben, daß sie über dieses heiße Problem nicht zu entscheiden haben."

Die Streichung wurde mit allen gegen eine Stimme abgelehnt[224].

In der Tat hatten die Besatzungsmächte auf den Parlamentarischen Rat Druck ausgübt. Die östliche Besatzungsmacht erklärte über das Informationsbüro der sowjetischen Militärverwaltung in Deutschland am 10. Februar 1949[225] zur Einbeziehung Berlins in den Entwurf des Grundgesetzes,

„daß dieser Beschluß nach Ansicht des sowjetischen Kommandos nur einen erneuten Beweis für die abenteuerliche und nicht ernst zu nehmende Politik des „parlamentarischen Rates" in Bonn darstellt, der mit Hilfe derartiger provokativer Tricks versucht, die Aufmerksamkeit der deutschen Bevölkerung davon abzulenken, daß ein westdeutscher Separatstaat gebildet wird, daß das Ruhrgebiet

---

220 Parlamentarischer Rat, a.a.O., S. 612

221 Parlamentarischer Rat, Verhandlungen des Hauptausschusses, Erste Lesung, 4. Sitzung vom 17.11.1948, S. 52

222 Parlamentarischer Rat, Verhandlungen des Hauptausschusses, Dritte Lesung, 48. Sitzung vom 9.2.1949, S. 622

223 Parlamentarischer Rat, Verhandlungen des Hauptausschusses, Dritte Lesung, 57. Sitzung vom 5.5.1949, S. 749

224 Parlamentarischer Rat, a.a.O.

225 Dokumente zur Berlin-Frage 1944-1966, Nr. 83

von Deutschland abgetrennt wird, und daß die Friedensregelung für Deutschland untergraben und das Besatzungsregime auf unbestimmte Zeit verlängert wird."

Die westlichen Besatzungsmächte nahmen in einem Memorandum vom 2. März 1949 zum Entwurf der Grundgesetze der Bundesrepublik Deutschland Stellung[226]:

„Schließlich möchten meine Kollegen und ich Sie wissen lassen, daß wir die sorgende Teilnahme verstehen, die der Parlamentarische Rat für Berlin gezeigt hat. Dennoch muß mit Rücksicht auf die gegenwärtige Lage der Teil des Artikel 22, der sich auf Berlin bezieht, suspendiert werden. Nichtsdestoweniger würden keine Bedenken dagegen bestehen, daß die veratnwortlichen Behörden in Berlin eine kleine Zahl von Vertretern dazu bestimmen, den Sitzungen des Parlaments beizuwohnen."

In dem Schreiben der Militärgouverneure der drei Westmächte vom 22. April 1949 über die Auffassungen der Außenminister ihrer Länder wiederholten sie ihren Standpunkt[227]:

„Die Außenminister können gegenwärtig nicht zustimmen, daß Berlin als ein Land in die ursprüngliche Organisation der deutschen Bundesrepublik einbezogen ist."

Die Entstehungsgeschichte des Art. 23 GG alte Fassung spricht dafür, daß der Begriff „Groß-Berlin" im Normprogramm des Art. 23 GG alte Fassung in jenem umfassenden Sinne verwendet wurde, der dem Wortlaut dieser Bestimmung entsprach: Groß-Berlin sollte vom Standpunkt des Parlamentarischen Rates in den Geltungsbereich des Grundgesetzes einbezogen werden und zwar bewußt, ohne Rücksicht auf den Standpunkt der deutschen Kommunisten, der Sowjetunion und bewußt auch gegen den Willen der Alliierten. Auf die Bedeutung des Alliierten Genehmigungsschreibens für eine Beschränkung des deutschen pouvoir constituant wird dabei noch einzugehen sein[228].

Dem Umstand, daß Groß-Berlin in die Präambel des Grundgesetzes nicht aufgenommen wurde, kommt dabei keine maßgebliche Bedeutung zu, denn nach dem Willen des deutschen Verfassungsgebers sollte das Grundgesetz gemäß Art. 23 GG alte Fassung gerade dort gelten, auch wenn Groß-Berlins im Hinblick auf die dort eingeschränkte Anwendung des Grundgesetzes in der Präambel nicht auftaucht[229].

Art. 144 Abs. 2 GG alte Fassung spricht dagegen nur von den Beschränkungen der Anwendung des Grundgesetzes, nicht von einer Beschränkung der Gel-

226 Dokumente zur Berlin-Frage 1944-1966, Nr. 84
227 Dokumente zur Berlin-Frage 1944-1966, Nr. 85
228 vgl. unten E.
229 hierauf wird noch an anderer Stelle einzugehen sein, wenn es um die Bedeutung des Art. 23 GG alte Fassung für die Bestimmung des Staatsgebietes geht, vgl unten F.

tung des Grundgesetzes[230]. Das Grundgesetz unterscheidet also zwischen seiner Geltung und seiner Anwendung[231].

b) Stellung des Art. 23 zu Art. 127 und 145 Abs. 1 GG alte Fassung

Schließlich wird die Zugehörigkeit Groß-Berlins vom Standpunkt des Grundgesetzes auch in der Stellung des Art. 23 GG alte Fassung zu den Art. 127 und 145 Abs. 1 GG alte Fassung bestätigt, in denen außer in Art. 23 Satz 1 GG alte Fassung sonst noch im Grundgesetz von Groß-Berlin die Rede ist.

c) Bewertung

Im Ergebnis gilt das Grundgesetzes nach dem Normprogramm des Art. 23 GG alte Fassung unabhängig davon, ob es in Ost-Berlin auch durchsetzbar war. Das Ergebnis stimmt mit dem von WERNER ermittelten Befund überein.

Die Argumentation mit dem *Effektivitätsprinzip*[232] stellt die Dinge auf den Kopf[233]. Auch wenn das Grundgesetz in Art. 23 GG für sich nicht beanspruchte, in den östlichen Teilen Deutschlands zu gelten, so kann doch anhand der ausdrücklichen Nennung Groß-Berlins in Art. 23 GG nur gefolgert werden, daß das Grundgesetz nach dem maßgeblichen Willen des Verfassungsgebers unabhängig von seiner Anwendung gerade in diesem Gebiet gelten sollte.

An eine Einschränkung des Geltungsbereichs des Grundgesetzes durch die von der SED durchgeführte Spaltung der Stadt hat der Verfassungsgeber nicht gedacht.

Dies zeigt die Entstehungsgeschichte der Norm und kommt auch in Art. 144 Abs. 2 GG alte Fassung zum Ausdruck. Eine Beschränkung der *Anwendung* des Grundgesetzes wurde im Hinblick auf die von den Alliierten ausgeübte Gebietshoheit akzeptiert; die faktische Abtrennung Ost-Berlins war in Art. 144 Abs. 2 GG dagegen nicht angesprochen.

Daß eine Norm gelten soll, auch wenn sie unangewendet bleibt, ist dabei im Ergebnis für sich genommen nicht so ungewöhnlich, wie es auf dem ersten Blick erscheint. Hierbei ist auf das Verhältnis zwischen nationalem Recht und europäischem Gemeinschaftsrecht zu verweisen[234].

---

230 WERNER, Zuständigkeit des Bundesverfassungsgerichts, S. 13

231 WERNER, a.a.O., S. 7, vgl. oben D.II.1)

232 vgl. oben D.

233 ALICH/WEBER, Geltung von Art. 14 GG, S. 7

234 Manche Norm gilt, muß aber unangewendet bleiben (man denke etwa an das Verhältnis zwischen nationalem Recht und europäischem Gemeinschaftsrecht), PESTALOZZA, Berlin - ein deutsches Land?, S. 251

4) Normbereich des Art. 23 GG alte Fassung

Das gewonnene Ergebnis ist Ausgangspunkt für die anschließende Normbereichsanalyse. Hierdurch wird auch der Normbereich - an dieser Stelle zunächst negativ - begrenzt. Dabei ist zu entscheiden, ob die fehlende Durchsetzbarkeit des Grundgesetzes dem Normbereich oder dem Sachbereich des Art. 23 GG alte Fassung zuzuordnen ist.

Eine positive Bestimmung des Normbereichs - Einbeziehung der hier untersuchten Fallgruppe in den Geltungsbereich des Grundgesetzes - erfolgt dann erst in dem Kapitel über den kollisionsrechtlichen Gehalt des Art. 23 GG alte Fassung[235], nachdem alle gegen die Geltung des Grundgesetzes angeführten Argumente ausgeschlossen werden können.

Die Frage, ob eine Vorschrift beachtet wird oder nicht, ist als bloße soziale Tatsache nur ein Faktor des Sachbereichs[236]. Wenn die Zustimmung der Betroffenen zum Normprogramm von diesem nicht zum Thema gemacht zu werden pflegt, spielt sich eine solche Gegebenheit, ohne normierende Kraft und rechtfertigende Wirkung, allein im Sachbereich ab, so etwa bei gewandelten Anschauungen oder Gebräuchen.

Sie sind normgelöste soziale Tatbestände, soweit sie nicht von einer Vorschrift, besonders von einer Generalklausel wie § 242 BGB, über den Normtext in das Normprogramm aufgenommen und dadurch im Ergebnis in den Normbereich eingemeindet werden. Jede andere Bewertung des schlichten Akzeptierens oder Nichtakzeptierens, außer im Fall ausdrücklicher Rezeption in ein Normprogramm, wäre in der Tat Soziologismus.

Auch bei der fehlenden Anwendung des Grundgesetzes im Ostteil Groß-Berlins handelt es sich um eine solchen vom Normprogramm des Art. 23 GG alte Fassung nicht erfaßten, normgelösten sozialen Tatbestand. Seine normative Beachtung widerspricht dem Art. 23 GG alte Fassung zugrunde liegenden Normprogramm.

III. Stiller Verfassungswandel: Kapitulation vor der Macht der Fakten?

Gegen die Geltung des Grundgesetzes im Ostteil Groß-Berlins wird von VON MÜNCH neben der Annahme einer tatsächlichen Unmöglichkeit auch die Annahme eines stillen Verfassungswandels ins Feld geführt.

---

235 vgl. unten G.

236 MÜLLER, Strukturierende Rechtslehre, S. 326

Soweit zwischen der Annahme der tatsächlichen Unmöglichkeit und der Annahme eines stillen Verfassungswandels überhaupt ein begrifflicher Unterschied gemacht werden kann, ist im letzteren Sinne wohl gemeint, daß Art. 23 GG alte Fassung wenigstens ursprünglich eine Geltungssubstanz hatte.

Nicht die behauptete anfängliche tatsächliche Unmöglichkeit, sondern die Annahme eines Verfassungswandels als anerkanntes verfassungsrechtliches Institut bildet daher wohl die eigentliche Basis für die in der Literatur bestehenden Einigkeit, daß das Grundgesetz mangels faktischer Durchsetzbarkeit nur im westlichen Teil Berlins gegolten habe.

Von der förmlichen Verfassungsänderung durch Verfassungsrevision (Art. 79 GG) unterscheidet sich der Verfassungswandel[237]. Die Möglichkeit eines Verfassungswandels wird ganz überwiegend anerkannt[238].

Dieser hat eine Grundlage darin, daß zahlreiche Verfassungsbestimmungen einen Auslegungsspielraum haben, der es gestattet, ihnen diese oder jene genauere Bezeichnung beizulegen[239]. Die Verfassung kann sich durch richterliche Entscheidung fortentwickeln, vor allem durch die verfassungsrechtliche Rechtsprechung, aber auch die Verfassungskonkretisierung durch den Gesetzgeber kann die Verfassungsauslegung und Verfassungsentwicklung in bestimmte Bahnen lenken[240].

Das Bundesverfassungsgericht hat - in Beschränkung auf einen Satz - ausgesprochen, daß eine Verfassungsbestimmung einen Bedeutungswandel erfahren könne, „wenn in ihrem Bereich neue, nicht vorausgesehene Tatbestände durch ihre Einordnung in den Gesamtablauf einer Entwicklung in neuer Beziehung oder Bedeutung erscheinen."[241]

Im Zusammenhang mit dem eng auf eine Norm begrenzten Institut des Bedeutungswandels steht das umfassende Institut des „stillen Verfassungswandels", der (begrenzten) Normveränderung durch Wandel der politischen und gesellschaftlichen Gesamtanschauungen, durch Veränderungen im sogenannten Unterverfassungsrecht[242].

Ob es sich bei dem stillen Verfassungswandel um eine Technik handelt, die auf Selbstentfesselung zielt[243], entscheidet letztlich, ob einem solchen Wandel im Hinblick auf Art. 79 GG Grenzen gezogen werden können[244].

---

237 MAUNZ, ZIPPELIUS, Deutsches Staatsrecht, S. 48 f.

238 HESSE, Grenzen der Verfassungswandlung, S. 28

239 HESSE, a.a.O., S. 28

240 MAUNZ, ZIPPELIUS, a.a.O., S. 49 f.

241 BVerfGE 2, 380, 401; ebenso BVerfGE 3, 407, 422; 7, 342, 351

242 Presse- und Informationsamt der Bundesregierung, Dokumentation zum Urteil vom 31. Juli 1973, Blumenwitz, S. 279

243 HUFELD, Die Verfassungsdurchbrechung, S. 29

Bevor dieser Frage nachgegangen wird, ist zunächst einmal nach dem behaupteten Wandel selbst zu fragen. Welche Veränderung der Wirklichkeit soll die Geltungsanordnung in Art. 23 GG alte Fassung durch einen Wandel der politischen und gesellschaftlichen Gesamtanschauungen in eine Nichtgeltung verwandelt haben? Ist damit etwa die faktische Einbeziehung Ost-Berlins in die DDR gemeint?

IV. Integration Ost-Berlins in die DDR

Mit der Gründung der DDR am 7. Oktober 1949 wurde die Staatsgewalt der Bundesrepublik Deutschland mit einer zweiten Staatsgewalt konfrontiert[245].

Nach dem bisherigen Ergebnis kommt eine Beschränkung des Geltungsbereiches wegen der von der SED vollzogenen Spaltung der Stadt nicht in Betracht. Insoweit setzt auch die Annahme eines stillen Verfassungs*wandels* voraus, daß das Grundgesetz ursprünglich in ganz Berlin galt.

Wie wirkte sich aber die Kollision zweier Staatsgewalten in Groß-Berlin aus? Kann insoweit ein stiller Verfassungswandel des Art. 23 GG alte Fassung angenommen werden?

Die DDR schuf schon früh die Basis für die spätere Politik der Einverleibung Ost-Berlins in den Staatsverband der DDR[246]. Bereits in Art. 2 Abs. 2 der Verfassung von 1949 nahm die DDR ganz Berlin als Hauptstadt in Anspruch[247], legte dabei aber noch ein gesamtdeutsches Verfassungsverständnis zugrunde[248].

Eine entsprechende Formulierung enthielt Art. 1 Abs. 2 der Verfassung vom 6.4.1968. Allerdings wurden beide Verfassungen im Ostsektor nicht formell in Kraft gesetzt[249]

1) Gesetz über die örtlichen Organe der Staatsmacht vom 18. Januar 1957

Die Integration des Ostsektors von Berlin in die DDR war ein relativ langer Prozeß[250]. Der entscheidende Schritt erfolgte durch das ostsektorale Gesetz[251] vom

---

244 Presse- und Informationsamt der Bundesregierung, Dokumentation zum Urteil vom 31. Juli 1973, BLUMENWITZ, S. 279, HESSE, Grenzen der Verfassungswandlung, S. 29

245 BLUMENWITZ, Kollisionsrecht, § 211 Rdnr. 47

246 MAHNCKE, Berlin im geteilten Deutschland, S. 50

247 MAMPEL, Die sozialistische Verfassung der DDR, Art. 1 Rdnr. 73, 74

248 ZIVIER, Der Rechtsstatus des Landes Berlin, 2. Auflg., S. 22

249 ZIVIER, a.a.O., S. 60

250 MAMPEL, Die sozialistische Verfassung der DDR, Art. 1 Rdnr. 80 ff.

251 VOBl. Groß-Berlin I, S. 69

28.1.1957 zur Übernahme des Gesetzes der DDR über die örtlichen Organe der Staatsmacht vom 18.1.1957[252] und mit dem Beschluß[253] der inzwischen gebildeten „Volksvertretung Groß-Berlin" über die Anwendung des DDR-Gesetzes über die Rechte und Pflichten der Volkskammer gegenüber den örtlichen Volksvertretungen vom 18.1.1957[254].

Das Gesetz über die örtlichen Organe der Staatsmacht legte den Aufbau der Staatsorganisation nach dem Prinzip des demokratischen Zentralismus fest.

In dem Gesetz über die Rechte und Pflichten der Volkskammer gegenüber den örtlichen Volksvertretungen wurden die örtlichen Volksvertretungen (Bezirkstage, Stadtverordnetenversammlungen, Kreistage, Stadtbezirksversammlungen und Gemeindevertretungen) sowie deren Organe, die Räte, in einem hierarchischen Aufbau dem höchsten Organ der DDR, der Volkskammer und dem Ministerrat unterstellt, wobei die Volkskammer zur Wahrnehmung ihrer Rechte einen „Ständigen Ausschuß für die örtlichen Volksvertretungen" zu bilden hatte.

Mit der Übernahme der Gesetze vom 18.1.1957 ordneten sich die Organe des Sowjetsektors den Organen der DDR unter[255]. Der Magistrat wurde dem Ministerrat und dessen Organen unterstellt. Die Volkskammer leitete und kontrollierte hinfort die „Volksvertretung Groß-Berlin", die die Bezeichnung „Stadtverordnetenversammlung" erhielt.

Nach der Bildung des Staatsrates der DDR im Jahre 1960 wurde der „ständige Ausschuß für die örtlichen Volksvertretungen" der Volkskammer aufgelöst, und seine Aufgaben wurden vom Staatsrat übernommen. Dieser bildete seitdem faktisch das höchste Organ auch für den Ostsektor Stadt.

Mit dem Erlaß des Staatsrates vom 28.6.1961[256] wurde der Magistrat von Groß-Berlin, parallel zu einem Auftrag an die Räte der anderen Großstädte der DDR, beauftragt, eine Ordnung über die Aufgaben und die Arbeitsweise der Stadtverordnetenversammlung und ihrer Organe sowie der Stadtbezirksversammlungen und ihrer Organe vorzulegen.

Diese Ordnung wurde durch Erlaß des Staatsrates vom 7.9.1961 gesetzeskräftig[257]; damit wurde dem Ostteil der Stadt die Funktion eines Bezirkes der DDR zugeteilt[258]. Damit wurde ausgedrückt, daß der Ostsektor der Stadt zwar

252 GBl. DDR I, S. 65
253 VOBl. Groß-Berlin I, S. 77
254 GBl. DDR I, S. 72
255 Mampel, a.a.O., Art. 1 Rdnr. 80
256 GBl. DDR I, S. 51
257 GBl. DDR I, S. 169, Wortlaut im Sonderdruck GBl. Nr. 341
258 Hacker, Der Rechtsstatus und die politische Praxis 1945 - 1989/90, S. 37

kein Bezirk der DDR war, aber die Stellung eines solchen haben sollte. Durch die Verfassung von 1968 änderte sich daran nichts[259].

2) Gleichschaltung der Rechtsordnungen

Eine trotz der Integration des Ostsektors von Berlin in die DDR noch vorhandene Besonderheit bestand zunächst darin, daß die gesetzlichen Bestimmungen der DDR vom Magistrat übernommen wurden, also keine unmittelbare Geltungskraft im Ostsektor beanspruchten. Verkündungsblatt war das „Verordnungsblattes von Groß-Berlin".

Die Gleichschaltung der Rechtsordnungen der DDR und des Ostsektors von Berlin wurde anfangs durch eine Parallelgesetzgebung vollzogen[260].

Als rechtsetzendes Organ im Ostsektor bestätigte sich indessen mit einigen Ausnahmen, in denen die Stadtverordnetenversammlung tätig wurde, der Magistrat. Der Magistrat setzte Recht auch dann (durch Verordnung), wenn die entsprechende Materie in der DDR durch ein Gesetz der Volkskammer geregelt worden war.

So wurde auch das Aufbaugesetz nicht nach Ost-Berlin übernommen. Demgegenüber stellte die Aufbauverordnung eine eigenständige Regelung für Ost-Berlin dar, die vom Magistrat von Groß-Berlin erlassen wurde.

Die "Inanspruchnahme" der Grundstücke erfolgte nach der Aufbauverordnung vom 18.12.1950[261]. In der Präambel der Aufbauverordnung heißt es:

„Um den Aufbau der Hauptstadt Deutschlands, Berlin gemeinsam mit der DDR unter Beteiligung der gesamten Bevölkerung planmäßig und auf der Grundlage der fortschrittlichen Erfahrungen im Städtebau durchführen zu können, hat der Magistrat von Groß-Berlin nachstehende Verordnung beschlossen."

Später wurden die gesetzlichen Bestimmungen der DDR durch Übernahmeverordnungen, denen die Texte der gesetzlichen Bestimmungen der DDR (Gesetz, Erlaß, Verordnung) beigefügt waren, für den Ostsektor in Kraft gesetzt.

So wurde das Gesetz über die Entschädigung bei Inanspruchnahme durch das Aufbaugesetz vom 25.4.1960[262] durch die Verordnung vom 13.5.1960[263] übernommen[264].

Mit der Übernahme wurden auch die besonderen Zuständigkeiten in Groß-Berlin geregelt.

---

259 MAMPEL, Die sozialistische Verfassung der DDR, Art. 1 Rdnr. 80
260 MAMPEL, a.a.O., Art. 1 Rdnr. 81
261 VOBl. Groß-Berlin I, S. 379
262 GBl. DDR I, S. 257
263 VOBl. Groß-Berlin I, S. 397
264 vgl. auch oben A. vor I.

Die Ausführung des Entschädigungsgesetzes sollte nach § 1 der Verordnung unter Berücksichtigung des Aufbaus und der Stellung der Organe der Staatsmacht erfolgen.

Wenn in den Gesetzen oder Verordnungen der DDR ein örtliches Organ der DDR genannt wird, traten an dessen Stelle die Organe im Ostsektor.

Auch die Einbeziehung Ost-Berlins in die Verteidigungsmaßnahmen der DDR erfolgte nicht direkt mit der Verkündung des Verteidigungsgesetzes am 20.9.1961, sondern erst durch die Übernahme in einer speziellen Verordnung[265]. Nach § 1 der Verordnung sollte das Verteidigungsgesetz vom 20.9.1961[266] für die Hauptstadt Berlin gelten. In § 2 der Verordnung heißt es weiter:

„Diese Verordnung tritt gleichzeitig mit dem genannten Gesetz (Verteidigungsgesetz vom 20.9.1961) in Kraft."

Nach dem Inkrafttreten der Verfassung von 1968 wurde die Praxis, gesetzliche Bestimmungen der DDR durch Verordnungen zu übernehmen, fortgesetzt. Sie wurde jedoch insofern vereinfacht, als die gesetzlichen Bestimmungen nicht mehr einzeln für den Ostsektor in Geltung gesetzt, sondern Sammelübernahmen unter dem Titel „Übernahme gesetzlicher Vorschriften" erfolgten.

Auch wurde der Wortlaut der gesetzlichen Bestimmungen im Verordnungsblatt von Groß-Berlin nicht mehr veröffentlicht, sondern es wurden nur noch die Titel aufgeführt. Im übrigen wurde auf das Gebiet der DDR verwiesen.

Dabei kam es vor, daß gesetzliche Vorschriften der DDR für den Bereich des Sowjetsektors abgeändert wurden. Die Form der Rechtsnorm spielte bei dem neuen Verfahren keine Rolle. Auch Erlasse des Staatsrates zu der Ordnung über die Aufgaben und die Arbeitsweise der Stadtverordnetenversammlung von Groß-Berlin und ihrer Organe wurden übernommen.

In einigen Fällen setzten jedoch die Organe der DDR unmittelbar Recht für den Ostsektor[267]. Erstmalig geschah das mit der Anordnung über das Betreten der Hauptstadt der DDR durch Bürger der Deutschen Bundesrepublik vom 29.8.1960[268] und der nachfolgenden Anordnung vom 8.9.1960[269]. Ebenso wurde bei den Sperrmaßnahmen des 13.8.1961 verfahren.

---

265 Verordnung zur Übernahme des Verteidigungsgesetzes; des Militärstrafgesetzes und der Gesetze zur Ergänzung des Gerichtsverfassungsgesetzes und des Gesetzes über die Staatsanwaltschaft vom 26. Januar 1962, VOBl. Groß-Berlin I, S. 45; ob an die Wirksamkeit dieser Übernahme angeknüpft werden kann, wird in Teil 2 der Arbeit untersucht

266 GBl. DDR I, S. 175, vgl. oben Teil 2 vor A.

267 Mampel, Die sozialistische Verfassung der DDR, Art. 1 Rdnr. 81

268 GBl. DDR I, S. 489

269 GBl. DDR I, S. 499

3) Einstellung des „Verordnungsblattes von Groß-Berlin"

Im verfassungsrechtlichen Bereich wurde eine der letzten Besonderheiten, durch die sich der Ostsektor vom Territorium der DDR unterschied, mit der Einstellung des „Verordnungsblattes von Groß-Berlin" im September 1976 beseitigt. Offiziell wurde dieser Schritt nicht begründet[270].

Aus Sicht der DDR bedurfte es daher für die Geltung des Baulandgesetzes[271] in Berlin keiner speziellen Übernahmeverordnung.

4) Abschaffung der Kontrollpunkte zwischen der DDR und Ost-Berlin

Weiter einschneidende Maßnahmen der DDR bezogen sich auf die Grenzen von Ost-Berlin.

So wurden 1977 die Kontrollpunkte zwischen dem Ostsektor der Stadt und der DDR beseitigt[272]; aufgrund einer Änderung des Paßgesetzes führte die DDR im gleichen Jahre eine Visa-Pflicht für ausländische und staatenlose Besucher ein.

5) Direkte Wahl der Ost-Berliner Abgeordneten zur Volkskammer der DDR

Mit Beschluß der Volkskammer vom 28. Juni 1976 erlaubte die DDR die unmittelbare Wahl der auf den Ostsektor entfallenden Abgeordneten der Volkskammer. Seit 1981 wurden die Abgeordneten Berlins (Ost) unmittelbar von der Bevölkerung gewählt[273].

V. Bewertung vom Standpunkt des Art. 23 GG alte Fassung

Inwieweit kann durch den geschilderten Vorgang der Integration Ost-Berlins in die DDR ein stiller Verfassungswandel des Art. 23 GG alte Fassung eingetreten sein?

Mit der von MÜLLER verfolgten strukturierenden Normanalyse[274] ist zugleich auch ein Maßstab für die Zulässigkeit des stillen Verfassungswandels gefunden.

Umfaßt die Norm die vom „Normprogramm" betroffenen Gegebenheiten dieser Wirklichkeit, den „Normbereich" als Sachbestandteil, so müssen Verände-

---

270 HACKER, Der Rechtsstatus und die politische Praxis 1945 - 1989/90, S. 37
271 GBl. DDR 1984 I, S. 201; vgl. A. vor I.
272 HACKER, a.a.O., S. 38
273 VON LAMPE/PFENNIG, Verfassung von Berlin, Art. 1 Rdnr. 14
274 vgl. Teil 1 D.II.2)c)

rungen des Normbereichs zu einer Veränderung des Inhalts der Norm führen[275]. Nicht jedes neue Faktum, das zu dem von der Norm zu regelnden Wirklichkeitsausschnitt, dem Sachbereich gehört, vermag eine solche Änderung herbeizuführen.

Entscheidende Instanz, die darüber befindet, ob sich der faktische Wandel als relevant für die Norm herausstellen kann, ob also das veränderte Faktum in den Normbereich fällt, ist das im wesentlichen im Text der Verfassungsnorm enthaltene (und mit den überkommenen Hilfsmitteln auszulegende) Normprogramm. Nur sofern dieses das neue oder veränderte Faktum als zum Normprogramm gehörig erweist, kann auch ein Wandel der Norm angenommen werden[276].

Dieses Verständnis der Verfassungswandlung macht eingehendere und differenzierte Begründungen möglich und notwendig, für die nachprüfbare Kriterien angegeben werden.

Die Beliebigkeit der Berufung auf einen Verfassungswandel wird zumindest wesentlich eingeschränkt: die Veränderung des Normbereichs einer Verfassungsnorm konkret zu belegen setzt mehr voraus als einen allgemeinen Rekurs auf die „normative Kraft des Faktischen".

Ist dieser Grundansatz richtig, so ermöglicht er bereits eine eindeutige Antwort auf die Frage nach den Grenzen der Verfassungswandlung. Wenn Veränderungen der sozialen Wirklichkeit nur insoweit maßgeblich für den Norminhalt angesehen werden dürfen, als sie zum „Normbereich" gehören", wenn hierfür wiederum das „Normprogramm" maßgeblich ist, dann kann der Inhalt der Verfassungsnorm sich nur innerhalb des durch den Text gezogenen Rahmens wandeln.

Dieser Rahmen ist eine Frage der Interpretation, und es gilt insoweit das Gleiche wie für alle Verfassungsinterpretationen: wo die Möglichkeit eines sinnvollen Verständnisses des Normtextes enden oder wo eine „Verfassungswandlung" in eindeutigem Widerspruch zum Normtext treten würde, enden die Möglichkeiten einer Norminterpretation und mit ihnen auch die Möglichkeiten eines Verfassungswandels[277].

Nicht nur unter dem Aspekt des in der Struktur der Verfassungsnorm Ausdruck findenden Verhältnisses von „Recht" und „Wirklichkeit", sondern auch unter dem der Funktion der Verfassung, erweist sich daher der Verfassungstext als unübersteigbare Grenze einer Verfassungswandlung.

Positivrechtlich geschützt wird dieses Ergebnis durch Art. 79 Abs. 1 Satz 1 GG. Nach dieser Bestimmung muß sich der maßgebliche Normtext aus der Ver-

---

275 HESSE, Grenzen der Verfassungswandlung, S. 41 f.
276 HESSE, a.a.O., S. 42
277 HESSE, a.a.O., S. 42

fassungsurkunde selbst ergeben. Das damit normierte Prinzip werde um seine Funktion gebracht werden, wenn es auf Verfassungsänderungen beschränkt würde. Es gilt darum nicht nur für diese[278].

Eine *Lehre von der Verfassungswandlung* hat in erster Linie die Aufgabe, Beurteilungsmaßstäbe für die Normallage zu entwickeln. Wird bereits für diese die vollendete Tatsache als maßgeblich angesehen, wie es in den älteren Lehren geschieht, dann wird ohne Not auf Grenzen der Verfassungswandlung und mit ihnen auf eine Sicherung der Verfassung verzichtet, die - wie Art. 79 GG zeigt - so wesentlich für das Grundgesetz sind[279].

Statt dessen wird - bewußt oder unbewußt - das fait accompli legitimiert, und zwar nur deshalb, weil es eine vollendete Tatsache geschaffen hat.

Wird dagegen der Text als Grenze der Verfassungswandlung betrachtet, dann ist damit eine, wenn auch gewiß nicht unfehlbare Sicherung gewonnen.

Verfassungswandel und Verfassungsdurchbrechung lassen sich scharf voneinander absetzen[280]. Unübersteigbare Grenze der Verfassungswandlung ist der Text der Verfassungsurkunde. Die Verfassungsdurchbrechung dagegen setzt sich offen über das bisher geltende Verfassungsrecht hinweg und schafft einen Kollisionstatbestand. Der Text der Verfassung ist hier nicht äußere Grenze, sondern Anlaß für die Setzung einer anderen, diese Grenze „durchbrechenden" Norm.

Die Beachtung des Textes als Grenze der Verfassungswandlung beschränkt die Anpassungsfähigkeit der Verfassung nicht auf ein Maß, das es unmöglich macht, geschichtlichen Wandel gerecht zu werden und dadurch Kontinuität zu bewahren[281]. Schwierigkeiten, zu denen die Bindung an diese Grenzen führen kann, sind geeignet, einen Zwang zur Verfassungsänderung auszuüben und damit auf eine Lösung hinzuwirken, die der Verfassungsklarheit dient und die normative Kraft der Verfassung stärkt.

In besonderen Fällen mag dieser Weg nicht gangbar sein. Aber auch dann darf nicht einfach die vollendete Tatsache als maßgeblich angesehen werden. Alle Tatbestände, die jenseits eines schonenden Ausgleichs liegen, sind nicht mehr Verfassungswandlung, sondern Verfassungsbruch oder Beseitigung der Verfassung.

Vom Normprogramm des Art. 23 GG alte Fassung werden faktische Veränderungen, wie die faktische Abtrennung Ost-Berlins und seine Integration in die DDR, nicht erfaßt.

---

278 HESSE, a.a.O., S. 43

279 HESSE, a.a.O.

280 HUFELD, Die Verfassungsdurchbrechung, S. 31

281 HESSE, a.a.O., S. 43

Der von VON MÜNCH behauptete Wandel hat zu keiner entsprechenden Änderung des Art. 23 GG alte Fassung geführt. Der Wortlaut des Art. 23 GG alte Fassung wurde nicht verändert.

Dieser Weg war wohl auch politisch nicht gangbar, denn die Vorschrift des Art. 23 GG alte Fassung hatte in der Auseinandersetzung um die ungelöste deutsche Frage eine zentrale Funktion: aus Art. 23 GG alte Fassung heraus entwickelte sich zunächst in Abgrenzung zur Haltung der Alliierten zu Statusfragen der sogenannte *deutschlandrechtliche Standpunkt*, der eng mit der *Integrationstheorie* bzw. *Gliedstaatstheorie* verknüpft war und neben der völkerrechtlichen Absicherung des Berlin-Status sein zweites Standbein war[282].

VI. Änderung des staatsrechtlichen Status Groß-Berlins durch das im Völkerrecht geltende Effektivitätsprinzip?

Eine Veränderung des staatsrechtlichen Status Groß-Berlins könnte durch völkerrechtliche Normen eingetreten sein, wenn diese Normen zu den allgemeinen Regeln des Völkerrechts gehören und gemäß Art. 25 GG[283] Bestandteil des Bundesrechts geworden sind.

Das im Normbereich des Art. 23 GG alte Fassung vorausgesetzte Verhältnis von Recht und Wirklichkeit könnte durch das im Völkerrecht geltende *Efffektivitätsprinzip* über Art. 25 GG eine Abänderung erfahren haben.

Eine solche Änderung des Art. 23 GG alte Fassung stünde allerdings zu der soeben dargestellten *Lehre vom Verfassungswandel* entgegen, wonach sich der Wortlaut des Art. 23 GG alte Fassung als unüberwindbare Grenze des Verfassungswandels darstellt.

Zunächst ist an dieser Stelle isoliert - ohne Berücksichtigung der besatzungsrechtlichen Ebene - zu untersuchen, ob die Berufung auf das im Völkerrecht verankerte *Effektivitätsprinzip* ausreicht, um ein Herausreißen Ost-Berlins aus dem Staatsgebiet der Bundesrepublik Deutschland zu begründen.

Unter Effektivität des Völkerrechts wird dessen regelmäßige Wirksamkeit verstanden[284]. Sie ist ganz allgemein in höherem Maße gegeben als oft angenommen wird obwohl das Völkerrecht auch heute über keine zentralen Organe zu seiner zwangsweisen Durchsetzung verfügt.

---

282 vgl. unten F.

283 zu dem Verhältnis des Völkerrechts zum nationalen Verfassungsrecht in Art. 25 GG vgl. Teil 2 B.I.2)

284 VERDROSS/SIMMA, Universelles Völkerrecht, S. 51

Der Hauptgrund für die regelmäßige Wirksamkeit der meisten Normen des Völkerrechts liegt in dessen besonderer Wirklichkeitsnähe, d.h. an der gegenüber dem innerstaatlichen Recht regelmäßig geringeren Spannung zwischen Rechtsnorm und Interessenlage.

Gleichwohl sind diesem Prinzip völkerrechtliche Grenzen gezogen, da es nur in jenem Rahmen wirken kann, den das Völkerrecht abgesteckt hat[285]. Würde der Grundsatz der Effektivität schrankenlos gelten, dann würde sich damit das Völkerrecht selbst aufheben.

Die Begrenzung des *Effektivitätsprinzips* zeigt sich mit besonderer Deutlichkeit in der Haltung des modernen Völkerrechts gegenüber rechtswidrig begründeten Tatsachen, also etwa Änderungen des territorialen Besitzstandes, im Widerspruch zu Gewaltverbot und Selbstbestimmungsrecht der UN-Charta. In solchen Situationen hält es völkerrechtliche Rechte (z.B. die territoriale Souveränität) auch dann aufrecht, wenn deren faktische Ausübung durch eine rechtswidrige Handlung (z.B. Annexion) unmöglich gemacht wurde: ex iniuria ius non oritur. Dies gilt so lange, als der rechtswidrige Zustand nicht durch Anerkennung, Ersitzung oder auf sonstige Weise saniert wird.

Durch die Konfrontation zweier Staatsgewalten in Groß-Berlin war - wie gezeigt - die staatsrechtliche Zugehörigkeit Groß-Berlins zwischen beiden Staaten umstritten.

Der im Völkerrecht verankerte Grundsatz der Effektivität reicht in diesem Fall nicht aus, um ein Herausreißen Ost-Berlins aus dem Staatsgebiet der Bundesrepublik Deutschland zu begründen.

Rechnet man die Ersitzung zu den allgemeinen Regeln des Völkerrechts[286], dann müssen deren Voraussetzungen vorliegen, um einen entsprechenden Sezessionserfolg der DDR zu begründen.

Die Ersitzung hat - wie die originäre Okkupation - die dauernde und effektive Okkupation des Landgebietes mit Aneignungsabsicht zur ersten Voraussetzung. Sie unterscheidet sich aber von jener dadurch, daß es sich bei der originären Okkupation um die Besetzung eines staatenlosen Gebietes handelt, während die Ersitzung ein Gebiet betrifft, das zur Zeit der Besetzung entweder das Gebiet eines anderen Staates gewesen oder zwischen ihm umstritten war. Daher kann zur Ersitzung die dauernde und effektive Besetzung nicht ausreichen[287].

Festzustellen ist, daß die Zugehörigkeit Groß-Berlins und damit auch Ost-Berlins auf der Verfassungsebene zwischen beiden deutschen Staaten umstritten war. Die Konfrontation zweier Staatsgewalten in Groß-Berlin entstand mit der Gründung der DDR.

---

285 VERDROSS/SIMMA, a.a.O., S. 52
286 vgl. unten Teil 2 B.I.1)
287 VERDROSS/SIMMA, a.a.O., S. 758

Zu einer Ersitzung muß noch hinzutreten, daß der andere Staat keinen ernstlichen Versuch macht, das von ihm beanspruchte Gebiet wiederzugewinnen. Er muß also „estopped by inaction“ sein.

Das bedeutet, daß zwar nicht seine förmliche Zustimmung erforderlich ist, jedoch aus den Umständen erschließbar sein muß, daß er den Zustand widerspruchslos hingenommen hat (acquiescence). Dieser Verlust ist also dem durch Dereliktion erfolgten ähnlich.

Er unterscheidet sich aber dadurch, daß dort der territoriale Souverän einen Teil seines Gebietes mit der Absicht, es aufzugeben, räumt, hier aber erst nach der durch einen anderen Staat erfolgten Besetzung darauf verzichtet.

War die Bundesrepublik Deutschland nach den genannten Prämissen in der Frage der Zugehörigkeit Groß-Berlins zum Grundgesetz im Verhältnis zur DDR „estopped by inaction“? Hiermit wird zum wiederholten Male der sogenannte *deutschlandrechtliche Standpunkt* angesprochen. Dieser entwickelte sich erst allmählich, zunächst im Verhältnis zu den Alliierten. Gegenüber diesen begründete er die sogenannte Gliedstaatstheorie bzw. Integrationstheorie, nach der Groß-Berlin ein Gliedstaat der Bundesrepublik Deutschland war. Im Grundvertragsurteil wurden dann die Bundesrepublik Deutschland und ihre Verfassungsorgane auch gegenüber der DDR verpflichtet, den Berlin-Status *unter Berufung auf das Grundgesetz* zu verteidigen. Das Bundesverfassungsgericht bezog sich dabei auf seine Entscheidung aus dem 7. Band von 1957.

Die Entwicklung dieser Rechtsprechung soll im folgenden nachvollzogen werden. Im nächsten Kapitel geht es dabei zunächst um die Frage, ob die Alliierten den Geltungsbereich des Grundgesetzes mit ihrem Genehmigungsschreiben beschränkt haben.

E. Begrenzung des Geltungsbereichs des Grundgesetzes durch die alliierten Vorbehaltsrechte?

In Berlin existierten mehrere Rechtsordnungen. Neben der kommunalrechtlichen und staatsrechtlichen Ebene existierte eine weitere Ebene: das Besatzungsrecht.

Nachfolgend ist der Frage nachzugehen, ob die besatzungsrechtliche Ordnung mit der staatsrechtlichen Ordnung des Grundgesetzes der Bundesrepublik Deutschland in der Weise kollidierte, daß das Grundgesetz wegen der alliierten Vorbehalte in Groß-Berlin - und damit auch im sowjetischen Sektor - nicht galt.

Das Bundesverfassungsgericht hat bei der Beurteilung der staatsrechtlichen Stellung Berlins in ständiger Rechtsprechung stets eine auf den Willen des Verfassungsgebers bezogene Betrachtung zugrunde gelegt[288].

I. Einschränkung der verfassungsgebenden Gewalt durch die Alliierten?

Ein Teil der Literatur geht von einer Einschränkung der verfassungsgebenden Gewalt durch die Alliierten aus[289]. Das deutsche Staatsrecht sei völkerrechtlichen Prämissen unterworfen[290]. Die Ausübung deutscher Staatsgewalt in Deutschland nach dem zweiten Weltkrieg sei durch die Besatzungsmächte beschränkt worden, und diese Beschränkungen hätten auch die verfassungsgebende Gewalt erfaßt[291]. Die Westalliierten hätten daher ohne die Zustimmung der Sowjetunion nur West-Berlin in die Verfassungsordnung des Grundgesetzes einbeziehen können[292].

II. Die Behandlung der staatsrechtlichen Stellung Berlins im Normenkontrollverfahren über die Vereinbarkeit des Grundvertragsgesetzes mit dem Grundgesetz

Um die staatsrechtliche Stellung Berlins ging es auch im Normenkontrollverfahren über die Vereinbarkeit des Gesetzes zu dem Vertrag vom 21. Dezember 1972 zwischen der Bundesrepublik Deutschland und der DDR über die Grundlagen der Beziehungen zwischen der Bundesrepublik Deutschland und der DDR (Grundvertrag).

---

288 ALICH/WEBER, Geltung von Art. 14 GG, S. 3 ff.

289 FINKELNBURG, Die Rechtsstellung Berlins im Bund, S. 543 f.; SCHOLZ, Berlin - Status und nationale Aufgabe, S. 361; SCHRÖDER, Grenzen der verfassungsgebenden Gewalt, S. 300; WERNER, Zuständigkeit des Bundesverfassungsgerichts, S. 43; wohl auch VON MÜNCH (sogenannte „rechtliche Unmöglichkeit") in seiner Kommentierung zu Art. 23 Rdnr. 7

290 SCHRÖDER, a.a.O., S. 300

291 WERNER, a.a.O., S. 43

292 WERNER, a.a.O., S. 51

1. Die Auffassung der Bayerischen Staatsregierung zur staatsrechtlichen Stellung Groß-Berlins

Die Bayerische Staatsregierung vertrat die Auffassung, daß mit dem Grundvertrag die Souveränität der DDR über Berlin (Ost) anerkannt werde und dies mit dem Grundgesetz unvereinbar sei[293].

„Die Bestimmung des Art. 23 Satz 1 GG, nach welcher des Grundgesetz u.a. auch im Lande *Groß-Berlin* gilt, ist von besonderer Wichtigkeit, da sie den Geltungsbereich des Grundgesetzes regelt und nach der Meinung einiger sogar den Gebietsstand der BRD. Es ist davon auszugehen, daß das Gebiet von Groß-Berlins im Sinne des Art. 23 Satz 1 GG identisch ist mit dem Gebiet der Verwaltungseinheit Groß-Berlin, wie sie vor dem Zusammenbruch bestanden hat, bzw. der vier Sektoren, in die Berlin nach dem Zweiten Weltkrieg aufgeteilt wurde, bzw. der heutigen Teilstädte Ost- und West-Berlin. Nach den Vereinbarungen der vier Mächte, die seither nicht aufgehoben wurden, besteht Groß-Berlin rechtlich auch noch heute fort. Zwar setzte die tatsächliche Teilung Berlins im Juni 1948 ein; der Parlamentarische Rat, der im September 1948 erstmals zusammentrat, erkannte die Teilung Berlins jedoch nicht an, sondern betrachtete Berlin weiterhin als eine Einheit und sprach dementsprechend vom Lande Groß-Berlin. Seinem Wortlaut nach, der bisher nicht geändert wurde, gilt das Grundgesetz somit auch in dem Teil Berlins, der gemeinhin als Ost-Berlin bezeichnet wird.

Die Annahme, daß das Wort „Groß-Berlin" in Art. 23 Satz 1 GG ein *Redaktionsversehen* darstellt und es eigentlich „West-Berlin" oder „Berlin" heißen müßte, ist nicht berechtigt, da das Grundgesetz das Wort konsequent dreimal verwendet (Art. 23 Satz 1, Art. 127 und Art. 145 Abs. 1).

Auch der Einwand, daß das Grundgesetz wegen der *alliierten Vorbehalte* in Berlin (Ost) nicht gelten könnte, trifft nicht zu. Zwar hatten die West-Alliierten den Auftrag für die Ausarbeitung des Grundgesetzes nur auf die drei westlichen Besatzungszonen erstreckt, zu denen Groß-Berlin bekanntlich nicht gehörte. Das Genehmigungsschreiben der Militärgouverneure Berlins zum Grundgesetz vom 12. Mai 1949 enthielt zwar Vorbehalte bezüglich Berlins, schließt im übrigen jedoch die Geltung des Grundgesetzes für Berlin nicht aus. In diesem Zusammenhang besonders bedeutungsvoll ist, daß auch dieses *Genehmigungsschreiben das Wort „Groß-Berlin" verwendet.*

Die Alliierten haben somit der Geltung des Grundgesetzes auch in Berlin (Ost) zugestimmt.

293 Presse- und Informationsamt der Bundesregierung, Dokumentation zum Urteil vom 31. Juli 1973, Antrag der Bayerischen Staatsregierung vom 28. Mai 1973, S. 74 ff., S. 82 f.

Es kann dahingestellt bleiben, ob auf Grund völkerrechtlicher Normen Änderungen in der Rechtslage Groß-Berlins seit 1949 eingetreten sind. Falls Änderungen eingetreten sein sollten, gehören die sie begründenden Normen auf jeden Fall nicht zu den allgemeinen Regeln des Völkerrechts und sind daher nicht gemäß Art. 25 GG Bestandteil des Bundesrechts geworden. Das nationale Verfassungsrecht besteht mit der Ausnahme des Art. 25 GG, die hier nicht einschlägig ist, unabhängig und neben dem Völkerrecht. Selbst bei entgegenstehendem Völkerrecht ist die nationale Regierung an das nationale Verfassungsrecht gebunden. Weder eine mögliche völkerrechtliche Statusänderung Berlins (Ost), noch die tatsächliche Undurchsetzbarkeit des Grundgesetzes in Berlin (Ost) berechtigen die BRD, von Art. 23 Satz 1 GG abzuweichen.

Der Grundvertrag, welcher die Unverletzlichkeit der bestehenden Grenzen bekräftigt, die Souveränität aller Staaten in ihren gegenwärtigen Grenzen als eine grundlegende Bedingung für den Frieden achtet und von den historischen Gegebenheiten ausgeht (Art. 3 Abs. 2 und Präambel des Grundvertrages), kann nicht anders ausgelegt werden, als daß die BRD auch die Souveränität der DDR über Berlin (Ost) anerkennt. Damit entzieht der Grundvertrag aber das Gebiet Berlin (Ost) dem Geltungsbereich des Grundgesetzes. Er ist daher auch aus diesem Grunde mit Art. 23 Satz 1 GG unvereinbar. ... Lediglich eine Änderung des Wortlautes des Art. 23 Satz 1 GG in der Form des Art. 79 GG könnte den Grundvertrag in dem hier behandelten Punkt mit dem Grundgesetz vereinbar machen; denn das Grundgesetz geht in Art. 79 GG von dem Verbot der Verfassungsdurchbrechung aus und läßt keine Verfassungsänderung ohne gleichzeitige Verfassungstextänderung zu."

In dem schriftlichen Plädoyer des Pozeßbevollmächtigten der Bayerischen Staatsregierung BLUMENWITZ wurde zu diesem Punkt wie folgt Stellung genommen[294]:

„Verfassungswidrig ist schließlich die Behandlung *Berlins* im Grundvertrag. Berlin ist in Art. 23 Satz 1 GG vom Verfassungsgeber ebenso in den Geltungsbereich des GG aufgenommen worden wie die anderen Länder. Das BVerfG hat - ausgehend vom Wortlaut des Art. 23 S. 1 GG („im Gebiete der *Länder* ... Groß-Berlin") und Art. 144 II, erster Halbsatz - in ständiger Rechtsprechung festgestellt, daß Berlin die Qualität eines Bundeslandes zukommt; Berlin ist demnach ein Land der durch das Grundgesetz organisierten Bundesrepublik. Das Grundgesetz gilt auch in Berlin, nur seine *Anwendung* unterliegt den Beschränkungen des Besatzungsrechts (E 7, 10). Das BVerfG hat diese Rechtsauffassung nicht nur

294 Presse- und Informationsamt der Bundesregierung, Dokumentation zum Urteil vom 31. Juli 1973, Schriftliche Plädoyers der Vertreter der Beteiligten in der mündlichen Verhandlung am 19. Juni 1973, S. 197 f.

etwa in obiter dicta, sondern in tragenden Entscheidungsgründen mit gem. § 31 I BVerfGG bindender Wirkung für alle Staatsorgane festgestellt. Das BVerfG vertritt diesen Standpunkt auch in Kenntnis der abweichenden Rechtsauffassung der Westalliierten; so verschloß es sich explicit (E 7, 13) der von der AHK vorgetragenen Auffassung, die die Gliedstaatsqualität für Berlin leugnete. ... Der nur auf das Grundgesetz bezogenen Verfassungsauslegung stand stets die Meinung der Alliierten gegenüber, Berlin sei kein Bundesland; gewisse Verbindungen und Verzahnungen mit der Bundesrepublik wurden aber in Ausübung ihrer Vorbehaltsrechte gestattet."

2) Die Rechtsprechung des Bundesverfassungsgerichts zur staatsrechtlichen Stellung Groß-Berlins im Grundvertragsurteil

Das Bundesverfassungsgericht hat in dem Grundvertragsurteil vom 31.7.1973 seine Darlegungen zum Berlin-Status mit dem Satz eingeleitet[295]:

„Der Vertrag ändert nichts an der Rechtslage Berlins, wie sie seit je von Bundestag, Bundesrat und Bundesregierung, den Ländern der Bundesrepublik und dem Bundesverfassungsgericht gemeinsam unter Berufung auf das Grundgesetz verteidigt worden ist. Das Grundgesetz verpflichtet auch für die Zukunft alle Verfassungsorgane in Bund und Ländern, diese Rechtsposition ohne Einschränkung geltend zu machen und dafür einzutreten."

a) „wie ... seit je ..."

Das Bundesverfassungsgericht beantwortet damit alle den Berlin-Status betreffenden Fragen mit der Formel „wie ... seit je ... „, d. h. mit dem Verweis auf die ständige Rechtsprechung des Bundesverfassungsgerichts[296].

Als das Bundesverfassungsgericht sich im Jahre 1951 erstmals mit der Rechtslage Berlins befassen mußte, vermied es mit Bezug auf das Grundgesetz von dem „Land Berlin" als existent zu sprechen, es zitierte lediglich den Begriff aus § 106 BVerfGG und stellte fest, daß diese Bestimmung nicht realisiert worden sei. Der Leitsatz dieser Entscheidung lautet[297]:

„Der Grundrechtsteil des Bonner Grundgesetzes gilt auch in West-Berlin."

Die Wandlung erfolgte 1957[298]. Für das Bundesverfassungsgericht stellte sich die Lage im Jahre 1957 wie folgt dar[299]:

295 BVerfGE 36, 1, 32
296 SCHRÖDER, Grenzen der verfassungsgebenden Gewalt, S. 293
297 BVerfGE 1, 70
298 SCHRÖDER, a.a.O.
299 BVerfGE 7, 1, 7 ff.

„Berlin ist ein Land der Bundesrepublik Deutschland. Das Grundgesetz gilt in und für Berlin, soweit nicht aus der Besatzungszeit stammende und noch heute aufrechterhaltene Maßnahmen der drei Mächte seine Anwendung beschränken. ... Art. 23 Satz 1 GG erstreckt den Geltungsbereich des Grundgesetzes auf das Gebiet des Landes Groß-Berlin.

Nach dieser kraft der verfassungsgebenden Gewalt des Deutschen Volkes getroffenen Entscheidung ist Berlin ein Land der durch das Grundgesetz organisierten deutschen Bundesrepublik. Auch Art. 127 GG ergibt, daß nach dem Willen des deutschen Verfassungsgebers Berlin in vollem Umfange in die Organisation der Bundesrepublik einbezogen sein soll; er ermächtigt die Bundesregierung, Recht des Vereinigten Wirtschaftsgebietes außer in den Ländern der französischen Besatzungszone auch in Groß-Berlin in Kraft zu setzen. Dieser Wille des deutschen Verfassungsgebers kann sich jedoch solange und soweit nicht auswirken, als die Drei Mächte, unter deren Besatzungsregime das Grundgesetz erlassen wurde, der effektiven Betätigung der Bundesorgane mit Bezug auf Berlin Vorbehalte entgegenstellen. In Erwartung einer solchen Maßnahme der Besatzungsmächte traf der Parlamentarische Rat in Art. 144 Abs. 2 GG Vorsorge, *soweit die Anwendung* dieses Grundgesetzes in einem der Artikel 23 aufgeführten Länder oder in einem Teil eines dieser Länder *Beschränkungen* unterliegt."

Die Beschränkung findet sich für Berlin nach Auffassung des Bundesverfassungsgerichts in Ziff. 4 des Genehmigungsschreibens zum Grundgesetz vom 12. Mai 1949. Dieses hatte folgenden Wortlaut[300]:

„4. A third reservation concerns the participation of Greater Berlin in the Federation. We interpret the effect of Articles 23 and 144 (2) of the Basic Law as constituting acceptance of our previous request that while Berlin may not be accorded voting membership in the Bundestag, or Bundesrat nor be governed by the Federation she may, nevertheless, designate a small number of representatives to attend the meetings of those legislative bodies."

Das Bundesverfassungsgericht führt sodann ausgehend vom Wortlaut des Genehmigungsschreibens aus[301]:

---

300 Deutsche Übersetzung in: Dokumente zur Berlin-Frage 1944-1966, Nr. 194:
„4. Ein dritter Vorbehalt betrifft die Beteiligung Groß-Berlins am Bund. Wir interpretieren den Inhalt der Artikel 23 und 144 (2) des Grundgesetzes dahin, daß er die Annahme unseres früheren Ersuchens darstellt, demzufolge Berlin keine abstimmungsberechtigte Mitgliedschaft im Bundestag oder Bundesrat erhalten und auch nicht durch den Bund regiert werden wird, daß es jedoch eine beschränkte Anzahl Vertreter zur Teilnahme an den Sitzungen dieser gesetzgebenden Körperschaften benennen darf."

301 BVerfGE 7, 1, 10

„Nur aus der Verlautbarung nach Verabschiedung des Grundgesetzes, die die Zustimmung erteilt und die Vorbehalte erschöpfend umschreibt, kann entnommen werden, in welchem Ausmaß eine Maßnahme der Besatzungsmächte die vom deutschen Verfassungsgeber festgelegte Stellung Berlins in der Bundesrepublik berührt. ... Das Bundesverfassungsgericht muß jedoch zunächst unabhängig von dieser Auffassung der Militärgouverneure ermitteln, was Art. 23 und Art. 144 Abs. 2 GG nach dem Willen des deutschen Verfassungsgebers über die Stellung Berlins in der Bundesrepublik bestimmen. ... Die Beeinträchtigung der vom deutschen Verfassungsgeber gewollten Geltung des Grundgesetzes für Berlin durch Maßnahmen der Besatzungsmächte muß auch von den deutschen Gerichten beachtet werden. Es fragt sich aber, welchen Wirkungsgrad die besatzungsrechtliche Maßnahme hat ... Insofern ist entscheidend, was in dem Schreiben objektiv und für den deutschen Partner klar erkennbar zum Ausdruck gekommen ist. In dem Genehmigungsschreiben haben die Militärgouverneure den Inhalt ihres früher geäußerten Verlangens dahin präzisiert, daß Berlin keine Stimmberechtigung im Bundestag oder Bundesrat eingeräumt und daß es nicht vom Bund „regiert" („governed") werden dürfe. Nach endgültiger Feststellung des Textes des Grundgesetzes durch den Parlamentarischen Rat haben die Militärgouverneure weder Art. 23 Satz 1 GG mit Bezug auf Berlin ausdrücklich suspendiert, noch haben sie eine ausdrückliche Feststellung getroffen, daß Berlin nicht in die ursprüngliche Organisation der Bundesrepublik einbezogen ist. Das Bundesverfassungsgericht hat demnach davon auszugehen, daß Berlin ein Land der Bundesrepublik ist, und daß das Grundgesetz grundsätzlich auch in Berlin gilt. Soweit der Vorbehalt der drei Mächte reicht und aufrechterhalten wird, unterliegt allerdings die Anwendung des Grundgesetzes in Berlin Beschränkungen."

Die Niekisch-Entscheidung aus dem Jahre 1966 ging den 1957 eingeschlagenen Weg nur folgerichtig weiter, wenn nun auch die Zuständigkeit des Bundesverfassungsgerichts für Verfahren gegen die Berliner öffentliche Gewalt, wenn es um die Anwendung von Bundesrecht geht, bejaht wurde. Ein Unterschied zu 1957 ergab sich allerdings dadurch, daß nun zum ersten Mal die Alliierte Kommandantur auf den Plan trat und Senat und Abgeordnetenhaus von Berlin aufgab, bei künftigen Stellungnahmen gegenüber dem Bundesverfassungsgericht der abweichenden Auffassung der Alliierten Rechnung zu tragen[302].

b) „unter Berufung auf das Grundgesetz"

Im Grundvertragsurteil zwingt das Bundesverfassungsgericht die Verfassungsorgane dazu, den Berlin-Status „unter Berufung auf das Grundgesetz" zu verteidi-

302 SCHRÖDER, Grenzen der verfassungsgebenden Gewalt, S. 295

gen. Es bestätigt damit den Ausgangspunkt seiner Entscheidung aus dem Jahre 1957. Dem Begriff der „verfassungsgebenden Gewalt des Deutschen Volkes“ kommt dabei eine Schlüsselrolle zu[303].

III. Bewertung der Rechtsprechung des Bundesverfassungsgerichts zur staatsrechtlichen Stellung Groß-Berlins

Das Bundesverfassungsgericht hat sich in seiner Entscheidung aus dem Jahre 1957 wesentlich auf die von DRAHT vorgetragenen Argumente gestützt. Der Geltungsbereich in Art. 23 GG sei durch die Alliierten nicht suspendiert worden, zum einen wegen der Unzulässigkeit einer Beschränkung des deutschen pouvoir constituant und zum anderen wegen des Charakters des alliierten Genehmigungsschreibens als Maßnahme[304].

1) Charakter des alliierten Genehmigungsschreibens

Unterstellt man entgegen der Ansicht des Bundesverfassungsgerichts eine echte besatzungsrechtliche Suspendierung der Geltung des Art. 23 Abs. 1 GG, dann ist der Charakter dieses Eingriffs als nicht klar genug bezeichnet; es bedarf der Differenzierung. Die Frage lautet: Hat er Rechtscharakter, und gegebenenfalls welcher Art ist er? Oder hat er einen anderen, einen faktischen Charakter[305]?

Untersucht man den Charakter des alliierten Genehmigungsschreibens, so ist zunächst festzustellen, daß das Schreiben unmittelbar der Sphäre der Besatzungsmacht entstammt[306].

Das nationale Verfassungsrecht besteht grundsätzlich unabhängig und neben dem Völkerrecht[307]. Eine Ausnahme hierzu bildet jedoch Art. 25 GG. Hierzu ge-

---

303 SCHRÖDER, a.a.O., S. 298

304 DRAHT, Die staatsrechtliche Stellung Berlins, S. 27 ff., 46 ff.

305 DRAHT, a.a.O., S. 46 ff.

306 Nach herkömmlicher Begrifflichkeit handelt es sich bei dem alliierten Genehmigungsschreiben also nicht um sogenanntes „verdecktes“ Besatzungsrecht, „mittelbares“ oder auch „indirektes“ Besatzungsrecht, das formal von einheimischen deutschen Organen erlassen wurde, aber andererseits auf so starke Einflüsse der Besatzumgsmächte zurückzuführen war, daß tatsächlich deren fremder Wille bestimmend und maßgeblich war (vgl. Untersuchung und Nachweise bei VON DER BECK, Die Konfiskationen in der Sowjetischen Besatzungszone, S. 151).

307 Presse- und Informationsamt der Bundesregierung, Dokumentation zum Urteil vom 31. Juli 1973, Antrag der Bayerischen Staatsregierung vom 28. Mai 1973, S. 74 ff., S. 82; zu dem Verhältnis des Völkerrechts zum nationalen Verfassungsrecht ausführlich Teil 2 B.I.2)

hören auch die allgemeinen Regeln der occupatio bellica[308], und es ist der Frage nachzugehen, ob aus diesen Regeln eine Beschränkung des deutschen pouvoir constituant abgeleitet werden kann.

Eine solchen Änderung des Art. 23 GG alte Fassung - soweit sie aufgrund der allgemeinen Regeln der occupatio bellica überhaupt denkbar ist - stünde allerdings zu der oben dargestellten *Lehre vom Verfassungswandel*[309] im Widerspruch, wonach sich der Wortlaut des Art. 23 GG alte Fassung als unüberwindbare Grenze des Verfassungswandels darstellt.

a) Tatsächliche Lage bei Kriegsende

Zur Art und Natur der Besetzung Deutschlands durch die vier Mächte sowie dem Umfang der sich aus ihr tatsächlich ergebenen Befugnisse ist zunächst die tatsächliche Lage bei Kriegsende darzustellen[310].

Seit Beginn der Besetzung deutscher Gebietsteile am 13. September 1944 wurde Besatzungsgewalt auf deutschem Territorium ausgeübt, die sich im Zuge des weiteren Kriegsgeschehens schließlich auf das gesamte Reichsgebiet erstreckte[311]. Mit dieser Entwicklung ging naturgemäß die Zurückdrängung der deutschen Staatsgewalt einher, die schließlich im Mai 1945 zu deren völliger Lähmung führte.

Am 7. Mai 1945 wurden in Reims, am 8. Mai 1945 in Berlin-Karlshorst die Dokumente über die bedingungslose militärische Kapitulation von den Oberkommandierenden der Wehrmacht sowie der alliierten Streitkräfte unterzeichnet. Am 23. Mai 1945 erfolge die Absetzung und Gefangennahme der amtierenden Reichsregierung unter Admiral DÖNITZ, ohne daß eine neue deutsche Regierung eingesetzt wurde.

Andererseits übten die Alliierten nach der Beendigung der Kampfhandlung faktisch die vollständige Kontrolle über das am Boden liegende Reich aus. Diesen Zustand brachten die vier Mächte in ihrer „Erklärung in Anbetracht der Niederlage Deutschlands und der Übernahme der obersten Regierungsgewalt (supreme authority) hinsichtlich Deutschlands“[312] zum Ausdruck.

308 BLUMENWITZ, Verfassungkollisionsrecht, § 211 Rdnr. 31

309 vgl. oben D.V.

310 hierbei wird auf die Untersuchung bei VON DER BECK, Die Konfiskationen in der Sowjetischen Besatzungszone, S. 151 ff. zurückgegriffen

311 vgl. Untersuchung und Nachweise bei VON DER BECK, a.a.O., S. 151

312 Berlin, Quellen und Dokumente 1945-1951, Nr. 48

b) Besatzungsregime in Deutschland als occupatio bellica

Vor diesem Hintergrund ist der Art und Natur der Besetzung Deutschlands durch die vier Mächte sowie dem Umfang der sich aus ihr tatsächlich ergebenen Befugnisse nachzugehen[313]. Hierbei liegt es nahe, zunächst an eine occupatio bellica im Sinne des 3. Abschnitts der Haager Landkriegsordnung (HLKO) vom 18. Oktober 1907[314] zu denken[315].

Art. 43 HLKO lautet[316]:

„Nachdem die gesetzmäßige Gewalt tatsächlich in die Hände des Besetzenden übergegangen ist, hat dieser alle von ihm abhängenden Vorkehrungen zu treffen, um nach Möglichkeit die öffentliche Ordnung und das öffentliche Leben wiederherzustellen und aufrechtzuerhalten, und zwar, soweit kein zwingendes Hindernis besteht, unter Beachtung der Landesgesetze."

Occupatio bellica ist zunächst etwas nur Faktisches, ein äußerer Vorgang des Kriegsgeschehens. Nachdem die Truppen der Alliierten im Mai 1945 die vollständige Kontrolle über das gesamte deutsche Staatsgebiet errungen hatten, war diese Voraussetzung der occupatio bellica zweifellos gegeben[317].

Der Charakter der kriegerischen Besetzung bleibt dabei solange erhalten, wie der Kriegszustand rechtlich nicht beendet wurde[318]. Auch nach Einstellung der Feindseligkeiten bis hin zur Beendigung des Kriegszustandes ist der Ursprung und die entscheidende Grundlage der Besatzungsgewalt die Effektivität und Faktizität der Herrschaftsausübung durch den besetzten Staat[319]. Daß sich deren rechtliches Wesen nach Beendigung der Kampfhandlungen verlieren soll, obgleich doch der geschlagene Staat nunmehr vollends und schutzlos fremder Gewalt ausgeliefert ist und daher den nach der HLKO verbürgten Mindeststandards in besonderem Maße bedarf, läßt sich im Ergebnis wohl kaum überzeugend begründen.

Dies muß besonders dann gelten, wenn sich der Sieger durch das Diktat einer bedingungslosen militärischen Kapitulation sowie der Unterbindung der Ausübung von Regierungsgewalt durch den geschlagenen Staat selbst der Möglichkeit beraubt, die Einzelheiten seines Verhältnisses zum Besiegten rechtlich zu regeln[320].

---

313 vgl. Untersuchung und Nachweise bei VON DER BECK, a.a.O., S. 152
314 RGBl. 1910, S. 107
315 VON DER BECK, a.a.O., S. 153
316 RGBl. 1910, S. 147
317 VON DER BECK, a.a.O., S. 153
318 BERBER, Lehrbuch des Völkerrechts, II. Band, S. 129
319 VON DER BECK, a.a.O., S. 154
320 BERBER, a.a.O., S. 127

Das Recht des Besetzenden beruht auf Völkerrecht, und zwar auf Kriegsrecht[321]. Die occupatio bellica ist eine vorübergehende, nicht auf einem Rechtstitel, sondern auf einem Akt kriegerischer Gewalt beruhende Besetzung mit durch Normen des Kriegsvölkerrechts beschränkter Ausübung der Gebietshoheit über fremdes Staatsgebiet[322].

Der Tatbestand der occupatio bellica begründet ein Rechtsverhältnis zwischen der Besatzungsmacht und der Bevölkerung des besetzten Gebietes[323]. Der besetzende Staat übt hierbei weder die Hoheitsgewalt des besetzten Landes noch seine eigene aus[324].

Sein Recht zur Wahrnehmung der „gesetzmäßigen Gewalt" ist vielmehr kriegsrechtlicher, völkerrechtlicher Natur[325].

Er verfügt nicht über die territoriale Souveränität. Das besetzte Territorium ist für ihn Ausland. Die Staatsgewalt des besetzten Staates geht nicht unter; sie wird von der Staatsgewalt des Okkupanten - innerhalb bestimmter Schranken - überlagert und zurückgedrängt. Die Handlungsfähigkeit, jedoch nicht seine Rechtsfähigkeit, wird innerhalb bestimmter Schranken suspendiert[326].

Das durch die occupatio bellica begründete Rechtsverhältnis zwischen der Besatzungsmacht und der Bevölkerung des besetzten Gebietes beinhaltet gegenseitige Rechte und Pflichten des Okkupanten und der Bevölkerung des besetzten Gebietes[327].

Die Gebietshoheit des besetzten Staates ist zweifach begrenzt: sie ist eine nur vorläufige, und sie ist eine durch übergeordnete völkerrechtliche Normen beschränkte Hoheit[328].

Der provisorische Charakter der kriegerischen Besetzung drückt sich in den Bestimmungen der HLKO aus, die den besetzenden Staat an die Gestaltungsvorstellungen und die bestehende Ordnung des besetzten Staates binden, eine fremdbestimmte Umwälzung dagegen jedoch nicht zulassen[329].

43 HLKO sehe lediglich vor, die Besatzungsmacht habe „alle von ihm abhängigen Vorkehrungen zu treffen, um nach Möglichkeit die öffentliche Ordnung und das öffentliche Leben wiederherzustellen und aufrechtzuerhalten, und zwar, *soweit kein zwingendes Hindernis besteht*, unter Beachtung der Landesgesetze."

---

321 BERBER, a.a.O., S. 129
322 BERBER, a.a.O., S. 129; RIKLIN, Das Berlinproblem, S. 231
323 RIKLIN, a.a.O., S. 231
324 VON DER BECK, Die Konfiskationen in der Sowjetischen Besatzungszone, S. 155
325 BERBER, Lehrbuch des Völkerrechts, II. Band, S. 129
326 RIKLIN, a.a.O., S. 231
327 RIKLIN, a.a.O., S. 231
328 BERBER, a.a.O., S. 129
329 VON DER BECK, a.a.O., S. 156

Der Besatzungsmacht steht als tatsächlichen Inhaber der „gesetzmäßigen Gewalt" die Befugnis zu, Rechtsnormen zum Schutze ihrer militärischen Interessen sowie zur Herstellung und Aufrechterhaltung der öffentlichen Ordnung und des öffentlichen Lebens zu erlassen[330].

Hierbei hat sie jedoch gemäß Art. 43 HLKO die Rechtsordnung des besetzten Staates grundsätzlich zu beachten und darf hiervon nur bei Bestehen eines zwingenden Hindernisses („empêchement absolu") abweichen.

Nach klassischer Völkerrechtslehre sind hiermit ausschließlich militärische Erfordernisse bezeichnet[331]. Diese Betrachtungsweise entsprach dem historischen Hintergrund der Entstehung der HLKO, deren Unterzeichnerstaaten im wesentlichen von den gleichen gesellschaftlichen Wertvorstellungen ausgingen.

Im Zuge der fortschreitenden Auflösung dieser Homogenität der staatsphilosophischen Vorstellungen läßt sich eine gewisse Ausweitung der in der Völkerrechtslehre akzeptierten Eingriffe in die innerstaatliche Ordnung des besetzten Staates feststellen. So wird nunmehr auch anerkannt, daß die Besatzungsmacht auch ohne militärische Notwendigkeit das Recht haben kann, zumindest Gesetze mit „politischer Natur" zu suspendieren[332].

Die Befugnis, alle jene gesetzgeberischen Maßnahmen zu treffen, die sie nach ihren bloßen politischen Interessen für erforderlich hielten, ist damit jedoch nicht verbunden[333]. Die HLKO, ebenso wie deren völkergewohnheitsrechtliche Grundlagen, gehen von dem Grundprinzip der Nichtintervention aus und alle Abweichungen von diesem Grundsatz müssen äußerst restriktiv gehandhabt werden, da andernfalls dem schrankenlosen Mißbrauch der Besatzungsgewalt Tür und Tor geöffnet und Recht lediglich das des Siegers wäre. Die Besatzungsgewalt hat daher auf der Grundlage der occupatio bellica jedenfalls keine Befugnis, die Rechts- oder Gesellschaftsordnung des von ihr besetzten Staates grundlegend umzuändern.

Aus der Vorläufigkeit der Besatzungsgewalt folgt, daß die Besatzungsmacht nicht an die Stelle des Gebietsherrn tritt, nicht zur Ausübung der Souveränität berechtigt ist, vielmehr der Gebietsherr weiterhin im Besitz der Gebietshoheit verbleibt und auch seine Gesetzgebungs- und Verwaltungs- und Rechtsprechungshoheit, soweit nicht die Befugnisse der Besatzungsmacht entgegenstehen, weiterhin bestehen bleiben[334]. Die Gebietshoheit der Alliierten war insoweit beschränkt. Selbst wenn man die Beschränkung der Gebietshoheit der Alliierten über militärische Erfordernisse hinaus auf die Suspendierung von Gesetzen mit

---

330 zum entmilitarisierten Status Groß-Berlins vgl. insbesondere Teil 2 A.III.1)e)
331 VON DER BECK, Die Konfiskationen in der Sowjetischen Besatzungszone, S. 156
332 VON DER BECK, a.a.O., S. 156
333 VON DER BECK, a.a.O., S. 157
334 BERBER, Lehrbuch des Völkerrechts, § 25, S. 132

„politischer Natur“ erweitert, läßt sich eine verfassungsgebende Gewalt, wie sie sich dann im parlamentarischen Rat geäußert hat, aus den Regeln der occupatio bellica nicht ableiten.

Die Annahme einer Suspendierung des Art. 23 GG als Beschränkung des deutschen pouvoir constituant durch die Besatzungsgewalt der Alliierten, ist daher wegen der Begrenzung der Befugnisse der Alliierten durch die Haager Landkriegsordnung ausgeschlossen[335].

Zu untersuchen ist, ob sich die Beschränkung des deutschen pouvoir constituant auf andere Weise begründen läßt. Nachdem die von den Alliierten bei der Besetzung Deutschlands in Anspruch genommenen Rechte und Befugnisse bei weitem das Maß dessen überschritten, was bislang im klassischen Kriegsvölkerrecht anerkannt war, wurde eine Vielzahl von Modellen entwickelt, mit denen man das Verhalten der Besatzungsmächte zu erklären und zu rechtfertigen versuchte[336].

Neben den vieldiskutierten Modellen einer Interventionsbesetzung Deutschlands, der Herrschaftsausübung durch ein Kondominium oder Koimperium oder einer Mandatsherrschaft der Alliierten, die nicht geeignet sind, die Rechtsnatur der Besetzung in ausreichendem Maße zu klären[337], tritt vor allem ein Erklärungsversuch in den Vordergrund: die Treuhandbesetzung Deutschlands.

Mit dieser Konstruktion verbinden sich - abgesehen von der Frage, ob hierin eine „allgemeine Regel des Völkerrechts“ im Sinne von Art. 25 GG gesehen werden kann - eine Reihe von Problemen.

c) Treuhandbesetzung Deutschlands

Das Bundesverfassungsgericht hat versucht, die aus dem Sieg über Deutschland resultierende, spezifische Viermächteverantwortung verfassungs- und völkerrechtskonform als eine Art Treuhand für Deutschland als Ganzes zu konzipieren[338]. In dem Grundvertragsurteil führte es aus:

„Verfassungsgemäß ist nur, daß sie (die Viermächte-Verantwortung für Gesamtdeutschland) eine weitere Rechtsgrundlage für das Bemühen der Bundesregierung um Wiedervereinigung bildet, nämlich eine „völkerrechtliche“ neben der staatsrechtlichen.“[339].

---

335 DRAHT, Die staatsrechtliche Stellung Berlins, S. 53

336 VON DER BECK, Die Konfiskationen in der Sowjetischen Besatzungszone, S. 158

337 Einzelheiten bei VON DER BECK, a.a.O., S. 163 ff.

338 BLUMENWITZ, Verfassungskollisionsrecht, § 211 Rdnr. 31

339 BVerfGE 36, 1, 19, zusammenfassend die Teso-Entscheidung des Budnesverfassungsgerichts aus dem Jahr 1987, BVerfGE 77, 137, 153 (zur Teso-Entscheidung vgl. auch unten F.III. und Teil 2 A.IV.1)cc)

Die Annahme einer Treuhandbesetzung wird auch als Theorie von der Doppelnatur des Besatzungsregimes vertreten[340].

Nach dieser Lehre haben die Besatzungsmächte einerseits die sich aus der occupatio bellica ergebenden Befugnisse wahrgenommen und waren insoweit auch an die HLKO gebunden. Darüber hinaus habe in der „Berliner Erklärung" vom 5. Juni 1945 jedoch auch die treuhänderische Übernahme der obersten Gewalt in Deutschland gelegen, bei deren Ausübung die Besatzungsmächte nicht den Regeln der occupatio bellica unterlagen, sondern allein den sich aus dem Gedanken der Treuhandschaft ergebenden Bindungen. Die hieraus fließende Hoheitsmacht sei zudem nicht, wie zum Teil angenommen, fremde, sondern vielmehr deutsche Staatsgewalt.

Kennzeichnend für den Treuhandgedanken im Völkerrecht ist eine Konstellation, in der ein oder mehrere Völkerrechtssubjekte die „Verwaltung" eines anderen, vorübergehend handlungsunfähigen Subjekts des Völkerrechts übernehmen[341].

Die Treuhandschaft ist demzufolge ein vorübergehender Rechtszustand, deren Rechtfertigung nach Wiedererlangung der vollständigen Handlungsfähigkeit entfällt.

Die Konstruktion einer Treuhandbesetzung Deutschlands weist zahlreiche Probleme auf. Hierbei stellt sich an erster Stelle die Frage nach dem Treugeber[342]. Die Annahme, der handlungsunfähige deutsche Staat sei selbst Treugeber, erscheint in Anbetracht der Umstände des Erwerbs der alliierten Besatzungshoheit in Deutschland wenig überzeugend und kann schwerlich zur Begründung einer Treuhandbesetzung dienen. Die Alliierten hatten dem Deutschen Reich durch Absetzung seiner Regierung selbst die Möglichkeit genommen, eine derartige Übergabe der Treuhandschaft zu artikulieren.

Ebenso scheiden die vier Mächte als Treugeber der selbst ausgeübten Treuhandschaft aus, da eine Konfusion von Treugeber und Treunehmer dem Treuhandgedanken widerspricht und auf eine willkürliche Rechtsanmaßung hinausläuft. Ebensowenig vorstellbar ist auch eine sonstwie geartete internationale Treugeberschaft.

Weitere Probleme ergeben sich aus der provisorischen Natur der Treuhandverwaltung[343]. Zwar war die Herrschaft der Alliierten nicht auf Dauer angelegt, anderseits war eine Vielzahl der durch die Alliierten verfügten Maßnahmen auf gravierende, dauerhafte Veränderungen gerichtet, denen das Merkmal der Vor-

---

340 vgl. Untersuchung und Nachweise bei VON DER BECK, Die Konfiskationen in der Sowjetischen Besatzungszone, S. 172

341 Einzelheiten und Nachweise bei VON DER BECK, a.a.O., S. 158 f.

342 VON DER BECK, a.a.O., S. 159

343 VON DER BECK, a.a.O., S. 160 f.

läufigkeit oder des Provisorischen fehlte. Dies trifft in besonderem Maße auf die durch die sowjetische Besatzungsmacht in ihrer Zone verantworteten umfassenden Konfiskationsmaßnahmen zu.

Nach Zweck und Zielsetzung der Treuhandschaft hat deren Ausübung zudem grundsätzlich uneigennützig zu erfolgen, wobei der Treuhänder daneben auch gewisse eigennützige Motive verfolgen darf[344]. Dabei ist nicht zu verkennen, daß zumindest die Verwirklichung überwiegend oder gar ausschließlich eigennütziger Zielsetzung zu bedenklichen Konflikten mit dem Treuhandgedanken selbst führt. Die äußerste Grenze hierfür ist sicherlich dort zu ziehen, wo die Eigennützigkeit der Herrschaftsausübung im Einzelfall derart bestimmend und für den fremdverwalteten Staat in einem Maße gravierend ist, daß sie mit dem Treuhandgedanken schlechthin unvereinbar wäre.

Die Vorstellung von einer besatzungsrechtlichen Beschränkung des Geltungsbereichs des Grundgesetzes läßt sich mit der Konstruktion einer Treuhandbesetzung Deutschlands nicht begründen. Die Annahme eines treuhänderisch handelnden pouvoir constituant führt zu unüberwindbaren Konflikten mit Treuhandgedanken.

Die Alliierten hätten danach Besatzungsrecht auf den unabhängigen pouvoir constituant, gegen den ausdrücklich geäußerten Willen des Parlamentarischen Rates, Groß-Berlins in den Geltungsbereich einzubeziehen, übertragen. Der unabhängiger pouvoir constituant hätte sich auf treuhänderische Weise sozusagen selber besetzt[345].

Soweit der eindeutige Wille des Parlamentarischen Rates dem Handeln der Alliierten entgegenstand, ist diese Annahme eines treuhänderisch handelnden pouvoir constituant mit der Prämisse der Uneigennützigkeit einer Treuhandbesetzung schlechthin unvereinbar.

d) Notwendigkeit einer objektiven Interpretation des alliierten Genehmigungsschreibens

Maßgeblich für den Charakter des alliierten Genehmigungsschreibens ist die Unterscheidung zwischen echtem Besatzungsrecht (regelnd) und unechter Besatzungsmaßnahme (wirkend).

Das Genehmigungsschreiben der Militärgouverneure ist ein Brief, also schon seiner Form nach keine Rechtsnorm. Es ist auch nicht als solche publiziert und beansprucht deshalb den Charakter einer Rechtsnorm nicht. Und dies nach seinem Inhalt mit Recht[346].

---

344 VON DER BECK, Die Konfiskationen in der Sowjetischen Besatzungszone, S. 161
345 vgl. die entsprechende Bemerkung von RAUSCHNING unten 2)
346 DRAHT, Die staatsrechtliche Stellung Berlins, S. 48

Sein Charakter als Akt der Regierungsgewalt und nicht der Legislative ist - wie bei innerdeutscher Genehmigung etwa einer Satzung durch die Aufsichtsbehörde - offenbar: Es handelt sich um eine rechtlich fundierte Maßnahme, eine „Verfügung".

Diese Feststellung hat große Bedeutung. Aus ihr ergibt sich nämlich, daß es auch methodisch unzulässig ist, eine subjektive Interpretation vom Standpunkt der Alliierten zu akzeptieren.

Wäre der Besatzungseingriff ein Rechtssatz, so wäre er einem Wandel der Interpretation zugänglich. Rechtssätze sind entsprechend der jeweiligen Auslegung anzuwenden.

Eine Maßnahme aber hat einen objektiven Effekt oder hat ihn nicht. Der Charakter als Maßnahme schließt es aus, daß dem Besatzungseingriff heute eine weitergehende Wirkung beigemessen werden kann, als er damals effektiv gehabt hat[347].

e) Beendigung des Besatzungsregimes in der Bundesrepublik Deutschland

Ein Blick auf die Praxis zeigt, daß besetzte Staaten sogar sogenanntes echtes Besatzungsrecht oft als Besatzungsmaßnahme betrachtet und behandelt haben, sobald sie konnten, d. h. von der Besetzung frei waren[348].

Selbst eine ausdrückliche Beseitigung bedeutete für sie keineswegs immer die Anerkennung der zwischenzeitlichen Geltung als Recht, sondern die unter Umständen geradezu betonte Erklärung, daß sie es nicht und nie als Recht anerkennen und anerkannt hätten.

Sogar was auf Grund des Besatzungsrechts im einzelnen zwischenzeitlich geschehen war, wird rückgängig gemacht, soweit es möglich ist; denn das Völkerrecht, das der Besatzungsmacht die Befugnis auch zur Rechtsetzung gibt, kann den besetzten Staat nicht mehr binden, sobald er nicht mehr in dem völkerrechtlich geregelten Zustand der Besetzung steht. Das Prinzip scheint zu sein: Nur kraft Fortgelten-Lassens aus eigenem Willen des besetzten Staates, also kraft Rezeption, überdauert Besatzungsrecht den Besatzungszustand. Insofern haftet sogar dem echten Besatzungsrecht der Charakter der Maßnahme an.

Untersucht man, wie das Handeln der Besatzungsmächte aus Sicht der Bundesrepublik Deutschland anläßlich der Ablösung des Besatzungsregimes bewertet wurde, so stellt man fest, daß die Bundesrepublik Deutschland von einer de-facto Herrschaft der Alliierten ausging und das Besatzungsrecht nicht als deutsches Recht behandelt wissen wollte. Dabei hat sie sich - wie einzelne Vertragsformu-

---

347 DRAHT, a.a.O.
348 DRAHT, a.a.O., S. 47

lierungen zeigen - mit ihrem Standpunkt auch gegenüber den Alliierten durchgesetzt. Die Praxis widerspricht damit der These, daß es sich bei der aus einer Treuhandschaft fließenden Hoheitsmacht um deutsche Staatsgewalt gehandelt haben soll.

Nach der Konzeption der Bundesrepublik Deutschland übten die Besatzungsmächte keine deutsche Staatsgewalt aus. Das Besatzungsrecht wurde von der Bundesrepublik nur geduldet, so daß auch das fortgeltende Besatzungsrecht Bestandteil einer fremden, die deutsche Rechtsordnung überlagernden Rechtsordnung blieb.

aa) Deutschlandvertrag

In Art. 2 des Deutschlandvertrages[349] brachten die Alliierten ihre Deutschland betreffenden Vorbehalte zum Ausdruck:

„Im Hinblick auf die internationale Lage, die bisher die Wiedervereinigung Deutschlands und den Abschluß eines Friedensvertrages verhindert hat, behalten die Drei Mächte die bisher von ihnen ausgeübten oder innegehabten Rechte und Verantwortlichkeiten in bezug auf Berlin und auf Deutschland als Ganzes einschließlich der Wiedervereinigung Deutschlands und einer friedensvertraglichen Regelung."

Bei den Beratungen im Ausschuß für das Besatzungsstatut und auswärtige Angelegenheiten wurde von einer „de facto"- Herrschaft der Alliierten ausgegangen.

Im Zusammenhang mit dem Komplex der alliierten Vorbehaltsrechte im Hinblick auf die Artikel 1 und 2 des Deutschlandvertrages vom 26.5.1952 stellte der Abgeordnete WAHL in den Generalberichten des Ausschusses für das Besatzungsstatut und auswärtige Angelegenheiten zur Bedeutung der Vorbehaltsklauseln im Deutschlandvertrag fest[350]:

„Im Ausschuß wurde klargestellt, daß die Vorbehaltsrechte durch einseitige Erklärung der Alliierten aufrechterhalten werden. Sie bestehen nicht auf Grund des Vertrages, sondern sie werden retained, d. h. insoweit bleibt von der Besatzungsgewalt der Alliierten noch etwas übrig. Diese Vorbehalte sind aber ihrem Wortlaut nach umfassender als nach dem Sinn, der sich aus den Vertragsbestimmungen, den Verhandlungen und dem geschichtlichen Ablauf der Ereignisse seit 1945 ergibt. Die Bundesrepublik erkennt diese Vorbehaltsrechte nicht in dem Sinne an, daß den Alliierten diese Vorbehaltsrechte von der Bundesrepublik übertragen werden, sondern sie nimmt sie zur Kenntnis und nimmt sie de facto hin.

---

349 BGBl. 1955 II, S. 305 ff.

350 Verhandlungen des Deutschen Bundestages, Generalberichte, S. 11171

Eine rechtliche Anerkennung dieser Vorbehaltsrechte ist mit Absicht vermieden. Gerade die gewählte Formulierung, daß es sich um die von den Alliierten 'ausgeübten und innegehabten' Rechte handelt, sollte nach der Mitteilung des Herrn Staatssekretärs HALLSTEIN zum Ausdruck bringen, daß diese Rechte nicht als den Alliierten von Rechts wegen zustehend anerkannt werden sollten, sondern nur als von ihnen tatsächlich besessen, wie sich aus ihrer ungestörten Ausübung ergab. Über die allgemeine Bedeutung dieser de facto-Hinnahme ist in meinem Mehrheitsgutachten für den Rechtsausschuß das Nötige gesagt. Wenn die Bundesregierung sich verpflichtet, sich jeder Maßnahme zu enthalten, durch die diese Vorbehaltsrechte beeinträchtigt werden können, so ist dies übernommene Unterlassungspflicht gerade das Wesentliche der de facto-Hinnahme. Auch das zugesagte Zusammenwirken mit den Alliierten, um Ihnen die Auswirkung ihrer Vorbehaltsrechte zu erleichtern, ist mit der bloßen de facto-Hinnahme noch vereinbar.“

In der Begründung zum Deutschlandvertrag wird zur Bedeutung der von den Allierten ausgeübten Gewalt wie folgt Stellung genommen[351]:

„Es handelt sich dabei nicht darum, daß die Besatzungsmächte der Bundesrepublik ihre bisher ausgeübten oder innegehabten Machtbefugnisse übertrügen. Die Souveränität des deutschen Staates, die bisher durch die „Oberste Gewalt“ (supreme authority“) der Besatzungsmächte suspendiert oder überlagert war, wird nunmehr von ihren besatzungsrechtlichen Schranken wieder befreit. Es ist daher eine nicht abgeleitete, eigene und ursprüngliche deutsche Staatsgewalt, die der Bundesrepublik wieder zuwächst.“

bb) Überleitungsvertrag

Die Bundesrepublik Deutschland verlieh den Besatzungsmaßnahmen nicht nachträglich Rechtscharakter. Durch den Überleitungsvertrag vom 26.5.1952[352] wurden in erster Linie die Auswirkungen von Besatzungsakten, nicht aber die Besatzungsakte selbst festgeschrieben[353].

Es ergaben sich drei unterschiedliche Kategorien fortbestehender Besatzungsnormen[354]:

---

351 Begründung zum Vertrag über die Besatzungsmächte zwischen der Bundesrepublik Deutschland un den Drei Mächten, Anlage 4 zur BT-Drucks. 1/3500, S. 6

352 BGBl. 1955 II, S. 405 in der Fassung vom 23. Oktober 1954

353 BLUMENWITZ, Staatennachfolge und die Einigung Deutschlands, S. 69

354 vgl. hierzu BLUMENWITZ, Verfassungskollisionsrecht, § 211 Rdnr. 33

aaa) Alt-Besatzungsrecht

Das sogenannte Alt-Besatzungsrecht: Rechtsvorschriften, die die vier Siegermächte im Rahmen des alliierten Kontrollrats bis zu seiner Funktionsunfähigkeit erlassen hatten, konnten von einem völkerrechtlichen Geschäft zwischen den drei Mächten und der Bundesrepublik Deutschland nicht berührt werden[355]. Sie konnten deshalb weder aufgehoben noch geändert werden und waren auch nicht der Grundrechtsbindung unterworfen[356]. Insoweit konnte das Bundesverfassungsgericht sie weder für nichtig noch für unvereinbar mit dem Grundgesetz erklären[357].

Im Hinblick auf den Grundrechtsträgern zu gewährenden Schutz waren die zuständigen Verfassungsorgane jedoch gehalten, „in angemessener Zeit nach vorheriger Konsultation der Drei Mächte Kontrollratsrecht, das mit dem Grundgesetz nicht vereinbar ist, außer Wirksamkeit zu setzen“[358].

bbb) Versteinertes Besatzungsrecht

Das sogenannte versteinerte Besatzungsrecht[359]: Es handelt sich hier in erster Linie um Normen, die die Besatzungsmächte von ihrer völkerrechtlichen Haftung freizeichnen und die Legitimität ihrer Maßnahmen sichern sollten; sie durften weder aufgehoben noch verändert werden[360] und blieben auch bei Verfassungswidrigkeit bestehen, da ihr Regelungsgegenstand eng mit den von den drei Mächten im Deutschlandvertrag vorbehaltenen Sicherheitsfragen im Zusammenhang stand. Weite Teile dieses Rechts wurden bis zum 3. Oktober 1990 abgelöst oder obsolet. Soweit es fortbestand, stellte sich die Frage, ob sich im Falle seiner Verfassungswidrigkeit nicht zumindest aus Art. 1 Abs. 3 und 20 Abs. 3 GG die Pflicht deutscher Staatsorgane ableiten ließ, auf seine vertragliche Aufhebung hinzuwirken[361].

---

355 vgl. Art. 1 Abs. 3 Überleitungsvertrag

356 Verhandlungen des Deutschen Bundestages, Zusätzlicher Bericht zu Teil I des Vertrages zur Regelung aus Krieg und Besatzung entstandener Fragen, S. 11286

357 vgl. BVerfGE 36, 146, 169, 171; 62, 169, 182

358 BVerfGE 36, 146, 171

359 vgl. BVerfGE 12, 281; 289

360 Verhandlungen des Deutschen Bundestages, Zusätzlicher Bericht zu Teil I des Vertrages zur Regelung aus Krieg und Besatzung entstandener Fragen, S. 11287

361 STERN, Staatsrecht, Band III/1, S. 1249

ccc) Gewöhnliches Besatzungsrecht

Das gewöhnliche Besatzungsrecht blieb bis zu seiner förmlichen Aufhebung in Kraft. Deutsche Staatsorgane sind im Rahmen ihrer Zuständigkeiten nach dem Grundgesetz befugt, dieses aufzuheben oder zu ändern.

ddd) Regelungen über die Auswirkungen des Besatzungsrechts

Die Bundesrepublik Deutschland vermied jedoch auch bei fortbestehenden Verwaltungsmaßnahmen der Alliierten eine deutsche Anerkennung der Akte der Besatzungsbehörden als solcher[362]:

„Was sodann die Verwaltungsmaßnahmen der Alliierten betrifft, so ist folgende Regelung getroffen: Sie werden nicht als solche anerkannt, aber die durch sie geschaffenen individuellen Rechte und Verpflichtungen genießen den gleichen rechtlichen Schutz wie von deutschen Behörden begründete Rechte und Pflichten. Insbesondere soll es kein Hindernis für diese rechtliche Anerkennung bilden, daß nach dem angestammten deutschen Recht diese Rechte nicht hätten begründet werden können. Wenn z.B. etwa entgegen der deutschen Gewerbeordnung Geschäftskonzessionen erteilt worden sind, bleiben diese in Kraft. Dies ist der Sinn der Formulierung „sind und bleiben in jeder Hinsicht nach deutschem Recht in Kraft, ohne Rücksicht darauf, ob sie in Übereinstimmung mit anderen Rechtsvorschriften begründet oder festgestellt worden sind." Hier ist der Ausdruck *andere Rechtsvorschriften* auffallend unbestimmt ausgefallen. Nur aus der Entstehungsgeschichte ist diese Formulierung verständlich. Ursprünglich hatten die Alliierten den Text verlangt „ohne Rücksicht darauf, ob sie in Übereinstimmung mit anderen Vorschriften des deutschen Rechts begründet worden seien", was impliziert hätte, daß das ganze *Besatzungsrecht deutsches Recht* gewesen ist. Dagegen hat die deutsche Verhandlungsführung sich gewendet, um zu vermeiden, daß das Besatzungsrecht als deutsches Recht legitimiert werde."

Besonders klar fällt die Stellungnahme zu Art. 3 des Sechsten Teils des Überleitungsvertrages aus.

Hiernach war „die Verwendung des deutschen Auslandsvermögens für Reparationszwecke durch internationale Abkommen und durch Gesetze der Besatzungsbehörden (...) als eine harte Tatsache hinzunehmen." ... „Die endgültige und formelle Lösung des Reparationsproblems mußte ... dem Friedensvertrage des wiedervereinigten Deutschland mit seinen ehemaligen Gegnern vorbehalten blei-

362 Verhandlungen des Deutschen Bundestages, Zusätzlicher Bericht zu Teil I des Vertrages zur Regelung aus Krieg und Besatzung entstandener Fragen, S. 11287

ben, einem Friedensvertrage, der, wie es ausdrücklich angesprochen wird, frei vereinbart sein muß"[363].

PICHT-HEMKEN UND WOHLFAHRT bestätigen, daß das Besatzungsrecht Bestandteil einer fremden, das deutsche Recht überlagernden Rechtsordnung war und mit dem Überleitungsvertrag keine Umwandlung von Besatzungsrecht in deutsches Recht beabsichtigt wurde. Das Besatzungsregime wurde durch ein Vertragssystem eigener Art abgelöst[364]:

„Die Auffassung, daß mit Inkrafttreten der Verträge das Besatzungsrecht in deutsches Recht umgewandelt worden sei, ist abzulehnen; das fortgeltende Besatzungsrecht bleibt Bestandteil einer fremden, das deutsche Recht überlagernden Rechtsordnung. Es unterscheidet sich vom deutschen Recht schon seiner Herkunft nach. Der deutsche Gesetzgeber kann sich daher mit Recht darauf berufen, daß er für dieses Recht nicht verantwortlich ist. Seine Verpflichtung beschränkt sich darauf, es sobald wie möglich durch deutsche Vorschriften zu ersetzen. ... Eine weitere Frage ist die der Einwirkung des Besatzungsrechts auf deutsche Rechtsvorschriften. In der Rechtslehre wird in Anlehnung an das altrömische ius postliminii die Auffassung vertreten, daß alle Akte einer Besatzungsmacht bei Beendigung der Besetzung ihre rechtliche Wirksamkeit verlieren. Dies hätte zur Folge, daß der vor der Besetzung bestehende Rechtszustand wiederhergestellt würde, soweit nicht in der Zwischenzeit Änderungen durch die nationale Gesetzgebung erfolgt sind. Dieser Grundsatz wird jedoch auf die Besetzung Deutschlands nach dem zweiten Weltkrieg keine unbeschränkte Anwendung finden können. Zwar muß unbedingt daran festgehalten werden, daß die Besatzungsmächte in Deutschland keine deutsche Staatsgewalt und die Besatzungsgerichte keine deutsche Gerichtsbarkeit ausgeübt haben und daß das Besatzungsrecht nicht deutsches, sondern fremdes Recht ist und bleibt.

Das Besatzungsrecht hat aber die in Deutschland geltende Rechtsordnung so tiefgreifend beeinflußt, daß es unmöglich erscheint, die hierdurch entstandene Lage zu verleugnen und auf das Recht zurückzugreifen, das am Ende des Krieges bestand. Hinzu kommt, daß die Besetzung Deutschlands nicht durch einen Rückzug der Besatzungsmacht oder einen Friedensschluß beendigt wurde, sondern durch ein Vertragssystem eigener Art, das eine Reihe von Überleitungsbestimmungen enthält."

363 Nachweise bei BLUMENWITZ, Staatennachfolge und die Einigung Deutschlands, S. 68

364 PICHT-HEMKEN/WOHLFAHRT, Das Besatzungsrecht nach dem Inkrafttreten der Verträge, S. 4 f.

2) Unabhängigkeit des deutschen pouvoir constituant

Die Überlagerung des Grundgesetzes durch die alliierten Vorbehaltsrechte bedeutet nicht Vorrang im rechtstechnischen Sinn[365]. Die Rechte der Alliierten waren in der Ausübung der Besatzungsgewalt beschränkt. Die uneingeschränkte Bindung an das Völkerrecht in ihren Beziehungen zu Deutschland ergab sich für die Siegermächte aus der Kontinuität Deutschlands als Völkerrechtssubjekt.

Durch die bedingungslose Kapitulation hatten sich die vier Mächte der Möglichkeit begeben, sich ihre Besatzungsbefugnisse über die Haager Landkriegsordnung hinaus vertraglich erweitern zu lassen.

Die Rechtsstellung der vier Mächte als Besatzungsmächte wurde in keiner Weise geregelt[366]. Eine bedingungslose militärische Kapitulation kann nicht als Zustimmung Deutschlands ausgelegt werden, welche die Besatzungsmächte von den Schranken des allgemeinen Kriegsvölkerrechts befreite. Durch die Absetzung und Verhaftung der Regierung DÖNITZ hatten sich die Alliierten dieser Möglichkeit beraubt.

Soweit die Ausübung der Besatzungsgewalt sich nicht an die völkerrechtlichen Schranken hielt, war sie nur faktisch bedeutsam und allenfalls politisch akzeptiert[367]. Zu echten Kollisionen auf der Ebene des Rechts zwischen deutschem Verfassungsrecht einerseits und den nur aus dem Sieg über Deutschland hergeleiteten alliierten Befugnissen andererseits konnte es nicht kommen. Die allein aus dem Sieg über Deutschland resultierende, spezifische Viermächte-Verantwortung war kein Superverfassungsrecht[368]. Sie konnte die Unabhängigkeit des deutschen pouvoir constituant nicht beschränken.

RAUSCHNING hat auf die Kritik SCHRÖDER[s] an der Rechtsprechung des Bundesverfassungsgerichts geantwortet[369]:

„Wenn wir vom Fortbestand des Reiches ausgehen, ja vom Fortbestand des Reiches in der Gestalt der Bundesrepublik Deutschland, dann ist es[370] schon von daher ohne irgendwelche weiteren Akte ein Land der Bundesrepublik Deutschland. Wir können eben ... Bestimmungen des Status von Berlin nicht von der Bestimmung des Status Gesamtdeutschlands trennen. Das ist auch ganz gewiß ... nach deutschem Verfassungsrecht so. Ich glaube nicht, daß die verfassungsgebende Gewalt, wie sie sich dann im parlamentarischen Rat geäußert hat, abgeleitet ist aus dem Recht der Alliierten oder dem Besatzungsrecht ... es ist aus-

365 BLUMENWITZ, Verfassungskollisionsrecht, § 211 Rdnr. 31
366 RIKLIN, Das Berlinproblem, S. 234
367 BLUMENWITZ, a.a.O.
368 BLUMENWITZ, a.a.O; BLUMENWITZ, Fünf Jahre Grundvertragsurteil, S. 13
369 RAUSCHNING, Fünf Jahre Grundvertragsurteil, S. 309
370 gemeint ist Berlin (Anmerkung des Verfassers)

geschlossen, von der Konstruktion her, daß Besatzungsrecht übertragen wird auf den Besetzten, daß der sich sozusagen selber besetzt."

Dabei läßt sich aus der Feststellung, in der ersten Zeit nach Gründung der Bundesrepublik Deutschland sei man auch auf deutscher Seite davon ausgegangen, daß Berlin nicht der Bundesrepublik Deutschland zugehöre, gegen die spätere Rechtsprechung des Bundesverfassungsgerichts schwerlich etwas herleiten. Die deutschlandrechtliche Auslegung des Art. 23 Satz 1 GG und des Art. 144 Abs. 2 GG sowie des dazu ergangenen alliierten Vorbehalts entwickelte sich nicht von heute auf morgen[371].

In diesem Sinne läßt sich auch die Entscheidung aus dem Jahre 1951[372] einordnen. Das Bundesverfassungsgericht hielt sich am Anfang mit einer rechtlichen Wertung der Verhältnisse Berlins zur Bundesrepublik zurück. Erst mit der Entscheidung aus dem Jahre 1957[373] demonstrierte das Bundesverfassungsgericht dann sein gewachsenes Selbstbewußtsein gegenüber den Alliierten[374]. An die in diesem Urteil getroffenen Feststellungen über das Verhältnis Berlin - Bundesrepublik hat das Bundesverfassungsgericht von da an unabrückbar festgehalten und sich immer wieder im Zusammenhang mit Berlin-Entscheidungen darauf berufen[375].

So ging das Bundesverfassungsgericht auch im Grundvertragsurteil im Sinne der Gliedstaatstheorie bzw. Integrationstheorie davon aus, daß die Bundesrepublik aus den in Art. 23 GG genannten Ländern, einschließlich Berlin, besteht; der Status des Landes Berlin der Bundesrepublik Deutschland ist nur gemindert und belastet durch den sogenannten Vorbehalt der Gouverneure der Westmächte.

Das Bundesverfassungsgericht zitierte hierbei seine Entscheidung aus dem 7. Band von 1957. In dieser Entscheidung hat das Bundesverfassungsgericht Groß-Berlin als Land der Bundesrepublik bezeichnet und zwischen der Geltung und Anwendung des Grundgesetzes unterschieden.

Der Einbeziehung Groß-Berlins in das Grundgesetz könnte allerdings einer aktuelle Entscheidung aus dem Jahre 1994 widersprechen, in der das Bundesverfassungsgericht den Willen der Alliierten bei der Reorganisation Deutschlands hervorhebt[376]:

„Die Reorganisation (des deutschen Staates) war aufgrund der Ausübung der Besatzungsgewalt durch die Alliierten von deren Zustimmung abhängig. Sie war folglich in ihrer räumlichen Ausdehnung auf das Gebiet beschränkt, in dem sie

---

371 SENDLER, Berlin - nur ein deutsches Land?, S. 904
372 BVerfGE 1, 70
373 BVerfGE 7, 1
374 APELL, Das Bundesverfassungsgericht und Berlin, S. 14
375 APELL, a.a.O., S. 15
376 BVerfG, ZOV 1995, 124, 125

von den Besatzungsmächten - durch Genehmigung des Grundgesetzes - zugelassen wurde. Da die Besatzungsmächte über die staatliche Organisation jeweils nur in den Gebieten verfügen konnten, in denen sie tatsächlich die Besatzungsgewalt innehatten, war die Reorganisation der deutschen Staatlichkeit in Gestalt der Bundesrepublik beschränkt auf das Besatzungsgebiet der westlichen Alliierten und umfaßte deren Besatzungszonen (mit Ausnahme des Saarlandes) in der sich aus Art. 23 GG alte Fassung ergebenden Gliederung in Länder und unter Beachtung der sich aus dem auf Berlin bezogenen Vorbehalt der Besatzungsmächte, wonach Berlin nicht vom Bund regiert werden dürfe (vgl. BVerfGE 7, 1, (7 ff.), ergebenden Besonderheiten - die Westsektoren."

Das Bundesverfassungsgericht bezieht sich jedoch auch in dieser Entscheidungen auf seine Entscheidung im 7. Band aus dem Jahre 1957. Ihm kann daher nicht unterstellt werden, daß es von dieser Entscheidung, wonach kraft der verfassungsgebenden Gewalt des Deutschen Volkes getroffenen Entscheidung Berlin ein Land der durch das Grundgesetz organisierten deutschen Bundesrepublik wurde und lediglich die Anwendung des Grundgesetzes in Groß-Berlin wegen der alliierten Vorbehalte Beschränkungen unterlag, abrücken wollte.

Schließlich handelte es sich hierbei nicht um irgendeine Haltung, die beliebig den sich ändernden tatsächlichen Verhältnissen angepaßt wurde. Die Entscheidung aus dem Jahre 1957 begründete in der Rechtsprechung des Bundesverfassungsgerichts den sogenannten *deutschlandrechtlichen Standpunkt*, an dem das Gericht jedenfalls bis zur Wiedervereinigung festhielt. Das Bundesverfassungsgericht wurde hierfür von der Literatur - wie gezeigt - heftig angegriffen.

Beispielhaft ist hierfür auch eine aus dem Jahre 1983 geführte Auseinandersetzung zwischen PESTALOZZA und SENDLER[377]. PESTALOZZA[378] wandte sich gegen die herrschende Gliedstaats-These, die auch Integrationstheorie genannt wurde[379]:

„Freilich, wer die Gliedstaat-These nicht vertritt, muß nach einem neuen *„Muttergemeinwesen"* für Berlin (West) suchen. Da bleibt dann nur, wenn man von der Drei-Staaten-These nichts hält, Deutschland. Ein Berlin, das nicht Land der Bundesrepublik Deutschland ist, wirft in viel empfindlicherem Maß und mit

---

377 PESTALOZZA, Berlin - ein deutsches Land, JuS 1983, S. 241 ff.; Erwiderung von Sendler, Berlin - nur ein deutsches Land? in JuS 1983, S. 903 ff.; weiterer Diskussionsbeitrag von PESTALOZZA, Noch einmal: Der Status von Berlin, JuS 1984, S. 430 ff. und der abschließende Beitrag von SENDLER, Berlin juristisch betrachtet aus der Sicht eines richterlichen Praktikers, JuS 1984, S. 432 ff.

378 PESTALOZZA, Berlin - ein deutsches Land, S. 249

379 zu den verschiedenen Varianten vgl. im einzelnen von LAMPE/PFENNIG, Verfassung von Berlin, Art. 1 Rdnr. 38; vgl. auch ZIVIER, Der Rechtsstatus des Landes Berlin, S. 91

größerem Nachdruck die Deutschland-Frage und die Frage des Friedensvertrages auf. Da lebt es sich mit der Gliedstaatsthese schon ruhiger, weil insoweit dem Wiedervereinigungsgebot, dem in den Augen des *BVerfG* immer noch strengen (BVerfGE 36, 1, 17), bereits Genüge getan ist."

Hierauf erwiderte SENDLER[380]:

„Und für den Fall, daß einmal die alliierten Vorbehalte wegfallen oder reduziert werden sollten - in überschaubarer Zeit vielleicht und wahrscheinlich genauso irreal wie die Hoffnung auf Wiedervereinigung und möglicherweise nur mit ihr zusammen vorstellbar -, ist es schließlich auch gut zu wissen, daß Berlin jedenfalls nach deutschem Verfassungsrecht nicht ins Bodenlose fällt, sondern Teil der Bundesrepublik Deutschland ist. Diese Notwendigkeit, von einem etwas realeren Muttergemeinwesen getragen zu werden, als es 'Deutschland' derzeit darstellt, einem Gemeinwesen, das Berlin - neben dem ebenso notwendigen Schutz durch die Besatzungsmächte - hält und erhält, ist heute so selbstverständlich, wie es schon vor über dreißig Jahren war. Eben deswegen dürfte sich der parlamentarische Rat so hartnäckig geweigert haben, das Wort Groß-Berlin in Art. 23 S. 1 GG von sich aus zu streichen."

Bei dem alliierten Genehmigungsschreiben handelt es sich daher auch für die rechtswissenschaftliche Erkenntnis um das, als was ihn Art. 144 Abs. 2 GG bezeichnet: eine „Beschränkung der Anwendung" des Grundgesetzes[381].

Die Bundesrepublik respektierte diese Maßnahme, aber sie hat für sie keine Geltung, sondern sie hatte Wirkung. Sie konnte nicht Bestandteil der für die Bundesrepublik geltenden Rechtsordnung sein, sondern nur deren faktische Beschränkung von hoher Hand, die in Berlin wie in der übrigen Bundesrepublik auch deshalb hingenommen wurde, weil der Abzug dieser Hand von Berlin nicht gewollt und gewünscht werden konnte.

Die verfassungsgebende Gewalt trug mit der Beschränkung der Anwendung des Grundgesetzes auch den völkerrechtlichen Gegebenheiten Rechnung und erzielte auf diese Weise den erforderlichen Gleichklang zwischen Verfassungsrecht - einerseits - und Völkerrecht - anderseits -, denn mit der Beschränkung der Anwendung verbindet sich der Respekt mit der von den Alliierten - wenn auch völkerrechtlich beschränkt - ausgeübten Gebietshoheit.

Zu einer Kollision zwischen dem deutschen Verfassungsrecht und den alliierten Befugnissen konnte es daher nicht kommen. Von einer Beschränkung des Geltungsbereiches des Grundgesetzes durch das alliierte Genehmigungsschreiben kann aus den genannten Gründen nicht ausgegangen werden.

---

380 SENDLER, Berlin - nur ein deutsches Land?, S. 904

381 DRAHT, Die staatsrechtliche Stellung Berlins, S. 54

Zusammenfassend läßt sich hierzu feststellen: Das Grundgesetz ist hinsichtlich der Einbeziehung Groß-Berlins[382] eindeutig. Die Rechtsprechung des Bundesverfassungsgerichts legte mit der Formel den Berlin-Status „unter Berufung auf das Grundgesetz" zu verteidigen, dem Grundgesetz eine konstitutive Wirkung für die Rechtslage Berlins bei[383]. Der Einwand einer Begrenzung des Geltungsbereichs durch die alliierten Vorbehaltswirkungen läßt sich daher nur gegen die Rechtsprechung des Bundesverfassungsgerichts und den *deutschlandrechtlichen Standpunkt* der *Gliedstaats-* bzw. *Integrationstheorie* aufrechterhalten.

F. Geltung des Grundgesetzes und Staatsgebiet der Bundesrepublik Deutschland

Bisher konnte eine Einschränkung des Geltungsbereichs des Grundgesetzes nicht nachgewiesen werden. Die faktische Abtrennug Ost-Berlins und seine Integration in die DDR konnten die Geltungsanordnung des Grundgesetzes vom Standpunkt des Art. 23 GG alte Fassung nicht zum Erlöschen bringen. Ging die Bundesrepublik Deutschland hiervon noch aus, als die DDR dem Grundgesetz nach Art. 23 GG alte Fassung beitrat?

Zunächst ist zu untersuchen, welches System des Beitritts Art. 23 GG alte Fassung vorsah. Hierbei ist von Bedeutung, daß Art. 23 GG alte Fassung nicht nur den Geltungsbereich bestimmte, sondern mittelbar auch eine Aussage zum Staatsgebiet der Bundesrepublik Deutschland traf.

I. Bestimmung des Staatsgebietes durch Art. 23 GG alte Fassung?

Mit der Formulierung in Art. 23 Satz 1 GG alte Fassung entstand notwendigerweise auch ein Streit über das Verhältnis von Geltungsbereich einer Verfassung zum Staatsgebiet im allgemeinen, insbesondere darüber, ob beide identisch sein müssen, und - wenn dies verneint wird -, welcher Bereich den größeren Rahmen bildet[384].

Im Anschluß an seine Auffassung, daß das Bundesgebiet durch die Präambel bestimmt ist, wurde von DENNEWITZ die Ansicht vertreten, Art. 23 GG alte Fassung befasse sich nur mit dem Geltungsbereich des Grundgesetzes, wolle aber „nicht eine Aussage über das Bundesgebiet machen"[385]. Wenn auch in be-

---

382 vgl. oben D.II.3) und 4)

383 vgl. obeb E.II.2)b)

384 NAGEL, Die Rechtslage West-Berlins, S. 84 ff.

385 DENNEWITZ, Bonner Kommentar, Art. 23, Erl. II

schränktem Maße, so gelte das Grundgesetz doch aus eigener Kraft in Berlin. Trotzdem sei es nicht Land der Bundesrepublik geworden.

Die von DENNEWITZ vertretene Ansicht stand damit im Widerspruch zur Gliedstaats- bzw. Integrationstheorie. Damit ist aber nicht gesagt, daß sich Art. 23 GG alte Fassung nicht wenigstens in mittelbarer Wirkung auf das Staatsgebiet beziehen könnte. Hierauf hat insbesondere NAGEL hingewiesen[386].

Anders als Art. 1 RV und Art. 2 WRV, die beide nicht den Geltungsbereich der Verfassung, sondern das Staatsgebiet festlegten[387], enthält Art. 23 GG alte Fassung keine unmittelbare Bestimmung des Staatsgebietes der Bundesrepublik Deutschland.

Bei den Vorarbeiten zum Grundgesetz hatte man zunächst geglaubt, an die Geltung der Verfassung im Staatsgebiet anknüpfen zu können[388]. Dies ergibt sich aus Art. 27 Abs. 1 des Entwurfs des Herrenchiemseer-Verfassungskonvents[389]:

„Der Bund besteht aus den Ländern ... ."

Um so auffallender ist die Festlegung des Geltungsbereiches und nicht des Gebietsbestandes in dem ursprünglichen Art. 22 GG[390]; die Formulierung blieb im Parlamentarischen Rat, der die Arbeit des Herrenchiemseer-Verfassungskonvents fortführte, erhalten[391].

Die vielen Entwürfe, vorgelegt von den einzelnen Ausschüssen, die Diskussionen und immer wieder zur Abstimmung vorgelegten, überarbeiteten Vorschläge lassen erkennen, wie sehr bei jedem einzelnen Artikel um die Formulierung gerungen wurde. Es läßt sich auch nicht übersehen, daß die Weimarer Reichsverfassung als Vorbild diente, soweit nicht schwerwiegende Gründe für eine andere Verfassungsgestaltung sprachen.

Wenn der Parlamentarische Rat bei der Fassung des Art. 23 GG alte Fassung geradezu von einer „alten Tradition", die noch der Herrenchiemseer-Verfassungskonvent fortsetzte, abwich, dann doch kaum aus sprachlichen Gründen[392]. Der Grund für eine andere Formulierung kann nur in deren anderem Inhalt liegen, d.h., daß der Verfassungsgeber bewußt nicht das Bundesgebiet festlegen wollte.

---

386 NAGEL, Die Rechtslage West-Berlins

387 NAGEL, a.a.O., S. 86 f.

388 NAGEL, a.a.O., S. 87

389 Bericht über den Verfassungskonvent von Herrenchiemsee von 10. bis 23. August 1948, Art. 27, S. 64

390 vgl. oben D.II.3)a)

391 Parlamentarischer Rat, Verhandlungen des Hauptausschusses, Erste Lesung, 4. Sitzung vom 17.11.1948, S. 64, vgl. oben D.I.3)a), zur Vorgeschichte ausführlich NAGEL, Die Rechtslage West-Berlins, S. 87

392 NAGEL, a.a.O., S. 88

Anlaß hierzu mag „die Ungelöstheit der gesamtdeutschen Frage“ gegeben haben. Herrschte schon Streit über den Fortbestand des Deutschen Reiches, so mußte die Lage noch verwickelter werden, indem sich der freie Teil Deutschlands berufen fühlte, auch für jene Deutsche zu handeln, „denen mitzuwirken versagt war.“

Das Grundgesetz selbst verwendet das Wort „Bundesgebiet“ an mehreren Stellen. Nirgendwo kommt ihm aber eine sachliche Bedeutung zu, es wird nicht in einem technischen Sinn verwendet.

Es steht damit fest, daß der Verfassungsgeber bewußt eine dem Art. 2 WRV entsprechende Bestimmung über das Bundesgebiet vermied und demnach die Begriffe „Geltungsbereich der Verfassung“ und „Bundesgebiet“ nicht gleichsetzte[393].

Damit ist aber nicht gesagt, daß sich Art. 23 GG alte Fassung nicht wenigstens in mittelbarer Wirkung auf das Staatsgebiet beziehen könnte.

Gegen die Ansicht, der Geltungsbereich des Grundgesetzes sei weiter als der Umfang des Bundesgebietes, Berlin gehöre also nach Art. 23 GG alte Fassung zwar zum Geltungsbereich der Verfassung, nicht aber zum Staatsgebiet der Bundesrepublik, spricht die Ratio des Art. 23 GG. Dem Parlamentarischen Rat mußte die normale Lage vor Augen stehen müssen, daß die Verfassung eines Staates auch in dessen gesamtem Gebiet gilt.

Eine ausdrückliche Abgrenzung des Bundesgebietes hat der Verfassungsgeber aber wegen der Ungelöstheit der gesamtdeutschen Frage vermieden. Dieses Ziel, ein eventuell weiteres Staatsgebiet nicht festzulegen, konnte durch die Aufzählung einzelner Länder, in denen das Grundgesetz gelten sollte, erreicht werden.

Es wäre ein Widerspruch in sich, die räumliche Erstreckung eines bestimmten Staates auf ein Gebiet anzunehmen, das gar nicht zu ihm gehört[394]. Wo aber der Staat (hier: die Bundesrepublik Deutschland) nicht existiert, kann auch dessen Verfassung, die ja den Staat voraussetzt, nicht gelten. Sie kann sich nur innerhalb des Staatsgebietes selbst beschränken, nicht jedoch umgekehrt über dieses hinaus Geltung beanspruchen.

Die von NAGEL vorgenommene Auslegung des Art. 23 Satz 2 GG alte Fassung zwingt daher zur Annahme, daß zumindest alle in Satz 1 genannten Länder zum Staatsgebiet gehören sollten. Der „Beitritt“, der „anderen Teilen Deutschlands“ offenstehen soll, kann daher nur der Beitritt zum Bund, also zu dessen Staatsgebiet, sein, soweit es in Satz 1 räumlich abgegrenzt wird.

---

393 NAGEL, a.a.O., S. 89
394 NAGEL, a.a.O., S. 90

Für die Auffassung NAGEL^s spricht letztlich der enge Zusammenhang der Sätze 1 und 2 des Art. 23 GG und seine Entstehungsgeschichte. In einem Land gilt nach dessen Beitritt zum Bund noch nicht automatisch auch das Grundgesetz[395]. Laut Art. 23 Satz 2 GG müsse dieses erst - und nicht einmal „unverzüglich", wohl aber alsbald durch einen eigenen Akt dort in Kraft gesetzt werden: Zumindest in diesem Übergangsstadium muß also das Bundesgebiet größer sein als der Geltungsbereich der Verfassung[396].

II. Verhältnis von Geltungsbereich und Staatsgebiet nach den Deutschlandtheorien

Mit der Frage nach dem Verhältnis zwischen Geltung des Grundgesetzes und Staatsgebiet der Bundesrepublik sind auch die unterschiedlichen Modelle zur Erläuterung und Lösung des Konflikts mehrerer Staatsgewalten in Deutschland angesprochen.

1) Identitätstheorien

Nach den verschiedenen *Identitätstheorien* ist eine der konkurrierenden staatlichen Ordnungen mit dem überkommenen Gesamtstaat und fortexistierenden Völkerrechtssubjekt identisch[397].

Erhebt jedoch eines der konkurrierenden Staatsfragmente für sich den Identitätsanspruch, entsteht die für ideologisch geteilte Staaten typische Bürgerkriegslage.

Das Deutsche Reich war nach den verschiedenen *Identitätstheorien* nicht untergegangen, weil die Bundesrepublik Deutschland oder die DDR oder beide teilweise oder gemeinsam mit dem Deutschen Reich identisch waren[398].

Nach der sogenannten *Kongruenztheorie* deckte sich das mit dem Deutschen Staat in den Grenzen vom 31. Dezember 1937 identische Gebilde sowohl in seinem Staatsgebiet als auch im Geltungsbereich seiner Verfassung mit dem Staatsgebiet des Deutschen Reiches[399]. Die Existenz eines zweiten deutschen Staates wurde geleugnet.

---

395 NAGEL, a.a.O., S. 91

396 NAGEL, a.a.O.

397 BLUMENWITZ, Verfassungskollisionsrecht, § 211 Rdnr. 56

398 vgl. Untersuchung und Nachweise bei SCHMID, Die deutsche Frage im Staats- und Völkerrecht, S. 28 ff.

399 SCHMID, a.a.O., S. 30

Das Mittelfeld der *Identitätstheorien* beherrschten die sogenannten *Staatskerntheorien*[400]. Danach verkörperte die Bundesrepublik Deutschland den deutschen Staat dergestalt, daß ihr Staatsgebiet rechtlich das Territorium umfaßte, das am 31. Dezember 1937 der Gebietshoheit des Deutschen Reiches unterstand, und zu ihrem Staatsvolk alle auf diesem Gebiet wohnenden früheren Staatsangehörigen des Deutschen Reiches zählten.

Staatsgebiet und Verfassung deckten sich jedoch nicht (das Staatsgebiet ist größer als der Geltungsbereich). Das Grundgesetz war aus dieser Sicht mit seinem Art. 23 GG alte Fassung mit potentieller Wirkung für den Gesamtstaat konzipiert, aktuelle Bedeutung sollte ihm jedoch nur für den Bereich der neuen Bundesländer zukommen.

Nach der *Schrumpfstaatstheorie* war das mit der Bundesrepublik Deutschland identische Deutsche Reich auf den Geltungsbereich des Grundgesetzes zusammengeschrumpft[401]. Staatsgebiet und Verfassungsgebiet deckten sich hier also.

Nach der *Bürgerkriegstheorie* standen sich in dem ungeteilten deutschen Gesamtstaat zwei um die Vormacht kämpfende Regierungen im kalten Bürgerkrieg gegenüber[402].

Das die unter dem Schild der Besatzungsmacht entstandenen deutschen Staaten verpflichtende Gewaltanwendungsverbot verhinderte in Deutschland das Entstehen einer typischen Bürgerkriegslage[403].

Der Bundesregierung hätte danach kraft ihrer demokratischen Legitimation die Stellung der De-jure-Regierung des Gesamtstaates eingenommen, während der Regierung der DDR die einer lokalen De-facto-Regierung zugekommen wäre, die bestrebt war, einen Teil des Staatsgebietes loszureißen.

Die Bundesrepublik Deutschland wird dabei als der Geltungsbereich des Grundgesetzes verstanden. Eine Identität hätte nur zwischen der organschaftlichen Stellung der Bundesregierung und der organschaftlichen Stellung der ehemaligen Reichsregierung bestanden.

2) Sezessionstheorie / Sukzessionslehre

Nach der *Sezessionstheorie bzw. Sukezessionslehre* war die Bundesrepublik Deutschland wiederum identisch mit dem Deutschen Reich[404]. Dieses war jedoch in seinem Staatsgebiet um das Gebiet der DDR verkleinert. In der DDR wäre

---

400 BLUMENWITZ, Verfassungskollisionsrecht, § 211 Rdnr. 56, Fußnote 180

401 SCHMID, a.a.O., S. 30

402 SCHMID, a.a.O, S. 31 f.

403 BLUMENWITZ, a.a.O., § 211 Rdnr. 56, Fußnote 179

404 BLUMENWITZ, Denk ich an Deutschland, S. 77; SCHMID, Die deutsche Frage im Staats- und Völkerrecht, S. 31

1949, spätestens 1955, durch Sezession ein zweites rechtlich gleichwertiges Völkerrechtssubjekt entstanden. Diese Lehre hat mit der Identitätstheorie nichts zu tun, denn die Rechtsnachfolge setzt logisch zwei Rechtssubjekte voraus (das untergegangene Deutsche Reich und die Bundesrepublik als neuer Staat, der das Reich beerbt hat).

3) Teilordnungslehre / Dachtheorie

Nach der *Teilordnungslehre oder Dachtheorie* war die durch das Grundgesetz geschaffene Ordnung nicht die des Gesamtstaates, wollte diese jedoch nicht verdrängen, sondern sich ihr als „Reichsdach" gliedstaatsähnlich unterordnen; Bundesrepublik und DDR traten sich in diesem Modell gleichberechtigt auf einer Stufe unterhalb der vollen staatlichen Souveränität gegenüber[405].

4) Ergebnis

Die *Kongruenztheorie* war mit dem Grundgesetz nicht vereinbar[406]. Der Geltungsbereich und damit auch das Staatsgebiet des Grundgesetzes ist auf die in Art. 23 GG alte Fassung genannten Länder beschränkt. Gegen die *Sezessionstheorie bzw. Sukezessionslehre* spricht vor allem der Umstand das das Deutsche Reich weder durch die militärische Kapitulation, noch durch die Gründung zweier deutscher Staaten und deren Eingliederung in das jeweilige Bündnissystem unterging.

Dies wird vor allem durch die Fortexistenz der Viermächteverantwortung bestätigt, die bis zur Einheit Deutschland Bestand hatte[407].

Die nach der *Teilordnungslehre oder Dachtheorie* allein unter die Prärogative der Siegermächte fallenden gesamtdeutschen Fragen konnte mit eigenen Mitteln nur schwer die Sezessionsbestrebungen der anderen Teilordnungen abwehren[408].

Jedenfalls läßt sich vom Standpunkt der Identitätslehre, die an der Übereinstimmung von Geltungsbereich und Staatsgebiet auf der Grundlage des Art. 23 GG alte Fassung festhielt, ein Herausreißen Ost-Berlins aus dem Geltungsbereich des Grundgesetzes und seine Integration in die DDR grundsätzlich nicht begründen.

---

405 BLUEMNWITZ, a.a.O., S. 77

406 BLUEMNWITZ, a.a.O., S. 77 f.

407 vgl. hierzu ausführlich Teil 2 A.III.4)

408 BLUMENWITZ, Verfassungskollisionsrecht, § 211 Rdnr. 57

Das Bundesverfassungsgericht hat im Konkordatsurteil die Identität der Bundesrepublik Deutschland mit dem Deutschen Reich in der Form der Staatskerntheorie bejaht[409].

Im Grundvertragsurteil betonte das Bundesverfassungsgericht den Doppelcharakter des Grundvertrages[410].: Seiner Art nach war er ein völkerrechtlicher Vertrag (gehörte also nicht einer zwischen beiden deutschen Staaten bestehenden gegenständlich beschränkten Sonderrechtsordnung an), seinem Inhalt nach regele er vor allem „Inter-se-Beziehungen“[411].

Wie sich die Inter-se-Beziehungen zwischen der Bundesrepublik Deutschland und der DDR auf das grundsätzliche Verhältnis der weiterhin kollidierenden Staatsgewalten auswirken, läßt sich dem Grundvertragsurteil nicht eindeutig entnehmen; es enthält sowohl Elemente der Teilordnungs- als auch des Identitätsverständnisses[412].

Das Deutsche Reich existiere fort, besitze nach wie vor Rechtsfähigkeit, sei allerdings als Gesamtstaat mangels Organisation, insbesondere mangels institutionalisierter Organe handlungsunfähig[413].

Einerseits sei mit der Errichtung der Bundesrepublik Deutschland kein neuer westdeutscher Staat gegründet, sondern ein Teil Deutschlands neu organisiert worden[414].

Die Bundesrepublik Deutschland sei also nicht „Rechtsnachfolger“ des Deutschen Reiches, sondern als Staat identisch mit dem Staat „Deutsches Reich“, - in bezug auf seine räumliche Ausdehnung allerdings „teilidentisch“, so daß insoweit die Identität keine Ausschließlichkeit beansprucht[415].

Die Bundesrepublik umfasse, was ihr Staatsvolk und ihr Staatsgebiet anbelange, nicht das ganze Deutschland, unbeschadet dessen, daß ein einheitliches Staatsvolk des Völkerrechtssubjekts „Deutschland“ (Deutsches Reich), zu dem die eigene Bevölkerung als untrennbarer Teil gehört, und ein einheitliches Staatsgebiet „Deutschland“ (Deutsches Reich), zu dem ihr eigenes Staatsgebiet als ebenfalls nicht abtrennbarer Teil gehört, anerkenne.

---

409 BVerfGE 6, 309, 338
410 BLUMENWITZ, a.a.O., § 211 Rdnr. 67
411 BVerfGE 36, 1, 24
412 BLUMENWITZ, a.a.O, § 211 Rdnr. 68
413 BVerfGE 36, 1. 16
414 BVerfGE 36, 1, 16
415 BVerfGE 36, 1, 16

Andererseits waren aus der Sicht des Grundvertragsurteils Bundesrepublik Deutschland und DDR „zwei Staaten, die Teile eines noch immer existierenden ... umfassenden Staates Gesamtdeutschlands ... sind[416].

Ganz im Sinne der Gliedstaatstheorie bzw. Integrationstheorie ging das Bundesverfassungsgericht jedenfalls davon aus, daß Art. 23 GG auch eine Bestimmung über das Staatsgebiet enthält[417].

Die Bundesrepublik Deutschland beschränke staatsrechtlich ihre Hoheitsgewalt auf den „Geltungsbereich des Grundgesetzes“, fühle sich aber auch verantwortlich für das ganze Deutschland. Die Bundesrepublik bestünde aus den in Art. 23 GG genannten Ländern, einschließlich Berlin; der Status des Landes Berlin der Bundesrepublik Deutschland sei nur gemindert und belastet durch den sogenannten Vorbehalt der Gouverneure der Westmächte[418].

Das Bundesverfassungsgericht zitierte hierbei seine Entscheidung aus dem 7. Band von 1957, in der es für Art. 23 GG alte Fassung zwischen der Geltung und Anwendung des Grundgesetzes unterschieden hat. Aus dieser Perspektive hatte die fehlende Ausübung von Hoheitsgewalt der Bundesrepublik in Ost-Berlin keinen Einfluß auf die dortige Geltung des Grundgesetzes.

Die Gliedstaatsthese war ein *Rechtsinstrument* in dem Bemühen um Wiedervereinigung[419]. Die Bundesrepublik Deutschland durfte sich an keinem Rechtsinstrument beteiligen, „das ihr von anderen in ihrem Bemühen um Wiedervereinigung entgegengehalten werden kann.“ Damit war die Hinnahme eines Herausreißens Ost-Berlin als Sezessionserfolg der DDR vom Standpunkt des Grundgesetzes unvereinbar.

Dem Bemühen um Wiedervereinigung war mit einem Verweis auf die Vier-Verantwortung nicht genüge getan[420]. Es stünde im Widerspruch zum Gebot der Wiedervereinigung, wenn die Verweisung auf die Viermächte-Verantwortung für Gesamtdeutschland bedeuten würde, künftig sei sie allein noch eine (letzte) rechtliche Klammer für die Fortexistenz Gesamtdeutschlands; verfassungsgemäß ist nur ..., daß sie eine weitere Rechtsgrundlage für das Bemühen um Wiedervereinigung darstellt[421].

In seiner Teso-Entscheidung stellte das Bundesverfassungsgericht die Identität der Bundesrepublik Deutschland mit dem Deutschen Reich wieder klar heraus. An dieser Subjektsidentität habe nichts zu ändern vermocht, daß sich die

---

416 BVerfGE 36, 1, 23
417 BVerfGE 36, 1, 16 f.
418 BVerfGE 36, 1, 17
419 BVerfGE 36, 1, 19
420 BVerfGE, a.a.O.
421 vgl. oben Teil 2

gebietsbezogene Hoheitsgewalt auf den räumlichen Anwendungsbereich beschränkt habe[422].

IV. Verhältnis von Art. 23 GG alte Fassung zu Art. 1 und 3 Einigungsvertrag

Vor diesem Hintergrund ist die staatsrechtliche Stellung Groß-Berlins anhand des Einigungsvertrages zu überprüfen. Wurde Groß-Berlin im Einigungsvertrag *staatsrechtlich* noch als eine Einheit behandelt?

Am 23. August 1990 erklärte die Volkskammer der DDR den Beitritt der DDR zum Geltungsbereich des Grundgesetzes der Bundesrepublik Deutschland gemäß Art. 23 GG mit Wirkung vom 3. Oktober 1990. Die Volkskammer stellte dazu in ihrem Beschluß fest[423]:

„Sie geht dabei davon aus:

- daß die Beratungen zum Einigungsvertrag zu diesem Termin abgeschlossen sind,
- daß die Zwei-Plus-Vier-Verhandlungen einen Stand erreicht haben, der die außen- und sicherheitspolitischen Bedingung der deutschen Einheit regelt ....“

Die in der Beitrittserklärung genannten äußeren Bedingung der Einheit waren insoweit geregelt[424]. Am Rande einer KSZE-Konferenz in New York am 1. Oktober 1990, also kurz vor der Vereinigung, erklärten die Außenminister der vier ehemaligen Siegermächte, daß „die Wirksamkeit“ ihrer Rechte und Verantwortlichkeiten zwischen dem Tage der Vereinigung und dem Inkrafttreten des Zweiplus-Vier-Vertrages „ausgesetzt“ wird.

Zwischen den staats- und völkerrechtlichen Bedingungen der deutschen Einheit ist zu unterscheiden. Die Zugehörigkeit Groß-Berlins betraf eine innere Bedingung der deutschen Einheit. Von ihr hing es ab, ob Ost-Berlin dem Grundgesetz beitreten mußte.

Ob Groß-Berlin staatsrechtlich als Einheit zu behandelt war - kein Beitritt -, oder ob Ost-Berlin staatsrechtlich zur DDR gehörte - Beitritt -, mußte bei den Beratungen zum Einigungsvertrag beantwortet werden.

Diese führten am 31. August 1990 zum Abschluß des Vertrages zwischen der Bundesrepublik Deutschland und der DDR über die Herstellung der Einheit Deutschlands, dem der Bundestag durch das Gesetz zum Einigungsvertrag vom 23. September 1990 - nach Zustimmung des Bundesrates am 21. September 1990 - zustimmte.

---

422 BVerfGE 137, 155

423 wiedergegeben in: Die Verträge zur Einheit Deutschlands, Einführung, S. XIX f.

424 Die äußeren Bedingungen der Einheit werden in Teil 2 A.5) untersucht.

Art 1 EinigungsV nimmt auf Art. 23 GG alter Fassung Bezug und bestimmt:

„Mit dem Wirksamwerden des Beitritts der Deutschen Demokratischen Republik zur Bundesrepublik Deutschland gemäß Artikel 23 des Grundgesetzes vom 3. Oktober werden die Länder Brandenburg, Mecklenburg-Vorpommern, Sachsen, Sachsen-Anhalt und Thüringen Länder der Bundesrepublik Deutschland. Für die Bildung und die Grenzen dieser Länder untereinander sind die Bestimmungen des Verfassungsgesetzes zur Bildung von Ländern in der Deutschen Demokratischen Republik vom 22. Juli 1990 - Ländereinführungsgesetz - (GBl. I Nr.51 S. 955) gemäß Anlage II maßgebend."

Art. 3 EinigungsV regelt entsprechend Art. 23 Satz 2 GG („In anderen Teilen ist es nach deren Beitritt in Kraft zu setzen.") das Inkrafttreten des Grundgesetzes: „Mit dem Wirksamwerden des Beitritts tritt das Grundgesetz für die Bundesrepublik Deutschland ... in den Ländern Brandenburg, Mecklenburg-Vorpommern, Sachsen, Sachsen-Anhalt und Thüringen sowie in dem Teil des Landes Berlin, in dem es bisher nicht galt, mit den sich aus Artikel 4 ergebenden Änderungen in Kraft, soweit in diesem Vertrag nichts anderes bestimmt ist."

Folgt man den staatsrechtlichen Prämissen der DDR[425], bedurfte es keines gesonderten Beitritts Ost-Berlins. Der Beitritt der DDR hätte sich in Übereinstimmung mit ihrem Verfassungsanspruch unter Einbeziehung Ost-Berlins vollzogen. Der Grund, warum Ost-Berlin in der Aufzählung der beitretenden Länder nach Art. 1 EinigungsV nicht erscheint, wäre darin zu sehen, daß es selbst als Kommune kein Land der DDR war. Die in Art. 3 EinigungsV auf Berlin verwendete Formulierung würde sich damit auf Ost-Berlin beziehen.

Allerdings stünde eine derartige Auslegung im Widerspruch zu Art. 23 GG alte Fassung und der deutschlandrechtlichen Auslegung dieser Bestimmung durch das Bundesverfassungsgericht[426] und damit schließlich auch zum Willen der DDR, „gemäß" Art. 23 GG alte Fassung, beizutreten.

Vertritt man den Standpunkt, daß von vornherein nur West-Berlin in den Geltungsbereich des Grundgesetzes fiel und damit Staatsgebiet der Bundesrepublik Deutschland war, andererseits Ost-Berlin nicht zum Staatsgebiet der DDR gehörte, dann stellt sich die Frage, ob es eines gesonderten Beitritts Ost-Berlins zum Grundgesetz bedurfte[427].

Nach der *Effektivitätstheorie*[428] hat sich der Geltungsbereich des Grundgesetzes von Anfang an auf West-Berlin beschränkt, und auch die Auffassung eines

425 vgl. oben D.IV.

426 vgl. oben E.II.2)

427 ALICH/WEBER, Geltung von Art. 14 GG, S. 7

428 vgl. oben D.

stillen Verfassungswandels des Art. 23 GG alte Fassung gelangt zu einer Beschränkung des Geltungsbereichs des Grundgesetzes auf West-Berlin[429].

Gegen diese Auffassungen sprechen die dargelegten Bedenken[430]. Das Normprogramm der die staatsrechtliche Stellung Groß-Berlins betreffenden Bestimmungen des Grundgesetzes unterscheidet zwischen Geltung und Anwendung des Grundgesetz. Die tatsächliche Durchsetzbarkeit des Grundgesetzes war nicht Teil des Normbereichs des Art. 23 GG alte Fassung[431]. Die Bestimmung des Art. 23 GG alte Fassung wurde nie geändert. Ein Abweichen von dieser Bestimmung ist mit Art. 79 GG unvereinbar[432].

Zwar kann das Staatsgebiet größer sein als der Geltungsbereich einer Verfassung. Das Grundgesetz enthält jedoch keine Bestimmung über das Staatsgebiet. Die Bestimmung des Staatsgebietes erfolgte mittelbar mit der Bestimmung des Geltungsbereichs[433].

Wenn aber das Grundgesetz von Anfang an nur in West-Berlin gegolten hat, und der Geltungsbereich nur auf West-Berlin begrenzt war, dann kann auch nur West-Berlin Gliedstaat der Bundesrepublik geworden sein.

Schon an dieser Stelle zeigt sich im Ergebnis ein Widerspruch zur sogenannten *Integrationstheorie*, nach der Groß-Berlin ein Teil der Bundesrepublik Deutschland war[434].

Dies wird nicht immer deutlich, wenn Vertreter dieser Theorie die Begrenzung des Geltungsbereichs auf West-Berlin betonen und dabei für sich in Anspruch nehmen, dies in Übereinstimmung mit der Gliedstaats- bzw. Integrationstheorie zu tun, wonach das alliierte Genehmigungsschreiben lediglich den Anwendungsbereich des Grundgesetzes beschränkte[435].

In Widerspruch zur *Integrationstheorie* geriet die *Effektivitätstheorie* immer dann, wenn sie die Nichtzugehörigkeit Ost-Berlins zur DDR begründen sollte.

Da der staatsrechtliche Status auf West-Berlin begrenzt sein sollte, blieb für die Begründung der Nichtzugehörigkeit Ost-Berlins zur DDR nur der Viermächte-Status[436], wonach Groß-Berlin kein Bestandteil der SBZ und auch nicht der später gegründeten DDR war. Von diesem Standpunkt war aber West-Berlin ebensowenig Teil der westlichen Besatzungszonen und damit der Bundesrepublik Deutschland.

---

429 vgl. oben D.III.
430 vgl. oben D.II.3) und 4) und D.V. und D.VI.
431 vgl. oben D.II.4)
432 vgl. oben D.V.
433 vgl. oben F.
434 vgl. oben D.I.
435 VON LAMPE/PFENNIG, Verfassung von Berlin, Art. 1 Rdnr. 32
436 VON LAMPE/PFENNIG, a.a.O., Art. 1 Rdnr. 14

Damit mußte die Effektivitätstheorie also auch die Zugehörigkeit West-Berlins zur Bundesrepublik Deutschland ablehnen, denn der Viermächte-Status galt nicht nur für Ost-Berlin.

In diesem Fall hätte nicht nur Ost-Berlin, sondern auch West-Berlin dem Grundgesetz beitreten müssen. Dies wurde jedoch vom Standpunkt der Effektivitätstheorie für nicht erforderlich gehalten[437]. Statt dessen stellte sie immer dann, wenn es um die Zugehörigkeit West-Berlins zur Bundesrepublik Deutschland ging, auf die Integrationstheorie ab, wonach das alliierte Genehmigungsschreiben zum Grundgesetz nach dem maßgeblichen Willen des deutschen Verfassungsgebers die *staatsrechtliche Zugehörigkeit Groß-Berlins* nicht beeinträchtigen konnte[438].

Das Dilemma der Effektivitätstheorie zeigt sich auch daran, daß der Einverleibung Ost-Berlins in die DDR nach der anfänglichen Undurchsetzbarkeit des Grundgesetzes in Ost-Berlin fortan *staatsrechtlich* nichts mehr im Wege stand.

Der deutschlandrechtliche Standpunkt wurde unter Hinweis auf die von SED/DDR geschaffenen „Fakten“ aufgegeben.

Der Berlin-Status verlor neben dem besatzungsrechtlichen Status sein zweites Standbein: die Zugehörigkeit Groß-Berlins zur Bundesrepublik Deutschland vom Standpunkt des Grundgesetzes.

Gerade die Integrationstheorie hielt aber am grundgesetzlichen Standpunkt der Zugehörigkeit Groß-Berlins zum Grundgesetz fest, so wie ihn das Bundesverfassungsgericht in der Entscheidung des Bundesverfassungsgerichts aus dem Jahre 1957 sah[439]. Diesen Standpunkt entwickelte das Bundesverfassungsgericht im Verhältnis zu den Alliierten, nach deren Willen Groß-Berlin kein Land der Bundesrepublik Deutschland war[440]. Dabei ging das Bundesverfassungsgericht an keiner Stelle seiner Entscheidung auf die staatsrechtlichen Annexionsversuche der DDR im Hinblick auf Ost-Berlin auch nur mit einem Wort ein.

Spätestens im Grundvertragsurteil wurde die Bedeutung der Integrationstheorie auch im Verhältnis zur DDR sichtbar[441]. Die Verfassungsorgane wurden dazu verpflichtet, den Berlin-Status in Übereinstimmung mit der Rechtsprechung des Bundesverfassungsgerichts aus dem Jahre 1957 unter Berufung auf das Grundgesetz zu verteidigen.

Damit wurde aber nur festgestellt, was aus damaliger Sicht noch eine Selbstverständlichkeit war: der Bundesrepublik Deutschland war es auch im Verhältnis zur DDR aus staatsrechtlicher Sicht verwehrt, die von der DDR geschaffenen tat-

---

437 VON LAMPE/PFENNIG, a.a.O., Art. 1 Rdnr. 44

438 VON LAMPE/PFENNIG, a.a.O., Art. 1 Rdnr. 30, 32

439 vgl. oben E.II.2)a)

440 VON LAMPE/PFENNIG, a.a.O., Art. 1 Rdnr. 44

441 vgl. oben E.II.2)

sächlichen Verhältnisse in Ost-Berlin, ausgehend *vom Standpunkt des Grundgesetzes,* hinzunehmen.

Zur Vermeidung der genannten Widersprüche könnten die entsprechenden Formulierungen des Einigungsvertrages auch deutschlandrechtlich ausgelegt werden.

Danach war die Einbeziehung Ost-Berlins in die DDR vom Standpunkt des Grundgesetzes rechtlich irrelevant[442]. Da Ost-Berlin zum Geltungsbereich des Grundgesetzes gehörte, konnte nur die DDR beitreten, und es bedurfte keines gesonderten Beitritts Ost-Berlins.

In Übereinstimmung mit Art. 23 GG alte Fassung konnte sich der „Beitritt" der „anderen Teile Deutschlands" nicht auf die in Art. 23 Satz 1 GG alte Fassung genannten Länder beziehen.

Damit scheint jedoch der Wortlaut des Art. 3 EinigungsV im Widerspruch zu Art. 23 GG alte Fassung und seiner Interpretation durch das Bundesverfassungsgericht zu stehen, wenn man den Teil Berlins, in dem das Grundgesetz bisher nicht galt, als Ost-Berlin festlegt.

Um diesen Widerspruch zu beseitigen, stehen vom deutschlandrechtlichen Standpunkt zwei Möglichkeiten offen: Im Hinblick auf die im Zuge der Neubildung von Stadtbezirken im Ostteil Groß-Berlins vorgenommene Gebietserweiterung, die über die Stadtgrenze Groß-Berlins und damit über den Geltungsbereich des Grundgesetzes hinausging, bedurfte es einer Regelung im Einigungsvertrag, daß das Grundgesetz mit dem Wirksamwerden des Beitritts nunmehr auch in diesem Teil in Kraft treten sollte. Art. 3 EinigungsV trüge damit dem Umstand Rechnung, daß das in Art. 1 Abs. 2 EinigungsV definierte „Land Berlin" zum Zeitpunkt des Beitritts nicht identisch war mit dem Gebietsbestand von „Groß-Berlin" nach Art. 23 Satz 1 GG[443].

Die im Einigungsvertrag vorgesehenen Überleitungsbestimmungen würden dann allerdings nur für die DDR, nicht aber für Ost-Berlin gelten.

Die Formulierung des Art. 3 EinigungsV könnte mit „Geltung" aber auch die „faktische Geltung"[444] gemeint haben. Damit wäre dann die fehlende Anwendung des Grundgesetzes gemeint. Art. 3 EinigungsV hätte dann die Funktion, für das Gebiet in Ost-Berlin in dem das Grundgesetz zwar galt, aber nicht angewendet werden konnte, das Grundgesetz in Kraft zu setzen, mit anderen Worten Geltung und Anwendung in Übereinstimmung zu bringen. Anders als für die Länder der DDR bedurfte es hierfür jedoch keines Beitritts zum Staatsgebiet der Bundesrepublik Deutschland.

---

442 vgl. oben F.

443 ALICH/WEBER, Geltung von Art. 14 GG, S. 7

444 vgl. D.II.2)b)

Für die deutschlandrechtliche Auslegung des Einigungsvertrages spricht schließlich auch, daß es der bundesdeutschen Seite bei den Verhandlungen zum Einigungsvertrag verwehrt war, sich von den durch die Verfassung und die Rechtsprechung des Bundesverfassungsgerichts vorgegebenen deutschlandrechtlichen Positionen zu lösen. Als Prinzip galt: „es mußte bei den bisher geltenden Abgrenzungen zwischen Ost-Berlin und der DDR bleiben.“[445]

Auch die DDR konnte hierauf keinen Einfluß nehmen. Denn sie hatte sich für den Beitritt nach dem Regime des Art. 23 GG alte Fassung entschieden.

V. Ergebnis

Die DDR ist der Bundesrepublik Deutschland am 3. Oktober 1990 als „anderer Teil Deutschlands“ im Sinne des Art. 23 Satz 2 GG alte Fassung beigetreten.

Aus Sicht des Art. 23 GG alte Fassung bedeutete dieser Beitritt nur einen Beitritt der in Art. 1 Abs. 1 EinigungsV aufgezählten Länder der DDR; staatsrechtlich war Groß-Berlin ein Land der Bundesrepublik Deutschland.

G. Die kollisionsrechtliche Bedeutung des Art. 23 GG alte Fassung

Das Bundesverfassungsgericht läßt die Geltung des Grundgesetzes in Groß-Berlin für das Bestehen eines Rückenteignungsanspruchs dahingestellt:

„Auch der Umstand, daß nach dem Wortlaut des Art. 23 Satz 1 GG alter Fassung Groß-Berlin zum Geltungsbereich des Grundgesetzes gehörte, führt zu keinem anderen Ergebnis. Dabei kann dahingestellt bleiben, ob und inwieweit das Grundgesetz damit Geltung auch im sowjetischen Sektor von Berlin beanspruchte. Auch der Beschwerdeführer stellt nicht in Abrede, daß das Grundgesetz im Ostteil Berlins jedenfalls faktisch nicht durchgesetzt werden konnte (vgl. auch BVerfGE 7, 1 [7 ff., 10], sowie Scholz DÖV 1987, S. 358 [361], letzterer dazu, daß der östliche Teil Berlins aufgrund der Vorbehaltswirkungen des Besatzungsrechts und wegen seiner faktischen Abtrennung nach einhelliger Auffassung nicht Teil des Bundesgebiets werden konnte).

Von daher ist nicht erkennbar, inwieweit dem Beschwerdeführer im Zeitpunkt seiner Enteignung eine Rechtsposition zugestanden haben könnte, aus der sich ein Anspruch auf Rückerwerb des streitgegenständlichen Grundstücks ableiten ließe oder in die das angegriffene Urteil durch Verneinung eines solchen Anspruchs eingegriffen haben könnte.“

---

445 SCHÄUBLE, Der Vertrag, S. 169

In der Entscheidung wird das Verhältnis zwischen Geltung und Durchsetzbarkeit des Grundgesetzes in Groß-Berlin angesprochen. Die gegen die Effektivitätstheorie sprechenden Einwände sind erheblich[446]. Das Bundesverfassungsgericht manövriert sich in das soeben beschrieben Dilemma[447], wenn es sich einerseits auf SCHOLZ beruft, anderseits aber seine Entscheidung aus dem Jahre 1957 zitiert. Effektivitätstheorie und Integrationstheorie schließen einander aus[448].

Das Bundesverfassungsgericht argumentiert ausschließlich mit Bezug auf die untergegangene DDR-Rechtsordnung, ohne sich der Frage der Bedeutung der Geltung für die dort relevante und hier zu untersuchende Fallgruppe zu stellen.

Wegen der in Art. 23 GG alte Fassung angeordneten Geltung des Grundgesetzes kollidierten in Groß-Berlin auf staatsrechtlicher Ebene unterschiedliche Verfassungsordnungen.

Hierbei ist jedoch einem Mißverständnis vorzubeugen: Nach der Reorganisation der staatlichen Einheit Deutschlands ist es im Rahmen der erweiterten Staatlichkeit nicht mehr möglich, daß Normen auf der Ebene des Verfassungsrechts kollidieren[449].

An die Stelle des interlokalen Konflikts ist in Deutschland die intertemporalrechtliche Kollision getreten[450]. Die Kollision zweier Staatsgewalten in Groß-Berlin sowie die Überlagerung der deutschen Rechtsordnungen durch das Besatzungsrecht hat unter intertemporalrechtlichen Gesichtspunkten unmittelbar Bedeutung für die Lösung vermögensrechtlicher Rechtsfragen im Zusammenhang mit Grundstücksenteignungen im Ostteil Groß-Berlins.

Bei der hier untersuchten Fallgruppe von Enteignungen des Magistrats von Ost-Berlin stellt sich die Frage, ob der enteignungsbegünstigte Staat den zu Gemeinwohlzwecken enteigneten Vermögenswert auch dann behalten darf, wenn der bislang nicht verwirklichte Enteignungszweck erst unter der Geltung des Grundgesetzes entfallen ist und damit erst zu diesem Zeitpunkt die tatsächlichen Voraussetzungen für eine mögliche Rückenteignung entstanden sind[451]. Dies ist eine Frage des intertemporalen Rechts[452].

Zwar erfolgten die Aufbau- und Baulandenteignungen durch einen hoheitlichen Eingriff von Organen und Behörden, die nicht den Schranken der Grundrechte des Grundgesetzes der Bundesrepublik Deutschland unterlagen.

---

446 vgl. oben D.
447 vgl. oben D.I.
448 vgl. oben F.V.
449 BLUMENWITZ, Verfassungskollisionsrecht, § 211 Rdnr. 2
450 BLUMENWITZ, a.a.O., § 211 Rdnr. 2
451 BVerwGE, 96, 172, 176
452 WESSELS, Rückenteignung, S. 459

Hinsichtlich der Rückenteignungsfälle geht es in der Sache aber nicht um eine Grundrechtsbindung der DDR, sondern um die Frage, ob die für das Vorliegen eines Rückenteignungsanspruchs geforderte Nachwirkung auch dann besteht,

- wenn die Bundesrepublik Deutschland wegen der Geltung des Grundgesetzes im Ostteil Groß-Berlins verpflichtet war, Eigentum im Ostteil Berlins vor dem Zugriff der dem Grundgesetz nicht verpflichteten Staatsgewalt der DDR zu schützen
- und es der Bundesrepublik Deutschland wegen der Wertentscheidung des Art. 14 Abs. 3 Satz 1 GG, daß die öffentliche Hand sich an Enteignungen nicht bereichern darf, verwehrt ist, auf das anderslautende Rechtsverständnis der DDR zurückzugreifen.

Bei der Lösung intertemporalrechtlicher Konflikte ist der Primat der geschriebenen Verfassung und das Verbot der Verfassungsdurchbrechung - Art. 79 Abs. 1 Satz 1 GG - zu achten. Hierbei ist es untersagt, aus alten Rechtsvorstellungen der DDR eine Art Nebenverfassung zu konstruieren[453].

Ob ausschließlich an die untergegangene DDR-Rechtsordnung angeknüpft werden kann, oder ob die Geltung des Grundgesetzes in ihrer objektiven Funktion als Wertordnung eine derartige Anknüpfung verbietet, ist ein intertemporalkollisionsrechtliches Problem. Entscheidend ist, ob man Art. 23 GG alte Fassung einen kollisionsrechtlichen Gehalt zubilligt.

I. Uneingeschränkte Geltungsanordnung nach Art. 23 GG alte Fassung

Nach den bisherigen Ergebnissen der Untersuchung ist an der fortdauernden uneingeschränkten Geltungsanordnung Art. 23 GG alte Fassung auch zur Zeit der faktischen Abtrennung Ost-Berlins von West-Berlin festzuhalten[454]. Die Geltungsanordnung bedeutet das Vorhandensein des Normenkomplexes „Grundgesetz für die Bundesrepublik Deutschland vom 23. Mai 1949“ als verbindliches System von Rechtssätzen[455]. Hierzu gehören auch die Grundrechte. Diese haben eine doppelte Funktion[456].

---

453 BLUMENWITZ, Die Mauergrundstücke im interlokalen und intertemporalen Konflikt, S. 78

454 vgl. oben D.

455 WERNER, Die Zuständigkeit des Bundesverfassungsgerichts für Berlin, S. 10

456 BLUMENWITZ, Verfassungskollisionsrecht, § 211 Rdnr. 8

II. Objetiv-rechtlicher Grundrechtsgehalt der Eigentumsgarantie

Grundrechte - und dies gilt auch für das in Art. 14 Abs. 1 Satz 1 GG verbürgte Eigentum und Erbrecht - verfügen über zwei Komponenten: Die an das Grundgesetz gebundene Staatsgewalt darf nicht in das Eigentum eingreifen; der Bürger hat insoweit ein Abwehrrecht. Die Gewährleistung von Eigentum und Erbrecht ist darüber hinaus Bestandteil der vom Grundgesetz geschaffenen allgemein verbindlichen Wertordnung[457]. Diese Wertentscheidungen können durchaus den Spielraum einengen, den die bundesdeutsche Staatsgewalt bei der Verwendung enteigneter DDR-Grundstücke hat[458].

Unter der Geltung des Grundgesetzes hat sich etwa seit Mitte der 50er Jahre ein Verständnis der Grundrechte durchgesetzt, das diese nicht nur im herkömmlichen Sinne als subjektive Rechtsverbürgungen begreift, sondern in ihnen auch Elemente objektiver Ordnung sieht. Dieser prinzipielle Doppelcharakter der Grundrechte bestimmt seither maßgeblich das Grundrechtsverständnis in Rechtsprechung und Literatur[459].

Die Rechtsprechung unterscheidet im Hinblick auf den objektiven Gehalt der Grundrechte einerseits deren Bedeutung als Verbürgungen verfassungsrechtlicher Einrichtungsgarantien sowie zum anderen deren allgemeine objektive Inhalte und Wertungen.

1) Institutsgarantie des Eigentums

Art. 14 Abs. 1 Satz 1 GG gewährleistet das Privateigentum sowohl als Rechtsinstitut wie auch als subjektives Recht des Eigentümers[460].

Art. 14 GG ist jedoch für die untersuchte Fallgruppe ohne Bedeutung, soweit er die Institutsgarantie des Eigentums betrifft.

Die Institutsgarantie dient vor allem der Stärkung der vorhandenen und der einem Berechtigten in der Zukunft noch zuwachsenden subjektiven Eigentumsrechte. Außerdem gewährleistet sie den Fortbestand der Rechtseinrichtung Eigentum von Verfassung wegen.

Sie richtet sich gegen den Gesetzgeber einschließlich des Verordnungsgebers, die beide das Institut ausgeformt haben und über die Inhalts- und Schrankenklausel des Art. 14 Abs. 1 Satz 2 GG weiter ausformen[461].

---

457 BLUMENWITZ, Die Mauergrundstücke im interlokalen und intertemporalen Konflikt, S. 76

458 WESSELS, Rückenteignung, S. 461

459 VON DER BECK, Die Konfiskationen in der sowjetischen Besatzungszone von 1945 - 1949, S. 368; STERN, Staatsrecht, Band III/1, S. 897 m.w.N.

460 MDHS-PAPIER, Art. 14 Rdnr. 1 m.w.N.

Diese Lehre von der Institutsgarantie wurde in der Weimarer Zeit entwickelt, um zu verhindern, daß das Eigentumsgrundrecht - und andere Verfassungsverbürgungen - über den allgemeinen Gesetzesvorbehalt leerliefen; gegen den Gesetzgeber sollte so eine innerste Verteidigungslinie aufgebaut werden, deren Schutz dem subjektiv-öffentlichen Recht zugute kommen sollte. Diesen selben Sinn hat die Institutsgarantie auch heute noch, praktisch nur ihn: Hier sollen die äußersten Grenzen markiert werden, welche der Gesetzgeber bei der Bestimmung von Inhalt und Schranken des Eigentums zu achten hat[462].

Dogmatisch betrachtet stellt die Institutsgarantie nichts als eine Frage der zulässigen Beschränkungen der Eigentumsgrundrechte durch den Gesetzgeber dar - hier muß er letzte Grenzen achten, „Eigentum muß Eigentum bleiben"[463].

Das Problem einer gesetzgeberischen Überschreitung stellt sich hier jedoch nicht; die hier untersuchten Rückenteignungsansprüche werden vom Vermögensgesetz nicht ausgeschlossen[464].

2) Schutzpflichten aus dem allgemein objektiv-rechtlichen Grundrechtsgehalt der Eigentumsgarantie

Die von der Rechtsprechung für das Vorliegen eines Rückenteignungsanspruchs geforderte Nachwirkung ergibt sich grundsätzlich dann, wenn das enteignete Eigentum unter dem Schutz der grundgesetzlichen Ordnung stand und das Eigentum von der an das Grundgesetz gebundenen Staatsgewalt enteignet wurde.

Die grundgesetzliche Ordnung beschränkt sich jedoch nicht auf einen Schutz gegenüber Eingriffen der an das Grundgesetz gebundenen Staatsgewalt. Dies hängt wiederum mit dem allgemein objektiv-rechtlichen Grundrechtsgehalt der Grundrechte zusammen, der den Staat neben den Bürger treten läßt, um ihn vor Eingriffen Dritter zu schützen. Dies gilt auch für die Eigentumsgarantie.

Grundrechte werden immer aus bestimmten objektiven Verfassungsrechtssätzen abgeleitet[465]. Dieser Zusammenhang verschwimmt in der üblich gewordenen, aber wegen der doppelten Verwendung des Begriffs „Recht" eben mißverständlichen Terminologie, die vom subjektiven Recht als der Berechtigung spricht, die aus objektivem Recht fließt. Das subjektive Recht ist nicht der Rechtssatz, sondern eine durch diesen gesetzte Rechtsmacht[466].

---

461 STERN, Staatsrecht, Band III/1, S. 829
462 LEISNER, Eigentum, § 149 Rdnr. 15
463 LEISNER, a.a.O., § 149 Rdnr. 16
464 vgl. oben Teil 1 A.II.4)
465 BVerfGE 7, 198, 205
466 STERN, Staatsrecht, Band III/1, S. 909

Geht man hiervon aus, so sind objektiv-rechtliche Wirkungen eines Rechtssatzes und damit auch der Grundrechtsbestimmung nicht zweifelhaft. Fraglich ist nur, ob solche Gehalte bestehen, ohne daß ihnen zugleich auch eine subjektive Berechtigung entspricht. Theoretisch kann eine Rechtssatz ohne irgendein konkretes subjektives Recht zwar bestehen; nur ist dies speziell bei Grundrechtsbestimmungen nicht der Fall.

Hier sind aber neben dem subjektiven Recht prinzipiell auch noch weitere Rechtswirkungen des Rechtssatzes denkbar. Denn das subjektive Recht ist nur eine, aber keineswegs die einzige vom objektiven Rechtssatz geschaffene Rechtswirkung.

Der Rechtssatz kann neben dem subjektiven Recht auch zusätzliche Geltungsanordnungen und Regelungen enthalten. Er kann für den Adressaten ein Sollen normieren, auch ohne daß jemand insoweit berechtigt wird.

Für die Grundrechtsnormen war es lange Zeit ohnehin eine der Hauptstreitfragen, ob sie wirklich subjektive Rechte begründeten oder nicht bloß objektivrechtliche Beschränkungen der Staatsgewalt darstellten, die lediglich als „Reflexwirkung" die Freiheitssphäre des Individuums sicherten[467].

Hiermit ist bislang allerdings nur dargetan, daß zusätzliche, nicht subjektivrechtliche Grundrechtsgehalte durch die Struktur der Grundrechtsbestimmungen nicht prinzipiell ausgeschlossen sind. Es fehlt aber noch eine positive Begründung dafür, daß in den Grundrechtsbestimmungen auch tatsächlich solche zusätzlichen Rechtsgehalte verbürgt sind.

Hierzu existieren verschiedene Ansätze[468].

Der vom Bundesverfassungsgericht aufgenommene Ansatz begründet die über den subjektiv-rechtlichen Gehalt hinausgehenden Gehalte der Grundrechte mit dem Hinweis auf eine Wertorientierung des Verfassungsrechts, nämlich des Grundrechtsabschnitts.

Letztlich ist der schon vom Bundesverfassungsgericht in seinem Urteil aus dem 1958 ausgesprochene Gedanke von der „prinzipiellen Verstärkung der Geltungskraft der Grundrechte" die gemeinsame Begründung für die objektiv-rechtlichen Grundrechtsgehalte[469].

Spricht man von grundrechtlichen Schutzpflichten, so geht es neben den auf Grund besonderer Grundrechtsbestimmungen bestehenden Schutzaufträgen (Art. 6 Abs. 1 GG) um allgemeine Schutzpflichten, die als objektiv-rechtliche Gehalte grundsätzlich allen Grundrechtsvorschriften eigen sein können[470].

---

467 STERN, a.a.O., S. 910
468 STERN, a.a.O., S. 911
469 BVerfGE 7, 198, 205; STERN, a.a.O., S. 918
470 STERN, a.a.O., S. 937

Der generellen Abwehrseite wird eine generelle Schutzseite gegenübergestellt. Der Schutzpflichtgedanke hat sich dabei auch in der Rechtsprechung des Bundesverfassungsgerichts gefestigt[471]. Wenngleich er vorwiegend im Zusammenhang mit dem in Art. 2 Abs. 2 Satz 1 GG verbürgten Recht auf Leben und körperliche Unversehrtheit erörtert wurde, darf die Rechtsprechung des Bundesverfassungsgerichts doch nicht so verstanden werden, daß Schutzpflichten allein aus dieser Grundrechtsnorm abgeleitet werden können.

Staatliche Schutzpflichten für grundrechtlich geschützte Rechtsgüter können aus den Grundrechtsbestimmungen allein als ein besonderer objektiv-rechtlicher Gehalt abgeleitet werden[472]. Die durch die Schutzpflichten geschützten Rechtsgüter oder „Werte" sind in den Grundrechtsbestimmungen enthalten; die Grundrechtsbestimmungen konkretisieren die Friedens- und Sicherungszwecke des Staates für bestimmte höchstwertige Rechtsgüter.

Durch die Geltungsanordnung des Art. 1 Abs. 3 GG werden diese Rechtsgüter für den Staat unmittelbar verbindlich gemacht.

Diese Vorschrift ist daher letztlich Rechtsbasis der Schutzpflichten. Nicht anderes bedeutet es, wenn das Bundesverfassungsgericht das Postulat der Verstärkung der Geltungskraft der Grundrechte aufstellt; es geht um einen möglichst effektiven Schutz für die den Grundrechtsbestimmungen zugrunde liegenden Rechtsgüter. Grundrechte binden als unmittelbar geltendes Recht alle drei Staatsgewalten. Die in ihnen geschützten Rechtsgüter nehmen an dieser normativen Verbindlichkeit teil. Sie existieren „absolut". Werden sie, von wem auch immer gefährdet oder verletzt, muß der Staat zu ihrem Schutz eingreifen.

Ansatzpunkt des Schutzpflichtgedankens ist dabei nicht das klassische zweiseitige Rechtsverhältnis der grundrechtlichen Abwehrdoktrin: grundrechtsgefährdender Staat versus grundrechtsberechtigtes Individuum[473].

Es ist vielmehr ein mehrseitiges Rechtsverhältnis, ein, „Rechts-Dreieck"[474]: Grundrechtsgeschützter - Grundrechtsbeeinträchtiger - Grundrechtsschützer.

In diesem Dreieck bestimmt sich die Person des Grundrechtsgeschützten nach den allgemeinen Regeln über die Grundrechtsberechtigung. Grundrechtsbeeinträchtiger, bei normalen Eingriffssituation im bipolaren Staat-Bürger-Verhältnis die staatliche Gewalt, sind im Rechts-Dreieck nunmehr selbst Rechtssubjekte. Den entscheidenden Rollenwechsel nimmt dabei der Staat ein: er wird vom potentiellen Grundrechtsgegner zum Grundrechtsschützer.

---

471 vgl. die Untersuchung von STERN, a.a.O., S. 943 ff.

472 STERN, a.a.O., S. 948

473 STERN, a.a.O., S. 945

474 ISENSEE, Das Grundrecht auf Sicherheit, S. 34

Es ist das Verblüffendste an der Schutzpflichtargumentation, daß die Staatsgewalten plötzlich in die Position eines „Grundrechtsfreundes“ einrücken. Nur sie können die Gefährdungen der Grundrechtsgüter verhindern.

Staatliche Schutzpflichten für grundrechtlich geschützte Rechtsgüter können aus den Grundrechtsbestimmungen allein als ein besonderer objektiv-rechtlicher Gehalt abgeleitet werden[475]. Die durch die Schutzpflichten geschützten Rechtsgüter oder „Werte“ sind in den Grundrechtsbestimmungen enthalten; die Grundrechtsbestimmungen konkretisieren die Friedens- und Sicherungszwecke des Staates für bestimmte höchstwertige Rechtsgüter. Durch die Geltungsanordnung des Art. 1 Abs. 3 GG werden diese Rechtsgüter für den Staat unmittelbar verbindlich gemacht. Diese Vorschrift ist daher letztlich die Rechtsbasis der Schutzpflichten.

Die grundrechtliche Schutzpflicht ist nach Art. 1 Abs. 3 GG an alle drei Staatsfunktionen adressiert, und jede Gewalt ist nach ihrer spezifischen Aufgabenstellung zur Durchsetzung berufen[476]. Der Bürger hat grundsätzlich Anspruch darauf, daß sich die Bundesrepublik Deutschland schützend vor sein Eigentum stellt - auch wenn es von einer fremden, nicht an das Grundgesetz gebundenen Staatsgewalt angegriffen wird.

III. Staatliches Bereicherungsverbot als ein Element der objektiven Wertordnung des Grundgesetzes

Das Verbot der staatlichen Bereicherung folgt aus dem Schutz des Eigentums in Verbindung mit dem Enteignungszweck[477]. Als subjektives Abwehrrecht des Bürgers gegen den enteignungsbegünstigten Staat, stellt es darüber hinaus auch ein Element objektiver Wertordnung dar. Aus dem Gemeinwohlerfordernis des Art. 14 Abs. 3 GG läßt sich entnehmen, daß der Staat enteignete Gegenstände sozialnützig zu verwenden hat[478]; die öffentliche Hand darf sich an Enteignungen nicht bereichern[479]. Damit unvereinbar wäre die Annahme, enteignete DDR-Grundstücke seien zu beliebigen Zwecken verwendbar. Aus den Wertentscheidungen der grundgesetzlichen Eigentumsgarantie ist mithin abzuleiten, daß die bundesdeutsche Staatsgewalt objektivrechtlichen Zweckbindungen unterlegen

---

475 STERN, a.a.O., S. 948

476 BLUMENWITZ, Die Mauergrundstücke im interlokalen und intertemporalen Konflikt, S. 76

477 vgl. oben B.II. und C.II.1)cc)

478 WESSELS, Rückenteignung, S. 461

479 BVerfGE 38, 175, 189

ist[480]. Wegen der Geltung des Grundgesetzes im Ostteil Groß-Berlins handelt es sich hierbei sogar um eine anfängliche Bindung.

IV. Schutzpflicht der Bundesrepublik Deutschland für alle Deutschen

Die Bürger der DDR waren deutsche Staatsangehörige, obgleich diese von den Machthabern in Ost-Berlin ausschließlich als Staatsbürger der DDR angesehen wurden und von der DDR eine „gesamtdeutsche" Staatsangehörigkeit ausdrücklich abgelehnt wurde[481]. Aus der deutschen Staatsangehörigkeit der Bürger der DDR folgerte das Bundesverfassungsgericht die Schutzpflicht der Bundesrepublik Deutschland für alle Deutschen.

Im Grundvertragsurteil stellte das Bundesverfassungsgericht fest, daß der Bürger der DDR im Geltungsbereich des Grundgesetzes „alle Garantien der Grundrechte des Grundgesetzes einschließlich des Grundrechts aus Art. 14 GG" genießt[482].

Der Umstand, daß das Bundesverfassungsgericht im Zusammenhang mit dem allen Deutschen zu gewährenden Schutz das Eigentum und Erbrecht ausdrücklich erwähnte, verdeutlicht die Bedeutung dieser Grundrechte für die Beziehungen zu einer Herrschaftsordnung, die sich über das Privateigentum hinwegsetzt[483].

V. Ergebnis

Hinsichtlich der Rückenteignungsfälle geht es in der Sache nicht um eine Grundrechtsbindung der DDR, sondern um die Bindung der Bundesrepublik Deutschland an die objektive Wertordnung des Grundgesetzes nach Art. 1 Abs. 3 GG zum Zeitpunkt der Enteignung.

Die für das Vorliegen eines Rückenteignungsanspruchs geforderte Nachwirkung des durch Art. 14 Abs. 1 GG geschützten Eigentums ergibt sich bei Enteignungen nach dem Aufbaugesetz und dem Baulandgesetz aus der Schutzpflicht der Bundesrepublik Deutschland für dieses Eigentum gegenüber den Angriffen einer im Geltungsbereich des Grundgesetzes handelnden fremden Staatsgewalt[484]

480 WESSELS, a.a.O., S. 461
481 BLUMENWITZ, Die Mauergrundstücke im interlokalen und intertemporalen Konflikt, S. 76
482 BVerfGE 36, 1, 31
483 BLUMENWITZ, Die Mauergrundstücke im interlokalen und intertemporalen Konflikt, S. 76
484 BLUMENWITZ, a.a.O.

und dem Verbot der staatlichen Bereicherung als einem Element der objektiven Wertordnung des Grundgesetzes[485].

Die von der Rechtsprechung geforderte Nachwirkung geht damit zurück auf die Geltungsanordnung des Grundgesetzes nach Art. 23 GG alte Fassung.

Die faktische Abtrennung Ost-Berlins und seine spätere Integration in die DDR lag außerhalb des Normbereichs dieser Bestimmung und war für dessen Geltungsanordnung unerheblich.

Groß-Berlin war ausgehend von der Entscheidung des Bundesverfassungsgerichts im 7. Band aus dem Jahre 1957 ein Gliedstaat der Bundesrepublik Deutschland. Eine völkerrechtliche Beschränkung des deutschen pouvoir constituant durch ein Schreiben der Alliierten kam nicht in Betracht. Die Überlagerung des Grundgesetzes durch die alliierten Vorbehaltsrechte bedeutet nicht Vorrang im rechtstechnischen Sinn. Die Rechte der Alliierten waren in der Ausübung der Besatzungsgewalt beschränkt. Die uneingeschränkte Bindung an das Völkerrecht in ihren Beziehungen zu Deutschland ergab sich für die Siegermächte aus der Kontinuität Deutschlands als Völkerrechtssubjekt.

Positiv entscheidet die Geltung des Grundgesetzes, den Prämissen der Rechtsprechung folgend, unmittelbar über das Bestehen eines Rückenteignungsanspruchs. Damit weist die Geltungsanordnung des Art. 23 GG alte Fassung auch einen kollisionsrechtlichen Gehalt auf.

Als eine Norm des öffentlichen Verfassungskollisionsrechts setzt sie sich unmittelbar gegenüber DDR-Rechtsvorstellungen im Einzelfall durch[486].

Der kollisionsrechtliche Gehalt des Art. 23 GG alte Fassung ist in der Konfrontation zweier Staatsgewalten in Groß-Berlin auf der Ebene des Verfassungsrechts und in der Normstruktur des Art. 23 GG alte Fassung begründet.

Zwar verursacht nicht jeder Sachverhalt, der in einem Punkt zunächst mehrere Normenkomplexe anzusprechen scheint, eine Kollision dieser Komplexe[487]. Dies träfe nach NEUHAUS nur dann zu, „wenn jede Rechtsordnung den Anspruch erhöbe, möglichst oft (oder möglichst selten) angewandt zu werden“[488].

So weist auch die Suche nach echten Kollisionsnormen bei der Lösung verwaltungsinterner Konflikte nicht die richtige Richtung, wenn Normenkonflikte im deutschen Staats- und Verwaltungsrecht nicht durch zwei Normen verschiedener Herkunft in gleicher Weise auf denselben Sachverhalt angewendet werden wollen, sondern der zu regelnde Sachverhalt im Aktionsbereich mehrerer Behörden liegt[489].

---

485 BLUMENWITZ, a.a.O., S. 69

486 zum öffentlichen Kollisionsrecht und Verfassungskollisionsrecht, BLUMENWITZ, Verfassungskollisionsrecht, § 211 Rdnr. 5

487 BLUMENWITZ, Typische Konflikte zwischen Verwaltungsträgern, S. 170

488 NEUHAUS, Grundbegriffe des internationalen Privatrechts, S. 6

489 BLUMENWITZ, Typische Konflikte zwischen Verwaltungsträgern, S. 170

Dies soll jedoch nicht heißen, daß es im innerstaatlichen Bereich kein echtes Kollisionsrecht geben kann. Es existiert im sogenannten interlokalen Recht der Mehrrechtsstaaten und ist hier auf dem privatrechtlichen Sektor weiter verbreitet als im Verwaltungsrecht der Gliedstaaten, da hier die territoriale Beschränkung der verwaltungsrechtlichen Normen meist eine Kollision mit abweichendem materiellem Verwaltungsrecht anderer Gliedstaaten verhindert[490].

Der mit der Konfrontation zweier Staatsgewalten in Groß-Berlin entstandene Verfassungskonflikt ist jedoch gerade nicht territorial beschränkt, wie es im Verhältnis der Gliedstaaten eines Bundesstaates untereinander normalerweise der Fall ist.

In Groß-Berlin erhoben zwei Verfassungsordnungen, die der Bundesrepublik Deutschland und der DDR, auf das selbe Gebiet bezogen ihren Geltungsanspruch. Die hieraus resultierende Verfassungskollision kann wegen der Normstruktur des Art. 23 GG alte Fassung nicht durch Hinweis auf bestehenden Einschränkungen der Anwendungen des Grundgesetzes gelöst werden, denn die Durchsetzbarkeit des Grundgesetz läßt die Geltung des Grundgesetzes vom Standpunkt des Art. 23 GG alte Fassung unberührt.

Die Rechtsprechung begründet ihre Auffassung von einem fehlenden „Rückübertragungsvorbehalt“ maßgeblich mit der Eigentumsfeindlichkeit der DDR-Rechtsordnung; aus Art. 16 der Verfassung der DDR vom 6. April 1968 in der Fassung vom 7. Oktober 1974 könne kein Rückenteignungsanspruch abgeleitet werden[491].

Die Rechtsprechung löst daher den in Groß-Berlin entstandenen Verfassungskonflikt durch Anknüpfung an das Eigentumsverständnis der DDR-Verfassung. Eine derartige Haltung ist jedoch mit Art. 23 GG alte Fassung nicht vereinbar und führt zu einer Verfassungsdurchbrechung. Die Verfassungsdurchbrechung setzt sich offen über das bisher geltende Verfassungsrecht hinweg und schafft einen Kollisionstatbestand[492]. Der Text der Verfassung ist hier nicht äußere Grenze, sondern Anlaß für die Setzung einer anderen, diese Grenze „durchbrechenden“ Norm.

Dabei gilt es jedoch dem eingangs erwähnten Mißverständnis vorzubeugen: Nach der Reorganisation der staatlichen Einheit Deutschlands ist es im Rahmen der erweiterten Staatlichkeit nicht mehr möglich, daß Normen auf der Ebene des Verfassungsrechts kollidieren[493]; die Einbeziehung Groß-Berlins in den Geltungsbereich des Grundgesetzes hat jedoch Bedeutung für den intertemporalrechtlichen Rückenteignungsanspruch.

490 BLUMENWITZ, a.a.O., S. 170, Fußnote 36
491 BGH, NJW 1998, 222, 224
492 HUFELD, Die Verfassungsdurchbrechung, S. 31
493 BLUMENWITZ, Verfassungskollisionsrecht, § 211 Rdnr. 2

Obwohl die Enteignung von einer nicht an das Grundgesetz gebundenen Staatsgewalt durchgeführt wurde, wirkt das durch die grundgesetzliche Ordnung geschützte Eigentum im Anschluß an die Enteignung in dem Sinne nach, daß den Betroffenen eine eigentumsrechtlich geschützte Rechtsposition, das Recht auf Rückerwerb des Eigentums, verblieben ist, die wirksam wird, wenn es später nicht zu der vorgesehenen Verwendung des enteigneten Gegenstandes kommt. Hierauf können sich die Betroffenen der Enteignungen nach dem Aufbaugesetz und dem Baulandgesetz wegen der fortbestehenden gemeinsamen deutschen Staatsangehörigkeit auch berufen.

Die Schutzpflicht der Bundesrepublik für Eigentum in Groß-Berlin und das Verbot der staatlichen Bereicherung vermitteln damit gerade jene vom Bundesverfassungsgericht vermißte Rechtsposition, aus der ein Anspruch auf Rückerwerb des Grundstücks auch nach den Prämissen der Rechtsprechung abzuleiten gewesen wäre:

Entfällt der öffentliche Enteignungszweck, weil das Vorhaben nicht realisiert wird, ist es der Bundesrepublik Deutschland wegen der Geltungsanordnung des Grundgesetzes verwehrt, die grundgesetzliche Werteordnung beiseite zu schieben und ausschließlich an Wertvorstellungen der im Geltungsbereich des Grundgesetzes agierenden fremden Staatsgewalt anzuknüpfen.

Im Hinblick auf Art. 79 Abs. 1 Satz 1 GG ist allein die Wertordnung des Grundgesetzes maßgeblich.

Teil 2: Der völkerrechtliche Status Groß-Berlins im intertemporalrechtlichen Konflikt: Die Bedeutung besatzungshoheitlichen Handelns für Enteignungen zum Zweck der Errichtung von Grenzanlagen nach dem Verteidigungsgesetz der DDR im Ostteil Groß-Berlins

Bereits im ersten Teil wurde die Überlagerung der deutschen Rechtsordnung unter dem Aspekt einer besatzungsrechtlichen Beschränkung des deutschen pouvoir constituant untersucht[1]. Eine derartige Beschränkung konnte nicht nachgewiesen werden.

Im zweiten Teil der Arbeit ist die Wirkung besatzungshoheitlichen Handelns auf die deutsche Rechtsordnung unter einem weiteren Aspekt zu untersuchen: Wurden die Mauergrundstücke mit einschlägiger Souveränität der DDR wirksam und für die Bundesrepublik anerkennungsfähig in Volkseigentum überführt[2]?

Die zentrale Frage dabei lautet, ob eine Enteignung im Ostteil Groß-Berlins, die die Gebietshoheit der Alliierten verletzte, vom Standpunkt der Rechtsordnung der Bundesrepublik mit dem gleichen Respekt zu behandeln und für genauso wirksam zu erachten ist wie eine Enteignung in der DDR.

Der Schwerpunkt der nachfolgenden Untersuchung liegt daher auf der Bedeutung des völkerrechtlichen Status Groß-Berlins für den intertemporalrechtlichen Konflikt.

Dieser wird bei der Überprüfung der privatrechtsgestaltenden Wirkung dieser Enteignungen relevant. Wegen der zu beachtenden verfassungsrechtlichen Vorgaben stellt sich dabei auch die Frage der Verfassungsmäßigkeit des Mauergrundstücksgesetzes.

Die DDR griff auf Mauergrundstücke regelmäßig in Anwendung verteidigungsrechtlicher Regelungen zu[3]. § 10 VerteidigungsG[4] regelte die Inanspruchnahme von Grundstücken.

Einzelheiten hierzu enthielten die VO über die Inanspruchnahme von Leistungen im Interesse der Verteidigung und des Schutzes der DDR - LeistungsVO - vom 16.8.1963[5] sowie die Verordnung über die Entschädigung und Bezahlung von Sach- und Dienstleistungen nach dem Verteidigungsgesetz - EntschädigungsVO zum VerteidigungsG - vom 16.8.1963[6].

---

1 vgl. oben Teil 1 E.

2 vgl. hierzu: BLUMENWITZ, Verfassungskollisionsrecht, § 211 Rdnr. 36

3 KITTKE, Das Mauergrundstücksgesetz, S. 464 mit der nachfolgend wiedergegebenen Zusammenstellung aller angewendeten Vorschriften

4 Gesetz zur Verteidigung der Deutschen Demokratischen Republik vom 20. September 1961, GBl. DDR I, S. 175

5 GBl. DDR II, S. 667

6 GBl. DDR II, S. 674

Für die spätere Zeit sind zu nennen das Gesetz über die Landesverteidigung der DDR - VerteidigungsG - vom 13.10.1978[7], die Verordnung über die Inanspruchnahme von Leistungen, Grundstücken und Gebäuden für die Landesverteidigung der DDR - LeistungsVO - vom 26.7.1979[8], die über die Finanzierung und Entschädigung von Leistungen für die Landesverteidigung der DDR - Finanzierungs- und EntschädigungsVO - vom 26.7.1979[9] sowie das Gesetz über die Staatsgrenze der DDR - GrenzG - vom 25.3.1982[10] mit der DVO zum Gesetz über die Staatsgrenze der DDR - GrenzVO - vom 25.3.1982[11].

Gemeinsames inhaltliches Merkmal aller dieser Vorschriften ist die Ermächtigung, Grundstücke für Verteidigungszwecke in Anspruch nehmen zu können, wobei entsprechend den allgemeinen entschädigungsrechtlichen Regelungen der Ankauf im Vordergrund stehen sollte[12].

Für das Entschädigungsverfahren wurde auf die Bestimmungen des Entschädigungsgesetzes vom 25.4.1960[13] verwiesen.

A. Die Bedeutung besatzungshoheitlichen Handelns bei der Überprüfung der privatrechtsgestaltenden Wirkung von Enteignungen nach dem DDR-Verteidigungsgesetz

Das internationale Enteignungsrecht beantwortet die Frage, ob und gegebenenfalls unter welchen Voraussetzungen fremdstaatliche Enteignungen im Inland anzuerkennen sind[14]. Dies kann unter anderem für solche zivilrechtlichen Ansprüche rechtlich relevant werden, deren Begründetheit von den Eigentumsverhältnissen an der streitgegenständlichen Sache abhängt[15].

Die Überprüfung der privatrechtsgestaltenden Wirkung der Enteignung der Mauergrundstücke ist eine Vorfrage bei der Durchsetzung zivilrechtlicher Ansprüche im Rahmen einer Klage aus Grundbuchberichtigung nach § 894 BGB oder auf Herausgabe des Eigentums nach § 985 BGB.

---

7 GBl. DDR I, S. 377
8 GBl. DDR I, S. 265
9 GBl. DDR I, S. 272
10 GBl. DDR I, S. 197
11 GBl. DDR I, S. 203
12 KITTKE, Das Mauergrundstücksgesetz, S. 464
13 GBl. DDR I, S. 257
14 Müko-KREUZER, Nach Art. 38 Anh-III Rdnr. 1
15 vgl. hierzu auch GAST, Das Internationale Enteignungsrecht nach der Wiedervereinigung. S. 103

Für die Begründetheit dieser Ansprüche ist es von streitentscheidender Bedeutung, ob die Inanspruchnahme der Mauergrundstücke mit der Folge anerkannt wird, daß der von der Enteignung Betroffene sein Eigentum an dem Grundstück verloren hat[16].

I. Die Besitzlage

Als Anspruchsgegner derartiger Ansprüche kommen das Land Berlin und der Bund in Betracht, die als Rechtsnachfolger in den Besitz der DDR eingetreten sind.

Beschlußempfehlung und Bericht des Rechtsausschusses des Deutschen Bundestages[17] gehen davon aus, daß „Grundstücke, die zum Zweck der Errichtung von Sperranlagen entlang der ehemaligen innerdeutschen Grenze sowie zum Zweck des Baues der Berliner Mauer und des Sperrgürtels um Berlin in Volkseigentum überführt wurden, mit der Herstellung der deutschen Einheit in das Vermögen des Bundes gefallen (sind).“

Diese Prämisse der Gesetzgebung ist jedoch keineswegs unbestritten; schon die staatsrechtliche Zuordnung der Grundstücke, die zum Zweck der Errichtung von Sperranlagen entlang der ehemaligen innerdeutschen Grenzen enteignet wurden, war nach der Herstellung der staatlichen Einheit Deutschlands weitgehend ungeklärt[18].

Gemäß Art. 21 Abs. 1 Satz 1, 1. Halbsatz EinigungsV wird das „unmittelbar bestimmten Verwaltungsaufgaben dienende Vermögen“ Bundesvermögen. Ausnahmen ergeben sich aus Art. 21 Abs. 1 Satz 1, 2. Halbsatz und Satz 2 EinigungsV.

Als Finanzvermögen qualifiziert Art. 22 Abs. 1 Satz 1 EinigungsV denjenigen Teil des Staatsvermögens, der „nicht unmittelbar bestimmten Verwaltungsaufgaben dient.“

Die Regelung im Einigungsvertrag entspricht der traditionellen Unterscheidung[19] zwischen Verwaltungs- und Finanzvermögen im deutschen Verwaltungsrecht[20].

---

16 BLUMENWITZ, Verfassungskollisionsrecht, § 211 Rdnr. 36; BVerfG, VIZ 1999, 654 = ZOV 1999, 343

17 BT-Drucks. 13/3734 vom 8.2.1996, S. 1.

18 BLUMENWITZ, Die Mauergrundstücke im interlokalen und intertemporalen Konflikt, S. 65; KITTKE, Das Mauergrundstücksgesetz, S. 465; MEYER, Die Zuordnung von Mauergrundstücken, S. 314; ROBBERT, Die Stichtagsproblematik der Art. 21 und 22 EinigungsV, S. 193

19 FRIAUF, Staatsvermögen, § 90 Rdnr. 7 ff.; STERN, Staatsrecht, II, S. 1255 ff.

Der zweite Grundgedanke der Regelungen des Art. 21 und Art. 22 EinigungsV ist der sogenannte Funktionsgrundsatz[21].

1) Abgrenzung zwischen Verwaltungs- und Finanzvermögen

Zum Verwaltungsvermögen im engeren Sinne, das den Aufgaben des Verwaltungsapparates dient, gehören alle Gegenstände des Staatsvermögens, die zum Verwaltungsgebrauch bestimmt sind (z.B. Gebäude, Inventar, Fuhrpark, auch Militärgut). Daneben gehören auch „extern genutzte" Gegenstände in den Formen des Gemeingebrauchs (z.B. Straßen, Wege, Brücken, Anlagen usw.), der Sondernutzung oder der anstaltlichen Nutzung (z.B. Schulen, Universitäten, Museen, Theater, soziale und karitative Einrichtungen).

Finanzvermögen stellen dagegen die Gegenstände des Staatsvermögens dar, die wirtschaftlich nutzbar eingesetzt, aufgrund ihres Wertes und ihrer Verwendung Erträge für den Staat abwerfen sollen. Finanzvermögen dient somit nur durch seinen Kapitalwert und seine Erträge, d.h. nur mittelbar öffentlichen Zwecken.

Verwaltungsvermögen läßt sich ferner vom Finanzvermögen durch seine Widmung für einen bestimmten Verwaltungszweck abgrenzen[22].

Eine Sache wird dadurch zum Gegenstand des Verwaltungsvermögens, daß sie durch einen Akt der Widmung einem besonderen öffentlich-rechtlichen Rechtsstatus unterworfen wird, welcher der Erreichung eines konkreten Verwaltungszwecks dient; Art. 21 EinigungsV setzt also voraus, daß der Vermögensgegenstand nach Maßgabe des überkommenen Verwaltungsrechts öffentlichen Verwaltungsaufgaben gewidmet ist, wobei festzustellen ist, welcher Verwaltungsträger nach den Zuständigkeitsvorschriften des Grundgesetzes für diese Verwaltungsaufgabe seit dem 3.10.1990 zuständig ist[23].

Nach einhelliger Ansicht setzt eine Zuordnung des Vermögenswertes als Verwaltungsvermögen voraus, daß dieser nicht nur am 1.10.1989, sondern auch am Tag des Inkrafttretens des Grundgesetzes in der DDR und Ost-Berlin am 3.10.1990 , einem konkreten Verwaltungszweck gewidmet gewesen ist[24].

---

20 BLUMENWITZ, Die Mauergrundstücke im interlokalen und intertemporalen Konflikt, S. 65; LANGE, Wem gehört das ehemalige Volkseigentum?, S. 330; PRUGGER, Die Nachfolge in das Vermögen der ehemaligen DDR, S. 99 ff.; ROBBERT, Die Stichtagsproblematik der Art. 21 und 22 EinigungsV, S. 193

21 ROBBERT, Die Stichtagsproblematik der Art. 21 und 22 EinigungsV, S. 193

22 BLUMENWITZ, Die Mauergrundstücke im interlokalen und intertemporalen Konflikt, S. 65, ROBBERT, a.a.O., S. 193

23 ROBBERT, a.a.O.

24 ROBBERT, a.a.O.

Die Maßgeblichkeit des 1.10.1989 für eine Zuordnung eines Gegenstandes des DDR-Vermögens auf einen heute zuständigen Verwaltungsträger wurde anläßlich der Verhandlungen über den Einigungsvertrag von den bundesdeutschen Vertretern gefordert, um auf diese Weise Vermögensverschiebungen, welche in zahlreichen Fällen während der sogenannten Wendezeit staatgefunden hatten und die im Widerspruch zur bis zum 3.10.1990 fortgeltenden Rechtsordnung der DDR standen, rückgängig machen zu können[25].

Aus Sinn und Zweck der Regelungen des Art. 21 EinigungsV folgt, daß eine Zuordnung eines Vermögensgegenstandes als Verwaltungsvermögen nur möglich ist, wenn dieser Gegenstand auch noch bis zum 3.10.1990 der Erfüllung einer Verwaltungsaufgabe gewidmet war. Nach dem sogenannten Funktionsgrundsatz, auf welchem die Regelung des Art. 21 EinigungsV beruht, kommt es für die Zuordnung eines Vermögensgegenstandes auf dessen Widmung am Tag der Funktionsnachfolge, also des Inkrafttretens des Grundgesetzes an[26].

Die Zuordnung an unterschiedliche Körperschaften erfolgt nach der Maßgabe, wer bei Wirksamwerden des Vertrages für die Verwaltungsaufgabe zuständig ist; vorausgesetzt wird also, daß bei Wirksamwerden des Einigungsvertrages eine Verwaltungsaufgabe erfüllt wird, andernfalls ließe sich der Eigentümer nicht feststellen[27].

Der Wegfall des Verwaltungszwecks oder die Zuführung des Gegenstandes zu einer anderen Zweckbestimmung stellt eine Entwidmung dar. Widmung und Entwidmung hat es explizit in der Rechtsordnung der DDR nicht gegeben. Sie sind daher zumindest als konkludente Akte staatlicher Nutzungsbestimmung in die Definition des Verwaltungsvermögens und in Art. 21 Einigungsvertrag hineinzulesen[28].

2) Zuordnung der Mauergrundstücke als Verwaltungsvermögen des Bundes?

Das Kammergericht hat die Mauergrundstücke als Verwaltungsvermögen im Sinne des Art. 21 Abs. 1 EinigungsV eingeordnet.

In seiner Entscheidung aus dem Jahre 1992 stellte es fest, das Grundstück habe nach seiner Inanspruchnahme für Verteidigungszwecke unmittelbar bestimmten Verwaltungsaufgaben im Sinne des Art. 21 Abs. 1 EinigungsV gedient[29].

25 LANGE, Wem gehört das ehemalige Volkseigentum?, S. 331
26 ROBBERT, Die Stichtagsproblematik der Art. 21 und 22 EinigungsV, S. 193
27 MEYER, Die Zuordnung von Mauergrundstücken, S. 315
28 PRUGGER, Die Nachfolge in das Vermögen der ehemaligen DDR, S. 102
29 KG, VIZ 1992, S. 321 = ZOV 1992, 162 f.

Für die Zuordnung nach Art. 21 Abs. 1 EinigungsV käme es allein darauf an, ob die DDR nach ihren Gesetzen und Verlautbarungen das Vermögen tatsächlich für bestimmte Verwaltungsaufgaben in Anspruch genommen habe. Ob sie solche Maßnahmen im Ostteil von Berlin nach dem Rechtsverständnis der westlichen Besatzungsmächte überhaupt hätte durchführen dürfen können, sei für die Frage der Zuordnung unerheblich.

An dieser Auffassung hielt das Kammergericht auch bei seiner Entscheidung aus dem Jahre 1994 fest[30].

Dagegen hat das Verwaltungsgericht in seiner Entscheidung aus dem Jahre 1993 die Frage, ob die Mauergrundstücke als Verwaltungsvermögen des Bundes nach Art. 21 Abs. 1 Satz 1 EinigungsV oder als Finanzvermögen unter Treuhandverwaltung des Bundes nach Art. 22 EinigungsV einzuordnen sind, offen gelassen[31].

Art. 21 Abs. 1 EinigungsV setze voraus, daß das Grundstück, als Bestandteil der Grenzanlage „Checkpoint Charlie", Verwaltungsvermögen war und am 1.10.1989 Aufgaben gedient habe, die nach dem Grundgesetz dem Bund zugewiesen seien.

Weitere Voraussetzung sei, daß das Vermögen mit Wirksamwerden des Beitritts unmittelbar bestimmten Verwaltungsaufgaben gedient habe. Dies folge aus Art. 21 Abs. 2 EinigungsV, der für die Zuordnung des Verwaltungsvermögens auf diesen Zeitpunkt abstelle, was voraussetze, daß die Zweckbestimmung noch vorgelegen habe.

Zwar sei mit Wirksamwerden des Beitritts die Aufgabe der innerstädtischen Grenzsicherung entfallen. Darin könne eine konkludente Entwidmung gesehen werden; anderseits könne auch die Liquidation zur Verwertung des Vermögens als Verwaltungsaufgabe im Sinne des Art. 21 EinigungsV angesehen werden[32].

Nach Sinn und Zweck der Regelung des Art. 21 EinigungsV sei das Vermögen des Einheitsstaates sachgerecht auf die drei Ebenen Zentralstaat, Länder und Kommunen aufzuteilen. Für die Zuordnung zum Verwaltungsvermögen seien die durch den Beitritt selbst bewirkten Rechtsänderungen außer Betracht zu lassen. Die Zuordnung sei nach der Zweckbestimmung in der logischen Sekunde vor dem Wirksamwerden des Beitritts vorzunehmen.

Wenn das Grundstück mit dem Beitritt nicht Bundesvermögen geworden sei, unterliege es als Finanzvermögen gemäß Art. 22 Abs. 1 EinigungsV jedenfalls der Treuhandverwaltung des Bundes.

---

30 unveröffentlichte Entscheidung vom 23.12.1994 (4 W 8068/94), zitiert bei MEYER, Die Zuordnung von Mauergrundstücken, S. 314

31 KG, VIZ 1994, S. 302, 303

32 KG, a.a.O., S. 302

3) Bewertung

Das Kammergericht knüpft an die *Tatsächlichkeit* der Zuordnung an. In diese Richtung geht auch die Behauptung von ROBBERT[33]:

„Richtiger Ansicht nach ist für die Qualifizierung eines Vermögensgegenstandes am 1.10.1989 als Verwaltungs- oder Finanzvermögen im Sinne von Art. 21 EinigungsV ausschließlich auszugehen von der Rechtswirklichkeit der DDR. Das bedeutet, daß der am 1.10.1989 aktuelle Status festgestellt werden muß, den der betreffende Vermögensgegenstand in der Rechtsordnung der DDR zu diesem Zeitpunkt hatte. Ob diese 'Rechtstatsache' heute noch billigenswert erscheint, kann insoweit von der Natur der Sache her keine Rolle spielen, denn die 'Verwaltungsrealität' der DDR bildet den unter Art. 21 EinigungsV zu subsumierenden Lebenssachverhalt. Es versteht sich von selbst, daß dieser Sachverhalt nicht davon abhängig werden kann, ob er heutigen Wertvorstellungen entspricht."

Auch hier stellt sich also wieder die Frage nach dem Verhältnis zwischen Recht und Wirklichkeit[34]. Die von ROBBERT gegen MEYER gerichtete Behauptung, unter Art. 21 EinigungsV sei ausschließlich die Rechtswirklichkeit der DDR als Lebenssachverhalt zu subsumieren, versteht sich allerdings alles andere als von selbst. Maßgeblich ist allein das dem Art. 21 EinigungsV zugrunde liegende Normprogramm[35].

Von einer Verwaltungsaufgabe im Sinne des Grundgesetzes kann nur gesprochen werden, wenn ihre Durchführung verfassungsrechtlich zulässig ist[36]. Dies gilt auch für Art. 21 Abs. 1 Einigungsvertrag. Aus diesem Grund hat das Vermögen des Ministeriums für Staatssicherheit, dessen Tätigkeit mit dem Grundgesetz nicht vereinbar war, in Art. 21 Abs. 1 Satz 2 und 22 Abs. 1 Satz 2 Einigungsvertrag eine Sonderbehandlung gefunden[37].

Aus Sicht der DDR waren die Mauergrundstücke Teil des „antifaschistischen Schutzwalls" und sollten der Verteidigung gegen die „kriegstreiberische und faschistische" Bundesrepublik dienen[38].

Es ist allgemein anerkannt, daß die Grenzsicherung und Verteidigung (das ist die Abwehr eines bewaffneten Angreifers mit den Machtmitteln der Streitkräfte)

---

33 ROBBERT, Die Stichtagsproblematik der Art. 21 und 22 EinigungsV, S. 193

34 zur Einbeziehung der Wirklichkeit in das Recht nach der strukturierenden Rechtslehre MÜLLERS vgl. die Untersuchung in Teil 1 D.2)c)

35 zu dieser methodischen Frage vgl. die Untersuchung in Teil 1 D.2)

36 BLUMENWITZ, Die Mauergrundstücke im interlokalen und intertemporalen Konflikt, S. 65, MEYER, Die Zuordnung von Mauergrundstücken, S. 315

37 PRUGGER, Die Nachfolge in das Vermögen der ehemaligen DDR, S. 107 ff.

38 so ausdrücklich die Präambel des Verteidigungsgesetzes der DDR (GBl. DDR 1961 I, S. 175); vgl. unten VII.2)

zu den staatlichen Verwaltungsaufgaben zählen[39]. Ebenso eindeutig ist aber auch, daß das Grundgesetz in seiner maßgeblichen Auslegung durch das Bundesverfassungsgericht die von der DDR an den innerdeutschen Grenzen durchgeführte Sicherungsmaßnahmen aus vielen Gründen als verfassungswidrig angesehen hat[40].

Hierauf beruft sich auch der gesamtdeutsche Gesetzgeber, wenn im Zusammenhang mit dem Mauergrundstücksgesetz Mauer und Todesstreifen als „sinnfälliger Ausdruck des Unrechtsregimes in der früheren DDR und dem seinerzeitigen Wiedervereinigungsgebot des Grundgesetzes entgegengerichtet", als „im Interesse der Glaubwürdigkeit des Rechtsstaates nicht akzeptabel"[41], als Symbol für die „Teilung Deutschlands und Europas unter den Bedingungen des Kalten Krieges"[42] bezeichnet.

Weitere Bedenken gegen die Qualifikation der Grenz- und Mauergrundstücke als Verwaltungsvermögen des Bundes ergeben sich aus der Stichtagsregelung.

Einen Verteidigungs- oder Grenzsicherungszweck, dem die Grenz- und Mauergrundstücke zu dienen bestimmt sein konnten, gab es beim Inkrafttreten des Einigungsvertrags als Verwaltungsaufgabe auch aus der Sicht der ehemaligen DDR nicht mehr. Zwar ist die DDR erst mit dem Inkrafttreten des Einigungsvertrages untergegangen[43]; für die Dauer ihrer Existenz konnte grundsätzlich auch eine legitime Grenzsicherungsaufgabe unterstellt werden.

Für die innerdeutschen Grenzen und die ihrer Sicherung dienenden Grenz- und Mauergrundstücke galten jedoch Besonderheiten. Diese Demarkationslinien haben bereits mit der friedlichen Revolution in der DDR ihre besondere Funktion als „antifaschistischer Schutzwall" verloren.

Die Respektierung des ungeteilten Selbstbestimmungsrechts des deutschen Volkes hob den Verteidigungszweck der Grenze - sollte er je bestanden haben - auf[44].

Eine wichtige Rolle spielte in diesem Zusammenhang der Staatsvertrag über die Wirtschafts- und Währungsunion vom 18. Juni 1990[45], der mit der Schaffung eines gemeinsamen Währungsgebietes, einer Wirtschafts- und Sozialunion vom

---

39 zu den Regelungen des Grundgesetzes, vgl. MEYER, Die Zuordnung von Mauergrundstücken, S. 314

40 vgl. insbesondere die Ausführungen im Grundvertragsurteil, BVerfGE 36, 1, 35

41 BT-Drucksache 13/120 vom 21.12.1994, S. 1

42 BT-Drucksache 13/3734 vom 8.2.1996, S. 1.

43 Die durch den Einigungsvertrag unmittelbar selbst bewirkten Folgen bleiben bei der Zuordnung des Verwaltungsvermögens gem. Art. 21 Einigungsvertrag außer Betracht, da der Eigentümer bereits mit dem Inkrafttreten des Vertrags bestimmt ist (vgl. VG Berlin, VIZ 1994, S. 302 und MEYER, a.a.O., S. 315).

44 BLUMENWITZ, Die Mauergrundstücke im interlokalen und intertemporalen Konflikt, S. 67

45 GBl. DDR I, S. 331

18. Juni 1990 innerdeutschen Grenzkontrollen auch aus Sicht der DDR überflüssig und nicht mehr wünschenswert erschienen ließen.

Demgemäß bestimmte Art. 12 Abs. 3 Staatsvertrag, daß die Kontrollen an der innerdeutschen Grenze möglichst bald vollständig wegfallen sollen. Dies unterstreicht z.B. auch Art. 30 Abs. 2 Staatsvertrag, durch den ein gemeinsames Zollgebiet geschaffen wurde und auch zollrechtliche Überprüfungen sich erübrigten. In einer Protokollnotiz zum Staatsvertrag erklärten beide Seiten, daß alle Inhaber eines Passes oder Personalausweises der Bundesrepublik Deutschland oder der DDR im gesamten neu geschaffenen Währungsgebiet Freizügigkeit genießen sollten.

Aufgrund von Art. 37 Staatsvertrag galten alle Regelungen auch für Berlin. Damit hatten die Grenz- und Mauergrundstücke bereits vor dem 3. Oktober 1990 ihre Grenzsicherungsfunktionen verloren. In der Annahme des Staatsvertrages durch die DDR kann deshalb eine konkludente Entwidmung der Grundstücke durch DDR-Behörden gesehen werden. Unmittelbar nach dem 21. Juni 1990 wurden Grenzschutzanlagen bereits abgebaut[46].

Die am 30. August 1990 in Kraft getretene 2. Durchführungsverordnung zum Treuhandgesetz[47] sah in § 2 Abs. 1 und 2 die Aussonderung der für militärische Zwecke nicht mehr benötigte Wehrtechnik sowie der diesen Zwecken dienenden Grundstücke, Gebäude und baulichen Anlagen vor; die Vermögenswerte waren der Treuhandanstalt zu übergeben. Hierin ist ein Fall der gesetzlichen Entwidmung zu sehen[48].

Zählt man die Liquidation von Verwaltungsvermögen noch zur früheren Verwaltungsaufgabe[49], so ist die Entwidmung erst erfolgt, wenn die Liquidation des Gegenstandes des Verwaltungsvermögens abgeschlossen ist. Die Auflösung der zuständigen staatlichen Organisationseinheit für sich wäre nicht ausreichend, da die Liquidation von Verwaltungsvermögen noch als Verwaltungsaufgabe erscheint.

Die ausschließliche Anknüpfung an die „Rechtswirklichkeit der DDR“ widerspricht dem Normprogramm des Art. 21 EinigungsV; dies zeigt die Sonderbehandlung des MfS-Vermögens im Einigungsvertrag.

---

46 vgl. MEYER, Die Zuordnung von Mauergrundstücken, S. 315

47 GBl. DDR I, S. 1260.

48 vgl. PRUGGER, Die Nachfolge in das Vermögen der ehemaligen DDR, S. 103 f., insbesondere Anmerkung 156. Von einer Umwidmung ist immer dann auszugehen, wenn Gegenstände tatsächlich auf einen anderen staatlichen Hoheitsträger übertragen wurden.

49 VG Berlin, VIZ 1994, S. 302 und MEYER, Die Zuordnung von Mauergrundstücken, S. 315; RVI-SCHMIDT/LEITSCHUH, Art. 21 EinigungsV, B 20 Rdnr. 8 am Ende

Die gewichtigeren Argumente sprechen dafür, daß am maßgeblichen Stichtag 3. Oktober 1990 die Grenz- und Mauergrundstücke ganz oder zumindest teilweise dem Finanzvermögen und nicht dem Verwaltungsvermögen zuzurechnen waren[50].

Im nächsten Kapitel ist der Frage der Rechtswirksamkeit der Enteignung der Mauergrundstücke im Rahmen der Frage zu untersuchen, ob die Betroffen ihr Eigentum an den Grundstücken verloren haben. Hierbei ist auch der von MEYER aufgestellten These nachzugehen, wonach es nicht gerechtfertigt sein soll, „dem Viermächtestatus nach seiner Beendigung noch eine die faktische Gegebenheiten überlagernde Bedeutung zu geben“[51].

Die Anknüpfung an die „faktischen Gegebenheiten“ ist auch hier alles andere als selbstverständlich.

II. Überprüfung der privatrechtsgestaltenden Wirkung der Enteignung der Mauergrundstücke als Vorfrage für zivilrechtliche Ansprüche

Rechtlich relevant wird die Anerkennung fremdstaatlicher Enteignungen unter dem als Vorfrage relevanten Gesichtspunkt, ob für den inländischen Privatrechtsverkehr der Enteignungsbenachteiligte oder der Enteignungsbegünstigte als Berechtigter hinsichtlich des fraglichen Vermögenswertes anzusehen ist[52]. Die Überprüfung der privatrechtsgestaltenden Wirkung der Enteignung der Mauergrundstücke ist eine Vorfrage bei der Durchsetzung zivilrechtlicher Ansprüche im Rahmen einer Klage der Betroffenen aus Grundbuchberichtigung nach § 894 BGB oder auf Herausgabe des Eigentums nach § 985 BGB.

Das Internationale Enteignungsrecht wird funktional als Sondergebiet des innerstaatlichen privaten Kollisionsrechts behandelt ungeachtet dessen, daß die Anerkennung ausländischer Hoheitsakte systematisch in das Internationale Verwaltungsrecht gehört[53].

Der Begriff des „Internationalen“ Privatrechts wurde vor der Einheit Deutschlands üblicherweise im Rahmen von Sachverhalten mit Bezug zu einem ausländischen Staat verwendet, der mit der DDR nicht identisch war[54]. Das entsprechende, die deutsch-deutschen Fälle betreffende Kollisionsrecht nannte man

---

50 BLUMENWITZ, Die Mauergrundstücke im interlokalen und intertemporalen Konflikt, S. 67; MEYER, a.a.O., S. 315; RVI-WASMUTH, MauerG, B 150, Einf Rdnr. 28

51 MEYER, a.a.O., S. 315

52 Müko-KREUZER, Nach Art. 38 Anh-III Rdnr.1

53 Müko-KREUZER, Nach Art. 38 Anh-III Rdnr. 1

54 GAST, Das Internationale Enteignungsrecht nach der Wiedervereinigung, S. 103

bis zur Wiedervereinigung im Gegensatz dazu vornehmlich „Interlokales“ bzw. „Interzonales“[55] Privatrecht.

Mit der Wiedervereinigung gilt nun - zumindest auf den meisten Rechsgebieten - in den Grenzen der heutigen Bundesrepublik einheitliches materielles Recht. Die vom Kollisionsrecht zu beantwortende Frage, welche Rechtsordnung für die nach der Einheit entstandenen und noch entstehenden Fälle mit deutsch-deutschem Bezug (sogenannte Neufälle) anzuwenden ist, stellt sich somit -größtenteils - nicht mehr[56].

Bei den sogenannten Altfällen (hier: die Überprüfung der privatrechtsgestaltenden Wirkung der Enteignung der Mauergrundstücke) ist seit der Herstellung der staatlichen Einheit Deutschlands an die Stelle der Problematik der Anerkennung von Enteignungsakten der DDR (interlokaler Konflikt) die Frage der Rechtswirksamkeit dieser Akte getreten (intertemporalrechtliche Kollision)[57].

DROBNIG und GAST schlagen vor, im Unterschied zu dem als *Interlokales* Privatrecht zu bezeichnenden Kollisionsrecht für Neufälle mit ost-westdeutschen Bezug, das nach wie vor anzuwendende Kollisionsrecht für Altfälle als *Innerdeutsches* Privatrecht zu bezeichnen[58].

Das innerdeutsche Kollisionsrecht blickt, wie der Name andeutet, in die Vergangenheit zurück[59]

Dieser Bezeichnung wird auch hier gefolgt. Da die Frage der Anerkennung einer in Ostdeutschland nach der Einheit getätigten Enteignung nicht mehr relevant wird, ist ein etwaiges *interlokales* Enteignungsrecht ohne Bedeutung[60], demgegenüber hat sich das *innerdeutsche* Enteignungsrecht jedenfalls nicht per se erledigt; die Überprüfung der privatrechtsgestaltenden Wirkung der Enteignung der Mauergrundstücke ist als intertemporalrechtliches Problem eine Frage des *innerdeutschen* Enteignungsrechts.

Problematisch könnte sein, ob die Gerichte bei der Beurteilung von Altfällen das DDR-Kollisionsrecht oder das alte bundesdeutsche Kollisionsrecht anzuwenden haben[61]. Sofern sie das DDR-Kollisionsrecht zur Anwendung brächten, würde sich naturgemäß die Frage der Anerkennung der „eigenen“ Enteignungsmaßnahme nicht stellen.

55 Müko-KREUZER, a.a.O., Rdnr 9
56 GAST, a.a.O.
57 BLUMENWITZ, Verfassungskollisionsrecht, § 211 Rdnr. 2; Müko-KREUZER, a.a.O.
58 DROBNIG, Innderdeutsches und Interlokales Kollisionsrecht nach der Einigung Deutschlands, S. 268, 275 ff.; GAST, a.a.O., S. 104
59 DROBNIG, a.a.O., S. 275
60 GAST, a.a.O., S. 104
61 Nachweise bei GAST, a.a.O., S. 104

Der Bundesgerichtshof hat jedoch mittlerweile entschieden, daß alle in der heutigen Bundesrepublik belegenen Gerichte bei der Beurteilung von Altfällen das Kollisionsrecht der alten Bundesrepublik heranzuziehen haben, um innerdeutsche Entscheidungsharmonie zu gewährleisten, und ein *forum shopping* bei konkurrierenden örtlichen Zuständigkeiten zu verhindern[62].

Die damit einhergehenden rückwirkende Geltung des alten bundesdeutschen Kollisionsrechts im Beitrittsgebiet kann im Einzelfall unter dem Aspekt des Vertrauensschutzes verfassungsrechtlich bedenklich sein[63]. Die Frage stellt sich allerdings bei den enteigneten Mauergrundstücken nicht, da diese ja nicht für private Zwecke genutzt wurden und die Beeinträchtigung privaten Vertrauens in diesem Zusammenhang nicht denkbar ist.

Die Anwendbarkeit des innerdeutschen Kollisionsrechts für Altfälle wird auch durch eine Entscheidung des Kammergerichts bestätigt. Dieses hat entschieden, daß die vor Inkrafttreten des Einigungsvertrages maßgebenden bundesdeutschen Rechtsgrundsätze des interlokalen Privat- und Enteignungsrechts, einschließlich des ordre public-Vorbehaltes, nach wie vor auf DDR-Enteignungen anzuwenden sind[64].

Im folgenden werden die für die Anerkennung von DDR-Enteignungen geltenden Grundsätze dargestellt; aus dem Blickwinkel des innerdeutsches Privatrecht geht es dabei jedoch nicht mehr um die Anerkennung, sondern um die Rechtswirksamkeit dieser Enteignungen.

Die Rechtswirksamkeit der Enteignung der Mauergrundstücke beurteilt sich nach den Grundsätzen die für die Anerkennung von DDR-Enteignungen gelten.

Der deutsche Gesetzgeber hat die Anerkennung fremdstaatlicher Enteignungen nicht ausdrücklich geregelt[65]. Dem allgemeinen Völkerrecht läßt sich lediglich entnehmen, daß Staatshoheitsakte ungeachtet eines eventuell weiterreichenden Geltungsanspruchs nicht über das Hoheitsgebiet des anordnenden Hoheitsträgers hinaus wirken[66] (Territorialitätsprinzip).

Ultraterritoriale Wirkung haben staatliche Hoheitsakte daher nur kraft Anerkennung seitens des Gebietsstaates.

Das Völkerrecht stellt es den Staaten frei, ob und gegebenenfalls unter welchen Voraussetzungen sie Hoheitsakte und damit auch Enteignungen fremder Staaten anerkennen. Insbesondere ergibt sich hierfür nichts aus dem völkerrechtlichen Territorialitätsprinzip.

---

62 BGHZ 124, 270 = BGH NJW 1994, 582

63 DÖRNER, Interlokales Erbrecht nach der Wiedervereinigung, S. 89

64 KG, VIZ 1999, 108 = ZOV 1999, 48

65 Müko-KREUZER, Nach Art. 38 Anh-III Rdnr. 3

66 Müko-KREUZER, a.a.O., Rdnr. 7

Völkergewohnheitsrechtlich besteht weder ein Anerkennungsgebot noch ein - verbot für fremdstaatliche Enteignungen. Letzteres besteht auch nicht für völkerrechtswidrige Enteignungen, da das Völkerrecht hierfür als einzige Sanktion eine Entschädigungspflicht gegenüber dem Schutzstaat des Enteigneten vorsieht[67].

Es ist daher ausschließlich Sache des deutschen Rechts über die Voraussetzungen der Anerkennung fremdstaatlicher Enteignungen zu befinden[68].

Angesichts fehlender einfachgesetzlicher Regelungen geht die herrschende Meinung vom Territorialitätsgrundsatz aus, den sie als ungeschriebenen Bestandteil des deutschen Kollisionsrechts ansieht[69].

Enteignung ist jede Entziehung vom Vermögenswerten durch Hoheitsakt oder Gesetz[70]. Sie ist Ausdruck territorialer Souveränität und Gebietshoheit[71]. Man unterscheidet das positive und das negative Territorialitätsprinzip[72].

1) Das positive Territorialitätsprinzip

Das positive Territorialitätsprinzip bedeutet, daß Nationalisierungen, deren Auswirkungen sich auf das Staatsgebiet des nationalisierenden Staates beschränken, d. h. dortiges Vermögen ergreifen, anzuerkennen sind[73]. Im enteignenden Staat erfolgte Enteignungen sind grundsätzlich von den Gerichten der Bundesrepublik als formal wirksam anzuerkennen[74].

Voraussetzung für die Anerkennung einer Enteignung ist das Vorliegen eines Hoheitsaktes.

Im sogenannten Bodenreformurteil hat das Bundesverfassungsgericht zum positiven Territorialitätsprinzip festgestellt[75]:

„Nach deutschem internationalem Enteignungsrecht werden die Enteignungen eines fremden Staates einschließlich der entschädigungslosen „Konfiskationen" grundsätzlich als wirksam angesehen, soweit dieser Staat innerhalb der Grenzen seiner Macht geblieben ist ... Eine Enteignung entfaltet Wirkung innerhalb des Hoheitsgebietes des fremden Staates und erfaßt das Vermögen, das zum Zeitpunkt der Enteignung der Gebietshoheit des enteignenden Staates unterlag - Ter-

---

67 Müko-KREUZER, a.a.O.
68 Müko-KREUZER, a.a.O., Rdnr. 8
69 Müko-KREUZER, a.a.O., Rdnr. 14
70 GRAF VITZTHUM-GRAF VITZTHUM, Völkerrecht, S. 498
71 GRAF VITZTHUM-GRAF VITZTHUM, a.a.O.
72 HOFMANN, Grundrechte und grenzüberschreitende Sachverhalte, S. 143
73 HOFMANN, a.a.O., S. 143; VON MÜNCH, Völkerrecht, S. 382
74 VON MÜNCH/KUNIG-ROJAHN, Art. 25 Rdnr. 22
75 BVerfGE 84, 90 ff., 123 f.

ritorialitätsprinzip-. Die Entschädigungslosigkeit der Enteignung oder ein ihr sonst nach inländischer Gerechtigkeitsvorstellung anhaftender Makel reicht, soweit die Enteignung Objekte im Territorium des enteignenden Staates betrifft, für sich allein nicht aus, um ihr die Wirksamkeit abzusprechen."

Die positive Wirkung des Territorialitätsprinzips wird vor allem mit dem Interesse an der friedlichen internationalen Ordnung oder damit begründet, daß jeder Staat in der Ausgestaltung seiner Wirtschaftsordnung frei ist und eine völlige Ignorierung von hieraus fließenden Enteignungsmaßnahmen durch das Ausland diesem Grundsatz widersprechen würde[76].

Das Internationale Enteignungsrecht sei von dem Grundgedanken beherrscht, daß Enteignungen nicht der Verwirklichung der Gerechtigkeit zwischen den einzelnen dienten, sondern dem Staatswohl, d.h. dem Interessen des Staates, der hier seine Macht einsetzt[77].

Um Spannungen mit dem enteignenden Staat zu vermeiden, also letztlich im Interesse der internationalen Ordnung, werde Macht in Recht verwandelt. Man erkenne Enteignungen an, soweit sie Gegenstände beträfen, über die der enteignende Staat Macht habe[78].

2) Das negative Territorialitätsprinzip

Umgekehrt entnimmt die herrschende Meinung dem Territorialitätsprinzip in seiner negativen Konsequenz die Regel, daß fremdstaatliche Enteignungen, die Vermögen außerhalb des Enteignungsstaates erfassen wollen (extra- bzw. ultraterritoriale Enteignungen), nicht per se anzuerkennen sind[79], sondern nur kraft des Einverständnisses des Belegenheitsstaates extraterritoriale Wirksamkeit erlangen, wobei eine autonome Regel im Sinne der Anerkennung im deutschen Recht verneint wird (Grundsatz der Nichtanerkennung ultraterritorialer Enteignungen)[80].

Die Vornahme von Hoheitsakten außerhalb des Staatsgebietes ist verboten, sofern nicht eine besondere Gestattung vorliegt oder sich sonst aus dem allgemeinen Völkerrecht eine Rechtfertigung ergibt[81]. Einer Bemühung des ordre public oder der Grundrechte bedarf es hierfür nicht, da fremdes Recht nach der herrschenden Meinung überhaupt nicht berufen wird[82].

---

76 Müko-KREUZER, Nach Art. 38 Anh-III Rdnr. 28
77 SOERGEL-VON HOFFMANN, Art. 38 Anh III Rdnr. 1
78 SOERGEL-VON HOFFMANN, Art. 38 Anh III Rdnr. 1
79 VON MÜNCH, Völkerrecht, S. 383
80 Müko-KREUZER, Nach Art. 38 Anh-III Rdnr. 29
81 VON MÜNCH/KUNIG-ROJAHN, 3. Auflg., Art. 25 Rdnr. 22
82 Müko-KREUZER, a.a.O.

Das negative Territorialprinzip soll seine Rechtfertigung in der Wahrung der Gebietssouveränität des von einer fremdstaatlichen Enteignung betroffenen Belegenheitsstaates sowie im Schutz inländischer Gläubiger und Schuldner vor fremdstaatlichen Eingriffen finden.

In der Anerkennung ultraterritorialer Enteignungen sieht man eine Enteignung des Anerkennungsstaates[83].

Die Frage der Anerkennungsfähigkeit der Enteignung der Mauergrundstücke beantwortet sich nach deutschem Recht.

Akten der DDR-Behörden wurde nicht grundsätzlich die Anerkennung versagt[84]. Es konnte sich jedoch nach wie vor in Einzelfällen die Notwendigkeit ergeben, die Anerkennung zu versagen. Gesetzliche Regelungen, denen zufolge die Anerkennung gewisser Hoheitsakte generell versagt wurde, waren für zulässig zu erachten. In Einzelfällen oder in Gruppen von solchen konnten für das Versagen der Anerkennung maßgebend sein: das Territorialitätsprinzip und der ordre public der Bundesrepublik[85].

a) Schutz der Gebietshoheit des Gerichtsstaates

Das negative Territorialprinzip schließt die Anerkennung von Enteignungen aus, wenn hierdurch die Gebietshoheit des Gerichtsstaates verletzt wird.

Dieses Prinzip beruht auf dem völkerrechtlichen Grundsatz der Staatensouveränität[86]. Danach steht zunächst fest, daß der Gerichtsstaat die Enteignung eines fremden Staates, die eine auf seinem eigenem Gebiet belegene Sachen ergreifen soll, als mit seiner Souveränität unvereinbar ablehnt.

Bei der Frage der Anerkennungsfähigkeit der Enteignung der Mauergrundstücke geht es nicht um eine mögliche Verletzung der Gebietshoheit der Bundesrepublik, sondern um die Frage, ob die Inanspruchnahme von Grundstücken in Groß-Berlin zu militärischen Zwecken der DDR trotzt Verletzung der Gebietshoheit der Alliierten für die Bundesrepublik anerkennungsfähig ist.

Groß-Berlin gehörte zum Geltungsbereich des Grundgesetzes[87]. Die gebietsbezogene Hoheitsgewalt der Bundesrepublik Deutschland beschränkte sich jedoch auf den räumlichen Anwendungsbereich des Grundgesetzes[88].

---

83 Müko-KREUZER, a.a.O.
84 MAMPEL, Die sozialistische Verfassung der DDR, Art. 1 Rdnr. 72
85 MAMPEL, a.a.O., Art. 1 Rdnr. 72
86 SEIDL-HOHENVELDERN, Internationales Konfiskations- und Enteignungsrecht, S. 31
87 vgl. oben Teil 1
88 BVerfGE 77, 137, 155

Die Bundesrepublik hatte in militärischen Fragen in Berlin selbst keine Hoheitsbefugnisse, sondern respektierte die Gebietshoheit der Alliierten. Die Bundesrepublik konnte daher ihre Militärgesetzgebung nicht auf Berlin erstrecken[89].

b) Schutz fremder Gebietshoheit

Es stellt sich daher zunächst das Problem, ob das Territorialitätsprinzip des innerdeutschen Enteignungsrechts soweit reicht, daß hierdurch auch der Respekt vor fremder Gebietshoheit, der Gebietshoheit der Alliierten in Groß-Berlin, umfaßt wird.

c) Exkurs: Die Reichweite des Territorialitätsprinzips

SEIDL-HOHENVELDERN hat die Reichweite des Territorialitätsprinzips unter dem Gesichtspunkt untersucht, daß der konfiszierende Staat durch seine Maßnahmen zwar nicht die Souveränität des Gerichtsstaates, sondern die eines dritten Staates dadurch verletzt, daß er auf dem Gebiet dieses dritten Staates Konfiskationen durchführt[90]. Für den Gerichtsstaat stellt sich dann die Frage, ob er verpflichtet ist, diese Enteignungen zu respektieren.

„Wenn auch der Respekt vor fremden Hoheitsakten zeitlich nahezu unbegrenzt ist und sogar den Untergang des betreffenden Regimes überdauern kann, so ist die Wirksamkeit dieses Prinzips zur Anerkennung von Konfiskationen doch territorial streng. Dies erklärt sich daraus, daß das Territorialitätsprinzip der entscheidende Faktor für die Anerkennung bzw. Nichtanerkennung von Konfiskationen ist. Dieses Prinzip beruht seinerseits auf dem völkerrechtlichen Grundsatz der Staatensouveränität. Kraft dieses Prinzipes steht zunächst fest, daß ein Staat Konfiskationsmaßnahmen fremder Staaten, die auf seinem eigenen Gebiet belegenen Sachen ergreifen wollen, als mit seiner Souveränität unvereinbar ablehnt."[91]

Wie ist aber der Fall zu beurteilen, daß der konfiszierende Staat durch seine Maßnahmen zwar nicht die Souveränität des Gerichtsstaates, sondern die eines dritten Staates dadurch verletzt, daß er auf dem Gebiet dieses dritten Staates Konfiskationen durchführt?

„An und für sich übt die Besatzungsmacht im besetzten Gebiet gewisse Hoheitsrechts aus. Ihre Akte sind daher als fremde Hoheitsakte zu respektieren, aber eben nur insoweit, als diese Akte völkerrechtlich auf Grund der Haager Land-

89 vgl. hierzu unten A.III.4)d)

90 SEIDL-HOHENVELDERN, Internationales Konfiskations- und Enteignungsrecht, S. 31

91 SEIDL-HOHENVELDERN, a.a.O.

kriegsordnung zulässig sind. Da diese aber die Inanspruchnahme von Privateigentum über das durch die militärischen Notwendigkeiten unvermeidliche Maß hinaus und insbesondere jede entschädigungslose Wegnahme von Privateigentum ausdrücklich verbietet, erscheinen Konfiskationen durch eine Besatzungsmacht nicht als völkerrechtlich gestattete Hoheitsakte auf fremden Territorium.

Infolge der Völkerrechtswidrigkeit solcher Akte brauchen fremde Gerichte ihnen nicht den Respekt entgegenzubringen, der auf Grund des Völkerrechts fremden, rechtmäßigen Hoheitsakten gebührt. Konfiskationen im besetzten Gebiet werden von den Gerichten des besetzten Staates, von denen dritter Staaten und manchmal selbst von denen des besetzenden Staates für unrechtmäßig erklärt und nicht anerkannt. Da aber innerhalb des eigenen Gebietes des konfiszierenden Staates vorgenommene, ebenso völkerrechtswidrige Konfiskationen anerkannt werden, liegt der Grund für die Nichtanerkennung von Konfiskationen im besetzten Gebiete nicht in der Völkerrechtswidrigkeit solcher Hoheitsakte, sondern in der Wirkung des Territorialitätsprinzips.

Es wäre eine zu enge Auslegung dieses Prinzips, daraus lediglich abzuleiten, daß auf eigenem Gebiet befindliche Sachen gegen fremde Konfiskationsansprüche geschützt seien, weil ein solcher Anspruch mit der eigenen Souveränität unvereinbar sei.

Das Territorialitätsprinzip schützt vielmehr die Souveränität aller Staaten gegen derartige Eingriffe, in dem es dem konfiszierenden Staat ein souveränes Recht zur Vornahme von Konfiskationen lediglich innerhalb seiner eigenen Grenzen zubilligt.“[92]

Bei der Enteignung der Mauergrundstücke stellt sich die Frage der Wirkung des Territorialitätsprinzips unter einem anderen Aspekt.

Auch diese Enteignungen wurden im besetzten Gebiet - in Groß-Berlin - durchgeführt; im Mittelpunkt steht jedoch nicht der Schutz der Souveränität der DDR, sondern die Frage, ob die in dem kriegerisch besetzten Gebiet von Groß-Berlin fremde DDR unter Verletzung des entmilitarisierten Status Berlins zu militärischen Zwecken - für die Bundesrepublik anerkennungsfähig - Land beschaffen konnte.

Auch hierbei geht es um die Wahrung und den Respekt fremder Gebietshoheit. Das Territorialitätsprinzip kann nur dann nicht zum Schutz der Gebietshoheit der Alliierten berufen werden, wenn das positive Territorialitätsprinzip zum Schutz der zu respektierenden DDR-Souveränität anzuwenden wäre und die DDR in Groß-Berlin zu militärischen Zwecken Land beschaffen durfte.

Ein entsprechender Souveränitätsmangel der DDR führt dagegen zur Anwendung des negativen Territorialitätsprinzip als Respekt vor der Gebietshoheit der

---

92 SEIDL-HOHENVELDERN, a.a.O.

Alliierten. Die Anwendung des negativen Territorialitätsprinzips ist in diesem Fall zwingende Folge der fehlenden Souveränität der DDR in Groß-Berlin.

3) Eigenständige verfassungskonforme Anknüpfungsregeln für die Anerkennung ausländischer Enteignungen?

Die auf dem Territorialitätsprinzip beruhende herrschende Meinung sieht sich zunehmender Kritik ausgesetzt. Eine Überblick hierzu liefert KREUZER[93], nach dessen Auffassung die Anerkennung ausländischer Enteignungen in den größeren Zusammenhang der Anerkennung fremder Hoheitsakte gehört[94].

Für jene gelte nichts anderes als für die Anerkennung fremder Hoheitsakte. Sie seien im Inland nur anerkannt, wenn und soweit das inländische Recht einen entsprechenden Anerkennungsbefehl erteile.

Da es an geschriebenen Normen über die Anerkennung fremdstaatlicher Enteignungen fehle und auch keine entsprechenden ungeschriebenen völkergewohnheitsrechtlichen Regeln oder Bindungen existierten, blieben Wissenschaft und Praxis darauf verwiesen, eigenständig verfassungskonforme Anknüpfungsregeln zu entwickeln.

Hierbei sei davon auszugehen, daß es sich nicht um die Anwendung ausländischer (öffentlichrechtlicher) Normen (=hypothetischer Rechtsfolgenanordnungen) und damit um Enteignungsmaßnahmen unserer Gerichte, sondern um die Billigung unmittelbar privatrechtsbeeinträchtigender Entscheidungen (kategorischer Rechtsfolgenanordnungen) fremdstaatlicher Hoheitsträger mit dem von diesen intendierten rechtlichen Konsequenzen handele.

Die herrschende Meinung trüge dieser Ausgangslage nicht genug Rechnung[95]. Sie erhebe die „Intraterritorialität" einer Enteignung grundsätzlich zur alleinigen Anerkennungsvoraussetzung. Diese bloße Ausrichtung an den Machtverhältnissen und Außerachtlassung materieller rechtlicher Wertungen können einerseits zur Anerkennung nicht gerechtfertigter intraterritorialer Enteignungen und andererseits zur Nichtanerkennung materiell durchaus gerechtfertigter ultraterritorialer Enteignungen führen.

Die Dichotomie verdecke im übrigen, daß es vor inländischen Gerichten immer - auch bei intraterritorialen ausländischen Enteignungen - um die Anerkennung im Inland, also um ultraterritoriale Wirkungen ginge.

Bei intraterritorialen Enteignungen verschiebe die herrschende Meinung die eigentliche Sachfrage, nämlich die materiellen Anerkennungsvoraussetzungen, in

93 Müko-KREUZER, Nach Art. 38 Anh-III Rdnr. 15
94 Müko-KREUZER, a.a.O., Rdnr. 16
95 Müko-KREUZER, a.a.O., Rdnr. 17

die Prüfung der Vorbehaltsklausel und verkehre entgegen der völkerrechtlichen Ausgangslage die Rollen: Der Anerkennungsstaat müsse danach begründen, warum er nicht anerkenne, obwohl gar keine völkerrechtliche Pflicht zur Anerkennung bestünde.

KREUZER vertritt damit ein eigenes System der Anerkennungsvoraussetzungen: es müsse sich um eine abgeschlossene, enteignungskollisionsrechtlich rechtmäßige, (intra- oder extraterritoriale) Enteignung eines enteignungsfähigen Gegenstandes durch einen international zuständigen Staat handeln; der ordre public darf nicht verletzt sein[96].

III. Völkerrechtswidrigkeit des Inanspruchnahmebescheides

Ist für diese Enteignungen das negative Territorialitätsprinzip einschlägig, fehlt es nach der herrschenden Meinung an der alles entscheidenden Anerkennungsvoraussetzung, während nach der Auffassung von KREUZER die internationale Enteignungszuständigkeit der DDR für die Enteignung der Mauergrundstücke abzulehnen ist.

Bei der Frage der Anerkennungsfähigkeit der Enteignung der Mauergrundstücke[97] geht es nicht um eine mögliche Verletzung der Gebietshoheit der Bundesrepublik, sondern um die Frage, ob die Inanspruchnahme von Grundstücken in Groß-Berlin zu militärischen Zwecken die Gebietshoheit der Alliierten verletzte.

1) Grundlagen des Besatzungsrechts in Groß-Berlin

Die effektive Besetzung Berlins bei Kriegsende durch die vier Siegermächte und die interalliierten Vereinbarungen von 1944/45 bilden die beiden Rechtsquellen, die bei der Beurteilung der Rechtslage Berlins zu berücksichtigen sind[98].

a) Originäres Besatzungsrecht

Der Tatbestand der occupatio bellica ist erfüllt, wenn sich das betreffende Gebiet effektiv in der Gewalt des fremden Heeres befindet und wenn zwischen Okkupant und Okkupierten Kriegszustand herrscht[99].

---

96 Müko-KREUZER, a.a.O., Rdnr. 16

97 Die Untersuchung der zu beachtenden verfassungsrechtlichen Vorgaben, schließt sich nach der Darstellung des einfachgesetzlichen Befundes an, vgl. unten B.

98 MAHNCKE, Berlin im geteilten Deutschland, S. 35

99 zu den Voraussetzungen der occupatio bellica vgl. oben Teil 1 E.III.1)b)

Die militärische Entwicklung bei Kriegsende führte dazu, daß Berlin allein von den Truppen der Roten Armee besetzt wurde; weite Gebiete, die nach dem Londoner Protokoll vom 12. September 1944 zur östlichen (sowjetischen) Besatzungszone gehören sollten, wurden dagegen von britischen und amerikanischen Truppen besetzt. Die westlichen Besatzungstruppen marschierten Anfang Juli 1945 in Berlin ein[100].

Mit der effektiven Besetzung der Stadt besaßen die Westmächte originäre, nicht von der Sowjetunion abgeleitete Siegerrechte in Berlin[101].

b) Die Vereinbarungen der Besatzungsmächte

Das Londoner Protokoll[102] vom 12. September 1944 über die Besatzungszonen in Deutschland und die Verwaltung von Groß-Berlin sowie das Londoner Abkommen[103] vom 14. November 1944 sind von grundlegender Bedeutung für den Status Berlins[104].

Die Abkommen, die ursprünglich von den Vereinigten Staaten, der Sowjetunion und Großbritannien unterzeichnet und genehmigt wurden (Frankreich wurde am 1. Mai 1945 und am 26. Juli 1945 in die Abkommen einbezogen), sahen vor, daß Deutschland innerhalb der Grenzen vom 31. Dezember 1937 zum Zwecke der Besetzung in drei (später vier) verschiedene, von jeweils einer Macht zu besetzende Besatzungszonen und ein besonderes Berliner Gebiet aufgeteilt wird.

c) Groß-Berlin als besonderes Besatzungsgebiet

Das besondere Berliner Gebiet, sollte - im Unterschied zu den Besatzungszonen - gemeinsam besetzt und durch eine Alliierte Kommandantur gemeinsam verwaltet werden[105].

Dem Londoner Protokoll vom 12. September 1944 gemäß wurde Berlin, getrennt von den drei Besatzungszonen als besonderes, den Siergermächten gemeinsam unterstelltes Gebiet bezeichnet. Von den 20 Verwaltungsbezirken der Stadt wurden zwölf - die Westsektoren - den beiden westlichen Alliierten, acht - der Ostsektor - der sowjetischen Besatzungsmacht zugeordnet. Auch bei der Umschreibung der Grenzen der sowjetischen Besatzungszone wurde Berlin, das ganz von der Sowjetzone umschlossen war, ausdrücklich aus dieser Zone herausgelöst.

---

100 ZIVIER, Der Rechtsstatus des Landes Berlin, 2. Auflg., S. 9
101 MAHNCKE, a.a.O., S. 35; Zivier, a.a.O., S. 42
102 Dokumente zur Berlin-Frage 1944-1966, Nr. 1
103 Dokumente zur Berlin-Frage 1944-1966, Nr. 2
104 ZIVIER, Der Rechtsstatus des Landes Berlin, 2. Auflg. S. 8 ff., 40 ff.
105 ZIVIER, a.a.O., S. 8 f.

In dem Protokoll ist unter Ziff. 2 das Gebiet der Ostzone genau begrenzt worden, und die Beschreibung endet mit den Worten[106]: „mit Ausnahme des Berliner Gebietes, für das ein besonderes Besatzungssystem nachfolgend vorgesehen ist.“

Am 14. November wurde das Protokoll vom 12. September durch das Londoner Abkommen über die Kontrolleinrichtungen in Deutschland ergänzt. Dieses sah in Art. 3 Ziff. 4 vor, daß die vier Oberbefehlshaber, als einheitliches Organ handelnd, das Oberste Kontrollorgan, den Kontrollrat bildeten. Diesem oblag unter anderem die Aufgabe „die Verwaltung von Groß-Berlin mit Hilfe der hierzu bestellten Organe zu leiten.“[107] Zur gemeinsamen Verwaltung Berlins wurde eine interalliierte Regierungsbehörde (Kommandantur) errichtet.

Daß Berlin als ein von den übrigen Zonen unabhängiges Gebiet zu betrachten war, ergab sich nicht nur aus dem Wortlaut des skizzierten Abkommens, sondern auch aus den Karten, die dem Protokoll vom 12. September und dem Ergänzungsabkommen vom 14. November 1944 beigegeben worden waren[108]. Diese Karten waren wesentlicher Bestandteil der Drei - Mächte- Abkommen. Auf allen Karten wurden die verschiedenen Besatzungszonen Deutschlands durch rote Markierungen abgegrenzt, während Berlin, wie die anderen Zonen, rot umrandet war; Berlin sollte also ohne Einschränkungen als selbständige Sonderzone behandelt werden.

d) Der Alliierte Kontrollrat als Träger der Gebietshoheit

Nachdem die Deutsche Wehrmacht am 7. und 8. Mai 1945 in Reims sowie im Berliner Ortsteil Karlshorst bedingungslos kapituliert hatte, erließen die vier Mächte die Berliner Erklärung vom 5. Juni 1945 in Anbetracht der Niederlage Deutschlands und der Übernahme der obersten Regierungsgewalt in Deutschland sowie die Feststellung über die Besatzungszonen und das Kontrollverfahren in Deutschland und in dem Gebiet von Groß-Berlin[109].

Träger der Gebietshoheit wurden auf Grund der Viermächtevereinbarungen für gesamtdeutsche Belange der Alliierte Kontrollrat mit Sitz in Berlin, für die Besatzungszonen je einzeln die entsprechenden Zonenbefehlshaber, für Berlin die Alliierte Kommendatura[110] und als höchste Instanz der Alliierte Kontrollrat[111].

---

106 Dokumente zur Berlin-Frage 1944-1966, Nr. 1

107 Dokumente zur Berlin-Frage 1944-1966, Nr. 2

108 HACKER, Der Rechtsstatus und die politische Praxis 1945 - 1989/90, S. 27

109 ZIVIER, Der Rechtsstatus des Landes Berlin, 2. Auflg., S. 9

110 So lautete die Bezeichnung im Londoner Protokoll vom 12. September 1944 und im Londoner Abkommen vom 14. November 1944; im Text dieser Arbeit wird die übliche Bezeichnung „Kommandantur“ verwendet

111 RIKLIN, Das Berlinproblem, S. 255

Die Alliierte Kommandantur von Berlin, der die gemeinsame Verwaltung der Stadt übertragen war, unterstand dem Kontrollrat[112]. Sie war den Zonenbefehlshabern weitgehend gleichgestellt[113]. In Berlin, wo die sonst zonenweise getrennten Besatzungsmächte räumlich zusammentrafen, teilten sie sich gleichberechtigt die oberste Gewalt. Keine der vier Mächte besaß allein die Gebietshoheit über einen Teil Berlins oder über ganz Berlin. Die Gebietshoheit lag in den Händen aller vier Mächte[114].

Die Alliierte Kommandantur glich damit einem kollektiven Oberkommandierenden. Die vier Stadtkommandanten sollten in der Alliierten Kommandantur die oberste Gewalt in Berlin gemeinsam ausüben, während die Oberbefehlshaber der vier Besatzungszonen diese Gewalt nur in „Deutschland als Ganzes" betreffenden Fragen im Alliierten Kontrollrat teilten[115].

Zunächst orientierten sich alle vier Mächte auch in ihrem praktischen Verhalten an der gesamthänderischen Verwaltung Berlins. Vier-Mächte-Status und -Verwaltung gingen Hand in Hand[116]. Wenn ein Erlaß des Kontrollrats von den Zonenbefehlshabern durchzuführen war oder eine Ermächtigung zu Gunsten der Befehlshaber enthielt, wurden die entsprechenden Funktionen regelmäßig von der Kommandantur und nie von der sowjetischen Mitlitärregierung wahrgenommen. Allerdings konnten auch die Sektorenkommandanten Befehle erlassen, deren Wirkung auf ihren jeweiligen Sektor beschränkt war; von dieser Möglichkeit wurde in größerem Umfange aber erst Gebrauch gemacht, als die Viermächte-Verwaltung der Stadt bereits im Zerfall begriffen war[117].

Die Alliierte Kommandantur trat am 11. Juli 1945 erstmals zusammen. Bis zum 16. Juni 1948, als die Sowjetunion das Vier-Mächte-Organ verließ, trat die Kommandantur zu insgesamt 94 Sitzungen zusammen. Unter der allgemeinen Anleitung des Kontrollrates erließ sie in dieser Zeit 1.168 Befehle und Verordnungen mit Gültigkeit für Groß-Berlin.

Weder die Praxis der Viermächte-Verwaltung noch das spätere Verhalten oder die Äußerungen der Besatzungsmächte deuten darauf hin, daß Berlin als Teil der sowjetischen Besatzungszone behandelt wurde[118].

---

112 MAHNCKE, Berlin im geteilten Deutschland, S. 37

113 RIKLIN, a.a.O.

114 RIKLIN, a.a.O.

115 MAHNCKE, a.a.O.

116 WETZLAUGK, Sonderstatus Berlins 1945-90, Berlin-Handbuch, Berlin, 1992, S. 1174 ff., S. 1177

117 ZIVIER, Der Rechtsstatus des Landes Berlin, 2. Auflg., S. 44

118 ZIVIER, a.a.O., S. 43

e) Der entmilitarisierte Status Groß-Berlins

Die Entmilitarisierung war ein wesentliches Element des Berliner Sonderstatus.

In Art. 13 a) der Erklärung in Anbetracht der Niederlage Deutschlands und der Übernahme der obersten Regierungsgewalt hinsichtlich Deutschlands bestimmten die Alliierten „in Ausübung der obersten Regierungsgewalt in Deutschland", daß „ die vier Alliierten Regierungen diejenigen Maßnahmen treffen, die sie zum künftigen Frieden und zur künftigen Sicherheit für erforderlich halten, darunter auch die vollständige Abrüstung und Entmilitarisierung Deutschlands."[119]

Dem Potsdamer Protokoll vom 2. August 1945 zufolge stimmten die Alliierten überein, Deutschland völlig abzurüsten und zu entmilitarisieren. In III. heißt es hierzu[120]:

„Der deutsche Militarismus und Nazismus werden ausgerottet, und die Alliierten treffen nach gegenseitiger Vereinbarung gegenwärtig und zukünftig auch andere Maßnahmen, die notwendig sind, damit Deutschland niemals mehr seine Nachbarn oder die Erhaltung des Friedens in der ganzen Welt bedrohen kann."

Die Ziele der Besetzung Deutschlands, durch welche sich der Kontrollrat leiten lassen soll, sind gemäß III. Ziff. 3 (I):

„Völlige Abrüstung und Entmilitarisierung Deutschlands und die Ausschaltung der gesamten Industrie, welche für die Kriegsproduktion benutzt werden kann oder deren Überwachung."

Zu diesem Zweck sollten alle „militärischen und halbmilitärischen Organisationen" aufgelöst werden, „um damit für immer der Wiedergeburt oder Wiederaufrichtung des deutschen Militarismus und Nazismus vorzubeugen." Alle Waffen, Munitionen und Kriegsgerät und alle Spezialmittel zu deren Herstellung müßten in die Verfügungsgewalt der Alliierten gegeben werden.

In Erfüllung dieser Ziele setzten die Alliierten verschiedene Rechtsnormen in Kraft. Das Gesetz Nr. 8 vom 30. November 1945 verbot die militärische Ausbildung[121]. Das vom Alliierten Kontrollrat erlassene Gesetz Nr. 34 vom 20. August 1946 ordnete die Auflösung der Wehrmacht an[122]. Das Kontrollratsgesetz Nr. 43 vom 20. Dezember 1946 regelt das Verbot der Herstellung, der Einfuhr, der Ausfuhr, der Beförderung und der Lagerung von Kriegsmaterial.

Mit dem Gesetz Nr. 5 der Alliierten Kommandantur vom 25. Februar 1950 wurde Deutschen in Berlin das Tragen militärischer Uniformen verboten[123].

---

119 Berlin, Quellen und Dokumente 1945-1951, Nr. 48
120 Berlin, Quellen und Dokumente 1945-1951, Nr. 54
121 Verordnungsblatt der Stadt Berlin, 1945, S. 158
122 Verordnungsblatt der Stadt Berlin, 1946, S. 310
123 Verordnungsblatt für Groß-Berlin, 1950, S. 79

Weitere Einzelgesetze betrafen die Bewaffnung der Berliner Polizei, die friedliche Nutzung der Kernenergie, das Verbot militärischer Forschung und die Zivilluftfahrt. Das Kontrollratsgesetz Nr. 43 vom 20. Dezember 1946 verbot jeglichen Umgang mit Kriegsmaterial[124].

Mit der Entmilitarisierung Berlins wurde jede militärische Aktivität des Bundes oder einer anderen deutschen Gebietskörperschaft ausgeschlossen[125].

2) Gründe für eine Beendigung des Besatzungsrechts aus Sicht der Sowjetunion und der DDR

Während der Westen weitgehend am rechtlichen Status quo Berlins von 1944/45 festhielt, brachte die sowjetische Seite im Laufe der Jahre variierende Auffassungen zur Rechtslage Berlins vor, deren jeweilige Modifizierungen sich aus wechselnden Kombinationen der verfolgten Ziele, der Beurteilung ihrer Realisierungschancen und der faktischen Entwicklung ergaben[126].

DDR und Sowjetunion vertraten erstmals bei dem Auszug aus der Sowjetunion aus dem der Kommandantur 1948 mit wechselnder Intensität und auch seit 1958 mit besonderem Nachdruck, daß Berlin ein Bestandteil der SBZ gewesen und später der DDR geworden ist[127].

Neben der militärische Entwicklung bei Kriegsende (Eroberung Berlins durch die Rote Armee) haben Sowjetunion und DDR im wesentlichen drei Gründe für eine Beendigung des Viermächte-Status geltend gemacht, nämlich Vertragsverletzung durch die Westmächte, veränderte Umstände und Zeitablauf[128].

Als angebliche Vertragsverletzung der Westmächte wurde von der Sowjetunion vor allem ein Verstoß gegen die im Potsdamer Abkommen vom 2. August 1945 niedergelegten Ziele der gemeinsamen Besatzungspolitik geltend gemacht. Die Ziele und Grundsätze der Potsdamer Abkommens seien von den Westmächten einseitig verletzt worden[129].

Die Westalliierten hätten die Ziele der Besetzung nicht verfolgt, die in der Schaffung eines demokratischen, antimilitaristischen und friedliebenden Deutschland bestanden hätten. Sie hätten den Militarismus in Westdeutschland wiedererweckt, dort einen Separatstaat gebildet und damit die Einheit Deutschlands zerstört[130].

---

124 Verordnungsblatt der Stadt Berlin, 1947, S. 2

125 ZIVIER, Der Rechtsstatus des Landes Berlin, 4. Auflg., S. 85 ff., 87

126 MAHNCKE, Berlin im geteilten Deutschland, S. 78 f., ZIVIER, Der Rechtsstatus des Landes Berlin, 2. Auflg. S. 46 ff.

127 MAMPEL, Die sozialistische Verfassung der DDR, Art. 1 Rdnr. 75

128 ZIVIER, Der Rechtsstatus des Landes Berlin, 2. Auflg. S. 49

129 ZIVIER, a.a.O.

130 wiedergegeben bei MAMPEL, a.a.O., Art. 1 Rdnr. 77

Die Sowjetunion machte auch eine Vertragsauflösung wegen veränderter Umstände auf Grund der sogenannten clausula rebus sic stantibus geltend[131].

Als veränderten Umstand hat die Sowjetunion neben dem Zusammenbruch der Viermächte-Verwaltung im Laufe des Jahres 1948 und der Gründung der Bundesrepublik und der DDR im Jahre 1949 auch die zur Beendigung des Besatzungsregimes in der Bundesrepublik und der DDR abgeschlossenen Verträge angesehen.

Die Sowjetunion vertrat auch die Auffassung, daß das Londoner Protokoll mit seinen Ergänzungsabkommen nicht mehr rechtsverbindlich sei[132]. In ihrer Note vom 27.11.1958 erklärte die UdSSR, sie betrachte das Abkommen einschließlich aller Zusatzabkommen als nicht mehr in Kraft befindlich[133]

Schließlich haben sich die kommunistischen Staaten auch auf die Stellung Berlins nach der Verfassung der DDR berufen.

Die DDR schuf schon früh die Basis für die spätere Politik der faktischen und auch weitgehend rechtlichen Einverleibung Ost-Berlins in den Staatsverband der DDR[134].

Bereits in Art. 2 Abs. 2 der Verfassung von 1949 nahm die DDR ganz Berlin als Hauptstadt in Anspruch[135], legte dabei aber noch ein gesamtdeutsches Verfassungsverständnis zugrunde[136].

In bezug auf Ost-Berlin wurde das Ziel verfolgt, diesen Teil der Stadt nicht nur aus dem Geltungsbereich des Grundgesetzes[137], sondern auch aus dem Viermächte-Status herauszulösen und in die DDR zu integrieren.

Dieses Ziel wurde in zunehmenden Maße als vollendete und nicht mehr bestreitbare Tatsache dargestellt; im Widerspruch hierzu stand allerdings die stete Bedachtsamkeit der Sowjetunion, ihre auf dem Viermächte-Status beruhenden Rechte - auch gegenüber der DDR - nicht einseitig aufzugeben[138].

3) Bewertung der östlichen Auffassung

Nur auf Grund der Unterscheidung zwischen territorialen Souveränität (Gebietsherrschaft) und Gebietshoheit kann die Rechtslage Berlins zutreffend beurteilt werden[139].

---

131 ZIVIER, Der Rechtsstatus des Landes Berlin, 2. Auflg. S. 50
132 ZIVIER, a.a.O., S. 52
133 MAMPEL, Die sozialistische Verfassung der DDR, Art. 1 Rdnr. 78
134 MAHNCKE, Berlin im geteilten Deutschland, S. 50
135 MAMPEL, a.a.O., Art. 1 Rdnr. 73, 74
136 ZIVIER, a.a.O., S. 22; vgl. oben Teil 1 D.I. und D.IV.
137 vgl. oben Teil 1 D.I. und D.IV.
138 MAHNCKE, a.a.O., S. 78 f.
139 MAMPEL, a.a.O., Art. 1 Rdnr. 75

Die Herrschaft eines Staates in einem bestimmten Gebiet nennt man Gebietshoheit[140]. Das Völkerrecht knüpft an diese Tatsache an, da sich die Staaten gegenseitig als souveräne, auf einen bestimmten Gebiet herrschende Gemeinschaften anerkennen.

Dadurch anerkennen sie zugleich, daß jedem Staat ein Recht auf das von ihm beherrschte Gebiet zusteht. Man nennt ihn den Territorialstaat oder territorialen Souverän[141].

Dabei ist zwischen dem in der territorialen Souveränität begründeten Recht auf Ausübung der Gebietshoheit (Gebietsherrschaft) und der Tatsache der Gebietshoheit selbst unterschieden werden, da diese auch rechtswidrig ausgeübt werden kann[142].

Geht man von der Ansicht aus, daß die staatliche Einheit Deutschlands weiterbestand, blieb die territoriale Souveränität bei dem gesamtdeutschen Staate, auch wenn er nicht mehr über handlungsfähige Organe verfügte.

Geht man von der *Sezessionstheorie bzw. Sukezessionslehre* davon aus, daß Deutschland im Jahre 1945 untergegangen ist[143], so wäre das deutsche Staatsgebiet ein Gebiet geworden, über das niemand territoriale Souveränität gehabt hätte; dasselbe gilt für die Annahme, daß der gesamtdeutsche Staat durch die Gründung der Bundesrepublik Deutschland und der DDR untergegangen wäre.

Mit dem Entstehen der Bundesrepublik Deutschland und der DDR hätten diese allenfalls die Territoriale Souveränität über die Westzonen beziehungsweise über die Ostzone gewonnen, indessen niemals die DDR über Berlin[144], denn Berlin war niemals ein Bestandteil der SBZ, sondern ein besonderes Besatzungsgebiet unter der Kontrolle der Alliierten Kommandantur[145].

Was die UdSSR mit der Besetzung Berlins im Mai 1945 erhalten hatte, war nur Gebietshoheit, aber nicht Gebietsherrschaft[146].

Die östliche These, daß den Westmächten wegen der vorherigen Besetzung Ost-Berlins durch die Rote Armee nur ein derivatives, durch Verträge begründetes Besatzungsrecht zugestanden habe, ist abzulehnen, da große Teile der sowjetischen Besatzungszone von den westlichen Alliierten erobert wurden[147], so daß der Sowjetunion in diesem Fall ebenfalls nur ein abgeleitetes Recht zugestanden

140 VERDROSS/SIMMA, Universelles Völkerrecht, S. 655
141 VERDROSS/SIMMA, a.a.O.
142 VERDROSS/SIMMA, a.a.O.
143 vgl. oben Teil 1 F.II.2)
144 MAMPEL, a.a.O., Art. 1 Rdnr. 76
145 MAMPEL, a.a.O., Art. 1 Rdnr. 75
146 MAMPEL, a.a.O., Art. 1 Rdnr. 76
147 ZIVIER, Der Rechtsstatus des Landes Berlin, 2. Auflg., S. 42

hätte[148]. Nach zutreffender westlicher Auffassung war unerheblich, welche Besatzungsmacht ein bestimmtes Gebiet zuerst besetzt haben mag[149].

Was die angebliche Vertragsverletzung durch die Westmächte betrifft, so ist zunächst darauf hinzuweisen, daß eine Vertragsverletzung, selbst wenn sie vorliegt, das Vertragsverhältnis nicht ohne weiteres zum Erlöschen bringt, sondern nach völkerrechtlichen Grundsätzen allenfalls ein Rücktrittsrecht des geschädigten Partners bringen kann[150].

Aber selbst wenn man die Erklärungen der Sowjetunion als Rücktrittserklärungen umdeutet, so konnte dies an der Fortgeltung des Viermächterechts unter anderem deshalb nichts ändern, weil Vertragsverletzungen der Westmächte ohne Verfälschung der politischen und historischen Zusammenhänge nicht feststellbar sind.

Das Londoner Protokoll und die anderen Viermächte-Abkommen waren den Bestimmungen des Potsdamer Abkommens nicht untergeordnet. Der Komplex der Londoner Vereinbarungen ging dem Potsdamer Abkommen voraus.

Das Potsdamer Abkommen enthielt keine speziellen Bestimmungen zu Berlin und konnte diese Bestimmungen daher auch nicht unter dem Gesichtspunkt der „lex posterior“ außer Kraft setzen[151]. Es enthielt keine Bestimmungen, die im Widerspruch zu den älteren Verträgen standen oder diese ausdrücklich aufhoben.

Der einseitige sowjetische Rückzug aus der Alliierten Kommandantur am 16. Juni 1948 und die anschließende, noch im Dezember desselben Jahres vollendete Spaltung der Berliner Stadtverwaltung bewirkte einen einschneidenden Wandel: Rechtslage (einheitlicher Vier-Mächte-Status) und tatsächliche Lage (administrative Teilung) wichen erheblich voneinander ab[152].

Die Viermächteverwaltung der Stadt hatte zwar mit dem Auszug des sowjetischen Vertreters aus der Kommandantur de facto zu bestehen aufgehört. Aber die Rechtslage blieb unverändert[153]. Ein Rücktrittsrecht wegen veränderte Umstände kam schon deshalb nicht in Betracht, weil die Sowjetunion die Änderungen der politischen Verhältnisse, auf die sie sich berief, weitgehend selbst herbeigeführt hatte[154].

Die für Berlin maßgeblichen Verträge waren nicht befristet und konnten sich daher auch nicht durch Zeitablauf auflösen[155]. Im übrigen ist darauf hinzuweisen,

---

148 Zivier, a.a.O.
149 Mahncke, Berlin im geteilten Deutschland, S. 36
150 Zivier, a.a.O., S. 49
151 Zivier, a.a.O., S. 50
152 Wetzlaugk, Sonderstatus Berlins 1945-90, S. 1177
153 Mampel, Die sozialistische Verfassung der DDR, Art. 1 Rdnr. 75
154 Zivier, a.a.O., S. 50 f.
155 Zivier, a.a.O., S. 52

daß die Westmächte ihr Besatzungsrecht in Berlin nicht aus diesen Vereinbarungen sondern unmittelbar aus der militärischen Besetzung Deutschlands herleiteten.

Danach war Entstehung und Untergang der Besatzungsrechte allein an den Tatbestand der occupatio bellica gebunden[156]. Diese endete nicht schon mit der Beendigung der Kampfhandlungen[157], sondern bestand in Groß-Berlin bis zur Ablösung der Viermächte-Rechte im Zuge deutschen Einheit fort.

4) Fortbestand der Vier-Mächte Rechte bis zum 3. Oktober 1990

Die Vier-Mächte Rechte bestanden bis zur Deutschen Einheit fort. Sie wurden zunächst am 3. Oktober 1990 bis zum Inkrafttreten des Vertrages über die abschließende Regelung in bezug auf Deutschland ausgesetzt und endeten erst mit Inkrafttreten dieses Vertrages am 15. März 1991. Von einem Fortbestehen der Viermächterechte bis zum 3. Oktober 1990 gingen auch die Partner des Einigungsvertrages aus.

a) Die Vorbehaltsrechte im Deutschlandvertrag

Die Westmächte und die Sowjetunion verzichteten nach Gründung der beiden deutschen Staaten nicht auf ihre Rechte und Verantwortlichkeiten für Groß-Berlin und Deutschland als Ganzes, die aus der occupatio bellica resultierten.

Noch bis 1955 nahmen die Vereinigten Staaten, Großbritannien und Frankreich gegenüber der Bundesrepublik Deutschland ursprüngliche Besatzungsgewalt wahr.

Das Besatzungsregime für das Gebiet der ehemaligen Westzonen wurde erst mit dem Inkrafttreten des Deutschlandvertrages[158] vom 26. Mai 1952 in der Fassung vom 23. Oktober 1954 am 5. Mai 1955 aufgehoben. Damit erhielt die Bundesrepublik die volle Macht eines souveränen Staates über ihre inneren und äußeren Angelegenheiten. Hiermit war die Beendigung des Besatzungsregimes in der Bundesrepublik verbunden[159]

Doch behielten sich die Westmächte ihre bisher ausgeübten oder innegehabten Rechte und Verantwortlichkeiten in bezug auf Berlin und Deutschland als Ganzes einschließlich der Wiedervereinigung und einer friedensvertraglichen

---

156 MAHNCKE, Berlin im geteilten Deutschland, S. 86

157 VON DER BECK, Die Konfiskation in der sowjetischen Besatzungszone, S. 154; vgl. oben Teil 1 E.III.1)b)

158 BGBl. 1955 II, S. 305 ff.

159 BLUMENWITZ, Verfassungskollisionsrecht, § 211 Rdnr. 32

Regelung nach Art. 2 des Deutschlandvertrages[160] vor; die Vorbehaltsrechte der Alliierten wurden retained, d. h. insoweit blieb von der Besatzungsgewalt der Alliierten noch etwas übrig[161].

Die auf der Grundlage der militärischen Klauseln der Pariser Verträge einsetzende Aufrüstung der Bundesrepublik im Rahmen der Westeuropäischen Union und ihre Eingliederung in die NATO sparten Berlin aus; auch die grundsätzlichen Zuständigkeiten der vier Mächte auf dem Gebiet der Abrüstung Deutschlands blieben nach Art. 2 Abs. 1 des Protokolls über die Beendigung des Besatzungsregimes in der Bundesrepublik Deutschland vom 23. Oktober 1954 bis auf weiteres unberührt[162]:

„Die bisher den Drei Mächten zustehenden oder von ihnen ausgeübten Rechte auf den Gebieten der Abrüstung und Entmilitarisierung stehen ihnen weiterhin zu und werden von ihnen ausgeübt, und keine Bestimmung in einem der in Art. 1 dieses Protokolls erwähnten Vertragstexte gestattet den Erlaß, die Änderung, Aufhebung oder Außerkraftsetzung von Rechtsvorschriften ....“

Hinsichtlich der Stationierung von Streitkräften der drei Westmächte traf Art. 4 Deutschlandvertrag eine bemerkenswerte Unterscheidung. Während in Absatz 1 hinsichtlich der Stationierung „in der Bundesrepublik“ auf den Truppenvertrag[163] verwiesen wird, erfolgt nach Absatz 2 die Stationierung „in Deutschland“ weiterhin in Ausübung von Rechten und Verantwortlichkeiten für Berlin und Deutschland als Ganzes.

Auf diese Weise wurden die Vier-Mächte-Kontrollrechte in Deutschland neu bestätigt und abgesichert.

b) Das Besatzungsrecht nach dem Überleitungsvertrag

Mit dem Ende der occupatio bellica steht das Recht des Besetzenden an sich zur Disposition[164]. Bezüglich des in der Bundesrepublik Deutschland geltenden Besatzungsrechts wurde durch den Überleitungsvertrag[165] jedoch eine völkerrechtliche Grundlage für die Fortgeltung des Besatzungsrechts geschaffen.

---

160 ZIVIER, Der Rechtsstatus des Landes Berlin, 2. Auflg., S. 67

161 vgl. oben Teil 1 E.III.1)e)bb)ddd)

162 BGBl. 1955 II, S. 215

163 Vertrag über den Aufenthalt ausländischer Streitkräfte in der Bundesrepublik Deutschland vom 23. Oktober 1954, BGBl. 1955 II, S. 253 in der Fassung vom 23. Oktober 1954

164 BLUMENWITZ, Verfassungskollisionsrecht, § 211 Rdnr. 33, vgl. oben Teil 1 E.III.1) bb)

165 BGBl. 1955 II, S. 405

Die Entmilitarisierungsvorschriften konnten als sogenanntes Alt-Besatzungsrecht[166], das von den vier Siegermächte im Rahmen des alliierten Kontrollrats bis zu seiner Funktionsunfähigkeit erlassen hatten, von einem völkerrechtlichen Geschäft zwischen den Drei Mächten und der Bundesrepublik Deutschland nicht berührt werden[167].

c) Das Prinzip der außerrechtlichen Bindung der DDR

Trotz der östlichen Hinweise auf den Untergang des Deutschen Reiches sowie der Existenz einer souveränen DDR verzichtete die Sowjetunion nicht auf ihre Rechte und Verantwortlichkeiten aus der occupatio bellica.

Am 11. November 1949 erklärte der Vorsitzende der Sowjetischen Kontrollkommission für Deutschland gegenüber der Provisorischen Regierung der DDR[168]:

In Übereinstimmung mit den internationalen Beschlüssen wird der Vertreter der Sowjetischen Kontrollkommission in Berlin im Auftrage der Sowjetischen Kontrollkommission die erforderlichen Beziehungen mit den entsprechenden Vertretern der westlichen Besatzungsbehörden aufrechterhalten.

Für den Bereich der Entmilitarisierung stellte er fest:

„Natürlicherweise behält sich die Sowjetischen Kontrollkommission die Funktion vor, darauf zu achten, daß keinerlei Maßnahmen getroffen werden, die den Beschlüssen der vier Mächte bezüglich der Entmilitarisierung und Demokratisierung sowie der Wiedergutmachungsverpflichtungen Deutschland widersprechen ... ."

In der Erklärung der Sowjetregierung vom 25. März 1954 über die Gewährung der Souveränität an die DDR wurde die „Überwachung der Tätigkeit der staatlichen Organe der DDR, die bisher vom Hohen Kommissar der Sowjetunion in Deutschland wahrgenommen wurde" aufgehoben; allerdings geschah dies unter dem Vorbehalt. Die Funktionen des Hohen Kommissars sollten sich weiterhin auf den Kreis von Fragen beziehen, die mit der Gewährleistung der Sicherheit in Zusammenhang stehen und die sich aus den Verpflichtungen ergeben, die der Sowjetunion aus den Vier-Mächte-Abkommen erwachsen.

Auf ihre Vorbehalte stellte die Sowjetunion des weiteren im Beschluß vom 7. August 1954 über die Aufhebung von Besatzungsbefehlen[169], in dem Erlaß vom 25. Januar 1955 über die Beendigung des Kriegszustandes[170] und in dem Be-

---

166 vgl. oben Teil 1 E.III.1)e)bb)aaa)
167 BLUMENWITZ, a.a.O.
168 Dokumente zur Berlin-Frage, 1944-1966, Nr. 109
169 Dokumente zur Berlin-Frage, 1944-1966, Nr. 165
170 Dokumente zur Berlin-Frage, 1944-1966, Nr. 196

schluß über die Auflösung der Hohen Kommission der Sowjetunion in Deutschland vom 20. September 1955 ab[171].

Dem Botschafter der Sowjetunion in der DDR waren fortan als Nachfolger des Hohen Kommissars die Funktionen der Aufrechterhaltung der entsprechenden Verbindungen zu den Vertretern der USA, Großbritannien und Frankreichs in der Deutschen Bundesrepublik in Fragen, die sich aus den Beschlüssen der vier Mächte über Gesamtdeutschland ergeben, übertragen worden. Solche Funktionen nahm ebenfalls der Oberbefehlshaber der Gruppe der sowjetischen Streitkräfte in Deutschland (GSSD) wahr[172].

Zwar fehlt im Moskauer Vertrag vom 20. September 1955[173] ein ausdrücklicher Berlinvorbehalt, jedoch wurde der Vertrag, wie es in der Präambel heißt, „unter Berücksichtigung der Verpflichtungen, die die Deutsche Demokratische Republik und die Sowjetunion gemäß den bestehenden internationalen Abkommen, die Deutschland als Ganzes betreffen, haben", geschlossen[174].

Die Souveränitätsbeschränkungen der DDR wurden durch den Briefwechsel der Außenminister zum Moskauer Vertrag verdeutlicht. Die Beziehungen zu den Alliierten oblagen hiernach ausschließlich der Gruppe der sowjetischen Streitkräfte in Deutschland[175]:

„Die Kontrolle des Verkehrs von Truppenpersonal und Gütern der in Westberlin stationierten Garnisionen Frankreichs, Englands und der USA zwischen der Deutschen Bundesrepublik und Westberlin wird zweitweilig bis zur Vereinbarung eines entsprechenden Abkommens vom Kommando der Gruppe der sowjetischen Truppen in Deutschland ausgeübt."

Die Sowjetunion stellte in einer Note vom 18. Oktober 1955 an die Westmächte erneut klar[176]:

„Es versteht sich von selbst, daß die Regierungen der Sowjetunion und der Deutschen Demokratischen Republik beim Abschluß des oben genannten Vertrages die Verpflichtungen in Betracht zogen, die beide Seiten gemäß den gültigen internationalen Abkommen haben, die Deutschland als Ganzes betreffen."

Das Siegerrecht und die Viermächte-Verantwortung erschienen nach 1955 nur mehr in den Präambeln völkerrechtlicher Dokumente, nicht aber im operativen Teil, um so die uneingeschränkte Souveränität der DDR unter Beweis zu stellen[177]. Ihrem politischen Selbstverständnis nach bezogen sich die Viermächte-

---

171 Dokumente zur Berlin-Frage, 1944-1966, Nr. 200

172 WETZLAUGK, Sonderstatus Berlins 1945-90, S. 1187

173 GBL. DDR I, S. 918

174 vgl. hierzu auch PFENNIG/NEUMANN, Verfassung von Berlin, Art. 1 Rdnr. 9

175 veröffentlicht bei RAUSCHNING, Die Gesamtverfassung Deutschlands, S. 242 f.

176 Dokumente zur Berlin-Frage 1944-1966, Nr. 204

177 BLUMENWITZ, Verfassungskollisionsrecht, § 211 Rdnr. 34

rechte ausschließlich auf die Bundesrepublik Deutschland und die drei Westsektoren Berlins.

Trotz der abgeschwächten Fixierung der Vorbehaltsrechte waren sie präsent[178]. Es entsprach allerdings der Interessenlage der Sowjetunion, auf eine rechtliche Abgrenzung der Befugnisse zu verzichten und sich alle Einflußmöglichkeiten offenzuhalten. Die Beschränkungen der DDR ergaben sich in erster Linie aus ihrer engen außerrechtlichen Bindung an die Sowjetunion, wie z.B. aus der Führungsrolle der KPdSU, aus der sogenannten Breschnew-Doktrin und dem sozialistischen Internationalismus.

d) Die Berlin betreffenden Besonderheiten nach Beendigung des Besatzungsregimes in der Bundesrepublik Deutschland und der DDR

Gleichzeitig mit der Souveränitätsgewährung an die Bundesrepublik Deutschland durch den Deutschlandvertrag machten die Alliierten mit ihrer Erklärung über Berlin vom 5. Mai 1955 klar, daß sie in militärischen Angelegenheiten in Berlin ihre Machtbefugnisse weiter ausübten. In Art. II der Erklärung behielten sie sich das Recht vor[179]:

„... falls sie es für notwendig erachten, solche Maßnahmen zu ergreifen, die zur Erfüllung ihrer internationalen Verpflichtungen zur Sicherung der öffentlichen Ordnung und zur Erhaltung des Status und der Sicherheit Berlins, seiner Wirtschaft, seines Handels und seiner Verbindungslinien notwendig."

Zum entmilitarisierten Status der Stadt stellten sie in Artikel III fest:

„Die alliierten Behörden werden normalerweise nur auf den folgenden Gebieten Machtbefugnisse ausüben: .. b) Abrüstung und Entmilitarisierung einschließlich verwandter Gebiete der wissenschaftlichen Forschung, zivilen Luftfahrt sowie der damit in Beziehung stehenden Verbote und Beschränkungen der Industrie ... ."

In der Erklärung über Berlin vom 5. Mai 1955 wurde die Übernahme der Gesetze der Bundesrepublik Deutschland unter dem generellen Vorbehalt der Erhaltung des Status Berlins gestellt:

„Die Alliierte Kommandantur wird, vorbehaltlich der Artikel I und II dieser Erklärung, keine Einwände dagegen erheben, daß Berlin nach einem angemessenen, von der Alliierten Kommandantur zugelassenen Verfahren die Gesetzgebung der Bundesrepublik Deutschland übernimmt ... ."

Bundesgesetze wurden in Berlin bis zum Jahre 1951 im Wege der Parallelgesetzgebung, d.h. durch Verabschiedung eines gleichlautenden Berliner Landesge-

---

178 BLUMENWITZ, Verfassungskollisionsrecht, § 211 Rdnr. 34

179 Dokumente zur Berlin-Frage 1944-1966, Nr. 194

setzes übernommen[180]. Durch BK/O (51) 56 interpretierte die Kommandantur das Genehmigungsschreiben zur Verfassung von Berlin dahingehend, daß das Abgeordnetenhaus von Berlin die Vorschriften eines Bundesgesetzes durch ein „Mantelgesetz" für anwendbar erklären konnte. Durch BK/O (52) 19 wurde zugelassen, daß mehrere Bundesgesetzes in einem einheitlichen Mantelgesetz übernommen werden konnten[181].

Nicht nach Berlin wurde vor allem Bundesgesetze übernommen, deren Anwendung in Berlin nach Auffassung der Westmächte mit dem Rechtsstatus der Stadt unvereinbar waren oder die in der Grundsatzerklärung vom 5. Mai 1955 aufrechterhaltenen Alliierten-Vorbehalte verletzten[182].

Demgemäß konnte die gesamte Militärgesetzgebung der Bundesrepublik nicht in Berlin übernommen werden, insbesondere

- das Soldatengesetz vom 19. März 1956[183],
- das Wehrpflichtgesetz vom 21. Juli 1956[184],
- die Wehrdisziplinarordnung vom 15. März 1957[185],
- das Landbeschaffungsgesetz vom 23. Februar 1957[186],
- das Vierte Strafrechtsänderungsgesetz vom 11. Juni 1957 - mit wehrstrafrechtlichen Bestimmungen[187].

Deutsche Gerichte haben die aus den entmilitarisierten Status von Berlin abgeleiteten Vorgaben der alliierten Behörden genau befolgt[188]. Die Ausübung westdeutscher Wehrhoheit in Berlin war unzulässig; die auf ihr beruhenden Verwaltungsakte wegen offenkundig fehlender Staatsgewalt nichtig[189].

Auch für Ost-Berlin bestanden noch gewisse Residuen des Besatzungsstatuts[190]. DDR-Gesetze galten nicht unmittelbar, sondern wurden durch Parallelverordnungen bzw. Mantelverordnungen übernommen[191].

---

180 Zivier, Der Rechtsstatus des Landes Berlin, 2. Auflg., S. 71

181 BK/O (51) 56 in der Fassung der BK/O (55) 10, Dokumente zur Berlin-Frage 1944-1966, Nr. 195

182 Zivier, Der Rechtsstatus des Landes Berlin, 2. Auflg., S. 73 f.

183 BGBl. I, S. 114

184 BGBl. I, S. 651

185 BGBl. I, S. 189

186 BGBl. I, S. 134

187 BGBl. I, S. 597

188 AG Tiergarten, NJW 1970, S. 1281, 1283; LG Marburg, NJW 1972 S. 1827; OLG Stuttgart, NJW 1972 S. 2324 und OLG Schleswig, NJW 1973 S. 2121; OLG Hamm, NJW 1974 S. 1293

189 BVerwG, NJW 1973, S. 2123f.; Kopp, Verwaltungsverfahrensrecht, § 44 Rdnr. 11

190 Mahncke, Berlin im geteilten Deutschland, S. 53, 86

191 zur Gleichschaltung der Rechtsordnungen vgl. oben Teil 1 D.IV.2)

Der DDR-Gesetzgeber ging selbst nicht von einer unmittelbaren Geltung des Verteidigungsgesetzes außerhalb seines Hoheitsgebietes in Berlin aus. Berlin war nicht Teil der DDR, und deshalb bedurfte es aus seiner Sicht für die Geltung des Verteidigungsgesetzes in Ost-Berlin einer speziellen Gestattung durch ein besonderes Übernahmeverfahren[192].

Äußerer Ausdruck bis zum Untergang der DDR bestehender Besonderheiten auf der Ebene des Besatzungsrechts, die eng mit dem entmilitarisierten Status der Stadt zusammenhingen, war, daß Flugzeuge mit Kennzeichen der westlichen Besatzungsmächte den Flugraum von ganz Berlin, also auch den Ostsektor überfliegen durften[193]. Angehörige der westalliierten Streitkräfte hatten ferner das Recht, den sowjetischen Sektor Groß-Berlins in Uniform zu betreten, und zwar sowohl zum privaten Aufenthalt als auch - was wichtiger ist - bei Patrouillenfahrten. Umgekehrt hatten die Angehörigen der Streitkräfte der Sowjetunion das entsprechende Recht in bezug auf die Westsektoren der Stadt.

Neben dem Zugangsrecht für Militärpersonal gehörte zu den Residuen des Viermächte-Status[194] auch die von vier Mächten unterhaltende Flugsicherheitszentrale, das Alliierte Kriegsverbrechergefängnis in Berlin-Spandau, das von den vier Mächten in einem monatlichen Wechsel verwaltet und bewacht wurde[195], die Berliner S-Bahn, die im Einverständnis der vier Mächte von den Ost-Berliner Dienststellen für ganz Berlin verwaltet wurde[196], und das sowjetische Kriegerdenkmal in West-Berlin, für das die Sowjetunion eine ständige Ehrenwache stellte.

Ganz Deutschland und insofern auch Berlin betreffend war auch die Akkreditierung der westlichen Militärmissionen bei der Gruppe der sowjetischen Truppen in Deutschland (offizielle Bezeichnung: sowjetische Streitkräfte in Deutschland), analog zu der Akkreditierung sowjetischer Militärmissionen bei den jeweiligen Westmächten in Frankfurt/Main, Baden-Baden und Bünde/Westfalen. Die drei Westmächte hatten Verbindungsmissionen mit jeweils zehn bis zwanzig Angehörigen bei den sowjetischen Streitkräften in Potsdam; die

---

192 vgl. oben Teil 1 D.IV.2)

193 MAMPEL, Die sozialistische Verfassung der DDR, Art. 1 Rdnr. 85

194 vgl. hierzu MAHNCKE, Berlin im geteilten Deutschland, S. 53 f.

195 Die Vier-Mächte-Verwaltung des Alliierten Kriegsverbrechergefängnisses in Berlin-Spandau endete am 15.1.1988 nach dem Tod des letzte Gefangene RUDOLF HEß mit einer letzten gemeinsamen Kontrolle durch die vier Alliierten (Berlin-Handbuch, S. 40).

196 1981 bekundete der Senat des Landes Berlin Interesse an der Einbeziehung der S-Bahn in einen West-Berliner Verkehrsverbund. Nach Zustimmung der Alliierten führten dann im Oktober 1983 begonnene Verhandlungen zwischen dem Senat und der DDR am 30.12.1983 zu einer Vereinbarung, die die Übernahme des S-Bahnbetriebes in Berlin West-Berlin durch die BVG zum 9.1.1984 ermöglichte.

Mitglieder dieser Missionen durften sich in der DDR frei bewegen. Die Missionen unterstanden nicht den westlichen Garnisonen in Berlin, sondern den alliierten Streitkräften in der Bundesrepublik[197].

Die Wiederaufnahme der friedlichen Beziehungen und die Ablösung des Besatzungsregimes in der Bundesrepublik und in der DDR hat die occupatio bellica nicht vollständig beendet.

Die faktische Wiederaufnahme friedlicher Beziehungen geschah unter Vorbehalt: Alle vier Mächte haben sich ihre Rechte und Pflichten in bezug auf Deutschland als Ganzes und Berlin vorbehalten[198].

e) Das Viermächteabkommen

Über den Rechtsstatus von Berlin - West und Ost - konnte während der Viermächte-Verhandlungen keine Einigung erzielt werden. Konsequenz der grundlegenden Meinungsverschiedenheiten war die Ausklammerung der Statusfrage[199].

Das Abkommen wurde unter dem Vorbehalt der unterschiedlichen Rechtsauffassungen geschlossen (Abs. 6 der Präambel und I, 4 der Allgemeinen Bestimmungen)[200]. In engem Zusammenhang mit dem Vorbehalt der unterschiedlichen Rechtsauffassungen stand die Frage, was unter dem „betreffenden Gebiet" (relevant area) im Sinne der Allgemeinen Bestimmungen der Viermächte-Abkommens zu verstehen war.

Der Wortlaut. die Systematik und der Sinn des Abkommens sprechen dafür, daß unter dem „betreffenden Gebiet" in der Präambel und im ersten Teil des Abkommens ganz Berlin zu verstehen war; schließlich beschränkten sich die weiterhin nach der Präambel und I, 3 unberührt bleibenden Rechte und Verantwortlichkeiten der vier Mächte aus der Nachkriegszeit nicht auf die Westsektoren[201].

f) Der Grundvertrag

Mit dem Verkehrsvertrag vom 26. Mai 1972[202] unterzeichneten die beiden deutschen Staaten erstmals einen sie gegenseitig völkerrechtlich bindenden Staats-

---

197 MAHNCKE, a.a.O., S. 54
198 MAHNCKE, a.a.O., S. 87
199 MAHNCKE, a.a.O., S. 88
200 ZIVIER, Der Rechtsstatus des Landes Berlin, 2. Auflg., S. 122, Text bei MAHNCKE, a.a.O., S. 267 ff.
201 vgl. die Einzelheiten bei ZIVIER, a.a.O., S. 125
202 BGBl. II 1972, S. 1450

vertrag. Die entscheidende Neuorientierung brachte jedoch der Grundvertrag vom 21. Dezember 1972[203].

Wegen des Fortbestandes der Vier-Mächte-Verantwortung für Deutschland als Ganzes war die DDR in ihren Beziehungen zur Bundesrepublik nicht Ausland. Der Grundvertrag[204] regelte seinem Inhalt nach „vor allem Inter-se-Beziehungen"[205].

So war z.B. die heute von niemand mehr bestrittene (gesamt)deutsche Staatsangehörigkeit, die der DDR - im Widerspruch zu ihrem eigenen Staatsangehörigkeitsrecht - ihr gesamtes Staatsvolk streitig machte, im Viermächtestatus verankert[206].

In einer als Vorbehalt zu wertenden Note erklärte die Bundesrepublik Deutschland[207]: „Staatsangehörigkeitsfragen sind durch den Vertrag nicht geregelt worden."

Die entsprechende Erklärung lautete[208]: „Die Deutsche Demokratische Republik geht davon aus, daß der Vertrag eine Regelung der Staatsangehörigkeitsfragen erleichtern wird."

In dem sogenannten Brief zur Deutschen Einheit an die Regierung der DDR stellte die Bundesregierung fest[209], „daß dieser Vertrag nicht im Widerspruch zu dem politischen Ziel der Bundesrepublik Deutschland steht, auf einen Zustand des Friedens in Europa hinzuwirken, in dem das deutsche Volk in freier Selbstbestimmung seinen Einheit wiedererlangt."

Der Grundvertrag änderte nichts an der staatsrechtlichen Stellung Berlins. Das Bundesverfassungsgericht hielt an seiner Entscheidung im 7. Band aus dem Jahre 1957 fest; im Hinblick auf die Ausübung der Gebietshoheit wurde eine Beschränkung der Anwendung des Grundgesetzes hingenommen[210].

Um die Nichtzugehörigkeit Berlins (Ost) zur DDR und den fortbestehenden Vier-Mächte-Status für ganz Berlin zu dokumentieren, haben die drei Westmächte nach Unterzeichnung des Grundvertrages ihre Botschaften „bei der Regierung der DDR", nicht „in der DDR" etabliert. Auch die Ständige Vertretung der Bundesrepublik Deutschland ist nach ihrer offiziellen Bezeichnung „bei" und nicht „in" der DDR errichtet worden[211].

---

203 BGBl. II 1973, S. 423
204 vgl. oben Teil 1 E.II. und F.III.
205 BVerfGE 36, 1, 23
206 Blumenwitz, Die Mauergrundstücke im interlokalen und intertemporalen Konflikt, S. 76
207 BGBl. II 1973, S. 426
208 GBl. DDR II 1973, S. 27
209 BGBl. II 1973, S. 425
210 vgl. oben Teil 1 E.II.2.a)
211 Hacker, Der Rechtsstatus und die politische Praxis 1945 - 1989/90, S. 39

g) Der Beitritt der Bundesrepublik Deutschland und der DDR zur UNO

Für das Weiterbestehen der Rechte der vier Mächte ist schließlich die Vier-Mächte-Erklärung vom 9. November 1972 hervorzuheben, wonach die Sowjetunion mit den drei westlichen Siegermächten übereinkam, daß die Mitgliedschaft der beiden deutschen Staaten in der UNO die Rechte und Verantwortlichkeiten der vier Mächte und die diesbezüglichen vierseitigen Regelungen, Beschlüsse und Praktiken in keiner Weise berührt[212].

5) Beendigung der Vier-Mächte Rechte durch den „2+4"-Vertrag

Nach dem Normprogramm alliierter Nachkriegsregelungen ist vom Fortbestand der Vier-Mächte Rechte bis zum 3. Oktober 1990 auszugehen. Dieses Normprogramm galt unabhängig von faktischen Veränderungen, wie dem Bau der Berliner Mauer.

Die Einbeziehung der Wirklichkeit in das Recht ist eine Frage, die das Recht - in diesem Fall das Völkerrecht - von seinem Standpunkt aus beantworten muß[213].

Die drei Westmächte hielten an ihren Rechtspositionen in bezug auf Deutschland als Ganzes und Berlin fest[214]. Die Westmächte verzichteten zu keinem Zeitpunkt auf ihre Rechte und Verantwortlichkeiten. Sie protestierten kontinuierlich gegen die widerrechtlichen Maßnahmen und wahrten damit ihren Rechtsstandpunkt.

Nach den allgemeinen Grundsätzen des Völkerrechts, die auch zur Zeit des Kalten Krieges zwischen Ost und West zur Anwendung gelangten, konnten die gegen den entmilitarisierten Viermächtestatus von Groß-Berlin[215] gerichteten Praktiken der DDR nicht neues Recht schaffen.

Die drei Westalliierten haben ihrerseits in Berlin das völkerrechtlich Erforderliche getan, um den rechtlichen status quo aufrechtzuerhalten. Sie haben durch eine minuziöse Einhaltung der Entmilitarisierungsbestimmungen in ihren Sektoren - unter Verzicht auf das „tu qouque"! - und durch Protest gegen jede Verletzung des entmilitarisierten Status bei der im sowjetischen Sektor zuständigen Sowjetunion klargestellt, daß sie an dem vertraglich vereinbarten Zustand fest-

---

212 WETZLAUGK, Sonderstatus Berlins 1945-90, S. 1188

213 zur Einbeziehung der Wirklichkeit in das Recht nach der strukturierenden Rechtslehre MÜLLER[s] vgl. die Untersuchung in Teil 1 D.2)c)

214 BVerfGE 77, 137, 159

215 BLUMENWITZ, Die Mauergrundstücke im interlokalen und intertemporalen Konflikt, S. 72; vgl. hierzu auch die Untersuchung von ZIVIER, Der Rechtsstatus des Landes Berlin, 4. Auflg., S. 85 ff.

halten und einer Fortbildung oder Änderung des Vertrages durch eine abweichende Praxis nicht zustimmen[216].

Rechnet man die gegen den entmilitarisierten Status von Groß-Berlin gerichteten Praktiken der Sowjetunion zu, so bleibt bedeutsam, daß die Sowjetunion in der besonderen Besatzungszone von Groß-Berlin nur eine von vier verantwortlichen Mächten war, also durch einseitige Praktiken vierseitiges Recht nicht ändern konnte[217].

Schließlich ist auch die Sowjetunion vom Fortbestand der Vier-Mächte-Rechte ausgegangen, die erst in Art. 7 Abs. 1, Satz 2 des „2+4"-Vertrages beendet wurden.

Sowohl für die Bundesrepublik als auch für die DDR wirkte sich die fortbestehende Viermächteverantwortlichkeit für Groß-Berlin und Deutschland als Ganzes als Souveränitätsmangel aus, der bis zum 3. Oktober Bestand hatte[218].

Hierdurch wird die Auffassung des Kammergerichts[219] aus dem Jahre 1994 widerlegt, das von der „normativen Kraft des Faktischen" ausgeht und spätestens seit der Errichtung der Berliner Mauer ab dem 13. August 1961 dem Vier-Mächte-Status nur noch „fiktive" und damit nicht mehr rechtlich bindende Wirkung beimißt.

Nachdem die Außenminister aller sechs beteiligten Staaten am 13. Februar 1990 in Ottawa die sogenannten Zwei-plus-Vier-Gespräche vereinbart hatten, fanden am 5. Mai 1990 (Bonn), am 22. Juni 1990 (Berlin), am 17. Juli 1990 (Paris) und am 12. September 1990 (Moskau) die multilateralen Zusammenkünfte statt.

Bereits in Bonn war als einer der Tagesordnungspunkte der Berlin-Komplex benannt worden, ferner, als Ziel, die abschließende Regelung und Ablösung der Vier-Mächte-Rechte und -Verantwortlichkeiten. Über sämtliche Fragen fanden intensive und zähe Verhandlungen statt, zumal die Sowjetunion zunächst u.a. auf einer Übergangszeit von fünf Jahren bestand, in der die Vorbehaltsrechte der vier Mächte fortgelten sollten[220].

Erst am 12. September 1990 - nach der Unterzeichnung des Einigungsvertrages - unterzeichneten die sechs Außenminister in Moskau den Vertrag über die abschließende Regelung in bezug auf Deutschland („2+4"-Vertrag)[221].

---

216 BLUMENWITZ, a.a.O, S.72; ZIVIER, a.a.O., S. 86

217 BLUMENWITZ, a.a.O., S. 72, ebenso: PASCHEN, Das Mauergrundstücksgesetz - Moralischer Anspruch mit begrenzter Hoffnung, VIZ 1996, S. 620 ff., S. 621

218 BLUMENWITZ, a.a.O., S. 72

219 KG, NJ 1995, S. 263

220 WETZLAUGK, Sonderstatus Berlins 1945-90, S. 1190

221 BGBl. II, S. 1318

In Art. 1 Abs. 1 wird festgestellt, daß das vereinte Deutschland die Gebiete der Bundesrepublik Deutschland, der Deutschen Demokratischen Republik und ganz Berlins umfassen wird.

Zum Bereich des Sonderstatus sowie der Souveränität heißt es in Art. 7 Abs. 1, die vier Siegermächte

„beenden hiermit ihre Rechte und Verantwortlichkeiten in bezug auf Berlin und Deutschland als Ganzes. Als Ergebnis werden die entsprechenden, damit zusammenhängenden vierseitigen Vereinbarungen, Beschlüsse und Praktiken beendet und alle entsprechenden Einrichtungen der vier Mächte aufgelöst."

In Art. 7 Abs. 2 des Zwei-plus-Vier-Vertrages wird schlußfolgernd betont:

„Das vereinte Deutschland hat demgemäß volle Souveränität über seine inneren und äußeren Angelegenheiten."

Der Vertrag, der auf deutscher Seite durch das vereinte Deutschland ratifiziert wurde, sollte gemäß Art. 9 erst an dem Tag in Kraft treten, an dem die letzte Ratifikations- oder Annahmeurkunde hinterlegt wurde.

Da einerseits der eine gewisse Zeit beanspruchende Ratifikationsprozeß in Betracht gezogen werden mußte, andererseits im Einigungsvertrag vom 31. August 1990 der 3. Oktober 1990 als Tag des Beitritts der DDR bereits festgelegt worden war, verständigten sich die Außenminister in Moskau auf einen „Kunstgriff"[222]:

Am Rande einer KSZE-Konferenz in New York am 1. Oktober 1990, also kurz vor der Vereinigung, erklärten die Außenminister der vier ehemaligen Siegermächte, daß „die Wirksamkeit" ihrer Rechte und Verantwortlichkeiten zwischen dem Tage der Vereinigung und dem Inkrafttreten des Zwei-plus-Vier-Vertrages „ausgesetzt" wird.

Die gemäß Art. 9 vorgesehene vollständige Hinterlegung der letzten Ratifikations- oder Annahmeurkunde geschah am 15. März 1991 durch den sowjetischen Botschafter in Bonn[223].

Nach Art. 7 Abs. 1, Satz 2 des „2+4"-Vertrages werden als Ergebnis der Beendigung der Viermächte-Rechte „die entsprechenden, damit zusammenhängenden vierseitigen Vereinbarungen, Beschlüsse und Praktiken beendet und alle entsprechenden Einrichtungen der vier Mächte aufgelöst"[224]. Schon vor Inkrafttreten des „2+4"-Vertrages am 15. März 1991 waren diese Rechte durch eine Erklärung der vier Mächte vom 1.10.1990 mit Wirkung zum Zeitpunkt der Vereinigung Deutschlands ausgesetzt worden.

---

222 WETZLAUGK, Sonderstatus Berlins 1945-90, S. 1191

223 WETZLAUGK, a.a.O.

224 BLUMENWITZ, Staatennachfolge und die Einigung Deutschlands, S. 63

6) Nichtigkeit der Enteignung der Mauergrundstücke nach den Grundsätzen des Innerdeutschen Enteignungsrechts

Die Enteignung der Mauergrundstücke diente der Landbeschaffung zu militärischen Zwecken[225].

Der militärische Zweck der Sperranlagen an der innerstädtischen Sektorengrenze folgt bereits aus der Zuordnung dieser Anlagen in den angemaßten Zuständigkeitsbereich des DDR-Verteidigungsministeriums und aus dem Vorhandensein von NVA-Truppen, Panzersperren und anderen militärischen Einrichtungen.

Mangels Rechtskompetenz konnten DDR-Organe im sowjetischen Sektor Berlins keine völkerrechtlich erheblichen Akte setzen[226]. Die von den Siegermächten durchgeführte Entmilitarisierung Groß-Berlins bedeutete für die beiden deutschen Staaten eine Einschränkung ihrer Souveränität[227]. Agiert ein Staat in einem Bereich, in dem er nicht über die erforderliche Staatsgewalt verfügt, so sind die entsprechenden Regelungen und Anordnungen nichtig. Gerichte der Bundesrepublik haben demzufolge auch Akte der Ausübung westdeutscher Wehrhoheit in den Westsektoren Berlins als nichtig angesehen.

Ost-Berlin war kein Gebiet der DDR. Der DDR-Gesetzgeber ging zum Zeitpunkt der Enteignung der Mauergrundstücke selbst nicht von einer unmittelbaren Geltung des Verteidigungsgesetzes außerhalb seines Hoheitsgebietes in Berlin aus. Berlin war nicht Teil der DDR, und deshalb bedurfte es für die Geltung des Verteidigungsgesetzes in Ost-Berlin einer speziellen Gestattung durch ein besonderes Übernahmeverfahren[228]. Die Übernahme des Verteidigungsgesetzes im Ostteil Groß-Berlins war jedoch wegen eines Verstoßes gegen den entmilitarisierten Status der Stadt nichtig.

Da die Enteignungen der Mauergrundstücke wegen ihres militärischen Zwecks gegen die Entmilitarisierungsvorschriften verstießen, fehlt es diesbezüglich an einem außerhalb des Herrschaftsbereichs der DDR anerkennungsfähigen „act of state“[229].

Das negative Territorialitätsprinzip ist auch zugunsten fremder Gebietshoheit - der Gebietshoheit der Alliierten - anzuwenden. Fremdes DDR-Recht wird bei der Frage der Anerkennungsfähigkeit dieser Enteignungen für die Bundesrepublik nicht berufen.

---

225 a. A. FASTENRATH, Es bleibt ein schaler Beigeschmack, FAZ vom 2.12.1992

226 BLUMENWITZ, Die Mauergrundstücke im interlokalen und intertemporalen Konflikt, S. 72

227 BLUMENWITZ, a.a.O, S. 76, Fußnote 99

228 zur Gleichschaltung der Rechtsordnungen vgl. oben Teil 1 D.IV.2)

229 BLUMENWITZ, a.a.O., S. 76

Die Enteignungen der Mauergrundstücke sind daher mit dem negative Territorialitätsprinzip nicht vereinbar.

IV. Nichtigkeit des Inanspruchnahmebescheides auf Grund des ordre public Vorbehaltes

Den Enteignungen der Mauergrundstücke ist schon wegen der Einschränkung der Souveränität der DDR durch den entmilitarisierten Status von Groß-Berlin die Anerkennung bzw. Rechtswirksamkeit zu versagen. Fremdes DDR-Recht wird bei der Frage der Anerkennungsfähigkeit dieser Enteignungen für die Bundesrepublik nicht berufen. Für die Anwendung des ordre public Vorbehaltes ist insoweit kein Raum.

Das Kammergericht hat im Jahre 1998 zur fortwirkenden ordre public-Widrigkeit von Enteignungen zum Zweck des Mauerbaus bei Gebietsaustausch vor Inkrafttreten des Einigungsvertrages Stellung genommen[230]; bei dem Grundstück handelte es sich nicht um ein Mauergrundstück an der innerstädtischen Sektorengrenze. Das Kammergericht mußte daher auf die Nichtigkeit der Enteignung wegen eines Verstoßes gegen den entmilitarisierten Status nicht eingehen. Da es sich jedoch um eine Enteignung in der DDR handelte, mußte es, ausgehend vom positiven Territorialitätsprinzip, die Anerkennung dieser Enteignung anhand des ordre public-Vorbehaltes überprüfen.

Das betreffende Grundstück lag im Bereich der Grenze zwischen der damaligen DDR und Berlin (West) auf dem Gebiet der ehemaligen DDR. Es war Gegenstand eines im Jahre 1988 von Land Berlin und der DDR vereinbarten Gebietsaustauschs, der seinerzeit zur Belegenheit im Westteil Berlins führte.

Das Kammergericht hatte über die Eintragung eines Widerspruchs gegen die Eigentümereintragung der Bundesrepublik Deutschland gemäß §§ 71 Abs. 2 S. 2, 53 Abs. 1 S. 1 GBO zu entscheiden.

Es überprüfte die privatrechtsgestaltende Wirkung der Enteignung des in den Geltungsbereich des Grundgesetzes „weggeschwommenen" Grundstücks - ausgehend vom positiven Territorialitätsprinzip (Enteignung in der DDR) - anhand des ordre public der Bundesrepublik Deutschland.

1) Der ordre - public Vorbehalt des Art. 6 EGBGB

Der nationale ordre public wehrt das fremde Recht eines anderen Staates ab, der interlokale ordre public Gesetze eines Teilgebietes ein und desselben Staates.

---

230 KG, VIZ 1999, 108 = ZOV 1999, 48

In Mehrrechtsstaaten gelten verschieden Rechte nebeneinander. Die Anwendung eines Teilrechts kann in dem Geltungsbereich eines anderen Teilrechts mit Hilfe der ordre public-Klausel eingeschränkt werden., Mehrrechtsstaaten sind z.B. die Schweiz auf bestimmten Rechtsgebieten, die USA, Kanada und Australien[231].

Geht man mit dem Bundesverfassungsgericht vom Fortbestand des Deutschen Reiches aus und betrachtet man demgemäß das Recht der DDR nicht als „ausländisches" Recht, so zählte auch Deutschland zu den sogenannten Mehrrechtsstaaten[232].

Stärker als in anderen Staaten war in der Bundesrepublik das Problem umstritten, ob das Kollisionsrecht nach der völkerrechtlichen Legitimität einer Herrschaft über ein bestimmtes Gebiet fragen muß oder ob es sich mit der faktischen Geltung einer Rechtsordnung begnügen darf[233].

Trotz der tiefgreifenden weltanschaulichen, politischen und sozialen Unterschiede, die zwischen der Lebens- und Rechtsordnung der Bundesrepublik Deutschland und der Lebens- und Rechtsordnung der DDR bestanden, hielt die Bundesrepublik dem Grundsatz nach an der deutschen Rechtseinheit fest[234].

Der Rechtswirkung der DDR-Hoheitsakte in der Bundesrepublik Deutschland stand nicht entgegen, daß die in der DDR ausgeübte Hoheitsgewalt nicht dem Grundgesetz unterfiel[235]; die DDR blieb immer ein „anderer Teil Deutschlands", und ihre Gerichte waren „deutsche Gerichte." Der Rechtswirkung von DDR-Normen und DDR-Hoheitsakten wurde jedoch durch den ordre public der Rechtsordnung der Bundesrepublik Deutschland eine verfassungsrechtliche Grenze gezogen[236].

Seit der sogenannten Spanier-Entscheidung des Bundesverfassungsgerichts[237] ist es selbstverständlich, daß die kollisionsrechtlich gebotene Anwendung fremden Rechts in der Bundesrepublik Deutschland einer doppelten Kontrolle unterworfen ist[238].

Die deutsche Kollisionsnorm, die fremdes, nicht nach den Normen des Grundgesetzes erzeugtes Recht beruft, muß verfassungskonform sein. Die These von den letztlich wertneutralen Anknüpfungsregeln wurde verworfen.

---

231 BLUMENWITZ, Verfassungskollisionsrecht, § 211 Rdnr. 10; STAUDINGER/BLUMENWITZ, Art. 6 EGBGB Rdnr. 69

232 STAUDINGER/BLUMENWITZ, Art. 6 EGBGB Rdnr. 68

233 BLUMENWITZ, Verfassungskollisionsrecht, § 211 Rdnr. 10

234 BLUMENWITZ, a.a.O., § 211 Rdnr. 72

235 BVerfGE 77, 137, 151

236 BLUMENWITZ, a.a.O., § 211 Rdnr. 72; MAMPEL, Die sozialistische Verfassung der DDR, Art. 1 Rdnr. 72

237 BVerfGE 31, 58, 73; ferner BVerfGE 63, 181; BVerfGE 68, 384 und 71, 224

238 BLUMENWITZ, Verfassungskollisionsrecht, § 211 Rdnr. 6 f.

Aus dem zweiten Leitsatz der „Spanier“-Entscheidung - „Die Vorschriften des deutschen Internationalen Prviatrechts und die Anwendung des durch sie berufenen ausländischen Rechts sind im Einzelfall an den Grundrechten zu messen“ - ergibt sich nicht nur die Verfassungsbindung für das deutsche Kollisionsrecht, sondern auch für die innerstaatliche Anwendung des vom deutschen Internationalen Privatrecht berufenen fremden Rechts[239].

Dieser Verfassungsgrundsatz gilt für alle Kollisionsnormen, also nicht nur für das internationale Privatrecht (das in Fällen mit Auslandsberührung gegebenenfalls ausländisches Recht beruft), sondern auch für das interlokale Recht (das Kollisionsrecht der früheren deutsch-deutschen Beziehungen) und das intertemporale Recht, das Konflikte zwischen altem und neuem Recht regelt[240].

a) Hinreichender Inlandsbezug: Anwendbarkeit des ordre public-Vorbehaltes auf Hoheitsakte der DDR

GAST hat zu Recht darauf hingewiesen, daß der von RAPP geltend gemachte Einwand, daß der ordre public-Vorbehalt bei den Altfällen wegen fehlenden Inlandsbezuges nicht einschlägig sei[241], unzutreffend ist[242]. Grundsätzlich ist für Enteignungen in der DDR der Inlandsbezug durch die Wiedervereinigung sogar verstärkt worden, weil es darum geht, eine ehemals „fremdstaatliche“ Maßnahme nun auf inländischem Territorium anzuerkennen bzw. für wirksam zu erachten. Für die Mauergrundstücke ergibt sich der starke Inlandsbezug zusätzlich aus Art. 23 GG alte Fassung[243].

aa) Vollstreckung eines Strafurteils des Bezirksgerichts Erfurt

Bereits in einer Entscheidung vom 31. Mai 1960, die die Frage der Vollstreckung eines Strafurteils des Bezirksgerichts Erfurt in der Bundesrepublik betraf, stellte das Bundesverfassungsgericht[244] fest, daß die sowjetische Besatzungszone „im Verhältnis zur Bundesrepublik Deutschland nicht als Ausland angesehen werden“ kann und daß das Rechtshilfegesetz der Bundesrepublik davon ausgeht, daß

239 BVerfGE 31, 58, 73 ff.; 76, 1, 41
240 BLUMENWITZ, Die Mauergrundstücke im interlokalen und intertemporalen Konflikt, S.77
241 RAPP, Rückgabe des besatzungsrechtlich enteigneten Vermögens nach Zivilrecht?, S. 325
242 GAST, Das internationale Enteignungsrecht nach der Wiedervereinigung, S. 104, Fußnote 19
243 vgl. oben Teil 1 G.
244 BVerfGE 11, 150, 158

Strafurteile von Gerichten dieser Zone „als Urteile deutscher Gerichte“ auch in der Bundesrepublik Deutschland Wirkung haben können. Zugleich wurde bestimmt, daß „er Schutz, den die Grundrechte und die verfassungsmäßige Ordnung des Grundgesetzes dem einzelnen gegen die öffentliche Gewalt gewähren, auch gegenüber der Zulassung der Vollstreckung solcher Urteile eingreift[245].

bb) Brückmann-Entscheidung

In einer weiteren Grundsatzentscheidung, der sogenannten Brückmann-Entscheidung vom 27.3.1974, in dem es um die Zulieferung einer Deutschen an die Strafverfolgungsbehörden der DDR ging, wurde ebenfalls der ordre public als verfassungsrechtlicher Maßstab für die Zulieferung nach dem Rechtshilfegesetz zugrunde gelegt[246].

Das Bundesverfassungsgericht stellte eingangs fest, Gesetzgebung und Rechtsprechung seien in der DDR andere Wege als in der Bundesrepublik Deutschland gegangen[247].

Die in der DDR beschrittenen Wege beruhten auf politischen und weltanschaulichen Grundlagen, die zu der verfassungsmäßigen Ordnung des Grundgesetzes weithin in Widerspruch stünden. Eine Zulieferung müsse mit dem ordre public der Bundesrepublik Deutschland vereinbar sein[248].

cc) Teso-Entscheidung

In dem Teso-Verfahren ging es im wesentlichen um die Frage, ob eine Einbürgerung in der DDR zur Rechtsfolge hat, daß der Eingebürgerte damit auch die deutsche Staatsangehörigkeit im Sinne der Art. 116 Abs. 1, 16 Abs. 1 GG erwirbt[249].

Das Bundesverfassungsgericht stellte hierbei fest, der Erwerb der Staatsbürgerschaft der DDR bewirke zugleich den Erwerb der deutschen Staatsangehörigkeit im Sinne des Grundgesetzes, und es stellte hierzu fest[250]: „Dieser Rechtswirkung auf die Rechtsordnung der Bundesrepublik Deutschland steht nicht ... entgegen, daß die in der Deutschen Demokratischen Republik hierbei geübte Hoheitsgewalt nicht dem Grundgesetz unterfällt.“

Dieser Rechtswirkung war jedoch durch den ordre public der Bundesrepublik eine verfassungsrechtliche Grenze gezogen[251]. Im Zusammenhang des Staatsan-

---

245 BVerfGE 11, 150, 158 ff.; vgl. auch schon BVerfGE 1, 332, 341, 345
246 BVerfGE 37, 57, 64 ff.
247 BVerfGE 37, 57, 65
248 BVerfGE 37, 57, 66
249 BVerfGE 77, 137, 139
250 BVerfGE 77, 137, 151
251 BVerfGE 77, 137, 152

gehörigkeitsrechts bestimmten sich Inhalt und Wirkungsweise des ordre public in erster Linie aus den rechtlichen Grundwertungen des Reichs- und Staatsangehörigkeitsgesetzes und des Wiedervereinigungsgebotes des Grundgesetzes[252].

b) Hinreichender Gegenwartsbezug: Anwendbarkeit des ordre public Vorbehaltes auf Altfälle

Für das aufgrund innerdeutschen Kollisionsrechts und intertemporalen Kollisionsrechts auf Altfälle weiter anzuwendende DDR-Rechts ist strittig, ob für die Anwendung des ordre public noch Raum ist[253].

Die herrschende Meinung hält den ordre public für überflüssig[254]. Mit dem Wirksamwerden des Beitritts sei das Grundgesetz gemäß Art. 3 EinigungsV in der ehemaligen DDR und im Ostteil Groß-Berlins in Kraft getreten; eine dort vertretene Gesetzesauslegung sei nur bei Vereinbarkeit mit dem Grundgesetz maßgebend. Die anwendbaren Vorschriften des DDR-Rechts müßten mit den grundlegenden Werten des deutschen Rechts, insbesondere den Grundrechten, in Einklang stehen und verfassungskonform ausgelegt werden. Die in der DDR herausgearbeiteten Auslegungsresultate seien den elementaren Rechtsprinzipien der guten Sitten und den Grundsätzen von Treu und Glauben unterworfen und gegebenenfalls einer Korrektur zu unterziehen. Vorschriften, die auf sozialistischen Wertungen und Grundsätzen beruhten, könnten keine Berücksichtigung finden.

Das Kammergericht hat in der oben genannten Entscheidung die privatrechtsgestaltende Wirkung der Enteignungen zum Zwecke des Mauerbaus anhand des ordre public-Vorbehaltes beurteilt. Die Auseindandersetzung hierüber erübrigt sich jedoch, wenn die Anerkennung der Enteignung der Mauergrundstücke mit grundlegenden Werten des deutschen Rechts, insbesondere den Grundrechten, nicht vereinbar wäre und damit zugleich ein Verstoß gegen den ordre public-Vorbehalt gegeben wäre.

c) Prüfungsmaßstab bei der Anwendbarkeit des ordre public Vorbehaltes

Umstritten ist, welche Kriterien den Maßstab für einen Verstoß gegen den ordre public bilden sollen[255]. Das Reichsgericht nahm einen Verstoß gegen Art. 30 EGBGB alte Fassung an, wenn der Unterschied zwischen den staatspoliitschen oder sozialen Anschauungen, auf denen das nach den Vorschriften des Interna-

252 BVerfGE, a.a.O.
253 STAUDINGER/BLUMENWITZ, Art. 6 EGBGB Rdnr. 71
254 vgl. die Nachweise bei STAUDINGER/BLUMENWITZ, a.a.O.
255 vgl hierzu auch die Untersuchung von GAST, Das Internationale Enteignungsrecht nach der Wiedervereinigung, DtZ 1996, S. 103, inbseondere Fußnote 12

tionalen Privatrechts an sich maßgebende Recht des Auslandes und das davon abweichende deutsche Recht beruhen, so erheblich ist, daß die Anwendung des ausländischen Rechts direkt die Grundlagen des deutschen staatlichen oder wirtschaftlichen Leben angreifen würde[256].

Von einer Verletzung des ordre public-Vorbehaltes geht der Bundesgerichtshof dann aus,

„wenn das Ergebnis der Anwendung eines ausländischen Rechts zu den Grundgedanken der deutschen Regelungen und der ihnen zugrunde liegenden Gerechtigkeitsvorstellungen in so starkem Widerspruch steht, daß es von uns für untragbar gehalten wird.“[257]

Die deutschen Gerichte haben im Hinblick auf ausländische Hoheitsakte, die als Menschenrechtsverstroß erscheinen, ein gewisses Ermessen bei der Feststellung, ob die Anwendung des ausländischen Rechts im Einzelfall im Ergebnis wesentliche Grundsätze der deutschen Rechtsordnung tatsächlich offensichtlich entgegenstehen und ob ausreichender Inlandsbezug vorliegt[258]. Dabei ist in einem Fall, der wie hier eine starke Inlandsberührung aufweist, ein Grundrechtsverstoß, der auf der Anwendung fremden Rechts beruht, eher unter Berufung auf Art. 6 EGBGB abzuwehren als in einem Fall mit nur schwachen Inlandsbezug[259].

Das Kammergericht ging in seiner Entscheidung aus dem Jahre 1998 davon aus, daß eine Enteignung nach dem Verteidigungsgesetz und ergänzenden Vorschriften nach der maßgebenden damaligen Rechtsanschauung der Bundesrepublik Deutschland nichtig war und daher nicht zur Beendigung des Privateigentums der zuletzt eingetragenen Eigentümerin führen konnte[260].

Für die rechtliche Beurteilung im Hinblick auf einen von staatlichem Eigentum der DDR abgeleiteten Eigentumserwerb der Bundesrepublik Deutschland oder des Landes Berlin aufgrund des Gebietsaustauschs im Jahre 1988 zog es das seinerzeit geltende bundesdeutsche Recht unter Einbeziehung der bundesdeutschen Rechtsgrundsätze des interlokalen Privat- und Enteignungsrechts heran.

Die Errichtung der Mauer in Berlin bedeutete nicht nur eine Einschränkung der Bewegungsfreiheit. Das Kammergericht stellt fest:

Enteignungen „aus Anlaß des Mauerbaus im Jahre 1961 zum Zweck der Verhinderung sogenannter Republikflucht durch Sperrvorkehrungen, die zum Tod von Flüchtlingen führen konnten und auch geführt haben, sind aus der maßge-

---

256 RGZ 60, 296; Nachweis der ständigen Rechtsprechung bei STAUDINGER/BLUMENWITZ, Art. 6 EGBGB Rdnr.89

257 BGHZ 60, 68; Nachweis der ständigen Rechtsprechung bei STAUDINGER/BLUMENWITZ, a.a.O.

258 HOFMANN, Art. 25 GG, S.56

259 STAUDINGER/BLUMENWITZ, Art. 6 EGBGB Rdnr. 104

260 KG, VIZ 1999, 108, 109 = ZOV 1999, 48

benden damaligen Sicht für den bundesdeutschen Rechtsbereich als ordre public-widrig und deshalb unwirksam anzusehen."[261]

Der mit den Enteignungen verfolgte Zweck steht zu dem von der Ordnung des Grundgesetzes verfolgten Schutz des Lebens und der körperlichen Unversertheit (Art. 2 Abs. 2 Satz 1 GG) in einem unerträglichem Widerspruch. Die Hinnahme eines derartigen Zwecks durch die Rechtsordnung der Bundesrepublik Deutschland verletzt den ordre public der Bundesrepublik Deutschland.

Die Hinnahme einer derartigen Enteignungszwecks stünde auch im Widerspruch zur Eigentumsgarantie des Grundgesetzes.

Der Bürger der DDR genoß im Geltungsbereich des Grundgesetzes alle Garantien der Grundrechte des Grundgesetzes einschließlich des Grundrechts aus Art. 14 GG[262]. Der Umstand, daß das Bundesverfassungsgericht in Zusammenhang mit dem allen Deutschen zu gewährenden Schutz das Eigentum und Erbrecht ausdrücklich erwähnte, verdeutlicht die Bedeutung dieser Grundrechte für die Beziehungen zu einer Herrschaftsordnung, die sich über das Privateigentum hinwegsetzt[263].

Der Schutz des Privateigentums war Bestandteil des rechtsstaatlichen ordre public der Bundesrepublik, an dem alle Rechtsnormen und Hoheitsakte der DDR zu messen waren, sollten sie Anerkennung in der verfassungsmäßigen Ordnung des Grundgesetzes finden.

2) Ergebnis

Enteignungen aus Anlaß des Mauerbaus im Jahre 1961 zum Zweck der Verhinderung sogenannter Republikflucht durch Sperrvorkehrungen waren in Übereinstimmung mit den Feststellung des Kammergericht mit dem ordre public-Vorbehalt der Bundesrepublik Deutschland nicht vereinbar.

V. Ausschluß zivilrechtlicher Ansprüche durch den Einigungsvertrag?

Nachfolgend ist die für die Beurteilung der privatrechtsgestaltenden Wirkung der Enteignung der Mauergrundstücke relevante Frage zu untersuchen, ob mit dem Einigungsvertrag[264] eine Anerkennung auch derjenigen Enteignungen stattgefun-

261 KG, VIZ 1999, 108, 110 = ZOV 1999, 48, 49
262 vgl. oben Teil 1 G.IV.
263 BLUMENWITZ, Die Mauergrundstücke im interlokalen und intertemporalen Konflikt, S.77
264 BGBl. 1990 II, S. 889

den hat, die vor der Einheit nach den Grundsätzen des interlokalen Enteignungsrechts nicht anerkannt worden sind[265].

Darauf gestützte Ansprüche könnten infolgedessen mit dem Inkrafttreten des Einigungsvertrages wegen Unbegründetheit weggefallen sein.

Bejaht man dies, hätte sich eine Änderung der innerdeutschprivatrechtlichen Rechtslage sowohl für die extraterritorial wirkenden als auch für die intraterritorial wirkenden, ordre public-widrigen Enteignungen ergeben.

GAST weist zu Recht darauf hin, daß in der Konsequenz einer solchen Auffassung das Innerdeutsche Enteignungsrecht gegenstandslos geworden wäre, weil sich die von ihm zu beantwortende Frage, ob der vor der Einheit ergangene Enteignungsakt privatrechtsgestaltend wirkt, nicht mehr stellte[266].

Bei der Beantwortung der Frage, ob mit dem Einigungsvertrag eine Anerkennung auch derjenigen Enteignungen stattgefunden hat, die vor der Einheit nach den Grundsätzen des interlokalen Enteignungsrechts nicht anerkannt worden sind, ist der Untersuchung GAST[s] folgend zwischen extraterritorial wirkenden und intraterritorial wirkenden Enteignungen zu unterscheiden.

1) Extraterritorial wirkende Enteignungen

Im innerdeutschen Enteignungsrecht hat sich hinsichtlich der extraterritorial wirkenden Enteignungen keine Änderung ergeben[267].

GAST weist zu Recht darauf hin, daß als Folge einer solchen Anerkennung die sogenannten Rest- und Spaltgesellschaften ihre Existenzberechtigung verloren hätten.

Im internationalen Gesellschaftsrecht wird im Falle einer in der SBZ/DDR vorgenommenen Enteignung des Vermögens und Auslösung einer Gesellschaft angenommen, daß diese nach dem Territorialitätsprinzip zumindest hinsichtlich des auf dem Gebiet der alten Bundesrepublik Deutschland belegenen Vermögens als Rest- bzw. Spaltgesellschaft fortbesteht[268]

Es entsprach jedoch nicht dem Willen der Verfasser des Einigungsvertrages, diese Gesellschaften rückwirkend aufzulösen.

Nach § 6 Abs.1a VermG kann der geschädigte Unternehmensträger wiederaufleben, wenn die Anmelder den geschädigten Unternehmensträger bei Erreichen des erforderlichen Quorums von mehr als 50 % wiederaufleben lassen[269]. Dieses Erfordernis entfällt jedoch nach § 6 Abs. 1 Satz 4 VermG bei den soge-

265 GAST, Das Internationale Enteignungsrecht nach der Wiedervereinigung, S. 107
266 GAST, a.a.O., S. 104
267 GAST, a.a.O., S. 107
268 GAST, a.a.O., S. 104
269 MESSERSCHMIDT in: FIEBERG/REICHENBACH, § 6 VermG Rdnr. 158

nannten Rest- und Spaltgesellschaften[270]. Das Vermögensgesetz geht damit von der Fortexistenz dieser Gesellschaften aus.

Da die Enteignungen der Mauergrundstücke wegen ihres militärischen Zwecks gegen die Entmilitarisierungsvorschriften verstießen, fehlt es diesbezüglich an einem außerhalb des Herrschaftsbereichs der DDR anerkennungsfähigen „act of state"[271]. Sie waren wegen offenkundig fehlender öffentlicher Gewalt nichtig.

Das negative Territorialitätsprinzip ist auch zugunsten fremder Gebietshoheit - der Gebietshoheit der Alliierten - anzuwenden. Fremdes DDR-Recht wird bei der Frage der Anerkennung dieser Enteignungen nicht berufen.

2) Intraterritorial wirkende Enteignungen

Das Kammergericht hat für eine *Enteignung in der DDR* bestätigt, daß die Enteignungen zum Zwecke der Errichtung von Sperranlagen gegen fundamentale Rechtsprinzipien der bundesdeutschen Rechtsordnung verstießen; die Enteignungen waren auch im Sinne des ordre public-Vorbehaltes der Bundesrepublik Deutschland nicht anerkennungsfähig.

Auch mit dem Einigungsvertrag ist eine Anerkennung dieser Enteignungen mit der Folge ihrer Rechtswirksamkeit nicht eingetreten.

Art. 19 EinigungsV hat folgenden Wortlaut:

„Vor dem Wirksamwerden des Beitritts ergangene Verwaltungsakte der Deutschen Demokratischen Republik bleiben wirksam. Sie können aufgehoben werden, wenn sie mit rechtsstaatlichen Grundsätzen oder mit den Regelungen dieses Vertrages unvereinbar sind. Im übrigen bleiben die Vorschriften über die Bestandskraft von Verwaltungsakten unberührt."

Art. 19 EinigungsV bewirkt nach Auffassung des Bundesgerichtshofs nur die Bestandskraft von solchen DDR-Verwaltungsakten, die vor dem Beitritt wirksam waren; diese können nach Satz 2 aufgehoben werden, wenn sie mit rechtsstaatlichen Grundsätzen oder den Regelungen des Einigungsvertrages unvereinbar seien.

Im übrigen blieben nach Satz 3 die Vorschriften über die Bestandskraft von Verwaltungsakten unberührt. Die Anordnung des Fortbestehens der Wirksamkeit einer Verwaltungsentscheidung setze jedoch voraus, daß die Maßnahme überhaupt jemals im rechtlichen Sinne existent geworden wäre. Art. 19 EinigungsV

270 MESSERSCHMIDT, a.a.O., § 6 VermG Rdnr. 168

271 BLUMENWITZ, Die Mauergrundstücke im interlokalen und intertemporalen Konflikt, S. 76; vgl. oben A.III.6)

begründe nicht die Wirksamkeit einer vor dem Beitritt in der DDR nicht existent gewordenen Entscheidung[272].

GAST weist zu Recht darauf hin, daß der Ansatz, Verwaltungsentscheidungen ausschließlich am Maßstab des DDR-Verwaltungsrecht zu messen, angesichts der Schwierigkeit ein verläßliche Aussage zu machen, wann ein Verwaltungsakt in der DDR tatsächlich „rechtsunwirksam" war, nicht überzeugt[273].

Bei den Verhandlungen über den Einigungsvertrag stand im Vordergrund, nicht alle Entscheidungen der DDR unwirksam werden zu lassen und dadurch eine Rechtsunsicherheit hervorzurufen[274].

Es entsprach andererseits nicht dem Willen der Verfasser des Einigungsvertrages, die sich zur „freiheitlichen, demokratischen, förderativen Grundordnung bekannten, alle Verwaltungsakte mit Bestandskraft zu versehen und damit das Unrecht auch solcher Verwaltungsakte zu perpetuieren, die offenkundig unter schwerwiegenden rechtsstaatlichen Fehlern leiden[275]. Eine solche Perpetuierung trete aber ein, wenn bundesdeutsche, dem Rechtsstaat verpflichtete Gerichte im Rahmen einer Vorfrage an solche Verwaltungsakte gebunden wären.

Das Verteidigungsgesetz konnte wegen des entmilitarisierten Status der Stadt nicht wirksam übernommen werden. Die Enteignungsbehörden waren unter dem Gesichtspunkt der Vorbehaltes des Gesetzes unzuständig.

Die Enteignungen aus Anlaß des Mauerbaues im Jahre 1961 zum Zweck der Verhinderung sogenannter Republikflucht durch Sperrvorkehrungen, die zum Tod von Flüchtlingen führen konnten und auch geführt haben, verstießen zudem gegen fundamentalen Prinzipien unserer Rechtsordnung und damit auch gegen den nationalen ordre public der Bundesrepublik Deutschland[276].

Die Gerichte sind verpflichtet, von der mangelnden privatrechtsgestaltenden Wirkung solcher Verwaltungsakte auszugehen, die wegen offenkundig fehlender öffentlicher Gewalt nichtig waren.

Hinzu kommt, daß die Enteignungen zum Mauerbau gegen fundamentale Prinzipien unserer Rechtsordnung verstießen und dieser Zustand mit der Anerkennung dieser Enteignungen perpetuiert würde.

Die nichtigen Enteignungen werden durch Art. 19 EinigungsV innerdeutschrechtlich nicht anerkannt. Als nichtige Enteignungen werden sie auch nicht geheilt.

---

272 BGH, NJW 1995, 1833, 1834

273 GAST, Das Internationale Enteignungsrecht nach der Wiedervereinigung, S. 105

274 GAST, a.a.O., S. 105 f.

275 GAST, a.a.O., S. 106

276 vgl. oben A.IV.

3) Einigungsvertrag und „2+4"-Vertrag als zwei völkerrechtlich voneinander unabhängige Verträge

Das Bundesverwaltungsgericht geht dagegen davon aus, daß Enteignungsakte der DDR, die gegen den entmilitarisierten Status Groß-Berlins verstießen, nachträglich Rechtswirksamkeit erlangen konnten. Es vertritt die Auffassung[277]:

„... daß die Vertragsparteien des Einigungsvertrages befugt waren, in die Regelungen Verwaltungsakte von Behörden der DDR im Bereich des Ost-Sektors von Berlin einzubeziehen, auch soweit sie gegen den besatzungsrechtlichen Status verstoßen haben sollten; denn die Vertragschließenden konnten insoweit mit dem Einigungsvertrag über das im vereinten Deutschland nach Beendigung des Besatzungsstatus geltende Recht disponieren (vgl. Art. 7 des Vertrages über die abschließende Regelung in bezug auf Deutschland vom 12.9.1990 ...) und haben es getan."

Das Bundesverwaltungsgericht konstatiert weiter, daß die Vertragschließenden durch das Vermögensgesetz, das Bestandteil des Einigungsvertrages ist, auch über Besatzungsrecht disponiert haben.

Kammergericht[278] und Bundesverwaltungsgericht widersprechen sich damit in einem zentralen Punkt[279]: Während das Kammergericht von der „normativen Kraft des Faktischen" ausgeht und spätestens seit der Errichtung der Berliner Mauer ab dem 13. August 1961 dem Vier-Mächte-Status nur noch „fiktive" und damit nicht mehr rechtlich bindende Wirkung beimißt, bestätigt das Bundesverwaltungsgericht den Vier-Mächte Status für Berlin, gestattet aber den Vertragsparteien des Einigungsvertrages im Hinblick auf Art. 7 des „2+4"-Vertrages auch über Besatzungsrecht zu disponieren.

Gegen die Auffassung des Bundesverwaltungsgerichts ist anzuführen, daß Einigungsvertrag und „2+4"-Vertrag völkerrechtlich als zwei voneinander unabhängige Verträge konzipiert wurden[280].

4) Protokollerklärung zum Einigungsvertrag

Deutschland wurde erst nach der Unterzeichnung des Einigungsvertrages souverän[281]. Die Vertragsparteien des Einigungsvertrages konnten entgegen der Auffassung des Bundesverwaltungsgerichts nicht über Besatzungsrecht disponieren.

---

277 BVerwG, DtZ 1996, S. 155 f.

278 KG, NJ 1995, S. 263 vgl. oben Teil 2 A. III 5)

279 BLUMENWITZ, Die Mauergrundstücke im interlokalen und intertemporalen Konflikt, S. 70 zustimmend HACKER, Der Rechtsstatus und die politische Praxis 1945 - 1989/90, S. 48

280 BLUMENWITZ, a.a.O., S. 73

281 vgl. oben A.III.5) und A.III.

Dies verdeutlicht II. der Protokollerklärung zum Einigungsvertrag, die bei dessen Unterzeichnung erfolgte[282].

Danach sind sich beide Vertragsparteien einig,

„daß die Festlegungen des Vertrages unbeschadet der zum Zeitpunkt der Unterzeichnung noch bestehenden Rechte und Verantwortlichkeiten der vier Mächte in bezug auf Berlin und Deutschland als Ganzes sowie der noch ausstehenden Ergebnisse der Gespräche über die äußeren Aspekte der Herstellung der deutschen Einheit getroffen werden."

Hierzu heißt es in der Denkschrift zum Einigungsvertrag[283]:

„Die Protokollerklärung zum Vertrag betreffend die Vier-Mächte-Rechte und Verantwortlichkeiten sowie die Zwei-Plus-Vier-Gespräche hat klarstellenden Charakter. Mit ihr wird der Tatsache Rechnung getragen, daß die abschließende völkerrechtliche Regelung der äußeren Aspekte der Herstellung der Deutschen Einheit bei Unterzeichnung des Einigungsvertrages noch aussteht."

Dies bedeutet entgegen der Auffassung des Bundesverwaltungsgerichts nicht, daß die Vertragsparteien des Einigungsvertrages mit dem Einigungsvertrag die Verbindlichkeit der Viermächterechte für Ost-Berlin vorsorglich und rückwirkend aufheben wollten, sondern umgekehrt, der Einigungsvertrag darf nicht so ausgelegt werden, als ob er den Vier-Mächte-Status berührt hätte[284].

5) Notenwechsel vom 27./28. September 1990

Nach Art. 7 Abs. 1, Satz 2 des „2+4"-Vertrages werden als Ergebnis der Beendigung der Viermächte-Rechte „die entsprechenden, damit zusammenhängenden vierseitigen Vereinbarungen, Beschlüsse und Praktiken beendet und alle entsprechenden Einrichtungen der vier Mächte aufgelöst"[285]. Schon vor Inkrafttreten des „2+4"-Vertrages am 15. März 1991 waren diese Rechte durch eine Erklärung der vier Mächte vom 1.10.1990 mit Wirkung zum Zeitpunkt der Vereinigung Deutschlands ausgesetzt worden.

Die Beendigung der Besatzung und die Wiedererlangung der vollen Souveränität durch den Gebietsstaat bewirken nach einer allgemeinen Regel des Völkerrechts zwar nicht die automatische Nichtigkeit des Besatzungsrechts, dies steht aber ab diesem Zeitpunkt zur freien Disposition des Gebietsstaates[286].

---

282 Text in: Die Verträge zur Einheit Deutschlands, S. 68 ff., 71

283 BR-Drucks. 600/90, S. 378

284 BLUMENWITZ, Die Mauergrundstücke im interlokalen und intertemporalen Konflikt, S. 73 f., dies hat auch Bedeutung für die Auslegung des Vermögensgesetzes vgl. unten A.VI. 4) und 5)

285 BLUMENWITZ, Staatennachfolge und die Einigung Deutschlands, S. 63

286 BLUMENWITZ, a.a.O., S. 65, vgl. oben Teil 1 E.III.1)e)bb) und oben Teil 2 A.III.4)b)

Art. 7 des „2+4“-Vertrages scheint diesem Grundsatz in vollem Umfang Rechnung zu tragen. Auch die Erklärungen der Bundesregierung zum „2+4“-Vertrag sowie die Erklärung des Bundesaußenministers bei der Unterzeichnung bzw. des Bundeskanzlers zur Unterzeichnung des Vertrages enthalten keine Hinweise darauf, daß fortgeltendes Besatzungsrecht dieser dem vereinten Deutschland zustehenden Dispositionsfreiheit entzogen wurde.

Dennoch wurde in dem Notenwechsel vom 27./28. September 1990[287] Besatzungsrecht teilweise festgeschrieben[288]. Es wurde vereinbart, daß neben dem Deutschlandvertrag zwar auch der Überleitungsvertrag mit Wirkung zum 23.10.1990 grundsätzlich außer Kraft treten sollte. Gemäß Ziff. 3 des Notenwechsels wurden hiervon jedoch einige wichtige Ausnahmen festgelegt. Neben Bestimmungen, die die alten Bundesländer betreffen, enthält Ziff. 4a die folgende Regelung:

„Die Regierung der Bundesrepublik erklärt, daß sie sämtliche angemessenen Maßnahmen ergreifen wird, um sicherzustellen, daß die weiterhin gültigen Bestimmungen des Überleitungsvertrages auf dem Gebiet der gegenwärtigen Deutschen Demokratischen Republik und in Berlin nicht umgangen werden.“

Diese Formulierung kann auf zweifache Weise ausgelegt werden. Zweck dieser Regelung könnte gewesen sein, deutsche Staatsbürger auf dem Gebiet der DDR und Berlins zur Duldung der Auswirkungen des versteinerten westdeutschen Besatzungsrechts zu verpflichten. In diesem Fall hätte die Formulierung konstitutive Wirkung, da ja das im Überleitungsvertrag versteinerte westdeutschen Besatzungsrecht in DDR und Berlin nicht galt[289].

Mit Ziff. 4a Notenwechsel vom 27./28. September 1990 könnte jedoch auch der Zweck verfolgt worden sein, für die neuen wie für die alten Länder der Einklang in der Nachwirkung des dem Überleitungsvertrag zugrunde liegenden Viermächterechts sicherzustellen.

Letzteres würde nicht nur die Annahme des Kammergerichts, der Vier-Mächte-Status habe für Ost-Berlin spätestens seit dem Mauerbau nicht mehr gegolten[290], sondern auch die Unterstellung des Bundesverwaltungsgerichts, die Bundesregierung habe mit dem Einigungsvertrag über Viermächterechte „disponiert“, widerlegen.

---

287 BGBl. II 1990, S. 1386

288 BLUMENWITZ, Verfassungskollisionsrecht, § 211 Rdnr. 42

289 BLUMENWITZ, a.a.O., § 211 Rdnr. 44

290 so das Kammergericht, NJ 1995, S. 263 f.

a) Lage in den alten Bundesländern

Durch die Beendigung des Viermächterechts ist in der (alten) Bundesrepublik dem Dreimächterecht der Westalliierten die Rechtsgrundlage entzogen worden. In der Konsequenz des Art. 7 „2+4"-Vertrages und der vollen Souveränität Deutschlands sind der Deutschlandvertrag und der Überleitungsvertrag beendigt worden[291].

Die Zustimmung der Legislative zu den Pariser Verträgen, insbesondere zum Überleitungsvertrag, hat sich wegen des faktischen Charakters des Besatzungsrechts und dem Umstand, daß die Bundesregierung die Grundlagen und die Tragweite bisheriger Besatzungsgewalt lediglich hinnahm, aber nicht anerkannte, nur auf einen vorübergehenden modus vivendi bezogen; die Regelungen haben unter dem Vorbehalt eines Friedensvertrages mit dem vereinten Deutschland gestanden[292].

Die nicht endgültig festgeschriebenen Besatzungsrechte sind durch den die Funktion eines Friedensvertrages erfüllenden „2+4"-Vertrag größtenteils aufgehoben worden. Besatzungsrecht, das in Ausnahme dazu weiterhin in der Bundesrepublik Deutschland gelten sollte, konnte in Abweichung zu Art. 7 des „2+4"-Vertrages nur in Form einer konstitutiven Regelung neu begründet werden.

Diese Sichtweise wird jedoch von der Rechtsprechung nicht geteilt. Das Bundesverfassungsgericht hat sich in seiner Liechtenstein-Entscheidung mit der Bedeutung des Notenwechsels vom 27./28. September 1990 auseinandergesetzt, die Beschwerde des FÜRSTEN HANS-ADAM II. VON UND ZU LIECHTENSTEIN aber nicht angenommen.

Das auf dem Staatsgebiet der Tschechischen Republik belegene Vermögen des Vaters des Beschwerdeführers, des damaligen Staatsoberhauptes von Liechtenstein, war von der Tschechischen Republik enteignet worden.

Die Maßnahme wurde damit begründet, daß der Vater des Beschwerdeführers unabhängig von seiner Staatsangehörigkeit die deutsche Nationalität besitze. Die Enteignung betraf unter anderem ein Bild. Nachdem dieses als Leihgabe vorübergehend nach Deutschland gelangt war, klagte der Beschwerdeführer vor deutschen Gerichten auf Herausgabe.

Nach Art. 3 Abs. 1 des 6. Teils der Überleitungsvertrages wird die Bundesrepublik Deutschland,

„in Zukunft keine Einwendungen gegen die Maßnahmen erheben, die gegen das deutsche Auslands- oder sonstige Vermögen durchgeführt worden sind oder

291 BLUMENWITZ, a.a.O., § 211 Rdnr. 40

292 BLUMENWITZ, Staatennachfolge und die Einigung Deutschlands, S. 67 f., vgl. oben Teil 1 E.III.1)e)

werden sollen, das beschlagnahmt worden ist für Zwecke der Reparation oder Restitution oder auf Grund des Kriegszustandes oder auf Grund von Abkommen, die die drei Mächte mit anderen alliierten Staaten, neutralen Staaten oder ehemaligen Bundesgenossen Deutschlands geschlossen haben oder schließen werden."

Teil 6 Art. 3 Abs. 3 ÜberleitungsV lautet:

„Ansprüche und Klagen gegen Personen, die aufgrund der in Absatz 1 und 2 dieses Artikels genannten bezeichneten Maßnahmen Eigentum erworben oder übertragen haben, sowie Ansprüche und Klagen gegen internationale Organisationen, ausländische Regierungen oder Personen, die auf Anweisungen dieser Organisationen oder Regierungen gehandelt haben, werden nicht zugelassen."

Der Klageausschluß ging auf die Kontrollratsgesetzgebung über das deutsche Auslandsvermögen und die vorhergehenden Beschlüsse der Potsdamer Konferenz vom 2.8.1945 zurück[293] und hatte damit eine Viermächte-Grundlage.

Der Zeitpunkt, in dem die drei Westmächte in ihrem Notenwechsel mit der Bundesregierung noch vor der Aussetzung der Vier-Mächte-Rechte eine Bestätigung des Klageausschlußes erwirkt haben, deutet darauf hin, daß sie es für möglich hielten, die entsprechende Bindung der Bundesrepublik könnte mit der Beendigung der Rechte und Verantwortlichkeiten der vier Mächte und der Anerkennung der „vollen Souveränität" Deutschlands über seine inneren und äußeren Angelegenheiten (Art. 7 des „2+4"-Vertrag) hinfällig werden[294].

In diesem Fall hätte der eilige Notenwechsel eine Umgehung des absehbar sehr kurze Zeit später nach Art. 59 Abs. 2 Satz 1 GG wirksamen parlamentarischen Zustimmungserfordernis bedurft[295]. Eine solche Zustimmung erfolgte jedoch nicht.

Die Zivilgerichte wiesen dagegen die Klage ab. Nach Auffassung des OLG Köln entzog die Aufhebung der Viermächte-Rechte den Drei-Mächte-Rechten nicht die Grundlage; der „2+4"-Vertrag habe nicht die Aufhebung des Überleitungsvertrages zur Folge gehabt[296].

Der Überleitungsvertrag sei erst durch den Notenwechsels vom 27./28.9.1990 gleichzeitig mit dem Deutschlandvertrag suspendiert und außer Kraft getreten. Dies werde durch Nr. 2 des Notenwechsels vom 27./28.9.1990 bestätigt.

---

293 FASSBENDER, Klageausschluß bei Enteignungen zu Reparationszwecken, S. 1447; BGHZ 8, 378, 381

294 FASSBENDER, a.a.O., S. 1447

295 BLUMENWITZ, Staatennachfolge und die Einigung Deutschlands, S. 68, FASSBENDER, a.a.O., S. 1447

296 OLG Köln, VIZ 1998, S. 213 ff.

Einer solchen Regelung hätte es nicht bedurft, wenn Art. 7 „2+4"-Vertrag auch eine Beendigung der zwischen der Bundesrepublik und den drei West-Mächten abgeschlossen Verträge hätte bewirken sollen[297].

Auch die Formulierung des Nr. 3 des Regierungsabkommens, derzufolge die betreffenden Regelungen (unter anderem der Klageausschluß) in Kraft bleiben, sei so zu erklären.

Die Vertragschließenden des „2+4"-Vertrages hätten nicht nur ersichtlich eine Regelung der Aufhebung des Überleitungsvertrages neben dem „2+4"-Vertrag für erforderlich gehalten, sondern als Konsequenz der Souveränität die Aufhebung, insbesondere auch des Teils 6 Art. 3 ÜberleitungsV, gerade nicht gewollt.

Teil 6 Art. 3 ÜberleitungsV sei nicht bereits durch den „2+4"-Vertrag aufgehoben worden, sondern erst durch den Notenwechsel vom 27./28.9.1990.

Grundlage der unveränderten Fortgeltung des Teils 6 Art. 3 III ÜberleitungsV im deutschen Recht, bilde weiterhin das ursprüngliche Vertragsgesetz vom 24.3.1955. Für die Fortgeltung dieser Bestimmung habe der Notenwechsel insoweit nur deklaratorische Wirkung gehabt.

Die Ansicht des OLG Köln wurde durch das Bundesverfassungsgericht bestätigt. Der Notenwechsel bekräftige in Nr. 3 lediglich klarstellend, daß eine bereits geltende völkerrechtliche Regelung fortbestünde[298].

Neben den sonst noch gegen die Rechtsprechung vorzubringenden Bedenken[299] widerspricht die von der Rechtsprechung vertretenen Konzeption der Vier- und Drei - Mächte Rechte den Regelungen des Überleitungsvertrages, wonach die Beschränkungen - wie der oben genannte Klageausschluß - nur vorläufig waren und bei Abschluß eines Friedensvertrages wegfielen.

b) Lage in den neuen Bundesländern

Wie hätte die Rechtsprechung die Klage des FÜRSTEN HANS-ADAM II. VON UND ZU LIECHTENSTEIN entschieden, wenn das Bild nicht in Köln, sondern in Dresden aufgetaucht wäre? Sie hätte sich auf eine Fortgeltung des versteinerten Drei Mächte Besatzungsrecht nicht berufen könne, denn dieses konnte ja - deklaratorisch - nur für die alten Bundesländer fortgelten. Damit ist die Bedeutung von Ziff. 4a des Notenwechsels angesprochen.

297 OLG Köln, VIZ 1998, S. 214

298 BVerfG, VIZ 1998, 202 f

299 vgl. hierzu FASSBENDER, Klageausschluß bei Enteignungen zu Reparationszwecken, S. 1447

aa) Duldung des westdeutschen Besatzungsrechts in den neuen Bundesländern?

Gemäß Art. 11 Satz 1 EinigungsV gehen die Partner des EinigungsV davon aus, daß völkerrechtliche Verträge und Vereinbarungen, denen die Bundesrepublik Deutschland als Vertragspartei angehört, einschließlich solcher Verträge, die Mitgliedsstaaten in internationalen Organisationen oder Institutionen begründen, ihre Gültigkeit behalten und die daraus folgenden Rechte und Verpflichtungen sich mit Ausnahme der in Anlage I genannten Verträge auch auf das in Artikel 3 genannte Gebiet beziehen. Gemäß Anlage I, Kap. I, Abschnitt I, Ziff. 2 EinigungsV ist aber der Überleitungsvertrag von der Geltung für die DDR ausgenommen.

Was das „Nicht-umgangen-werden" betrifft, so stellt sich die Frage, ob die Vertragsparteien des Notenwechsels vom 27./28. September 1990 Teil 6 Art. 3 I und III ÜberleitungsV auch auf die neuen Bundesländer ausdehnen wollten. Die Formulierung käme damit einer - de facto -Vertragsausdehnung auf das betreffende Gebiet gleich[300].

Durch den Überleitungsvertrag wurden in erster Linie die Auswirkungen von Besatzungsakten, nicht aber die Besatzungsakte selbst festgeschrieben[301]. Dies wird sogar für die einzelnen Bestimmungen des Art. 3 des 6. Teils des Überleitungsvertrages bestätigt[302]:

„Die Verwendung des deutschen Auslandsvermögens für Reparationszwecke durch internationale Abkommen und durch Gesetze der Besatzungsbehörden war als eine harte Tatsache hinzunehmen. Es mußte darauf ankommen, diese internationalen Abkommen und Gesetze nach Möglichkeit aufzulockern. ... Die endgültige und formelle Lösung des Reparationsproblems mußte ... dem Friedensvertrag des wiedervereinigten Deutschland mit seinen ehemaligen Gegnern vorbehalten bleiben, einem Friedensvertrage, der, wie es ausdrücklich ausgesprochen wird, frei vereinbart sein muß."[303]

Wenn nun Ziff. 4a des Notenwechsels bestimmt, daß diese Regelung in dem angegebenen Gebiet nicht umgangen werden sollen, so könnte dies bedeuten, daß die Auswirkungen der Besatzungsakte auch dort hingenommen werden müssen. Die deutschen Staatsbürger auf dem Gebiet der DDR und Berlins hätten damit die Auswirkungen des versteinerten westdeutschen Besatzungsrechts zu dulden[304]. Deutsche Staatsbürger auf dem Gebiet der DDR hätten danach die gegen

---

300 BLUMENWITZ, Staatennachfolge und die Einigung Deutschlands, S. 69
301 vgl. oben Teil 1 E.III.1)e) insbesondere ddd)
302 BLUMENWITZ, a.a.O., S. 68
303 Begründung zum Vertrag über die Besatzungsmächte zwischen der Bundesrepublik Deutschland un den Drei Mächten, Anlage 4 zur BT-Drucks. 1/3500, S. 55
304 BLUMENWITZ, a.a.O., S. 69

ihr Privatvermögen in den alten Bundesländern gerichteten Konfiskationen der drei Mächte hinzunehmen[305]. Die „Nicht-Umgehung" der Bestimmungen des Überleitungsvertrages käme somit einer Anwendung dieser Bestimmungen im neuen Bundesgebiet gleich. Die Ausdehnung des versteinerten Besatzungsrechts auf die DDR und Berlin hätte damit eine konstitutive Bedeutung.

Eine derartige Interpretation stünde aber nicht nur im Widerspruch zum Einigungsvertrag. Bezüglich Ziff. 4a des Notenwechsels wäre hinsichtlich Art. 59 Abs. 2 Satz 2 GG eine verfassungswidrige Nichtbeteiligung der Legislative gegeben. Bedenken bestünden daher auch im Hinblick auf das Recht der Betroffenen aus Art. 14 GG[306].

bb) Einklang in der Nachwirkung des dem Überleitungsvertrag zugrunde liegenden Viermächterechts

Die Ausdehnung des versteinerten „westdeutschen" Besatzungsrechts auf das Gebiet der DDR und Berlins stünde auch im Widerspruch zu der allseits akzeptierten Symmetrie der Zuständigkeiten der westlichen Alliierten und der östlichen Siegermacht, wonach die oberste Regierungsgewalt in Gestalt von Rechtsetzung, Verwaltung und Rechtsprechung teils gemeinsam im Alliierten Kontrollrat, teils von jeder Militärregierung für sich in ihrer Besatzungszone ausgeübt wurde[307].

Möglicherweise hat Ziff. 4a des Notenwechsels vom 27./28. September 1990 deshalb eine ganz andere inhaltliche Bedeutung.

Die Vertragsstaaten könnten auch von der Überlegung ausgegangen sein, daß das Viermächterecht in der DDR (trotz der Erklärung der Sowjetregierung vom 20. September 1955) nie außer Kraft getreten war[308].

Zweck des Ziff. 4a der Vereinbarung ist es damit für die neuen wie für die alten Länder den Einklang in der Nachwirkung des dem Überleitungsvertrag zugrunde liegenden Viermächterechts sicherzustellen. Die von der Bundesrepublik Deutschland zugesicherte Nachbefolgung der Viermächterechte - auch auf dem Gebiet der DDR und in Berlin - verbietet die Annahme, der Vier-Mächte-Status

---

305 Der FÜRST VON UND ZU LIECHTENSTEIN war allerdings kein deutscher Staatsangeöriger, vgl. hierzu FASSBENDER, Klageausschluß bei Enteignungen zu Reparationszwecken, S. 1446 sowie oben Teil 1 C.II.1)a)aa)

306 Dabei ist schon die zeitlich unbegrenzte Fortgeltung für die alten Bundesländer im Hinblick auf die Eigentumsgarantie problematisch, vgl. BLUMENWITZ, Verfassungskollisionsrecht, § 211 Rdnr. 43 f., FASSBENDER, a.a.O., S. 1447. Dies gilt erst Recht für ein Überstülpen des versteinerten Besatzungsrechts auf die DDR und Berlin ohne gesetzliche Grundlage.

307 BLUMENWITZ, Verfassungskollisionsrecht, § 211 Rdnr. 29

308 BLUMENWITZ, a.a.O., § 211 Rdnr. 44

habe für Ost-Berlin spätestens seit dem Mauerbau nicht mehr gegolten[309]; sie widerlegt auch die Unterstellung des Bundesverwaltungsgerichts[310], die Bundesregierung habe mit dem Einigungsvertrag über Viermächterechte „disponiert“[311].

c) Ergebnis

Die im kriegerisch besetzten Gebiet von Groß-Berlin fremde DDR konnte zu militärischen Zwecken in Berlin - für die Bundesrepublik anerkennungsfähig - kein Land beschaffen.

Das negative Territorialitätsprinzip ist auch zugunsten fremder Gebietshoheit - der Gebietshoheit der Alliierten - anzuwenden. Fremdes DDR-Recht wird bei der Frage der Anerkennungsfähigkeit dieser Enteignungen nicht berufen.

Da die Enteignungen der Mauergrundstücke wegen ihres militärischen Zwecks gegen die Entmilitarisierungsvorschriften verstießen, fehlt es diesbezüglich an einem außerhalb des Herrschaftsbereichs der DDR anerkennungsfähigen „act of state“.

Die völkerrechtswidrige Enteignung der Mauergrundstücke widersprach auch dem ordre public der Bundesrepublik Deutschland, an dem alle nach interlokalem Recht berufenen Rechtsnormen und Hoheitsakte der DDR zu messen waren.

Der Einigungsvertrag änderte entgegen der Auffassung des Bundesverwaltungsgerichts nichts an der fehlenden Anerkennungsfähigkeit der Enteignung der Mauergrundstücke.

Eine derartige Anerkennung stünde auch im Widerspruch zur Protokollerklärung zum Einigungsvertrag und Ziff. 4a des Notenwechsels vom 27./28. September 1990.

VI. Ausschluß zivilrechtlicher Ansprüche durch das Vermögensgesetz?

Nach überwiegender Ansicht erfüllen die Enteignungen der Mauergrundstücke keinen der Schädigungstatbestände des Vermögensgesetzes[312].

Der Bundesrat forderte, einer Gesetzesinitiative Berlins folgend, die Rückgabe der betroffenen Grundstücke an die vom SED-Regime Enteigneten.

Dieses Ergebnis sollte durch eine Ergänzung des Vermögensgesetzes erreicht werden. Nach Art. 1 des Entwurfs eines Gesetzes zur Einbeziehung der Mauer-

---

309 So das Kammergericht, NJ 1995, S. 263 f.

310 BVerwG, DtZ 1996, S. 155 f.

311 BLUMENWITZ, Verfassungskollisionsrecht, § 211 Rdnr. 44

312 Überblick über die Rechtsprechung: KITTKE, Das Mauergrundstücksgesetz, S. 464, 465

und Grenzgrundstücke sollte in das Vermögensgesetz nach § 1 Abs. 7 VermG ein neuer Abs. 7 a mit folgendem Wortlaut eingefügt werden[313]:

„(7a) Dieses Gesetz gilt entsprechend für die Rückgabe von Grundstücken und Gebäuden im ehemaligen Grenzgebiet zwischen der Bundesrepublik Deutschland einschließlich Berlin (West) und der Deutschen Demokratischen Republik einschließlich Berlin (Ost), die unmittelbar zum Zwecke der Errichtung von Sperranlagen durch Enteignung oder Zwangsverkauf entzogen wurden. § 5 Abs. 2 und § 7 Abs. 1 und 2 finden mit der Maßgabe Anwendung, daß die maßgeblichen tatsächlichen Umstände am 29. April 1994 vorgelegen haben müssen. Bei Veräußerungen vor dem 29. April 1994 steht dem Berechtigten ein Anspruch auf den erzielten Erlös zu; bei späteren Veräußerungen richten sich die Ansprüche des Berechtigten nach § 16 des Investitionsvorranggesetzes."

Nach Auffassung der Bundesregierung war das Vermögensgesetz aufgrund seines Charakters als Wiedergutmachungsgesetz für Vermögensverluste aufgrund individueller Unrechtsmaßnahmen nicht der richtige Standort für einen dementsprechende Regelung[314].

„Zweck des Gesetzes ist es also grundsätzlich nicht, jedwede Form von Enteignungen in der Deutschen Demokratischen Republik zu erfassen. Vielmehr geht es im wesentlichen nur darum, die spezifischen Nachteile auszugleichen, die Bundesbürger und Ausländer aufgrund der Tatsache hinnehmen mußten, daß sie über ihr Eigentum - sei es, weil sie das Gebiet der Deutschen Demokratischen Republik legal oder illegal verlassen haben, sei es, weil sie dort nie einen Wohnsitz hatten - bislang nicht oder nicht mehr selbst verfügen konnten. Enteignungen, von denen Bürger der DDR, Bundesbürger und Ausländer gleichermaßen betroffen waren (z. B.) Enteignungen aufgrund der Bestimmungen des Verteidigungsgesetzes der Deutschen Demokratischen Republik, sind grundsätzlich nicht Gegenstand dieses Gesetzes."

In der Beschlußempfehlung und Bericht des Rechtsausschusses zu dem Entwurf des Bundesrates wurde festgestellt[315]:

„Bezüglich dieser Immobilien bestehen grundsätzlich keine Restitutionsansprüche. Das Vermögensgesetz erfaßt nur solche Enteignungen, die der politischen Verfolgung dienten, als politische Strafmaßnahmen anzusehen waren oder ansonsten diskriminierenden Charakter aufwiesen. Die Rückabwicklung nach dem Vermögensgesetz sind Teil der Wiedergutmachung von individuell erlittenem Unrecht im Rahmen der Gesamtbereinigung von DDR-Unrecht auf immateriellem und materiellem Gebiet.

---

313 BT-Drucksache 13/120 vom 21.12.1994, S. 4.
314 BT-Drucksache 12/8427 S. 7 = BT-Drucksache 13/120 S. 7
315 6. Ausschuß zu dem Entwurf des BR -Drucks. 13/120

Eine derartige individuelle Diskriminierung liegt bei den Enteignungen nicht vor, die im Zusammenhang mit dem Mauerbau vorgenommen worden sind. Dies gilt auch für die Veräußerung im Vorfeld von Enteignungen. Die Übernahme in Volkseigentum erfolgte aufgrund der örtlichen Lage der Grundstücke, ohne Ansehen der Person und gegen eine nach geltenden DDR-Normen ordnungsgemäßen Entschädigung oder Zahlung eines entsprechenden Kaufpreises. Aus diesen Gründen wäre es nicht sachgerecht, für die Mauer- und Grenzgrundstücke einen neuen Restitutionstatbestand im Vermögensgesetz zu schaffen."

Ursprünglich gab es auch in der Literatur Stimmen, die die Mauergrundstücke wegen unlauterer Machenschaften nach § 1 Abs. 3 in Verbindung mit § 3 VermG restituieren wollten.

1) § 1 Abs. 1 a) und § 3 VermG

Die Opfer der Enteignung der Mauergrundstücke wurden nach § 10 DDR-Verteidigungsgesetz enteignet. Diese Norm diente der Landbeschaffung zu Verteidigungszwecken. Die enteigneten Grundstücke wurden in Volkseigentum überführt. Der Eigentümer wurde aus dem Grundstück gelöscht und verlor dabei alle Eigentümerrechte. Das Grundstück wurde Eigentum des Volkes.

Nach § 1 Abs. 1 a) VermG müssen die Enteignungen entschädigungslos erfolgt sein. Umstritten war, ob eine Enteignung auch dann entschädigungslos erfolgte, wenn zwar formal ein Anspruch auf Entschädigung bestand, der Enteignete aber tatsächlich keine Entschädigung enthielt[316].

Ein formaler Anspruch auf Entschädigung bestand nach § 10 DDR-Verteidigungsgesetz, der auf § 9 des Gesetzes über die Entschädigung bei Inanspruchnahme nach dem Aufbaugesetz vom 25.4.1960 verweist.

Enteignungen nach dem Verteidigungsgesetz werden wie Enteignungen nach der Aufbauverordnung und dem Baulandgesetz[317] nach überwiegender Ansicht wegen der formal bestandenen Entschädigungsmöglichkeit nicht nach § 1 VermG restituiert.

2) § 1 Abs. 1 b) und § 3 VermG

Nach § 1 Abs. 1 b) VermG sind auch solche Vermögenswerte zurückzuübertragen, die „gegen eine geringere Entschädigung enteignet wurden, als sie Bürgern der früheren Deutschen Demokratische Republik zustand."

---

316 vgl. oben Teil 1 A.II.1)
317 vgl. oben Teil 1 A.II.

Nach überwiegender Ansicht kommt wie bei den Aufbau- und Baulandenteignungen[318] eine Rückübertragung der Mauergrundstücke auf der Grundlage des Schädigungstatbestandes des § 1 Abs. 1 b) VermG nicht in Betracht, da die Entscheidungen über die Entschädigungen der Mauergrundstücke bereits vor Anwendung der Ministerratsbeschlüsse[319] abgeschlossen waren.

3) § 1 Abs. 3 und § 3 VermG

Das Vermögensgesetz gewährt Ansprüche an Vermögenswerten, die aufgrund unlauterer Machenschaften, z. B. durch Machtmißbrauch, Korruption, Nötigung oder Täuschung von seiten des Erwerbers, staatlichen Stellen oder Dritten, erworben wurden.

Unter Machtmißbrauch ist der zweckwidrige Einsatz staatlicher Machtmittel zu verstehen[320].

§ 1 Abs. 3 VermG erfaßt neben rechtsgeschäftlichen Erwerbsvorgängen, auch hoheitliche Erwerbsakte in Form willkürlicher Enteignungen auf gesetzlicher Grundlage[321], auch wenn aus diesem Anlaß eine Entschädigung ganz oder teilweise gezahlt worden ist.

Nach höchstrichterlicher Rechtsprechung kommen hierbei vor allem zwei Fallgruppen in Betracht.

Bei der ersten Fallgruppe handelt es sich um Enteignungen, bei denen die eine unlautere Machenschaft begründende Manipulation darin liegt, daß der angegebene Gesetzeszweck der Enteignung offenkundig von keiner gesetzlichen Rechtsgrundlage gedeckt sein konnte, der Enteignungsbeschluß also nur den äußeren Schein einer gesetzmäßigen Vermögensentziehung begründen sollte[322].

Bei der zweiten Fallgruppe geht es um Sachverhalte, bei denen staatliche Organe ein den gesetzlichen Bestimmungen grundsätzlich entsprechendes Vorhaben als Enteignungszweck nur vorgeschoben haben, um in Wahrheit zu gänzlich anderen Zwecken das Eigentum am Vermögenswert zu erlangen[323].

Nach überwiegender Ansicht stellen die Enteignungen der Mauergrundstücke keine Schädigung im Sinne des § 1 Abs. 3 VermG dar.

Allein maßgeblich seien Rechtsvorstellungen der DDR. Der verfolgte Enteignungszweck - die Sicherung der Errichtung der Berliner Mauer - sei durch § 10 Verteidigungszweck gedeckt gewesen. § 10 Verteidigungsgesetz habe eine Inan-

---

318 vgl. oben Teil 1 A.II.1)
319 Nachweise in BVerwGE 95, 289, 292
320 NEUHAUS in: FIEBERG/REICHENBACH, § 1 VermG Rdnr. 110
321 BVerwG, VIZ 1994, 601 = ZOV 1994, 496, 497
322 BVerwG, a.a.O.
323 BVerwG, VIZ 1994, 185 = ZOV 1994, 135

spruchnahme von Grundstücken „im Interesse der Verteidigung der Republik“ ermöglicht, so daß nach der Rechtsauffassung der DDR die Sicherung ihrer Grenze auch gegenüber der Bundesrepublik bzw. Berlin (West) ein zulässiger Inanspruchnahmezweck war.

BRETTHOLLE/KÖHLER-APEL haben die Enteignungen von Mauergrundstücken und Grenzstreifengrundstücken als machtmißbräuchlich bewertet[324].

Im Ergebnis könne offenbleiben, ob der in der entgegen dem Sonderstatus von Berlin erfolgten Anwendung des Verteidigungsgesetzes liegende Völkerrechtsverstoß bereits zur Rechtswidrigkeit oder Nichtigkeit von auf das Verteidigungsgesetz gestützten Enteignungsmaßnahmen führte. Für eine Einordnung unter den Begriff des Machtmißbrauchs reiche es aus, daß die in der Anwendung des Verteidigungsgesetzes in Berlin liegende Völkerrechtsverletzung, wegen des insoweit mit Art. 25 GG vergleichbaren Art. 8 Abs. 1 Satz 1 der Verfassung der DDR vom 6.4.1968 bzw. Art. 8 Abs. 1 Satz 1 in der Fassung des Gesetzes zur Änderung der Verfassung der DDR vom 7.10.1974, nicht von dem in der DDR geltenden allgemeinen Recht gedeckt wurde.

Anders als beispielsweise militärisch genutzte Flugplätze, Hafenanlagen, Kasernengelände oder Trupenübungsplätze dienten die Grenzstreifen- und Mauergrundstücke mit ihren nach innen gerichteten Stacheldrähten und Selbstschußanlagen gerade nicht Verteidigungszwecken, sondern sollten lediglich die „Republikflucht“ verhindern.

Der Machtmißbauch liege in diesen Fällen in dem Vorschieben eines Verteidigungs- oder Schutzzweckes zur Verfolgung in Wahrheit nicht durch das Verteidigungszweck bzw. Grenzgesetz gedeckter Zwecke.

4) Sperrwirkung des Vermögensgesetzes gegenüber anderen Anspruchsgrundlagen - Art. 143 Abs. 3 GG

Wie bei den Enteignungen nach der Aufbauverordnung und dem Baulandgesetz stellt sich auch hier die Frage nach des Ausschlußwirkung des Vermögensgesetzes.

Bestandskräftig sind gemäß Art. 143 Abs. 3 GG neue Fassung „nur die in der SBZ (1945-1949) durchgeführten Enteignungen auf besatzungsrechtlicher bzw. besatzungshoheitlicher Grundlage“; die völkerrechtswidrige Enteignung der Mauergrundstücke wird vom Einigungsvertrag nicht geschützt[325].

---

324 BRETTHOLLE/KÖHLER-APEL, Vermögen in der ehemaligen DDR, § 1 Rdnr. 72 ff.

325 BLUMENWITZ, Die Mauergrundstücke im interlokalen und intertemporalen Konflikt, S. 77

Das Gesetz zur Regelung offener Vermögensfragen ist als Anlage gemäß Art. 45 Abs. 1 EinigungsV am 29. September 1990 in Kraft getreten[326]. Einigungsvertrag und Vermögensgesetz bezweckten nicht die Anerkennung extraterritorialer Enteignungen, die fundamentale Rechtsvorschriften der Bundesrepublik Deutschland verletzten. Eine Perpetuierung derartiger Enteignungen durch den Einigungsvertrag oder das Vermögensgesetz ist nicht eingetreten.

5) Ergebnis

Ein Ausschluß zivilrechtlicher Ansprüche kann nach den vorstehenden Ausführungen für die Enteignungen der Mauergrundstücke nicht angenommen werden..

Einigungsvertrag und Vermögensgesetz bezweckten nicht die Anerkennung nichtiger Enteignungen. Zivilrechtlichen Ansprüchen steht Art. 143 Abs. 3 GG nicht entgegen.

Schließlich war der Gesetzgeber auch seiner Auffassung nach frei, die Rückgabe der Mauergrundstücke einem besonderem Regime zu unterwerfen.

VII. Ausschluß zivilrechtlicher Ansprüche durch das Gesetz über den Verkauf von Mauer- und Grenzgrundstücken an die früheren Eigentümer?

Ein Anerkennung der nichtigen Enteignungen der Mauergrundstücke könnte schließlich durch das Gesetz über den Verkauf von Mauer- und Grenzgrundstücken an die früheren Eigentümer vom 15. Juli 1996 (im folgenden: MauerG) eingetreten sein[327].

Das Gesetz geht im Hinblick auf seine eindeutige Zielsetzung von der Wirksamkeit dieser Enteignungen aus; Grundstücke, die zum Zwecke der Errichtung von Sperranlagen entlang der gesamten ehemaligen innerdeutschen Grenze sowie zum Zweck des Baus der Berliner Mauer durch Berlin und des Sperrgürtels um Berlin enteignet wurden, sind - nach der Auffassung des Gesetzgebers - mit der Herstellung der deutschen Einheit in das Vermögen des Staates gefallen[328].

Dennoch bleiben die Mauer durch Berlin und der Todesstreifen an der ehemaligen innerdeutschen Grenze sinnfälliger Ausdruck des Unrechtsregimes in der früheren DDR. Sie waren die Herausforderung des Wiedervereinigungsgebots im Grundgesetz alter Fassung und hatten Symbolcharakter für die Teilung Deutschlands und Europas.

---

326 BLUMENWITZ, a.a.O., S. 73
327 BGBl. I, S. 980
328 BLUMENWITZ, a.a.O., S. 62

Die Grundstücke sollten daher nicht wie das sonst in der DDR enteignete Vermögen behandelt werden[329]. Es bestand die Befürchtung, jede Sonderregelung könnte zu einer Totalrevision aller für öffentliche Zwecke in der ehemaligen DDR durchgeführten Enteignungen führen[330].

Nach der geltenden Fassung werden den „Berechtigten" (das sind „ehemalige Eigentümer oder deren Rechtsnachfolger") die in den Anwendungsbereich des Gesetzes fallenden Grundstücke zum Rückkauf angeboten.

Sie erhalten gemäß § 2 MauerG die Möglichkeit, die fraglichen Immobilien zu 25% des Verkehrswertes zu erwerben, sofern der Bund die Grundstücke nicht für eigene öffentliche Zwecke verwenden oder im öffentlichen Interesse an Dritte veräußern will.

In Anlehnung an die entsprechende Regelung für Zwangsausgesiedelte haben die Berechtigten Anspruch auf Zahlung von 75% des Veräußerungserlöses auch in denjenigen Fällen, in denen nach dem 15. Februar 1992 über Mauer- und Grenzgrundstücke verfügt worden ist und daher ein Rückerwerb gegenwärtig nicht mehr in Betracht kommt (§ 3 Abs. 1 MauerG).

Erhaltene Entschädigungen oder Lastenausgleich brauchen die Berechtigten nicht zurückzubezahlen. Eine den §§ 18 ff. Vermögensgesetz entsprechende Regelung für Altschulden ist im Gesetz nicht vorgesehen. Die beim Verkauf an die Berechtigten erzielten Erlöse werden nicht dem Bundeshaushalt zugeführt, sondern sind der Förderung wirtschaftlicher, sozialer und kultureller Zwecke in den neuen Ländern gewidmet (§ 5 MauerG).

Die Zuordnung des Vermögens, die auch für die Frage bedeutsam gewesen wäre, wohin die Erlöse aus dem Rückkauf der Grundstücke fließen sollen, ist nunmehr durch die Fondslösung in § 5 MauerG überholt[331]. Die neuen Länder erhalten der Regelung nach mehr als ihnen bei der Aufteilung von Finanzvermögen zugestanden hätte[332].

---

329 vgl. Berliner Gesetzesinitiative „Entwurf eines Gesetzes zur Regelung der Rechtsverhältnisse der Grundstücke an der innerdeutschen Grenze und der Grundstücke von Zwangsausgesiedelten, BR-Drucks. 167/92; Gesetzentwurf des Bundesrates zur Einbeziehung der Mauer- und Grenzgrundstücke in das Vermögensgesetz, BT-Drucks. 13/120 vom 21.12.1994; ferner Beschlußempfehlung und Bericht des Rechtsausschusses des Deutschen Bundestages, BT-Drucks. 13/3734 vom 8.2.1996.

330 BT-Drucks. 13/120 vom 21.12.1994, S. 5

331 BLUMENWITZ, Die Mauergrundstücke im interlokalen und intertemporalen Konflikt, S. 67

332 BLUMENWITZ, a.a.O., S. 68

Die Entwürfe zum Mauergrundstücksgesetz waren deshalb von Anfang an umstritten[333]. Die Mauergrundstücke an der innerstädtischen Sektorengrenze stellen aufgrund ihrer zentralen Lage auch erhebliche Verkehrswerte dar.

Der überwiegende Teil der Mauergrundstücke befindet sich in Berlin. Der Verkehrswert der Grundstücke beträgt nach Angaben des stellvertretenden Vorsitzenden der Interessengemeinschaft Hildebrandt zwischen 400 und 500 Millionen DM[334]. Tatsächlich dürfte der Verkehrswert aber erheblich höher liegen, denn die Schätzung der Interessengemeinschaft setzt bewußt am unteren Ende an.

SPD und Bündnis 90/Die Grünen hatten das Mauergrundstücksgesetz der Koalition von CDU/CSU und FDP 1996 als „zynisch, unanständig und ungerecht" gegeißelt; damit werde das Enteignungsunrecht der DDR nachträglich legitimiert.

In dem Entschließungsantrag von Bündnis90/Die Grünen heißt es hierzu[335]:

„Die Mauergrundstücke in Berlin müssen an ihre rechtmäßigen Eigentümer zurückgegeben werden, wenn die Voraussetzungen des Vermögensgesetzes vorliegen. Der Staat darf sich nicht am DDR-Unrecht bereichern. Die Menschen, die während des Mauerbaus von Haus und Hof vertrieben wurden, deren Häuser abgerissen und deren Habe unter den Bütteln des Regimes aufgeteilt wurde, haben einen Anspruch auf Gerechtigkeit, der mit dem Einräumen von Vorkaufsrechten nicht eingelöst ist: Nachdem ihnen ihr Eigentum gewaltsam und unrechtmäßig weggenommen worden ist, müssen die Betroffenen es vielmehr als zynisch empfinden, wenn ihnen heute der Staat ihr Eigentum nicht, wie vom Bundesrat und der Fraktion Bündnis 90/Die Grünen gefordert, zurückgibt, sondern dieses - wenn auch zu günstigen Konditionen - zum Rückkauf anbietet."

Die SPD begründete ihren Entschließungsantrag auf eine vorbehaltlose Rückgabe wie folgt[336]:

„Die vorgeschlagene Regelung ist rechtlich und moralisch unhaltbar und für die ehemaligen Eigentümer eine Zumutung. Es ist mit der Glaubwürdigkeit des Rechtsstaates unvereinbar, daß die Bundesrepublik Deutschland die von den Machthabern zum Zwecke der Errichtung der Sperranlagen entlang der ehemaligen innderdeutschen Grenze sowie zum Bau der Berliner Mauer und des Sperrgürtels um Berlin vorgenommenen Enteignungen praktisch sanktioniert und die widerrechtlich enteigneten Grundstücke ihrem Vermögen zuordnet. An diesem beschämenden Sachverhalt ändert auch die vorgeschlagene Rückerwerbsregelung für die ehemaligen Eigentümer und die vorgesehene Bildung eines aus den Verkaufserlösen zu speisenden Fonds nichts ... Die Rückgabe der Mauer- und

---

333 zur Entstehungsgeschichte des Mauergesetzes vgl. auch BLUMENWITZ, Die Mauergrundstücke im interlokalen und intertemporalen Konflikt, S. 62 ff.

334 HILDEBRANDT, Interview in der Berliner Zeitung vom 2. August 1996

335 BT-Drucks. 13/3757 vom 8.2.1996

336 BT-Drucks. 13/3758 vom 8.2.1996

Grenzgrundstücke ohne Wenn und Aber, wie es der Gesetzesentwurf des Bundesrates vorsieht, ist deshalb die einzig rechtlich und moralisch gebotene Maßnahme ...“

Nach dem Machtwechsel wurde eine Korrektur der „zynischen“ und auch „beschämenden“ gesetzlichen Regelung von der Koalition aus SPD und Bündnis 90/Die Grünen abgelehnt.

Während die Berliner Parteien die vorbehaltlose Rückgabe der Grundstücke fordern, verkündete Bundeskanzler Schröder durch Kanzleramtsminister Bodo Hombach, die im Mauergrundstücksgesetz vorgesehene Rückkaufregelung stelle einen „akzeptablen Kompromiß“ dar[337].

1) Geltungsbereich des Mauergrundstücksgesetzes

Der Bundesgesetzgeber verwendet bei der Definition des Geltungsbereich des Mauergrundstücksgesetzes zunächst - scheinbar neutral - den Begriff der „ehemaligen Grenze“. Dabei knüpft er jedoch ausdrücklich und ohne Differenzierung an eine Regelung des Grenzgesetzes der DDR[338] an, die den Begriff des Grenzgebietes anhand des Begriffes der Staatsgrenze definiert[339].

2) Anknüpfung des § 1 Abs. 1 MauerG an § 8 Abs. 1 GrenzG

§ 1 Abs. 1 MauerG hat folgenden Wortlaut:

„Mauer- und Grenzgrundstücke sind Grundstücke, die in § 8 des Gesetzes über die Staatsgrenze der DDR vom 25.3.1982 (GBl. I Nr. 11, S. 197) bezeichneten Grenzgebieten liegen und die für Zwecke der Errichtung und des Ausbaus von Sperranlagen an der ehemaligen Grenze zwischen der Bundesrepublik Deutschland einschließlich Berlin (West) und der Deutschen Demokratischen Republik einschließlich Berlin (Ost) in Volkseigentum überführt wurden.“

§ 8 Absatz 1 des Gesetzes über die Staatsgrenze der DDR vom 25.3.1982 (GrenzG) lautet:

„Entlang der Staatsgrenze und an der Küste bestehen Grenzgebiete.“

Ausgehend vom Wortlaut werden von dem Tatbestand des Mauergrundstücksgesetzes nur solche Grundstücke erfaßt, die sich entlang der Staatsgrenze der DDR in einem Grenzgebiet befinden.

---

337 VOGT, Wenn's nur ums Geld geht, Focus, S. 62

338 vgl. oben Teil 2 vor A.

339 ALICH/WEBER, Rechtsfragen zum Anwendungsbereich von § 1 Abs. 1 MauerG, S. 392 ff.

Mit der Qualifizierung der innerstädtischen Sektorengrenze Berlins als Staatsgrenze setzt sich der Gesetzgeber in offenen Widerspruch zur bisherigen Haltung der Bundesrepublik Deutschland und der Westmächte.

a) Die Bedeutung der Staatsgrenze aus völkerrechtlicher Sicht

In der völkerrechtlichen Literatur wird der Begriff der Grenze in Zusammenhang mit den Begriffen des Staatsgebietes, der territorialen Souveränität und der Gebietshoheit der Staaten[340] erörtert.

aa) Westliche Völkerrechtsliteratur

In der westlichen Völkerrechtsliteratur findet sich beispielsweise bei DAHM/ DELBRÜCK/ WOLFRAM folgende Darstellung[341]:

„Das Staatsgebiet ist als derjenige Raum der Erde, der durch Grenzen gegenüber den Gebieten anderer Staaten bzw. den staatsfreien Räumen abgegrenzt ist, zu definieren. Da Grenzen den Umfang der territorialen Souveränität eines Staates gegenüber anderen Staaten umschreiben, bedürfen sie grundsätzlich einer völkerrechtlichen Anerkennung. Grenzen gegenüber anderen Staaten können nicht einseitig verbindlich festgelegt werden, es bedarf dazu eines Grenzvertrages bzw. einer Anerkennung oder stillschweigenden Billigung des Grenzverlaufs."

bb) Östliche Völkerrechtsliteratur

Im Völkerrechtslehrbuch der DDR wird hierzu festgestellt[342]:

„Von größter Bedeutung für die internationale Sicherheit und das friedliche Zusammenleben und Zusammenarbeiten der Staaten ist die rechtliche Funktion und Wirkung der Staatsgrenzen. Denn durch sie wird das Territorium eines Staates vom Gebiet anderer Staaten und vom offenen Meer abgegrenzt. Die Staatsgrenzen umschließen so das Territorium, in dem die Gebietshoheit eines Staates wirkt, daß heißt, ein Staat darf bei der Wahrnehmung seiner Territorialhoheit grundsätzlich nicht über seine eigenen Grenzen hinaus wirken und insbesondere bei ihrer Ausübung nicht die Grenzen eines anderen Staates überschreiten."

In Ausnahmefällen könnten auf der Basis der Unverletzlichkeit der Grenzen friedliche, auf freiwilliger Vereinbarung der beteiligten Staaten und im Bereich

---

340 vgl. oben A.III.3)

341 DAHM/DELBRÜCK/WOLFRAM, Völkerrecht, S. 380

342 Völkerrecht, Lehrbuch, S. 257

ihrer ausschließlichen souveränen Entscheidungsbefugnis liegende Grenzveränderungen vorgenommen werden[343].

b) Sektoren- oder Staatsgrenze in Groß-Berlin?

Westliche und östliche Völkerrechtsliteratur knüpfen damit an den Begriff der Staatsgrenze den Begriff der territorialen Souveränität bzw. Gebietshoheit und die Notwendigkeit beidseitiger Anerkennung des Grenzverlaufes.

Der Ministerrat der DDR verkündete am 12. August 1961, daß

„an den Grenzen der Deutschen Demokratischen Republik einschließlich der Grenze zu den Westsektoren von Groß-Berlin eine solche Kontrolle eingeführt wird, wie sie an den Grenzen jedes souveränen Staates üblich ist.“[344]

Die DDR hatte kein Recht auf Ausübung der Gebietshoheit in Groß-Berlin. Berlin war nicht Bestandteil der sowjetischen Besatzungszone bzw. der später gegründeten DDR[345].

aa) Note der amerikanischen Regierung an die sowjetische Regierung vom 16. August 1961

Die amerikanischen Regierung stellte in ihrer Note an die sowjetische Regierung vom 16. August 1961[346] fest:

„Die Regierung der Vereinigten Staaten hat niemals gebilligt, daß die Bewegungsfreiheit innerhalb Berlins Beschränkungen unterworfen wird. *Die Grenze zwischen dem Sowjetsektor und den Westsektoren Berlins ist keine Staatsgrenze.* Die Regierung der Vereinigten Staaten betrachtet daher die von den ostdeutschen Behörden verfügten Maßnahmen als illegal. Sie wiederholt, daß sie die Behauptung, der Sowjetsektor Berlins bilde einen Teil der sogenannten Deutschen Demokratischen Republik und Berlin liege auf diesem Territorium, nicht anerkennt.“

---

343 Völkerrecht, a.a.O., S. 259

344 Dokumente zur Berlin-Frage 1944 - 1966, Nr. 319

345 vgl. oben A.III.1)

346 Dokumente zur Berlin-Frage 1944 - 1966, Nr. 330

bb) Anerkennung der „Staatsgrenze der DDR zu Berlin (West)“ durch Vereinbarungen zwischen dem Berliner Senat und der DDR?

§ 2 Abs. 2 des Grenzgesetzes bestimmt:

„Die Staatsgrenze verläuft so, wie sie in völkerrechtlichen Verträgen und den dazu gehörenden Dokumentationen über den Verlauf und die Markierung der Staatsgrenze festgelegt und beschrieben ist.“

Das Viermächteabkommen vom 3. September 1971[347] sah vor, daß die Probleme der kleinen Exklaven einschließlich Steinstückens und anderer Areale durch Gebietsaustausch gelöst werden können. Die entsprechende innerdeutsche Vereinbarung folgten am 20. Dezember 1971.

Nach der oben aus dem Lehrbuch für Völkerrecht der DDR zitierten Auffassung handelte es sich bei der Vereinbarung zwischen der DDR und dem Berliner Senat vom 20. Dezember 1971 über die Regelung von Enklaven durch Gebietsaustausch „um eine in der ausschließlichen souveränen Entscheidungsbefugnis liegende Grenzregelung zwischen benachbarten Staaten.“[348].

Nach dem oben gewonnenen Ergebnis ist entgegen der Auffassung des Kammergerichts vom Fortbestand der Viermächte-Verantwortlichkeit bis zur ihrer Beendigung durch den „2+4“-Vertrag vom 12. September 1990 auszugehen[349].

Man mag der Auffassung sein, die DDR habe bei dieser innerdeutschen Verhandlung faktisch ihren Standpunkt durchsetzen können, daß Ost-Berlin Teil der DDR sei[350]; de jure läßt sich hierfür jedoch nichts herleiten, denn der Gebietsaustausch wurde erst durch die Unterzeichnung des Schlußprotokolls, also einem Akt der vier Hauptsiegermächte, vollzogen[351].

Auch wenn es der DDR im Rahmen der östlichen Berlin-Politik überlassen blieb, die Behauptung der selbständigen politischen Einheit West-Berlin mit Forderungen nach einer Normalisierung der Beziehung zwischen West-Berlin und der DDR anzureichern und der Abschluß ordnungsgemäßer Vereinbarungen auf der Grundlage normaler staatlicher Beziehungen verlangt wurde und der DDR-Außenminister erklärte, die DDR sei bereit, einen Vertrag über den „West-Berlin-Status“ mit dem Berliner Senat abzuschließen[352], konnte sie zu keiner Zeit ihren Rechtsstandpunkt durchsetzen. Dies folgt bereits aus der fehlenden Zustän-

---

347 vgl. oben A.III.4)e)

348 Völkerrecht, Lehrbuch, S. 261

349 vgl. oben A.III.5)

350 MAHNCKE, Berlin im geteilten Deutschland, S. 27

351 vgl. die Einzelheiten bei ZIVIER, Der Rechtsstatus des Landes Berlin, 2. Auflg., S. 162

352 MAHNCKE, a.a.O., S. 110

digkeit auf beiden Seiten, denn die Viermächteverantwortung wurde erst durch den „2+4“ Vertrag beendet[353].

cc) Entsprechende Anwendung des Grenzgesetzes gemäß § 39 GrenzG

Auch wenn aus DDR-Sicht der Abschluß von völkerrechtlichen Verträgen über den Status West-Berlins zu fordern war: Von einer bestehenden Staatsgrenze zu West-Berlin ging auch der DDR-Gesetzgeber nicht aus; § 39 GrenzG hat folgenden Wortlaut:

„Die Bestimmungen dieses Gesetzes sind an der Staatsgrenze zu Berlin (West) entsprechend anzuwenden. Bestehende Rechte und Zuständigkeiten in Berlin (West) werden davon nicht berührt.“

Auch wenn § 39 GrenzG den Begriff der Staatsgrenze verwendet, so folgt doch aus der angeordneten entsprechenden Anwendung der Bestimmungen des Grenzgesetzes wenigstens eine formelle Anerkennung des besonderen Status Berlins.

Die vom Bundesgesetzgeber zur Bestimmung des Anwendungsbereichs des Mauergrundstücksgesetz vorgenommene Verweisung auf § 8 GrenzG, differenziert dagegen nicht zwischen der direkten Anwendung an der innerdeutschen Grenze und der entsprechenden Anwendung an der Sektorengrenze Berlins, so wie sie jedenfalls der DDR-Gesetzgeber vorgenommen hat, der den Viermächte-Rechten und dem entmilitarisierten Status Groß-Berlin mit § 39 Satz 2 GrenzG zumindest in verschlüsselter Form Rechnung getragen hat[354].

dd) Die innerdeutsche Grenze und der Status Berlins in der Beurteilung des Bundesverfassungsgerichts im Grundvertragsurteil vom 31.7.1973

Nach der Auffassung des Bundesverfassungsgerichts war auch die zwischen der Bundesrepublik und der DDR bestehende Grenze zwar als „staatsrechtliche“ nicht aber als „Staatsgrenze“ zu qualifizieren. Diese Auffassung vertrat das Gericht in seinem Urteil zum Grundvertrag vom 21. Dezember 1972.

Nach der Auffassung des Bundesverfassungsgerichts war bezogen auf Art. 3 Abs. 2 Grundvertrag[355] wie folgt zu differenzieren[356]:

---

353 vgl. oben A.III.5)

354 von Lampe/Pfennig, Verfassung von Berlin, Art. 1 Rdnr. 14

355 „Sie bekräftigen die Unverletzlichkeit der zwischen ihnen bestehenden Grenze jetzt und in der Zukunft und verpflichten sich zur uneingeschränkten Achtung ihrer territorialen Integrität.“

356 BVerfGE 36, 1, 26 f.

„Es gibt Grenzen verschiedener rechtlicher Qualität: Verwaltungsgrenzen, Demarkationslinien, Grenzen von Interessensphären, eine Grenze des Geltungsbereichs des Grundgesetzes, die Grenzen des Deutschen Reiches nach dem Stand vom 31. Dezember 1937, staatsrechtliche Grenzen und hier wiederum solche, die den Gesamtstaat einschließen, und solche, die innerhalb eines Gesamtstaates Gliedstaaten (z. B. die Länder der Bundesrepublik) voneinander trennen. Daß in Artikel 3 Abs. 2 eine staatsrechtliche Grenze gemeint ist, ergibt sich unzweideutig aus dem übrigen Inhalt des Vertrages (Art. 1,2,3 Abs. 1, 4, 6).

Für die Frage, ob die Anerkennung der Grenze zwischen beiden Staaten als Staatsgrenze mit dem Grundgesetz vereinbar ist, ist entscheidend die Qualifizierung als staatsrechtliche Grenze zwischen zwei Staaten, deren „Besonderheit" ist, daß sie auf dem Fundament des noch existierenden Staates „Deutschland als Ganzes" existieren, daß es sich also um eine staatsrechtliche Grenze handelt ähnlich denen, die zwischen den Ländern der Bundesrepublik Deutschland verlaufen."

Anders als offenbar dem Bundesgesetzgeber, war der DDR diese Abschwächung durchaus bewußt. Es stünde in offenen Widerspruch sowohl zu der sich aus den völkerrechtlichen Grundprinzipien der souveränen Gleichheit der Staaten und dem Prinzip der Unverletzlichkeit der Grenzen ergebenden grundsätzlichen völkerrechtlichen Pflicht aller Staaten, die Grenzen jedes anderen Staates zu respektieren, als auch zu der Verpflichtung der BRD aus dem Grundlagenvertrag mit der DDR, die territoriale Integrität der DDR uneingeschränkt zu achten, wenn die BRD unter Berufung auf das Grundlagenvertragsurteil des Bundesverfassungsgerichts offiziell nach wie vor an ihrer Auslegung sowohl des Moskauer Vertrages als auch des Grundlagenvertrages mit der DDR festhielte, daß ihr Bekenntnis zur Unverletzlichkeit der Grenze der DDR nicht deren Anerkennung als völkerrechtliche Grenze, sondern lediglich einen Verzicht auf ihre gewaltsame Änderung oder Beseitigung bedeute[357].

ee) Wandel in der Rechtsprechung des Bundesverfassungsgerichts?

Auf die Gebietsaustausch-Entscheidung des Bundesverfassungsgerichts[358] wurde bereits an anderer Stelle eingegangen[359]. Während das Bundesverfassungsgericht im Grundvertragsurteil noch Wert darauf legte, die Grenze zwischen der Bundesrepublik Deutschland und der DDR als staatsrechtliche Grenze abzuschwächen, ähnlich der Grenzen, die zwischen den Ländern der Bundesrepublik Deutschland

---

357 Völkerrecht, Lehrbuch, S. 261
358 BVerfG, ZOV 1995, 124, 125
359 vgl. oben Teil 1 E.III.2)

verlaufen, spricht das Bundesverfassungsgericht heute ohne Abschwächung davon, die Grenzen der sowjetischen Besatzungszone seien zumindest gegenüber den westlichen Besatzungszonen und den Westsektoren Berlins zu Staatsgrenzen erstarkt.

Ob das Bundesverfassungsgericht die innerstädtischen Sektorengrenze Berlins ebenso als Staatsgrenze qualifiziert („zumindest") geht aus der zitierten Entscheidung jedoch nicht hervor.

3) Ergebnis

Nach dem Mauergrundstücksgesetz werden die gegen das Territorialitätsprinzip verstoßenden, ordre public-widrigen Enteignungen unter Anknüpfung an Rechtsvorstellungen der DDR und der Sowjetunion zur staatsrechtlichen und völkerrechtlichen Stellung Groß-Berlins anerkannt.

Die dem Mauergrundstücksgesetz zugrunde liegenden Prämissen verzerren auf geradezu monströse Weise die von der Deutschland-Rechtsprechung des Bundesverfassungsgerichts bis zur deutschen Einheit vertretene verfassungs- und völkerrechtskonforme Konzeption einer Viermächteverantwortung für Deutschland.

Durch die bedingungslose Kapitulation hatten sich die vier Mächte der Möglichkeit begeben, sich ihre Besatzungsbefugnisse über die Haager Landkriegsordnung hinaus vertraglich erweitern zu lassen. Soweit die Ausübung der Besatzungsgewalt sich nicht an die völkerrechtlichen Schranken hielt, war sie nur faktisch bedeutsam und allenfalls politisch akzeptiert. Zu echten Kollisionen auf der Ebene des Rechts zwischen deutschem Verfassungsrecht einerseits und den nur aus dem Sieg über Deutschland hergeleiteten alliierten Befugnissen andererseits konnte es nicht kommen. Die allein aus dem Sieg über Deutschland resultierende, spezifische Viermächte-Verantwortung war kein Superverfassungsrecht.

Eine Beschränkung des deutschen pouvoir constituant durch Besatzungsrecht läßt sich nicht begründen[360].

Vor allem da aber, wo die Alliierten nach klassischer Völkerrechtslehre im Einklang mit der occupatio bellica für die mit den militärische Erfordernissen zusammenhängende Demilitarisierung sogenanntes echtes Besatzungsrecht[361] setzen durften[362], knüpft das Mauergrundstücksgesetz an die die Gebietshoheit der Alliierten verletzenden Handlungen der DDR an.

---

360 vgl. oben Teil 1 E.III.2)
361 zum Begriff vgl. oben Teil 1 E.III.1)
362 vgl. oben Teil 1 E.III.1) b) und 2)

Das Mauergrundstücksgesetz ist mit der Gliedstaatsthese bzw. Integrationstheorie nicht vereinbar[363]. Ost-Berlin wird der DDR zugeschlagen, Ost- und West-Berlin gewissermaßen nachträglich durch eine Staatsgrenze getrennt.

Der Frage der Vereinbarkeit einer derartigen Anknüpfung mit den verfassungsrechtlichen Vorgaben des Grundgesetzes ist im nächsten Abschnitt nachzugehen.

B. Verfassungsrechtliche Vorgaben bei der Zuordnung der Mauergrundstücke

Eine Anerkennung dieser Enteignungen durch den Gesetzgeber könnte im Widerspruch zu den verfassungsrechtlichen Vorgaben stehen, die sich aus dem internationalen ordre public[364] (Art. 25 GG und Art. 100 Abs. 2 GG) und den Prämissen zur staatsrechtlichen Stellung Groß-Berlins ergeben. Der Vorrang der allgemeinen Regeln des Völkerrechts verlangt nach einer entsprechenden Anpassung der Norminhalte des einfachen Gesetzesrechts.

Die verfassungsrechtlichen Vorgaben richten sich aber auch an die Rechtsprechung und die Behörden. Sie werden bei der Überprüfung der Rechtswirksamkeit völkerrechtswidriger Enteignungen nach dem DDR-Verteidigungsgesetz im Rahmen zivilrechtlicher Ansprüche der Betroffenen relevant.

Ausgangspunkt ist dabei das Territorialitätsprinzip[365]. Bei der Anwendung des Territorialitätsprinzips ist die Beschränkung der Hoheitsgewalt der DDR durch den völkerrechtlichen Status Berlins zu beachten. Die Entmilitarisierung Berlins war dabei eine völkerrechtliche Vorfrage für alle entscheidungserheblichen Folgefragen bei der Zuordnung der Mauergrundstücke[366].

I. Beachtung des internationalen ordre public

Gemäß Art. 25 GG sind die allgemeinen Regeln des Völkerrechts Bestandteil des Bundesrechts. Sie gehen den Gesetzen vor und erzeugen Rechte und Pflichten unmittelbar für die Bewohner des Bundesgebietes.

---

363 vgl. oben Teil 1 E.II. und F.V.

364 vgl. STAUDINGER/BLUMENWITZ, Art. 6 EGBGB Rdnr. 56 ff.

365 vgl. oben A.II.

366 BLUMENWITZ, Die Mauergrundstücke im interlokalen und intertemporalen Konflikt, S. 75

1) Allgemeine Regeln des Völkerrechts im Sinne des Art. 25 GG

Die Beachtung der Gebietshoheit folgt aus dem negativen Territorialitätsprinzip. Das Territorialitätsprinzip ist als allgemeine staatsgerichtete gewohnheitsrechtliche Regel völkerrechtlich anerkannt Hierbei handelt es sich um eine allgemeine Regel des Völkerrechts im Sinne von Art. 25 GG[367]. Das Recht der occupatio bellica gilt heute als gewohnheitsrechtlich geregelt; es handelt sich unbestreitbar um eine allgemeine Regeln des Völkerrechts[368].

Mit dem Begriff „allgemeine" Regeln wird nicht ein allgemeiner (genereller) Inhalt der Völkerrechtsnorm im Gegensatz zu einem besonderen (speziellen) gefordert; die „Allgemeinheit der Regel bezieht sich vielmehr auf die (zahlenmäßige) Verbreitung der Regel unter den Mitliedern der Völkerrechtsgemeinschaft[369]. Entscheidend ist nicht eine besondere inhaltliche Qualität der Norm, sondern ihre Allgemeinverbindlichkeit.

BLUMENWITZ hat hierauf im Zusammenhang mit dem entmilitarisierten Status Groß-Berlins hingewiesen[370]. Schon bestehende allgemeine Regeln des Völkerrechts können auch in Verträge aufgenommen sein. Sie behalten gleichwohl ihre „Allgemeingültigkeit" und ihren Vorrang gemäß Art. 25 GG. Die Entmilitarisierung bestimmter Gebiete im besetzten Staat zählt zu den kriegsrechtlich erlaubten Mitteln zum Schutze der militärischen Interessen der Besatzungsmacht[371]. Die die Entmilitarisierung Groß-Berlins betreffenden Vereinbarungen[372] der Viermächte bleiben daher in ihrer „Allgemeingültigkeit" für den nach Art. 25 GG angeordneten Vorrang vor dem einfachen Gesetzesrecht von Bedeutung.

2) Geltung der allgemeinen Regeln des Völkerrechts nach Art. 25 GG

Ohne die Anordnung in Art. 25 GG würden die allgemeinen Regeln des Völkerrechts im innerstaatlichen Recht keine Rechtswirkung entfalten können. Denn das Völkerrecht selbst kennt gegenwärtig keinen Rechtssatz, der alle Staatsorgane (und anderen Trägern staatlicher Gewalt) sowie alle Staatsbürger und juristischen Personen des staatlichen Rechts ohne Rücksicht auf die Verfassung und die Ge-

---

367 VON MÜNCH/KUNIG-ROJAHN, Art. 25 Rdnr. 22

368 vgl. hierzu BLUMENWITZ, a.a.O., S. 74 und BLUMENWITZ, Verfassungkollisionsrecht, § 211 Rdnr. 31

369 VON MÜNCH/KUNIG-ROJAHN, Art. 25 Rdnr. 6

370 BLUMENWITZ, Die Mauergrundstücke im interlokalen und intertemporalen Konflikt, S. 74

371 vgl. oben Teil 1 E.III.1) b) und 2);

372 zum entmilitarisierten Status Groß-Berlins vgl. oben A.III.e)

setzgebung ihres Staates verpflichtet, die Rechtssätze des allgemeinen Völkerrechts zu befolgen[373].

Die Bedeutung der Übernahme allgemeiner Völkerrechtsregeln in den innerstaatlichen Bereich liegt also darin, daß alle Träger öffentlicher Gewalt in der Bundesrepublik Deutschland verpflichtet sind, diese Regeln des Völkerrechts zu beachten und zu befolgen[374].

Die Enteignungen der Mauergrundstücke an der innerstädtischen Sektorengrenze verletzten das negative Territorialitätsprinzip[375]. Die occupatio bellica und die auf ihrer Grundlage erlassenen Entmilitarisierungsvorschriften bedeuteten eine maßgebliche Einschränkung der Hoheitsgewalt der DDR[376].

Die Anerkennung dieser Enteignungen verletzt jedoch nur dann die verfassungsmäßige Ordnung, wenn die genannten staatsgerichteten allgemeinen Regeln des Völkerrechts von Art. 25 GG erfaßt werden und die Bundesrepublik Deutschland innerstaatlich binden.

Die innerstaatliche Geltung einer völkerrechtlichen Norm bedeutet, daß sie im innerstaatlichen Bereich geltendes Recht darstellt. Sie bindet also nicht mehr nur als Teil der Völkerrechtsordnung den Staat als solchen (völkerrechtliche Geltung); ihr Norminhalt bildet vielmehr zugleich - auf dem Umweg der Transformation oder aufgrund einer Adoption - einen Bestandteil der innerstaatlichen Rechtsordnung. Über ihre Adressaten, ihre Wirkung gegenüber bestimmten Rechtsträgern oder darüber, ob sie subjektive Rechte einzelner begründet, ist damit noch nichts ausgesagt.

a) Die Transformation

Die Einbeziehung von Völkerrecht in den innerstaatlichen Bereich kann durch die Transformation völkerrechtlicher Normen in Landesrecht erfolgen[377]. Diese Art der Übernahme entspricht den Vorstellungen der klassischen dualistischen Theorie (Völkerrechtsordnung und staatliche Rechtsordnung bestehen unabhängig voneinander). Der staatliche Gesetzgeber schafft innerstaatliches Recht mit dem Inhalt der völkerrechtlichen Norm. Es liegen also im völkerrechtlichen und im innerstaatlichen Bereich inhaltlich parallele Normen vor, deren Geltungsgrund allerdings verschieden ist. Während die völkerrechtliche Norm auf einer völkerrechtlichen Rechtsquelle beruht, hat die gleichlautende landesrechtliche Norm ihren Geltungsgrund im staatlichen Recht.

---

373 VON MÜNCH/KUNIG-ROJAHN, Art. 25 Rdnr. 1
374 VON MÜNCH/KUNIG-ROJAHN, Art. 25 Rdnr. 2
375 vgl. oben A.III.6)
376 vgl. oben A.III.6)
377 GEIGER, Grundgesetz und Völkerrecht, S. 159

b) Adoption / Vollzugstheorie

Ein anderer Typ der Einbeziehung von Völkerrecht in den landesrechtlichen Bereich besteht in der sogenannten Adoption oder Inkorporation. Dieser Praxis haben sich vor allem Staaten mit monistischer Tradition (Völkerrechtsordnung und staatliche Rechtsordnung sind Teile eines zusammenhängenden umfassenden Rechtssystems) zugewandt. Danach gilt Völkerrecht kraft einer allgemeinen staatlichen Norm ohne Änderung auch im innerstaatlichen Bereich. Völkerrecht wird also von den staatlichen Gerichten angewandt, ohne daß es einer besonderen Transformation in Landesrecht bedürfte.

Ein Unterfall der Adoption beschreibt die Vollzugslehre[378]. Danach bedarf es für das Eindringen völkerrechtlicher Normen in den innerstaatlichen Bereich eines jeweils besonderen Staatsaktes, doch tritt auch hier - anders als gemäß der Transformationslehre - keine Verdoppelung der Rechtsregel ein. Diese behält vielmehr ihren Rechtscharakter als Völkerrecht. Der innerstaatliche Rechtsakt gibt lediglich den Befehl, die betreffende Völkerrechtsregel zu vollziehen (Geltungsanordnung).

Die in Art. 25 Abs. 1 GG ausgesprochene Folge, allgemeine Regeln des Völkerrechts seien „Bestandteil des Bundesrechts“, spricht sicherlich dafür, daß sie in innerstaatliches Recht umgewandelt werden sollen[379]. Allerdings ist diese Schlußfolgerung nicht zwingend. Bundesrecht muß nicht nur aus staatlich gesetzten Recht bestehen. Als Bundesrecht läßt sich auch das auf Bundesebene in den innerstaatlichen Bereich übernommene Völkerrecht bezeichnen, das dort seine Völkerrechtsqualität beibehält.

Das Bundesverfassungsgericht hat im Botschaftskonto-Fall[380] der Adoptionstheorie den Vorzug gegeben. Es hat ausgeführt, daß die dort festgestellte allgemeine Regel des Völkerrechts „... kraft Art. 25 Satz 1 GG *als solche* mit ihrer jeweiligen völkerrechtlichen Tragweite Bestandteil des objektiven, im Hoheitsbereich der Bundesrepublik geltenden Rechts ist[381].

c) Geltung und Anwendung der allgemeinen Regeln des Völkerrechts

Die Bundesregierung sah in der Enteignung der Mauergrundstücke nach wie vor einen Verstoß gegen den „Vier-Mächte-Status von Groß-Berlin und die nach westlicher Ansicht für ganz Berlin geltenden Bestimmungen über die Entmilitari-

---

378 GEIGER, a.a.O., S. 159 f.
379 GEIGER, a.a.O., S. 166
380 BVerfGE 46, 342, 403 f.
381 GEIGER, a.a.O, S. 166 mit Verweis auf BVerfGE 46, 342, 403 f.

sierung Berlins." Aus diesem Verstoß sollen sich jedoch keine unmittelbaren Rechtswirkungen in bezug auf die zum Mauerbau eingesetzten Grundstücke ergeben[382].

Die Geltung der allgemeinen Regeln des Völkerrechts setzt jedoch deren unmittelbare Anwendung nicht voraus. Die Frage der Geltung bezieht sich auf die Einführung der Regel in den innerstaatlichen Bereich durch einen Transformationsakt oder durch Adoption[383]. Die Frage nach der Anwendbarkeit bezieht sich dagegen auf die innerstaatliche Anwendung durch Gerichte und Exekutive[384].

Das Verhältnis zwischen Geltung und Anwendung beurteilt sich nach den oben dargestellten Grundsätzen[385]. Bei der Lösung ist von der Norm selbst auszugehen.

Im Schrifttum werden bei der Auslegung des Art. 25 GG die Frage nach der innerstaatlichen Geltung allgemeiner Regeln und die Frage nach ihrer unmittelbaren Anwendbarkeit nicht immer auseinandergehalten; die unmittelbare Anwendbarkeit wird dabei zur Voraussetzung innerstaatlicher Geltung [386].

Diese Eigenschaft der völkerrechtlichen Norm wird oft durch die Formel ausgedrückt, die unmittelbare Anwendbarkeit sei - etwa im Falle der völkerrechtlichen Verträge - dann gegeben, wenn die innerstaatlichen Verwaltungsbehörden und Gerichte aus dem Vertrag Rechtsfolgen für den Einzelfall ableiten dürfen oder umgekehrt; der einzelne müsse sich vor den staatlichen Behörden und Gerichten auf die betreffende Vorschrift berufen können[387].

Bedarf die völkerrechtliche Regelung dagegen nach ihrem Inhalt oder dem Willen des beteiligten Staates noch näherer Bestimmung durch staatlichen Hoheitsakt, so ist sie nur „mittelbar anwendbar" (non-self-executing). In diesem Falle wendet sie sich - wenn sie innerstaatliche Geltung erlangt hat - unmittelbar lediglich an die betroffenen Rechtsetzungsorgane, die die Durchführungsvorschriften zu erlassen haben. Sie enthält insoweit allenfalls einen Rechtssetzungsauftrag[388].

Wäre Art. 25 GG auf des unmittelbar anwendbaren Völkerrecht beschränkt, könnten nur solche Normen in das innerstaatliche Recht übernommen werden,

---

382 vgl. Antwort des Staatssekretärs LAUFERMANN vom 7. Juni 1996 auf die Anfrage des Abgeordneten HÄFNER (Bündnis 90/Die Grünen), BT-Drucks. 13/4909, S. 6.

383 VON MÜNCH/KUNIG-ROJAHN, Art. 25 Rdnr. 15

384 Die unmittelbare Anwendbarkeit ist dabei nicht mit der Gewährung von subjektiven Rechten an einzelne gleichzusetzen. Ob die unmittelbar anwendbare Norm ein subjektives Recht begründet, hängt von ihrem jeweiligen Inhalt ab (GEIGER, Grundgesetz und Völkerrecht, S. 166).

385 vgl. insbesondere oben Teil 1 D.II.2)c)

386 VON MÜNCH/KUNIG-ROJAHN, Art. 25 Rdnr. 17

387 GEIGER, Grundgesetz und Völkerrecht, S. 161

388 GEIGER, a.a.O., S. 161

die geeignet sind, nach Inhalt und Zweck in Rechtsverhältnisse des einzelnen einzugreifen[389].

Dann wäre nur das innerstaatlich anwendungsreife, das self-executing Völkerrecht transformabel. Dies hätte nicht nur Bedeutung für Normen völkerrechtlicher Verträge, sondern in gleicher Weise auch für das Gewohnheitsvölkerrecht[390].

Da man bei gewohnheitsrechtlichen Regeln nicht wie bei Verträgen vom Wortlaut her auf die unmittelbare Anwendbarkeit schließen kann, wäre darauf abzustellen, ob der Satz des Gewohnheitsrechts in der Lage ist, Bürger und Staatsorgane über die innerstaatliche Rechtsordnung anzusprechen[391].

Die Bestimmung der innerstaatlichen Geltung aus dem Kriterium der Anwendbarkeit ist jedoch verfassungsrechtlich dann bedenklich, wenn der Begriff der unmittelbaren Anwendbarkeit auf bestimmte Formen der Anwendung - als Rechtsgrundlage subjektiver Rechte oder als behördliche Ermächtigungsgrundlage - ausgerichtet und begrenzt wird[392].

Eine derartige Auslegung stünde im Widerspruch zum Normprogramm des Art. 25 GG. Denn damit würde zugleich der für die Übernahme im Wege des Art. 25 Satz 1 GG in Betracht kommende völkerrechtliche Normenkomplex eingeschränkt - ein Ergebnis, das im Widerspruch zu der völkerrechtsfreundlichen Einstellung des Grundgesetzes stehen würde, die vor allem auch durch die Schaffung des Art. 25 Satz 1 GG gewährleistet werden soll[393].

Die Nichteinbeziehung der staatsgerichteten allgemeinen Regeln des Völkerrechts mangels self-executing Charakter läuft dieser Zweckrichtung des Art. 25 Satz 1 GG zuwider[394].

Mit der völkerrechtsfreundlichen Zweckrichtung des Art. 25 GG wäre es nicht vereinbar, wenn die innerstaatliche Geltung einer Völkerrechtsregel davon abhängig wäre, daß diese einen zeitlichen, räumlichen, sachlichen und personellen Geltungsbereich besitzt und diese Geltungsbereiche so bestimmt sind, daß aus ihnen das Sollen des einzelnen und der staatlichen Vollzugsorgane einwandfrei hervorgeht[395].

Nach Art. 25 GG sollen nicht nur solche allgemeinen Regeln des Völkerrechts innerstaatliche Geltung erlangen, die geeignet sind, wie ein Gesetz im materiellen Sinn individuelle Rechte und Pflichten zu begründen. Damit wäre der

---

389 vgl. hierzu GEIGER, a.a.O., S. 166

390 RUDOLF, Völkerrecht und deutsches Recht, 1967, S. 257

391 RUDOLF, a.a.O., S. 258

392 VON MÜNCH/KUNIG-ROJAHN, Art. 25 Rdnr. 17

393 VON MÜNCH/KUNIG-ROJAHN, a.a.O., zur Bedeutung des Art. 25 GG als Ausdruck der völkerrechtsfreundlichen Ausrichtung des Grundgesetzes vgl. unten B.I.4)c)

394 VON MÜNCH/KUNIG-ROJAHN, Art. 25 Rdnr. 18

395 vgl. die Nachweise bei VON MÜNCH/KUNIG-ROJAHN, Art. 25 Rdnr. 19

Wirkungsbereich des Art. 25 GG in unerträglicher Weise eingeengt; denn dem weit überwiegenden Teil des Völkerrechts - den ausschließlich staatsgerichteten Regeln, die einer Inanspruchnahme durch das Individuum schlechthin nicht zugänglich sind - wäre so die innerstaatliche Geltung verschlossen.

Es gibt zahlreiche originär innerstaatliche Normen, die zur objektiven Rechtsordnung zählen, ohne Rechte und Pflichten des einzelnen zu begründen. Es ist nicht einzusehen, warum allgemeine Regeln des Völkerrechts nicht auch entsprechende objektiv-rechtliche Wirkungen haben können. Gerade die in Art. 25 Satz 1 GG enthaltene Verpflichtung aller staatlichen Organe, staatsgerichtete Regeln des Völkerrechts als Teil der objektiven Rechtsordnung in der Bundesrepublik zu beachten, ist häufig Gegenstand gerichtlicher Prüfung gewesen[396].

Es trifft daher nicht zu, daß es sinnlos wäre, Vorschriften in den innerstaatlichen Bereich übernehmen zu wollen, die etwa lediglich Rechte und Pflichten der Staaten untereinander begründen[397]. Es entspricht gerade dem Sinn des Art. 25 GG, die Einhaltung solcher Vorschriften durch die Übernahme in den innerstaatlichen Bereich zu garantieren. Durch die Übernahme dieser Regeln sind die damit befaßten Staatsorgane bundesrechtlich gehalten, darauf zu achten, daß die Bundesrepublik Deutschland diese Vorschriften nach außen einhält.

Das Bundesverfassungsgericht hat eine Einschränkung der durch Art. 25 GG betroffenen Regeln auf unmittelbar anwendbare Normen verneint[398]:

„Wenn Art. 25 Satz 2, 100 Abs. 2 GG davon sprechen, daß die allgemeinen Regeln des Völkerrechts Rechte und Pflichten unmittelbar für den einzelnen erzeugen, so sind damit einmal jene Fälle gemeint, in denen eine allgemeine Regel des Völkerrechts selbst nach ihrem Inhalt und Adressatenkreis unmittelbar, d. h. ohne einen weiteren normativen Akt etwa des innerstaatlichen Gesetzes- oder Verordnungsrechts, mithin bereits auf der Ebene des allgemeinen Völkerrechts subjektive Rechte oder Pflichten des privaten einzelnen begründet. Aus Ziel und Zweck der Art. 25, 100 Abs. 2 GG ergibt sich indes, daß über diese Art allgemeiner Regeln hinaus für ein Vorlageverfahren auch jene allgemeinen Regeln des Völkerrechts in Betracht kommen, die nach ihrem Regelungsgehalt und Adressatenkreis subjektive Rechte und Pflichten des privaten einzelnen auf der Ebene des Völkerrechts nicht begründen oder verändern, sondern sich dort ausschließlich an Staaten oder sonstige Völkerrechtssubjekte richten. Kraft des generellen Rechtsanwendungsbefehls, den Art. 25 Satz 1 GG erteilt hat, sind auch diese Art allgemeiner Regeln des Völkerrechts in ihrer jeweiligen Tragweite als Bestandteil des Bundesrechts mit Vorrang vor den Gesetzen von allen rechtssetzenden

396 VON MÜNCH/KUNIG-ROJAHN, Art. 25 Rdnr. 17
397 GEIGER, Grundgesetz und Völkerrecht, S. 166
398 BVerfGE 46, 342, 362 f.

und rechtsanwendenden Organen der Bundesrepublik Deutschland als Normen objektiven Rechts zu beachten und je nach Maßgabe ihres Tatbestands und Regelungsgehalts anzuwenden. Der private einzelne - wie der fremde Staat - kann sich im Hoheitsbereich der Bundesrepublik Deutschland im Rahmen des jeweiligen Verfahrensrechts auch auf diese allgemeinen Regeln des Völkerrechts ebenso „berufen“ wie auf sonstiges objektives Recht, wiewohl sie in diesem Rahmen auch ohne solche Berufung von Amts wegen zu beachten sind. Sie können sich - je nach ihrem Inhalt und in der Regel als Vorfrage - auf das rechtliche Begehren des einzelnen als objektives Rechts auswirken und damit entscheidungserheblich sein. In diesem Sinn können auch sie Rechtswirkungen für und gegen den einzelnen erzeugen.

Diese Art allgemeiner Regeln des Völkerrechts aus der Vorlagepflicht des Art. 100 Abs. 2 GG auszuschließen, würde die Gewährleistungsfunktion zugunsten der allgemeinen Regeln des Völkerrechts, die Art. 100 Abs. 2 i.V.m. Art. 25 GG bewirken will, gerade für die große Mehrzahl dieser Regeln vereiteln.“

Das Völkerrecht ist im Ausgangspunkt eine zwischenstaatliche Ordnung[399]. Es enthält weit überwiegend Rechtssätze, die nur die herkömmlichen Völkerrechtssubjekte erfüllen und in Anspruch nehmen können, nämlich die Staaten, darüber hinaus teilweise die internationalen Organisationen, jedenfalls also Rechtspersonen, die entweder selbst völkerrechtlich die Zuständigkeit für ein Territorium innehaben oder die sich als körperschaftliche Zusammenfassung solcher Personen darstellen.

Völkerrechtsnormen, die sich inhaltlich nicht an einzelne (die „Bewohner des Bundesgebiets“, Art. 25 Satz 2 GG) richten, sondern „staatsgerichtet“ sind (z. B. solche über die Vornahme hoheitlicher Akte im Ausland), vermögen keine Rechte und Pflichten für einzelne zu erzeugen.

Staatsgerichtetes allgemeines Völkerrecht sind jedoch als Vorfrage zu beachten und können somit mittelbare Bedeutung für den einzelnen gewinnen (etwa, wenn für einen vermögensrechtlichen Anspruch bedeutsam ist, ob eine Enteignung in mit allgemeinen Völkerrecht vereinbarer Weise erfolgt ist).

In diesem Sinne ist die Frage der Beschränkung der Hoheitsgewalt der DDR durch das negative Territorialitätsprinzip und die aufgrund der kriegerischen Besetzung Berlins erlassenen Entmilitarisierungsbestimmungen eine völkerrechtliche Vorfrage für alle entscheidungserheblichen Folgefragen bei der Zuordnung der Mauergrundstücke[400]. Auf eine unmittelbare Wirkung der Verletzung des entmnitlitarisierten Status für die Betroffenen kommt es insoweit nicht an.

---

399 GRAF VITZTHUM-KUNIG, Völkerrecht, S. 165

400 BLUMENWITZ, Die Mauergrundstücke im interlokalen und intertemporalen Konflikt, S. 75

Die als Lehre vom Adressatenwechsel[401] bezeichnete Auffassung beschränkt die Bedeutung des Art. 25 S. 2 Halbsatz 2 GG für die Erzeugung individueller Rechte durch eine entsprechende Auslegung des Begriffs „unmittelbar".

Ebenso wie Art. 25 Satz 1 GG für die staatsgerichteten Regeln des Völkerrechts, enthielte Art. 25 Satz 2 Halbsatz 2 GG für die Erzeugung subjektiver Rechte und Pflichten eine generelle Anordnung des Verfassungsgesetzgebers[402]. Bei der Entstehung einer Regel des Völkerrechts, die der Inanspruchnahme durch den einzelnen zugänglich sei, erlange das Individualrecht „automatisch" über Art. Satz 2 GG innerstaatliche Geltung.

DOEHRING unterscheidet bei den staatsgerichteten völkerrechtlichen Regeln zwischen zwei Gruppen[403]. Regeln, die nicht geeignet seien, im Sinne des Satzes 2 des Art. 25 GG unmittelbar Rechte und Pflichten für das Individuum zu erzeugen, könnten ebensowenig wie im innerstaatlichen Recht eine speziell für juristische Personen geschaffene Norm auf das Verhältnis zwischen natürlichen Personen angewendet werden[404].

Diese Regeln könnten in einem Rechtsstreit vor nationalen Gerichten als Vorfrage gemäß Art. 25 Satz 1 GG durchaus von Bedeutung sein, sie seien aber der „Rechtserzeugung" des Satzes 2 schlechthin entzogen. Diese Rechtserzeugung könne und solle, da sie an Satz 1, also an das originäre Völkerrecht anknüpfe, nicht Rechtssätze hervorbringen, die das Völkerrecht nicht kenne, sondern solle Individualrechte und Pflichten erzeugen und nicht völkerrechtliche Normen schlechthin. Die staatsgerichteten allgemeinen Regeln des Völkerrechts seien grundsätzlich nicht geeignet, Rechte und Pflichten für den einzelnen zu erzeugen.

Die Rechtsprechung des Bundesverfassungsgerichts hat die Frage eines Adressatenwechsels ausdrücklich offengelassen und dabei die Möglichkeit des einzelnen betont, sich auf die Regeln als objektives Recht zu berufen[405]:

„Dabei kann hier offenbleiben, ob und in welchen Fällen Art. 25 Satz 2 GG den Adressatenkreis solcher allgemeiner Regeln, die auf der Geltungsebene des Völkerrechts ausschließlich an Staaten oder sonstige Völkerrechtssubjekte gerichtet sind, innerstaatlich erweitert, indem er zusätzlich subjektive Rechte und Pflichten des privaten einzelnen begründet oder verändert (vgl. DOEHRING, Die

401 Diese Bezeichnung geht auf DOEHRING zurück: Die allgemeinen Regeln des völkerrechtlichen Fremdenrechts und das deutsche Verfassungsrecht, S. 153 ff.

402 VON MÜNCH/KUNIG-ROJAHN, Art. 25 Rdnr. 31

403 DOEHRING, Die allgemeinen Regeln des völkerrechtlichen Fremdenrechts und das deutsche Verfassungsrecht, S. 153 ff.

404 DOEHRING, a.a.O., S. 156

405 BVerfGE 46, 342, 362 f.

allgemeinen Regeln des völkerrechtlichen Fremdenrechts und das deutsche Verfassungsrecht, 1963, S. 54 ff). Die Zulässigkeit der Vorlage ist hiervon nicht abhängig."

Die Lehre vom Adressaten hat hier keine weitere Bedeutung, da die Auslegung des Begriffs „unmittelbar" in Art. 25 S. 2 Halbsatz 2 GG nichts an der Einbeziehung der allgemeinen Regeln des Völkerrechts über Art. 25 Satz 1 GG und ihrer Bedeutung als Vorfrage ändert.

Auf Art. 25 GG vor Gerichten und Behörden der Bundesrepublik können sich auch Personen berufen, die zum Zeitpunkt des Eingriffs in ihre Rechte nicht „Bewohner des Bundesgebietes" im wohnsitzrechtlichen Sinne waren. Unstreitig ist, daß mit dem Begriff „Bewohner" nicht auf einen wohnsitzrechtlich zu bestimmenden Adressatenkreis abgestellt wird. Adressat der Verfassungsnorm (Art. 25 Satz 2, 2. Halbsatz GG) ist jeder einzelne, der in einem Verfahren der Staatsgewalt der Bundesrepublik Deutschland unterworfen ist[406].

4) Bedeutung des Art. 25 GG für die Enteignungen der Mauergrundstücke

Aus Art. 25 Satz 1 GG ergibt sich ein genereller Rechtsanwendungsbefehl und damit eine Pflicht aller deutschen Hoheitsträger, die Gesamtheit der in das Bundesrecht übernommenen Völkerrechtsregeln, seien es Sätze des objektiven „staatsgerichteten" Rechts oder solche die den einzelnen berechtigen oder verpflichten - als Entscheidungsmaßstab im Einzelfall zu beachten und Verstöße gegen das Völkerrecht, die in der fehlerhaften Anwendung oder Nichtbeachtung dieser Regeln liegen und eine völkerrechtliche Verantwortlichkeit der Bundesrepublik Deutschland begründen können, zu vermeiden[407].

Aus Art. 25 GG folgt, daß deutsche Hoheitsträger verpflichtet sind, alles zu unterlassen, was einer unter Verstoß gegen allgemeine Regeln des Völkerrechts vorgenommenen Handlung nichtdeutscher Hoheitsträger im Geltungsbereich des Grundgesetzes Wirksamkeit verschafft.

Das Bundesverfassungsgericht hat hierzu festgestellt[408]:

„Art. 25 GG zufolge sind bei der Gestaltung der inerstaatlichen Rechtsordnung durch den Normgeber und bei der Auslegung und Anwendung von Vorschriften des innerstaatlichen Rechts durch Verwaltung und Gerichte die allgemeinen Regeln des Völkerrechts zu beachten. ... Hieraus folgt insbesondere, daß die Behörden und Gerichte der Bundesrepublik Deutschland kraft Art. 25

406 BLUMENWITZ, Die Mauergrundstücke im interlokalen und intertemporalen Konflikt, S. 75

407 VON MÜNCH/KUNIG-ROJAHN, Art. 25 Rdnr. 24

408 BVerfGE 75, 1, 19

GG grundsätzlich daran gehindert sind, innerstaatliches Recht in einer Weise auszulegen und anzuwenden, welche die allgemeinen Regeln des Völkerrechts verletzt. Sie sind auch verpflichtet, alles zu unterlassen, was einen Verstoß gegen allgemeine Regeln des Völkerrechts vorgenommenen Handlungen nichtdeutscher Hoheitsträger im Geltungsbereich des Grundgesetzes Wirksamkeit verschafft, und gehindert, an einer gegen die allgemeinen Regeln des Völkerrechts vorgenommenen Handlung nichtdeutscher Hoheitsträger bestimmend mitzuwirken."

Die Verschaffung von Wirksamkeit ausländischer Enteignungen unterliegt somit den Grenzen des Art. 25 GG. Solche Grenzen können sich zum einen aus völkergewohnheitsrechtlichen Geboten des völkerrechtlichen Enteignungsrechts ergeben. Deren Verletzung kann unter Umständen - falls die verletzte Norm eine „allgemeine Regel des Völkerrechts" im Sinne des Art. 25 GG ist - zufolge dieser Bestimmung zu einer auf deutschem Verfassungsrecht - und nicht etwa auf Völkerrecht - beruhenden Verpflichtung deutscher Hoheitsträger zur Nicht-Anerkennung der extra-territorialen Wirkung in Deutschland führen[409].

Hierunter fallen Enteignungen, die ein Staat nicht auf seinem Hoheitsgebiet durchgeführt hat und die eine Verletzung des negativen Territorialitätsprinzips darstellten. Das negative Territorialitätsprinzip und die aus dem Recht der kriegerischen Besetzung abgeleiteten Demilitarisierungsvorschriften sind ihrer allgemeinen Bedeutung als maßgebliche Beschränkung der DDR-Hoheitsgewalt in Groß-Berlin als Bestandteil des deutschen objektiven Rechts anzuwenden.

Wenn eine Enteignung eine allgemeine Regel des Völkerrechts im Sinne des Art. 25 GG verletzt, darf ihr durch Hoheitsträger nicht die Wirksamkeit verschafft werden, indem die Völkerrechtswidrigkeit der Enteignungen perpetuiert würde, dem ausländischen Hoheitsakt trotz seines Charakters als völkerrechtswidrige Handlung somit Wirkung für das deutsche Recht beigemessen würde[410].

Zur Klarstellung ist zu unterstreichen, daß diese Verpflichtung auf deutschem Verfassungsrecht beruht, nämlich auf Art. 25 GG. Wenn das Völkerrecht Enteignungen als völkerrechtswidrig einstuft, d.h. als Verletzung einer allgemeinen Regel des Völkerrechts im Sinne des Art. 25 GG, sind deutsche Hoheitsträger kraft deutschen Verfassungsrechts gehalten, dem ausländischen Hoheitsakt für den Geltungsbereich des Grundgesetzes die Wirksamkeit zu versagen, den Eigentumsentzug nicht als rechtmäßig oder beachtlich anzuerkennen[411].

Insoweit stellt sich nicht die Frage, ob das Völkerrecht ein solches Anwendungsverbot als Folge der Geltung des Grundsatzes der Naturalrestitution gebietet oder nur einen Anspruch auf Schadensersatz gewährt; es genügt, daß dieses Anwendungsverbot aus Art. 25 GG, also deutschem Verfassungsrecht folgt.

409 HOFMANN, Grundrechte und grenzüberschreitende Sachverhalte, S. 149
410 HOFMANN, Art. 25 GG, S. 54
411 HOFMANN, a.a.O., S. 54

Die Bedeutung des Art. 25 GG für die Enteignungen der Mauergrundstücke ergibt sich aus dem Vorrang der allgemeinen Regeln des Völkerrechts vor dem einfachen Gesetzesrecht, der Beachtung der allgemeinen Regeln des Völkerrechtsrechts zur Vermeidung einer völkerrechtlichen Verantwortlichkeit der Bundesrepublik Deutschland und dem Prinzip der völkerrechtsfreundlichen Auslegung des Grundgesetzes.

a) Vorrang der allgemeinen Regeln des Völkerrechts vor dem einfachen Gesetzesrecht

Die allgemeinen Regeln des Völkerrechts binden die Gesetzgebung, der Vorrang der allgemeinen Regeln der Völkerrechts verlangt nach einer Anpassung der Norminhalte des einfachen Gesetzesrechts. Das negative Territorialitätsprinzip und die aus dem Recht der kriegerischen Besetzung abgeleiteten Demilitarisierungsvorschriften sind ihrer allgemeinen Bedeutung als maßgebliche Beschränkung der DDR-Hoheitsgewalt in Groß-Berlin als Bestandteil des deutschen objektiven Rechts anzuwenden.

Nach dem Mauergrundstücksgesetz werden die Enteignungen der Mauergrundstücke anerkannt[412]. Hierdurch wird nicht nur der nationale[413], sondern auch der internationalen ordre public der Bundesrepublik Deutschland verletzt.

Der einzelne kann sich im Hoheitsbereich der Bundesrepublik Deutschland im Rahmen des jeweiligen Verfahrensrechts auf die bloß staatsgerichteten allgemeinen Regeln des Völkerrechts ebenso „berufen“ wie auf sonstiges objektives Recht. Bewohner des Bundesgebiets i. S. v. Art. 25 Satz 2 2. Halbsatz GG ist jeder einzelne, der in einem Verfahren der Staatsgewalt der Bundesrepublik Deutschland unterworfen ist.

b) Völkerrechtliche Verantwortlichkeit der Bundesrepublik Deutschland nach der EMRK

Verletzungen des Völkerrechts, die in der fehlerhaften Anwendung oder Nichtbeachtung völkerrechtlicher Normen durch deutsche Gerichte liegen und eine völkerrechtliche Verantwortlichkeit der Bundesrepublik Deutschland begründen können, sind nach Möglichkeit zu verhindern oder zu beseitigen[414].

Im Zusammenhang mit der Möglichkeit einer Anerkennung der völkerrechtswidrigen Enteignungen der Mauergrundstücke ist auf Art. 1 des Ersten Zusatz-

---

412 vgl. oben A.VII.3)

413 vgl. oben A.IV.

414 BVerfGE 58, 1 34; 59, 89; 63, 1, 20

protokolls zur EMRK hinzuweisen, der von den Straßburger Konventionsorganen zu einem gemeinsamen europäischen Standard des Eigentumsschutzes entwickelt wurde[415]. Dessen erster Absatz lautet:

„Jede natürliche oder juristische Person hat das Recht auf Achtung ihres Eigentums. Niemandem darf sein Eigentum entzogen werden, es sei denn, daß das öffentliche Interesse es verlangt, und nur unter den durch Gesetz und durch die allgemeinen Grundsätze des Völkerrechts vorgesehenen Bedingungen."

Bei der Auslegung des Art. 25 GG sind Inhalt und Entwicklungsstand der EMRK in Betracht zu ziehen[416]. Besondere Bedeutung bei der Beurteilung der Frage, ob die DDR für die Enteignung der Mauergrundstücke über die hierfür erforderliche Gebietshoheit verfügte, hat die Entscheidung der Europäischen Menschenrechtskommission im Fall HEß[417].

Die Europäische Menschenrechtskommission hatte in der Beschwerde ILSE HEß gegen das Vereinigte Königreich von Großbritannien zu beurteilen, ob der Gegenstand der Beschwerde - eine mögliche Verletzung des Rechts auf Familienleben (Art. 8 EMRK) und unmenschlicher Strafvollzug (Art. 3 EMRK) an ihrem Ehemann RUDOLF HEß - innerhalb der Herrschaftsgewalt des Vereinigten Königreichs im Sinne von Art. 1 EMRK erfolgte.

Sie bestätigte in dieser Entscheidung den Ausgangspunkt der britischen Regierung vom Fortbestand der Viermächteverantwortlichkeit und der gemeinsamen Ausübung der Hoheitsgewalt in Viermächteangelegenheiten[418].

Die britische Regierung vertrat die Ansicht, der Sachverhalt fiele nicht unter die Herrschaftsgewalt des Vereinigten Königreichs im Sinne von Art. 1 der Konvention[419]. Sie berief sich darauf, daß die oberste Gewalt über Deutschland, Berlin und das Spandauer Gefängnis[420] von allen vier Besatungsmächten gemeinsam übernommen und ausgeübt wurde.

Auch der Zusammenbruch des Kontrollratssystems habe nicht einfach eine Aufteilung der gemeinsamen Zuständigkeit auf die vier Mächte nach sich gezogen. Nach wie vor hätten die vier Mächte gemeinsame Rechte und Verantwortlichkeiten in bezug auf West- und Ostberlin und Deutschland als Ganzes und ebenso in bezug auf die Verwaltung des Spandauer Gefängnisses. Diese Rechte und Verantwortlichkeiten beruhten auf der gemeinsamen Übernahme der obersten Gewalt in Deutschland und hätte auch den Zusammenbruch des Kontrollratssystems überdauert.

---

415 HOFMANN, Grundrechte und grenzüberschreitende Sachverhalte, S. 149
416 BVerfGE 74, 358, 370
417 Entscheidung der Kommission 6231/73 vom 28.5.1975, EuGRZ 1975, 482 ff.
418 vgl. oben A.III.
419 Entscheidung der Kommission 6231/73 vom 28.5.1975, EuGRZ 1975, 483
420 vgl. oben A.III.4)d)

Die Europäischen Menschenrechtskommission erkannte die Einwände des Vereinigten Königreichs an[421]. Die Ausübung von Hoheitsgewalt durch die beklagte Regierung fände nicht auf dem Gebiet des Vereinigten Königreichs, sondern außerhalb, in Berlin, statt.

Die Rechte und Verpflichtungen zwischen den vier Mächten seien auch nach dem Rückzug der Sowjetunion aus der Kommandantur in Kraft geblieben[422]. Die Verantwortung für das Spandauer Gefängnis und für die fortgesetzte Inhaftierung von RUDOLF HEß werde auf der Viermächtegrundlage ausgeübt. Das Vereinigte Königreich handele nur als Teilhaber an der gemeinsamen Verantwortlichkeit, die es mit den drei anderen Mächten teile.

Die gemeinsame Gewalt könne nicht in vier getrennte Herrschaftsgewalten unterteilt werden und daher sei auch die Teilnahme des Vereinigten Köngreichs an der Ausübung der gemeinsamen Gewalt und folglich an Verwaltung und Überwachung des Spandauer Gefängnisses keine Angelegenheit innerhalb der Herrschaftsgewalt des Vereinigten Königreichs im Sinne des Art. 1 der Konvention.

Die Anerkennung der Enteignung der Mauergrundstücke bedeutet eine Gefahr für die Bundesrepublik Deutschland, sich in einem Verfahren nach der EMRK verantworten zu müssen. Den Vertragsstaaten der EMRK ist nicht nur der konventionswidrige Eigentumsentzug verboten, sondern auch die Anerkennung eines derartigen Eigentumsentzuges durch eine fremde Macht, da andernfalls dem konventionswidrigen Eigentumsentzug so erst Wirksamkeit verschafft würde[423]. Dies hat nicht nur Bedeutung für den Gesetzgeber, sondern auch für Behörden und die Rechtsprechung[424].

Bei der Beurteilung eines konventionswidrigen Eigentumsentzuges sind die Vorgaben der Europäischen Menschenrechtskommission vom Fortbestand der Viermächteverantwortlichkeit und der gemeinsamen Ausübung der Hoheitsgewalt in Viermächteangelegenheiten im Fall HEß zu beachten. Die Anerkennung der Enteignung der Mauergrundstücke steht im Widerspruch zur gemeinsamen Ausübung der Hoheitsgewalt in Viermächteangelegenheiten in Berlin. Die DDR hatte wegen des entmilitarisierten Status der Stadt keine Hoheitsgewalt für die Inanspruchnahme von Grundstücken zu Verteidigungszwecken[425].

---

421 Entscheidung der Kommission 6231/73 vom 28.5.1975, EuGRZ 1975, 483 ff.

422 vgl. oben A.III. 2) und 3)

423 HOFMANN, Grundrechte und grenzüberschreitende Sachverhalte, S. 149

424 zur Rechtsprechung des Kammergericht (Viermächte-Status als bloße Fiktion) und des Bundesverwaltungsgerichts (Vertragsparteien des Einigungsvertrages haben über die Vier-Mächte-Recht disponiert) vgl. oben A.III.6) und A.V.3)

425 vgl. oben A.III.6) und A.VII.3)

Ob darüber hinaus die Nichtbeachtung der Vorgaben aus Art. 25 GG durch die Gerichte eine Verletzung von Art. 6 Abs. 1 Satz 1 EMRK darstellt[426], wonach jedermann das Recht hat, „daß seine Sache in billiger Weise ... gehört wird, und zwar von einem unabhängigen Gericht, das über zivilrechtliche Ansprüche ... zu entscheiden hat", ist eine Frage des Einzelfalles. Die verfassungsrechtlichen Vorgaben hierzu werden noch untersucht[427].

c) Art. 25 GG als Ausdruck der völkerrechtsfreundlichen Ausrichtung des Grundgesetzes

Das Gebot der völkerrechtsfreundlichen Ausrichtung des Grundgesetzes hat schon bei der Frage der Einbeziehung der allgemeinen Regeln des Völkerrechts in das innerstaatliche Recht eine Rolle gespielt[428].

Bei der völkerrechtsfreundlichen Auslegung geht es nicht um eine Brechung oder Umbiegung des gesetzgeberischen Willens, vielmehr soll - ähnlich wie bei der verfassungskonformen Auslegung - bei einem Spielraum möglicher Deutungen einer Rechtsregel diejenige bevorzugt werden, die gleichzeitig den Anforderungen des Völkerrechts gerecht wird[429].

Im Ergebnis steht das Mauergrundstücksgesetz dem Vorrang der allgemeinen Regeln des Völkkerechts entgegen. Eine völkerrechtsfreundliche Auslegung scheidet aus; das Mauergrundstücksgesetz ist wegen seiner eindeutigen Ausrichtung keiner völkerrechtskonformen Auslegung zugängig.

Der Grundsatz der völkerrechtsfreundlichen Ausrichtung des Grundgesetzes hat daher vor allem bei der Untersuchung der Frage der privatrechtsgestaltenden Wirkung der Enteignungen im Rahmen der Prüfung zivilrechtlicher Ansprüche seine Bedeutung.

Wie oben dargestellt, gibt es keine allgemeine Regel des Völkerrechts, die die Bundesrepublik trotz der Völkerrechtswidrigkeit der Enteignungen dazu zwingen, diese Enteignungen nicht anzuerkennen[430]. Der deutsche Gesetzgeber hat die Anerkennung fremdstaatlicher Enteignungen nicht ausdrücklich geregelt[431].

Daher ist es ausschließlich Sache des deutschen Rechts, über die Voraussetzungen der Anerkennung fremdstaatlicher Enteignungen zu befinden. Angesichts fehlender gesetzlicher Regelungen geht die herrschende Meinung vom Territo-

---

426 vgl. Fassbender, Klageausschluß bei Enteignungen zu Reparationszwecken, S. 1447

427 vgl. unten B.IV.

428 vgl. oben B.I.2)c)

429 Tomuschat, Die Entscheidung für die internationale Offenheit, § 172 Rdnr. 27

430 vgl. oben A.

431 Müko-Kreuzer, Nach Art. 38 Anh-III Rdnr. 3

rialitätsgrundsatz aus, den sie als ungeschriebenen Bestandteil des deutschen Kollisionsrechts ansieht[432]. Dieser Ausgangspunkt ist verfassungskonform.

Dem Art. 25 GG ist als pars pro toto der Wille des Grundgesetzes zu entnehmen, die nationale Rechtsordnung vollständig an der Völkerrechtsordnung auszurichten[433]. Mit einer völkerrechtsfreundlichen Interpretation wird der Konflikt eliminiert und eine Harmonisierung zwischen Völkerrecht und staatlichem Recht erreicht, die der Bundesrepublik eine mögliche völkerrechtliche Haftung erspart[434].

Die Ordnung des Grundgesetzes steht den Normen und Wertungen des Völkerrechts nicht indifferent gegenüber, sondern weist vielmehr insgesamt eine deutlich völkerrechtsfreundliche Tendenz auf[435]; aus den Artikeln 24 bis 26 läßt sich - über ihren Wortlaut hinaus im Wege einer „systematischen Gesamtschau - das verfassungsrechtliche Gebot, „weitmöglichst Harmonie von Völkerrecht und innerstaatlichem Recht herzustellen", ableiten[436].

Mit der Suche nach einem allgemeinen Gebot der völkerrechtsfreundlichen Auslegung des deutschen Rechts wird - abgesehen von den Fällen, wo der Vorrang einer allgemeinen Regel des Völkerrechts nach einer Anpassung der Norminhalte des einfachen Gesetzesrechts verlangt - ein Schritt hinaus über den im Text des Grundgesetzes angelegten Befund getan[437].

In Gestalt des Art. 25 GG ist die Grundsatzentscheidung für die Harmonie zwischen Völkerrecht und staatlichem Recht gefallen.

Zusammen mit Art. 24 GG und Art. 26 GG läßt sich der weitergehende Schluß ziehen, daß auch das originär innerstaatliche Recht nicht seine Eigenständigkeit gegenüber dem Völkerrecht allein aus dem formalen Grunde behaupten soll, daß es seine Entstehung einem souveränen Akt des deutschen Gesetzgebers verdankt[438].

Der Auslegungsgrundsatz der Völkerrechtsfreundlichkeit wird im Schrifttum weitgehend anerkannt[439]. Das Bundesverfassungsgericht hat die „völkerrechtsfreundliche Grundhaltung des Grundgesetzes", seine „Völkerrechtsfreundlichkeit", mehrfach hervorgehoben[440] und betont[441].

---

432 Müko-KREUZER, a.a.O., Rdnr. 14
433 BLECKMANN, Die Völkerrechtsfreundlichkeit der deutschen Rechsordnung, S. 312
434 TOMUSCHAT, Die Entscheidung für die internationale Offenheit, § 172 Rdnr. 35
435 VON DER BECK, Die Konfisaktionen in der Sowjetischen Besatzungszone; S. 185 mit weiteren Nachweisen
436 VON MÜNCH/KUNIG-ROJAHN, Art. 24 Rdnr. 2
437 TOMUSCHAT, Die Entscheidung für die internationale Offenheit, § 172 Rdnr. 27
438 TOMUSCHAT, a.a.O., § 172 Rdnr. 27
439 VON MÜNCH/KUNIG-ROJAHN, Art. 24 Rdnr. 2
440 BVerfGE 18, 112, 121; 31, 58, 75 f.
441 BVerfGE 63, 343, 370

„Das Grundgesetz geht von der Eingliederung des von ihm verfaßten Staates in die Völkerrechtsordnung der Staatengesellschaft aus (Präambel, Art. 24 bis 26 GG)."

In diesem Zusammenhang hat es auch darauf hingewiesen, daß Verletzungen des Völkerrechts, die in einer fehlerhaften Anwendung oder Nichtbeachtung völkerrechtlicher Normen durch deutsche Gerichte liegen und eine völkerrechtliche Veratnwortlichkeit der Bundesrepublik begründen können, nach Möglichkeit zu verhindern oder zu beseitigen sind[442].

Die Bedeutung des aus Art. 25 GG abgeleiteten Grundsatzes der Völkerrechtsfreundlichkeit wird besonders bei der Überprüfung der privatrechtsgestaltenden Enteignung als Vorfrage für zivilrechtliche Ansprüche relevant.

BLECKMANN hat die Bedeutung des Grundsatzes der Völkerrechtsfreundlichkeit für den internationalen ordre public herausgestellt[443]. Er stellt fest, daß bei einer gegen den deutschen ordre public, der sich auch auf die internationalen Allgemeininteressen beziehe, verstoßenden Enteignung, Behörden und Gerichte der Bundesrepublik verpflichtet sind, diese nicht anzuerkennen, obwohl das Völkerrecht die Bundesrepublik nicht zu einer solchen Haltung verpflichte. Der Grundsatz der Völkerrechtsfreundlichkeit bewirke insoweit eine Absicherung des Ausgangspunktes.

Der Ausgangspunkt der herrschenden Meinung ist daher nicht völlig willkürlich gewählt. Die Beachtung fremder Gebietshoheit folgt aus der verfassungsrechtlichen Vorgabe der Völkerrechtsfreundlichkeit des Grundgesetzes[444]. In diesem Rahmen ist auch die oben erwähnte Diskussion über eigenständige Anknüpfungsregeln eingebettet. Es muß sich hierbei - wie KREUZER betont - um verfassungskonforme Anknüpfungsregeln handeln; die Anknüpfung setzt die internationale Enteignungszuständigkeit des enteignenden Staates voraus.

Mit der völkerrechtsfreundlichen Ausrichtung des Grundgesetzes sind das negative Territorialitätsprinzip und die aus dem Recht der kriegerischen Besetzung abgeleiteten Demilitarisierungsvorschriften in ihrer allgemeinen Bedeutung als maßgebliche Beschränkung der DDR-Hoheitsgewalt in Groß-Berlin zu beachten.

---

442 BVerfGE 58, 1, 34; 59, 63, 89; 63, 1, 20; vgl. oben B.I.4)b)

443 BLECKMANN, Die Völkerrechtsfreundlichkeit der deutschen Rechsordnung, S. 316

444 vgl. oben B.I.4)c)

II. Staatsrechtliche Vorgaben zur Respektierung der Gebietshoheit der Alliierten in Groß-Berlin

Auch können die staatsrechtlichen Vorgaben des Grundgesetzes zur Stellung Berlins bei der Anwendung des Territorialitätsprinzips auf die Enteignungen der Mauergrundstücke nicht ausgeblendet werden.

Die Bundesrepublik durfte verfassungsrechtlich die Einverleibung Ost-Berlins in die DDR nicht hinnehmen. Dies folgt aus der zentralen Vorschrift des Art. 23 GG alte Fassung und der vom Bundesverfassungsgericht anläßlich des Grundvertragsurteils im Verhältnis zur DDR statuierten Rechtspflicht aller Verfassungsorgane, den Berlin-Status „unter Berufung auf das Grundgesetz" zu verteidigen[445]. Nach dem Willen des deutschen Verfassungsgebers *galt* das Grundgesetz gemäß Art. 23 GG alte Fassung in Groß-Berlin, die *Anwendung* des Grundgesetzes unterlag jedoch gemäß Art. 144 Abs. 2 GG Beschränkungen[446].

In Art. 144 Abs. 2 GG kam der Respekt des deutschen pouvoir constituant vor der Gebietshoheit der Alliierten auf besondere Weise zum Ausdruck (Beschränkung der *Anwendung* des Grundgesetzes), wenn damit auch keine Beschränkung des deutschen pouvoir constituant verbunden war[447]. Die staatsrechtliche Stellung Berlins war wegen der Ausübung der Gebietshoheit der Alliierten insoweit gemindert. Der deutsche Verfassungsgeber nahm eine Beschränkung der *Anwendung* des Grundgesetzes in Groß-Berlin im Hinblick auf die Ausübung der Gebietshoheit durch die Alliierten hin, keinesfalls aber den Machtanspruch der SED; auch die spätere Gründung der DDR war kein Anlaß einer Änderung des Grundgesetzes in den die staatsrechtliche Stellung Berlins betreffenden Vorschriften[448].

Die Gliedstaatsthese war ein *Rechtsinstrument* in dem Bemühen um Wiedervereinigung[449].

Als weiteres Instrument erschienen dem Bundesverfassungsgericht die Viermächterechte und -verantwortlichkeiten. Diese waren in der Nachkriegszeit - gegenüber der sich vom deutschen Gesamtstaat separierenden DDR - die wichtigste „Klammer für die Fortexistenz Gesamtdeutschlands"; in diesem Sinne hat das Bundesverfassungsgericht der „Viermächteverantwortung für Gesamtdeutschland" nicht nur völkerrechtliche, sondern auch staatsrechtliche Funktionen beigemessen[450].

---

445 BVerfGE 36, 1, 32

446 BVerfGE 7, 1, 10; ALICH/WEBER, Zur Frage der Geltung von Art. 14 GG, S. 3 ff.

447 vgl. oben Teil 1 E.III.2)

448 vgl. oben Teil 1 D.V.

449 vgl. oben Teil 1 F.III.

450 BLUMENWITZ, Die Mauergrundstücke im interlokalen und intertemporalen Konflikt, S. 76; BVerfGE 36, 1, 19

Die auf Deutschland als Ganzes bezogenen besatzungsrechtlichen Regelungen erlangten deshalb nicht nur über Art. 25 GG Wirkung in der innerstaatlichen Ordnung; sie waren auch wesentliches Element eines - aus der Sicht des Grundgesetzes - gesamtdeutschen Staatsrechts, nämlich eine „Rechtsgrundlage für das Bemühen der Bundesregierung um Wiedervereinigung.“

Die Bundesrepublik Deutschland durfte sich nicht rechtlich in eine Abhängigkeit begeben, „nach der sie nicht mehr allein, sondern nur noch im Einverständnis mit den Vertragspartnern die Aufnahme verwirklichen kann“[451]. Schon aus diesem Grund konnte die Bundesrepublik Deutschland es verfassungsrechtlich nicht zulassen, daß sich die DDR ganz oder teilweise dem gesamtdeutschen Regime der Viermächteverantwortung entzog.

Deshalb erlegte das Bundesverfassungsgericht allen Verfassungsorganen der Bundesrepublik Deutschland die Rechtspflicht auf, den Berlin-Status zu „verteidigen“. Verteidigen bedeutete, die Verletzung des Berlin-Status durch die DDR und durch die Sowjetunion zurückzuweisen, insbesondere die Militarisierung des Ostsektors der Stadt weder rechtlich anzuerkennen, noch politisch hinzunehmen[452].

Im Rahmen dieser das Rechtsbewußtsein der Bundesrepublik und ihrer westlichen Verbündeten prägenden Berlinkonzeption war die Enteignung der Mauergrundstücke nicht der Hoheitsakt einer beliebigen auswärtigen Herrschaftsordnung, der gemäß der sogenannten act-oft-State-Doktrin grundsätzlich hinzunehmen gewesen wäre.

Der Respekt des deutschen Verfassungsgebers vor der Ausübung der Gebietshoheit der Besatzungsmächte in Groß-Berlin ist daher als verfassungsrechtliche Vorgabe auch bei der Überprüfung der privatrechtsgestaltenden Wirkung von Enteignungen nach dem Verteidigungsgesetz von Bedeutung. Es sind nicht zuletzt diese speziellen Gründe verfassungsrechtlicher Art, die bei der Frage, ob die DDR über die entsprechende Gebietshoheit verfügte, als sie Enteignungen vornahm, zur Berücksichtigung der besatzungsrechtlichen Ebene zwingen.

III. Anspruch auf Beachtung der verfassungsmäßigen Ordnung

Neben der Beachtung des internationalen ordre public nach Art. 25 GG in seiner völkerrechtsfreundlichen Ausprägung verbietet sich eine Anerkennung von Enteignungen nach dem Verteidigungsgesetz auch aufgrund der soeben genannten Prämissen zur staatsrechtlichen Stellung Groß-Berlins.

---

451 BVerfGE 36, 1, 28

452 BLUMENWITZ, Die Mauergrundstücke im interlokalen und intertemporalen Konflikt, S. 76

Die Betroffenen der Enteignung der Mauergrundstücke an der innerstädtischen Sektorengrenze haben auf die Beachtung der verfassungsmäßigen Ordnung einen Verfassungsanspruch.

Jedermann kann im Wege der Verfassungsbeschwerde geltend machen, ein seine Handlungsfreiheit beschränkendes Gesetz gehöre nicht zur verfassungsmäßigen Ordnung, weil es (formell oder inhaltlich) gegen einzelne Verfassungsbestimmungen oder allgemeine Verfassungsgrundsätze verstoße; deshalb werde sein Grundrecht aus Art. 2 Abs. 1 GG verletzt[453].

Zur verfassungsmäßigen Ordnung, auf deren Beachtung der einzelne einen grundrechtlich verbürgten Anspruch hat, gehört auch, daß bei der Anwendung des Bundesrechts die allgemeinen Regeln des Völkerrechts gemäß Art. 25 GG beachtet werden[454].

Wegen Art. 25 GG gehört es zur verfassungsmäßigen Ordnung, daß bei der Gestaltung der innerstaatlichen Rechtsordnung durch den Normgeber und bei der Auslegung und Anwendung oder Nichtanwendung von Vorschriften des innerstaatlichen Rechts durch die Verwaltung und die Gerichte den allgemeinen Regeln des Völkerrechts Rechnung getragen wird[455].

Eine den einzelnen belastende gerichtliche Entscheidung, die auf einer dem allgemeinen Völkerrecht widersprechenden Vorschrift des innerstaatlichen Rechts oder einer mit dem allgemeinen Völkerrecht unvereinbaren Auslegung und Anwendung einer Vorschrift des innerstaatlichen Rechts beruht, verstößt gegen das durch Art. 2 Abs. 1 GG geschützte Recht auf freie Entfaltung der Persönlichkeit.

Dies gilt unabhängig davon, ob die verletzte allgemeine Regel des Völkerrechts ihren Inhalt nach Rechten oder Pflichten für den einzelnen begründet oder ausschließlich an Staaten oder sonstige Völkerrechtssubjekte gerichtet ist[456].

Zur verfassungsmäßigen Ordnung gehören dabei auch die Prämissen zur staatsrechtlichen Stellung Berlins und die heraus vom Bundesverfassungsgericht abgeleitete Pflicht aller Verfassungsorgane, den Berlin-Status unter Berufung auf das Grundgesetz im Rahmen der vom Bundesverfassungsgericht vertretenen verfassungs- und völkerrechtskonformen Konzeption einer „Viermächteverantwortung für Gesamtdeutschland“ zu verteidigen.

---

453 BVerfGE 6, 32, 41

454 GEIGER, Grundgesetz und Völkerrecht, S. 170

455 BVerfG, EuGRZ 1985, S. 654 ff.

456 BVerfG, a.a.O., S. 654

IV. Willkürverbot und Recht auf den gesetzlichen Richter

Die Überprüfung der privatrechtsgestaltenden Wirkung der Enteignung der Mauergrundstücke ist eine Vorfrage bei der Durchsetzung zivilrechtlicher Ansprüche im Rahmen einer Klage aus Grundbuchberichtigung nach § 894 BGB oder auf Herausgabe des Eigentums nach § 985 BGB[457].

In Hauptsacheverfahren, aber auch bei Prozeßkostenhilfeverfahren, stellt sich die Frage, inwieweit sich die Gerichte mit der Bedeutung der allgemeinen Regeln des Völkerrechts für die streitentscheidende Frage der Anerkennung bzw. Wirksamkeit der Enteignungen auseinanderzusetzen haben.

Die Gerichte haben hierbei das Willkürverbot und das Recht auf den gesetzlichen Richter zu beachten.

1) Rechte und Pflichten im Sinne von Art. 100 Abs. 2 GG

Die Beachtung der fremder Gebietshoheit ist staatsgerichtet. Fraglich ist schon, wie bei Art. 25 GG, ob der einzelne auf staatsgerichtete Regeln des Völkerrechts überhaupt berufen kann[458]. Hiergegen scheint zunächst der Wortlaut der Art. 100 Abs. 2 GG und des § 83 Abs. 1 BVerfGG zu sprechen. Art. 100 Abs. 2 GG lautet:

„Ist in einem Rechtsstreite zweifelhaft, ob eine Regel des Völkerrechts Bestandteil des Bundesrechts ist und ob sie unmittelbar Rechte und Pflichten für den einzelnen erzeugt (Artikel 25), so hat das Gericht die Entscheidung des Bundesverfassungsgerichts einzuholen.“

Ebenso stellt § 83 Abs. 1 BVerfGG wiederholend auf die Erzeugung unmittelbarer „Rechte und Pflichten für den einzelnen“ ab.

Das Bundesverfassungsgericht hat jedoch ausdrücklich festgestellt, daß Vorlagen nach Art. 100 Abs. 2 GG auch dann zulässig sind, wenn die Völkerrechtsregel ihrem Inhalt nach nicht geeignet ist, unmittelbar Rechte und Pflichten für den einzelnen zu erzeugen, sondern sich nur an die Staaten und ihre Organe wendet[459].

Auch für Art. 25 Satz 1 GG ist anerkannt, daß die Formulierung in Art. 25 Satz 2 Halbsatz 2 GG lediglich deklaratorischen Charakter hat und nur der Hervorhebung dient[460].

---

457 vgl. oben A.

458 vgl. oben B.I.3)

459 BVerfGE 15, 25, 35 ff.; 46, 342, 362; zur Frage der Begrenzung des Art. 25 Satz 1 GG auf das unmittelbare Völkerrecht vgl. oben B.I.2)c)

460 zur Beschränkung des Art. 25 Satz 2 Halbsatz 2 GG vgl. oben B.I.3)

Dient die Wendung „erzeugen Rechte und Pflichten unmittelbar für die Bewohner des Bundesgebietes“ in Art. 25 Satz 2 GG lediglich der Wiederholung der Bekräftigung der bereits durch Satz 1 vollzogenen Eingliederung der allgemeinen Regeln des Völkerrechts in das Bundesrecht, so muß der entsprechenden Wendung in Art. 100 Abs. 2 GG die gleiche Bedeutung beigemessen werden, zumal Art. 100 Abs. 2 GG auf Art. 25 GG verweist.

Die Worte „und ob sie unmittelbar Rechte und Pflichten für den einzelnen erzeugt (Art. 25 GG)“ in Art. 100 Abs. 2 GG umschreibt daher lediglich die Qualität der Regel als einer allgemeinen Regel von den Wirkungen, die Art. 25 Satz 2 GG den allgemeinen Regeln des Völkerrechts zuerkennt. Dieser Sinn des Art. 100 Abs. 2 GG ist mit seinem Wortlaut vereinbar.

Die Gerichte sind im Ergebnis immer auch dann dazu verpflichtet, nach Art. 100 Abs. 2 GG zu verfahren, wenn ausschließlich staatsgerichtete Rechtssätze in Rede stehen[461].

2) Subjektiver oder objektiver Zweifelsbegriff?

Das Bundesverfassungsgericht hat erstmals 1968 entschieden, daß eine Vorlage an das Bundesverfassungsgericht nach Art. 100 Abs. 2 GG bereits dann geboten ist, wenn das erkennende Gericht bei der Prüfung der Frage, ob und mit welcher Tragweite eine allgemeine Regel des Völkerrechts gilt, auf ernstzunehmende Zweifel stoße, und nicht nur dann, wenn das Gericht selbst Zweifel habe[462].

Ernstzunehmende Zweifel bestünden dann, wenn ein Gericht von der Meinung eines Verfassungsorgans oder von den Entscheidungen hoher deutscher, ausländischer oder internationaler Gerichte oder von den Lehren anerkannter Autoren der Völkerrechtswissenschaft abweiche[463].

In der Rechtslehre war diese Frage seinerzeit umstritten[464]. Dabei wurde einerseits die Ansicht vertreten, das erkennende Gericht sei zur Vorlage an das Bundesverfassungsgericht nur dann verpflichtet, wenn es selbst Zweifel hinsichtlich des Bestehens und der Tragweite der allgemeinen Regel des Völkerrechts habe. Andererseits wurden schon ernsthafte Zweifel, die von den Prozeßbeteiligten vorgebracht werden, als ausreichend angesehen, um die Vorlagepflicht nach Art. 100 Abs. 2 GG auszulösen.

Für das Bundesverfassungsgericht ergab sich seine Auslegung schon aus dem Wortlaut des Art. 100 Abs. 2 GG, denn entgegen Art. 100 Abs. 1 GG, wonach es

---

461 vgl. B.I.2)c)
462 vgl. Leitsatz BVerfGE 23, 288 f.
463 vgl. Leitsatz BVerfGE, a.a.O.
464 vgl, hierzu BVerfGE 23, 288, 315 f.

auf die Überzeugung des Gerichts von der Verfassungswidrigkeit eines Gesetzes ankommt, enthält die Vorlage nach Art. 100 Abs. 2 GG keine dem Absatz 1 entsprechende Fassung[465].

Nur die Auslegung, nach der bereits ernstzunehmende Zweifel hinsichtlich des Bestehens und der Tragweite der allgemeinen Völkerrechtsregel die Vorlagepflicht auslösen, wird Sinn und Zweck des Art. 100 Abs. 2 GG gerecht.

Mit der durch Art. 25 GG vollzogenen Eingliederung der allgemeinen Regeln des Völkerrechts in das Bundesrecht mit Vorrang vor den Gesetzen erzwingt die Verfassung eine dem allgemeinen Völkerrecht entsprechende Gestaltung des Bundesrechts[466].

Der Sinn der unmittelbaren Geltung der allgemeinen Regeln des Völkerrechts liegt darin, kollidierendes innerstaatliches Recht zu verdrängen oder seine völkerrechtskonforme Anwendung zu bewirken.

Da die allgemeinen Regeln des Völkerrechts sich ständig fortentwickeln, ist die Zahl der möglichen Kollisionen zwischen allgemeinen Völkerrecht und innerstaatlichem Recht nicht übersehbar. Der Prozeß der Umformung des innerstaatlichen Rechts durch das inkorporierte völkerrechtliche Bundesrecht vollzieht sich außerhalb des von der Verfassung vorgesehenen formellen Gesetzgebungsverfahrens.

Existenz und Tragweite der allgemeinen Regeln des Völkerrechts müssen oftmals erst festgestellt werden[467]. Der Verfassungsgeber hat die Gefahren, die sich aus der Eingliederung der allgemeinen Regeln des Völkerrechts in das Bundesrecht mit Rang über den Gesetzen für die Autorität des Gesetzgebers und für die Rechtssicherheit resultieren - beide gehören zum Fundament der rechtsstaatlichen Ordnung - in Kauf genommen, soweit diese Gefahren in der Natur der Sache begründet sind.

Das Verfahren nach Art. 100 Abs. 2 GG zielt vornehmlich darauf ab, die sich aus der Eingliederung des Völkerrechts für die Autorität des Gesetzgebers und die Rechtssicherheit ergebenden Gefahren auf das unvermeidbare Maß zu beschränken.

Vom Fall der Evidenz abgesehen, soll bei Zweifeln über Existenz und Tragweite einer allgemeinen Völkerrechtsregel nur das Bundesverfassungsgericht, dieses aber allgemeinverbindlich und mit Gesetzeskraft, über Bestehen oder Nichtbestehen und über die Tragweite einer allgemeinen Völkerrechtsregel entscheiden.

---

465 BVerfGE 23, 288, 315 f.

466 BVerfGE 23, 288, 315 f.

467 Das Bundesverfassungsgericht verwies hierzu auf seine Entscheidungen: BVerfGE 15, 25, 31 f.; 16, 27, 32 f.; 18, 441, 448

Eine Auslegung des Art. 100 Abs. 2 GG, nach der die Vorlagepflicht von der subjektiven Meinung des erkennenden Gerichts abhängig wäre, würde diesem Zweck des Art. 100 Abs. 2 GG nicht gerecht werden.

Käme es nur auf die Meinung des jeweils erkennenden Gerichts an, so bestünde die Gefahr, daß die Gerichte über die Existenz einer bestimmten - nicht evidenten - Regel des Völkerrechts und ihrer Tragweite divergierend entscheiden; gerade das solle Art. 100 Abs. 2 GG im Interesse der Rechtssicherheit soweit wie möglich verhindern[468].

An seiner Auffassung hat das Bundesverfassungsgericht bisher festgehalten[469]. Im Ergebnis dürfen sich daher die erkennenden Gerichte auch nicht über bestehende Zweifel der Völkerrechtslehre hinsichtlich der Wirksamkeit der Enteignung der Mauergrundstücke einfach hinwegsetzen. In diesem Fall ist eine Vorlage nach Art. 100 Abs. 2 GG geboten.

3) Zweifel der Völkerrechtslehre

Die Beurteilung der Wirksamkeit besatzungsrechtswidriger Enteignungen nach dem Verteidigungsgesetz in Ost-Berlin wirft schwierige, bislang nicht hinreichend geklärte Rechts- und Tatsachenfragen auf[470].

Unter Berücksichtigung der völkerrechtlichen Lage war die Verordnung des Magistrats von Groß Berlin vom 26.1.1962, die das Verteidigungsgesetz der DDR vom 20.9.1961 auf die Ostsektoren der Stadt ausdehnte, wegen Verstoßes gegen den entmilitarisierten Status des Gebietes unwirksam und die auf dem Gesetz beruhenden Enteignungen nichtig[471].

Weder verloren die Betroffenen ihr Eigentum, noch konnte „Volkseigentum“ geschaffen werden. Die sich aus den allgemeinen Regeln des Völkerrechts auch für Ost-Berlin im Hinblick auf den entmilitarisierten Status der Stadt ergebenden Bindungen haben gemäß Art. 25 Satz 2 GG Vorrang gegenüber den Gesetzen[472].

---

468 BVerfGE 15, 25, 33

469 BVerfGE 75, 1, 11

470 vgl. dazu u.a. BLUMENWITZ, Anmerkung zum Beschluß des Bundesverwaltungsgerichts vom 23.1.1996, DtZ 1969, 155 f; derselbe, Die Mauergrundstücke im interlokalen und intertemporalen Konflikt, S. 62 ff; Das Mauergrundstücksgesetz vom 15. Juli 1996, NJW 1996, S. 3118 ff; HACKER, Der Rechtsstatus und die politische Praxis 1945 - 1989/90, S. 49 f.; PESCHEL-GUTZEIT, Schreiben vom 15. August 1997 an den Vizepräsidenten des Bundesverfassungsgerichts, DR. OTTO SEIDL, Vorsitzender des Ersten Senats des Bundesverfassungsgerichts zu GeschZ.: 1 BvR 1892/96, ZOV 6/1997, S. 396 f.

471 BLUMENWITZ, Die Mauergrundstücke im interlokalen und intertemporalen Konflikt, S. 75; zustimmend HACKER, a.a.O., S. 49 f.

472 BLUMENWITZ, a.a.O., S. 75

Setzen sich die Gerichte über bestehende Zweifel der Völkerrechtslehre hinweg, sind sie nach der Rechtsprechung des Bundesverfassungsgericht dazu angehalten, in einem solchen Fall nach Art. 100 Abs. 2 GG zu verfahren.

4) Zweifel hinsichtlich der Existenz und/oder der Tragweite einer Regel des Völkerrechts

Der Zulässigkeit einer Vorlage nach Art. 100 Abs. 2 GG steht nicht entgegen, wenn das erkennende Gericht Zweifel lediglich hinsichtlich der Tragweite einer Völkerrechtsregel hat. Die Bedeutung, die Art. 25 GG den allgemeinen Regeln des Völkerrechts beimißt, fordert eine einheitliche Rechtsprechung über ihre Tragweite[473].

5) Die Willkürgrenze

Die Gewähr des gesetzlichen Richters (Art. 101 Abs. 1 Satz 2 GG) ist nicht durch jede, sondern nur durch die auf Willkür beruhende fehlerhafte Anwendung von Zuständigkeitsregeln verletzt[474].

Das Recht auf den gesetzlichen Richter schützte zunächst die Unabhängigkeit der Justiz vor sachfremden Eingriffen der Exekutive, einschließlich der Justizverwaltung. Später schützte es auch vor Eingriffen der Landesgesetzgebung (§ 16 GVG) und seit der Aufnahme in Art. 105 WRV - in gewissen Umfange auch der Reichsgesetzgebung[475].

Man könnte aus der geschichtlichen Entwicklung folgern, daß Art. 101 Abs. 1 Satz 2 GG niemals durch Akte der Rechtsprechung verletzt werden könne, doch erscheint die Möglichkeit nicht ausgeschlossen, daß ein Gericht seine Zuständigkeit offenbar willkürlich bejaht oder verneint und dadurch eine Verschiebung der gesetzlich vorgesehenen Zuständigkeit im Einzelfall zum Nachteil einer Prozeßpartei bewirkt[476].

Auch ist anerkannt, daß die formelle Justizverweigerung - z.B. durch Nichterledigung einer Sache - einen durch Art. 101 Abs. 1 Satz 2 GG verbotenen Fall darstellt. Jemand kann daher seinem gesetzlichen Richter auch durch Maßnahmen oder Entscheidungen eines Gerichts entzogen werden, wenn sie willkürlich sind.

473 BVerfGE 15, 25, 31
474 KIRCHHOF, Der allgemeine Gleichheitssatz, § 104 Rdnr. 241
475 BVerfGE 3, 359, 364
476 BVerfGE, a.a.O.

Durch eine Maßnahme, Unterlassung oder Entscheidung eines Gerichts wird der gesetzliche Richter nur dann entzogen, wenn diese Maßnahme, Unterlassung oder Entscheidung auf Willkür beruht[477]. Dies gilt auch, wenn ein Gericht die Verpflichtung zur Vorlage an ein anderes Gericht, das über eine bestimmte Rechtsfrage zu entscheiden hat, außer acht läßt[478].

Nach der ständigen Rechtsprechung des Bundesverfassungsgerichts[479] kann daher jemand auch durch Maßnahmen, Unterlassungen oder Entscheidungen des Gerichts seinem gesetzlichen Richter entzogen werden, wenn sie willkürlich, nicht aber schon, wenn sie nur rechtsirrtümlich sind[480].

Dies hat das Bundesverfassungsgericht auch für den Fall der Nichtvorlage nach Art. 100 Abs. 2 GG entschieden[481]. Der gesetzliche Richter könne auch dadurch entzogen werden, daß ein Gericht die gesetzliche Pflicht zur Vorlage an ein anderes Gericht außer acht lasse.

Durch Maßnahmen, Unterlassungen oder Entscheidungen eines Gerichts werde der gesetzliche Richter jedoch nur dann entzogen, wenn die Maßnahme, Unterlassung oder Entscheidung des Gerichts auf Willkür beruhe.

Dies gelte auch dann, wenn die Pflicht zur Vorlage sich nicht aus „einfachem Recht“, sondern aus der Verfassung durch eine Vorschrift ergebe, die eine ausschließliche Zuständigkeit des Bundesverfassungsgerichts begründe. Art. 100 Abs. 2 GG sei eine verfahrensrechtliche Vorschrift ohne Grundrechtscharakter, die sich an das jeweils erkennende Gericht wende. Art. 101 Abs. 1 Satz 2 GG biete dagegen keine Handhabe, eine gerichtliche Entscheidung darauf zu überprüfen, ob das erkennende Gericht das Verfahrensrecht frei von Rechtsirrtum angewendet habe.

Mit Rücksicht auf die zu diesem Zeitpunkt noch umstrittene und durch die Rechtsprechung des Bundesverfassungsgerichts noch nicht geklärte Auslegung des Art. 100 Abs. 2 GG hat das Bundesverfassungsgericht in dem konkret entschiedenen Fall einen Verstoß gegen Art. 100 Abs. 2 GG abgelehnt[482].

Anders entschied das Bundesverfassungsgericht im Jahre 1983[483]. Landegericht und Oberlandesgericht seien in dem entschiedenen Fall verpflichtet gewesen, das Verfahren auszusetzen und eine Entscheidung des Bundesverfassungsgerichts einzuholen.

---

477 BVerfGE 19, 38, 43; 23, 288, 320

478 BVerfGE 3, 359 363; 9, 213 215 f.; 13, 132, 143; 18, 441, 447; 23, 288, 319; 29, 198 ff.

479 BVerfGE 3, 359, 364; 7, 327, 329; 9, 223, 230

480 BVerfGE 19, 38, 42 f.

481 BVerfGE 23, 288, 315 f.

482 BVerfGE 23, 288, 320

483 BVerfGE 64, 1, 20 ff.

Das Unterlassen der Anrufung des Bundesverfassungsgerichts habe einen Verstoß gegen Art. 101 Abs. 1 Satz 2 GG dargestellt, da es auf Willkür beruht habe.

Ein Gericht, das - nachdem die Auslegung des Art. 100 Abs. 2 GG durch das Bundesverfassungsgericht klargestellt sei - unter Verkennung von Sinn und Zweck des Art. 100 Abs. 2 GG die Einholung einer Entscheidung des Bundesverfassungsgerichts unterlasse, obwohl hinsichtlich des Bestehens und der Tragweite einer allgemeinen Regel des Völkerrechts objektiv gesehen ernstzunehmende Zweifel bestünden, verstoße in der Regel gegen das Recht auf den gesetzlichen Richter[484].

Art. 100 Abs. 2 GG, der im Interesse der Rechtssicherheit divergierende Entscheidungen von Gerichten verhindern und der Gefahr von Verletzungen allgemeiner Regeln des Völkerrechts durch Gerichte der Bundesrepublik Deutschland vorbeugen wolle, gebiete, in allen Rechtsstreitigkeiten, in denen Geltung oder Tragweite einer allgemeine Regel des Völkerrechts zweifelhaft sei, eine Entscheidung des Bundesverfassungsgerichts einzuholen.

Für lediglich rechtsirrtümliche Verstöße gegen die Vorlagepflicht, die nicht Art. 101 Abs. 1 Satz 2 GG verletzten, bliebe nur ein geringer Raum.

6) Zwischenergebnis

Die Gerichte sind bei der Überprüfung der privatrechtsgestaltenden Wirkung der Enteignung der Mauergrundstücke gehalten, sich mit der Bedeutung der allgemeinen Regeln des Völkerrrechts für die streitentscheidende Frage der Anerkennung bzw. Wirksamkeit der Enteignungen auseinanderzusetzen. Selbst wenn sie die in der Völkerrechtslehre geäußerten Zweifel hinsichtlich der Wirksamkeit der Enteignung der Mauergrundstücke nicht teilen, sind sie nach Art. 100 Abs. 2 GG verpflichtet, die Entscheidung des Bundesverfassungsgerichts einzuholen. Andernfalls verletzen sie das Grundrecht der Kläger aus Art. 101 Abs. 1 Satz 2 GG und Art. 3 GG.

7) Pflicht zur Vorlage nach Art. 100 Abs. 2 GG im Prozeßkostenhilfeverfahren?

Nach der ständigen Rechtsprechung des Bundesverfassungsgerichts ergibt sich aus Art. 3 Abs. 1 GG in Verbindung mit dem Rechtsstaatsgrundsatz, der in Art. 20 Abs. 3 GG allgemein niedergelegt ist und für die Rechtsschutzgewährleistung in Art. 19 Abs. 4 GG besonderen Ausdruck findet, das Gebot einer weitgehenden

---

484 BVerfGE 64, 1, 20 ff.

Angleichung der Situation von Bemittelten und Unbemittelten bei der Verwirklichung des Rechtsschutzes[485].

Nach der ständigen Rechtsprechung des Bundesverfassungsgerichts ist es verfassungsrechtlich unbedenklich, die Gewährung von Prozeßkostenhilfe davon abhängig zu machen, daß die beabsichtigte Rechtsverfolgung oder Rechtsverteidigung hinreichende Aussicht auf Erfolg hat und nicht mutwillig erscheint[486], (§ 114 ZPO).

Die Prüfung der Erfolgsaussichten darf jedoch nicht dazu dienen, die Rechtsverfolgung oder Rechtsverteidigung selbst in das summarische Verfahren der Prozeßkostenhilfe zu verlagern und dieses an die Stelle des Hauptsacheverfahrens treten zu lassen. Das Prozeßkostenhilfeverfahren will den grundrechtlich garantierten Rechtsschutz nicht selbst bieten, sondern zugänglich machen[487].

Die Fachgerichte überschreiten ihren Entscheidungsspielraum, wenn sie im Prozeßkostenhilfeverfahren die Anforderungen an die Erfolgsaussicht der beabsichtigten Rechtsverfolgung weit überspannen[488]. Sie überschreiten den Entscheidungsspielraum, der ihnen bei der Auslegung des gesetzlichen Tatbestandsmerkmals der hinreichenden Erfolgsaussicht zukommt, wenn sie einen Auslegungsmaßstab verwenden, durch den unbemittelten Parteien im Vergleich zu bemittelten die Rechtsverfolgung oder Rechtsverteidigung unverhältnismäßig erschwert wird.

Das ist namentlich dann der Fall, wenn die Anforderungen an die Aussicht der beabsichtigten Rechtsverfolgung und Rechtsverteidigung weit überspannt werden und dadurch der Zweck der Prozeßkostenhilfe deutlich verfehlt wird[489].

Wäre ein Gericht in einem Hauptsacheverfahren verpflichtet, das Verfahren auszusetzen und eine Entscheidung des Bundesverfassungsgerichts einzuholen, so würde ein entsprechendes Unterlassen der Anrufung des Bundesverfassungsgerichts im Hauptsacheverfahren einen Verstoß gegen Art. 101 Abs. 1 Satz 2 GG darstellen.

Die verfassungsrechtliche Vorgabe besteht jedoch nach Art. 100 Abs. 2 GG auch im Prozeßkostenhilfeverfahren. Die Beurteilung der Wirksamkeit besatzungsrechtswidriger Enteignungen nach dem Verteidigungsgesetz in Ost-Berlin wirft schwierige, bislang nicht hinreichend geklärte Rechts- und Tatsachenfragen auf[490].

---

485 BVerfGE 78, 104, 117 f.; BVerfGE 81, 347, 356
486 BVerfGE 78, 104, 117 f.; BVerfG, NJW 1988, 2231; BVerfGE 81, 347, 356
487 BVerfGE 81, 347, 357
488 BVerfG, NJW 1992, 889
489 vgl. BVerfGE 81, 347, 358
490 vgl. B.IV.3)

Das Prozeßkostenhilfeverfahren ist für die Klärung dieser schwierigen verfassungsrechtlichen Fragen nicht geeignet. Die Prozeßkostenhilfe ist dem Unbemittelten jedoch grundsätzlich zu gewähren, wenn ein Antrag nach Art. 100 Abs. 2 GG im Hauptsacheverfahren hinreichende Aussicht auf Erfolg hat und nicht mutwillig erscheint. Zur Klärung der aufgeworfenen schwierigen Rechtsfragen muß vorher Prozeßkostenhilfe gewährt werden.

Es verstößt gegen Art. 3 Abs. 1, 19 Abs. 4, 20 Abs. 3 GG wenn dem Unbemittelten, der Weg über Art. 100 Abs. 2 GG verstellt wird, weil er über das Stadium des Prozeßkostenhilfeverfahrens nicht hinauskommt.

8) Ergebnis

Unterläßt ein Gericht in einem Verfahren, in dem es um einen Grundbuchberichtigungsanspruch geht, trotz ernstzunehmender Zweifel an einer anzuwendenden allgemeinen Regel des Völkerrechts willkürlich die Vorlage gemäß Art. 100 Abs. 2 GG an das Bundesverfassungsgericht, so ist gegen seine Entscheidung die Verfassungsbeschwerde wegen einer Verletzung des Art. 3 Abs. 1 GG (Willkürverbot) und des Art. 101 Abs. 1 Satz 1 GG (Entzug des gesetzlichen Richters) zulässig[491].

Im Prozeßkostenhilfeverfahren kann sich der Antragsteller zusätzlich auf das Gebot einer weitgehenden Angleichung der Situation von Bemittelten und Unbemittelten bei der Verwirklichung des Rechtsschutzes gemäß Art. 3 Abs. 1 GG in Verbindung mit dem Rechtsstaatsgrundsatz - Art. 20 Abs. 3 GG - und der Rechtsschutzgewährleistung in Art. 19 Abs. 4 GG berufen, wenn ihm der Weg über Art. 100 Abs. 2 GG verstellt wird, weil er über das Stadium des Prozeßkostenhilfeverfahrens nicht hinauskommt.

V) Beachtung der Eigentumsgarantie und des Gleichheitssatzes

HORST lehnt eine Verletzung des Grundrechts der Betroffenen der Enteignung der Mauergrundstücke aus Art. 14 GG wegen einer möglichen Selbstbindung des Gesetzgebers im Rahmen von Art. 14 GG ab[492].

Gemeinsame Erklärung, Einigungsvertrag und das Gesetz zur Regelung offener Vermögensfragen hätten einen Restitutionsanspruch der von den Mauerenteignungen Betroffenen nicht festgeschrieben. Der Gesetzgeber sei auch im Hinblick auf den Erlaß neuen Rechts nicht durch vorangegangene eigene jahrzehntelange Äußerungen, die die Mauer stets in scharfer Form ablehnten, gebun-

---

491 GEIGER, Grundgesetz und Völkerrecht, S. 170

492 HORST, Rückkauf der Mauer- und Grenzgrundstücke, S. 336

den. Die mit dem Mauergrundstücksgesetz offensichtlich vollzogene Kehrtwendung berühre seine rechtsstaatliche Glaubwürdigkeit und Kreditwürdigkeit, habe aber mit rechtlichen Vorgaben beim Erlaß neuer Gesetze nichts zu tun.

Das Bundesverfassungsgericht hat die Annahme einer Verfassungsbeschwerde gegen das Mauergrundstückstücksgesetz in seinem jüngsten Beschluß vom 3.8.1999 abglehnt und die Beschwerdeführer zur Klärung der Nichtigkeit der Enteignung auf den Zivilrechtsweg verwiesen. Eine Verletzung des Grundrechts aus Art. 14 GG könne erst nach Erschöpfung des Rechtswegs geltend gemacht werden[493].

Die vorstehende Untersuchung hat gezeigt: Die Betroffenen der Enteignung der Mauergrundstücke haben wegen der Nichtigkeit dieser Enteignungen ihr Vollrecht nie verloren. In dieses Vollrecht hat der Gesetzgeber unter Verletzung der dargestellten verfassungsrechtlichen Vorgaben in unzulässiger Weise eingegriffen.

Die Zivilgerichte können sich bei der Beurteilung der privatrechtsgestaltenden Wirkung der Enteignung der Mauergrundstücke nicht auf eine Ausschlußwirkung des Mauergrundstücks-gesetzes berufen; andernfalls verletzten sie die Rechte der Betroffenen aus Art. 14 GG.

Dieses Grundrecht wird als verfassungsrechtliche Vorgabe auch im Hinblick auf einen Rückenteignungsanspruch der Betroffenen relevant.

Auf den Rückenteignungsanspruch ist im anschließenden dritten Teil der Arbeit nachzugehen. Allerdings ist der Rückenteignungsanspruch für die Enteignungen der Mauergrundstücke im Unterschied zu der Fallgruppe der Aufbau- und Baulandenteignungen[494] nur von sekundärer Bedeutung, da er ja die Wirksamkeit dieser Enteignungen voraussetzt[495].

Gerade die Berufung auf das positive Territorialitätsprinzip[496], scheidet für die Enteignungen der Mauergrundstücke aus.

Aus dem Gleichheitssatz des Art. 3 Abs. 1 GG ergeben sich Bedenken in der unterschiedlichen Behandlung der Enteignungen der Mauer- und Grenzgrundstücke zu vergleichbaren Fallgruppen:

Die Grundstücke an der innerstädtischen Sektorengrenze werden von der öffentlichen Hand verkauft. Dagegen werden die Enteignungen im Sperrgürtel um Berlin, die in den Geltungsbereich des Grundgesetzes „weggeschwommen" sind, wegen des Vorbehaltes des ordre public von der Rechtsprechung nicht anerkannt[497]. Die Eigentümer haben ihr Eigentum nie verloren.

493 BVerfG, VIZ 1999, 654 = ZOV 1999, 343
494 vgl oben Teil 1
495 vgl. oben Teil 1 C.II.1)a)gg)
496 vgl. hierzu HORST, Rückkauf der Mauer- und Grenzgrundstücke, S. 336
497 vgl. oben Teil 2 D.IV.

Schließlich werden die Zwangsaussiedlungen an der Demarkationslinie[498] nach § 1 Abs. 3 des Verwaltungsrechtlichen Rehabilitierungsgesetzes[499] rückgängig gemacht[500], denn sie sind „mit tragenden Grundsätzen eines Rechtsstaates schlechthin unvereinbar."

Es ist nicht einzusehen, „daß der Gesetzgeber Enteignungen im Zusammenhang mit der deutschen Teilung unterschiedlich behandelt."[501]

---

498 vgl. die rechtliche Bedeutung der innerstädtischen Sektorengrenze oben A.VII.2)

499 BGBl. 1994 I, S.1311

500 vgl. WIMMER, Verwaltungsrechtliches Rehabilitierungsgesetz, § 1 Rdnr. 194

501 Antrag der SPD-Fraktion vom 8.2.1996, BT-Drucks. 13/3758

Teil 3: Die Anwendung der Rückenteignungsregeln auf Grundstücksenteignungen nach dem Verteidigungsgesetz der DDR im Ostteil Groß-Berlins

Der Rückenteignungsanspruch tritt hinter dem Grundbuchberichtigungsanspruch zurück, da er grundsätzlich die Rechtmäßigkeit der Enteignung voraussetzt[1].

Die Frage nach einem Rückenteignungsrecht stellt sich daher erst, wenn man mit der Rechtsprechung des Kammergerichts und des Bundesverwaltungsgerichts[2] von einer Wirksamkeit der Enteignungen nach dem Verteidigungsgesetz der DDR ausgeht.

Nach der Rechtsprechung greifen die Ausschlußwirkungen des Vermögensgesetzes in solchen Fällen nicht, in denen sich der Zweckfortfall nach dem Beitritt ereignet[3]. Hierbei geht es nicht, wie beim Regelungsgegenstand des Vermögensgesetzes, um die Wiedergutmachung von Unrechtsmaßnahmen oder die nachträgliche Einräumung eines von der Rechtsordnung der DDR rechtsstaatswidrig vorenthaltenen Anspruchs, sondern darum, zu verhindern, daß ein späterer Wegfall des Enteignungszwecks sanktionslos in eine Bereicherung der öffentlichen Hand auf Kosten früherer Eigentümer umschlägt[4].

Auf die Bedeutung des Art. 2 der Verfassungsgrundsätze kam es der höchstrichterlichen Rechtsprechung wegen Fehlen eines entsprechenden Rückübertragungsvorbehaltes nicht an[5].

Für die Mauergrundstücke kann jedoch nicht außer acht gelassen werden, daß sich die DDR am 17. Juni 1990 durch das Gesetz über die Verfassungsgrundsätze vom sozialistischen Inhalt der DDR-Verfassung lossagte und das Verfassungsverständnis der Bundesrepublik Deutschland übernahm[6]. Anders als bei den Aufbau- und Baulandenteignungen könnte für die Enteignungen nach dem Verteidigungsgesetz ein einfachgesetzlicher Rückenteignungsanspruch nach § 9 GrenzVO bestehen, dessen Durchsetzbarkeit zum Zeitpunkt des Zweckfortfalls gegeben war.

---

1 vgl. oben Teil 1 C.II.1)a)gg)

2 KG, NJ 1995, S. 263 f.; vgl. oben Teil 2 A.III.5) und BVerwG, DtZ 1996, S. 155 f.; vgl. oben Teil 2 A.V.3)

3 vgl. oben Teil 1 A.II.4)

4 WEBER, MARTIN, Anmerkung, LM H. 3/1998, Art 14, A. GG Nr. 63, 2. a); oben Teil 1 A.II.4)

5 vgl. oben Teil 1 C.II.1)b)

6 BLUMENWITZ, Die Mauergrundstücke im interlokalen und intertemporalen Konflikt, S. 69

A. Die Bedeutung des revolutionären Rechts der DDR für den einfachgesetzlichen Rückenteignungsanspruch

Den Betroffenen der Enteignungen der Mauer- und Grenzgrundstücke könnte wegen des Bestehens eines einfachgesetzlichen Rückenteignungsrechts nach § 9 GrenzVO in Verbindung mit Art. 2 des Gesetzes über die Verfassungsgrundsätze vom 17. Juni 1990 eine unter den Schutz des Art. 14 GG fallende vermögenswerte Rechtsposition verblieben sein, in die der Gesetzgeber mit der Regelung des Mauergesetzes in unzulässiger Weise eingegriffen hat, denn anders als bei Enteignungen nach dem Baulandgesetz und dem Aufbaugesetz der DDR war für die Enteignungen nach dem Verteidigungsgesetz ein einfachgesetzlicher Rückenteignungsanspruch in § 9 GrenzVO normiert[7]:

„Grundstücke, die nicht mehr für Maßnahmen zum Schutz der Staatsgrenze benötigt werden, sind an die Rechtsträger, Eigentümer oder sonstige Nutzer zu übergeben."

Die Aufgabe des Enteignungszwecks „Schutz der Staatsgrenze" fiel in eine Zeit als „in Erkenntnis, daß in der Deutschen Demokratischen Republik im Herbst 1989 eine friedliche und demokratische Revolution staatgefunden hat und in der Erwartung einer baldigen Herstellung der staatlichen Einheit Deutschlands"[8] für eine Übergangszeit die Verfassung der DDR ergänzt wurde; entgegenstehende Verfassungsgrundsätze besaßen keine Rechtsgültigkeit mehr.

Artikel 2 des Gesetzes über die Verfassungsgrundsätze vom 17. Juni 1990[9] bestimmt:

„Privateigentum einschließlich des Erwerbs von Eigentum und eigentumsgleichen Rechten an Grund und Boden sowie an Produktionsmitteln wird gewährleistet. Dadurch wird die gesetzliche Zulassung besonderer Eigentumsformen für die Beteiligung der öffentlichen Hand oder anderer Rechtsträger im Wirtschaftsverkehr sowie eine rechtsstaatliche Überprüfung der bestehenden Eigentumsverhältnisse nicht berührt. Sein Gebrauch soll zugleich dem Wohl der Allgemeinheit und dem Schutz der natürlichen Lebensgrundlagen dienen."

Ein Anspruch kann nur entstehen, wenn sich der anspruchsbegründende Sachverhalt nach Inkrafttreten des anspruchsgewährenden Gesetzes ereignet. Das neue Gesetz wirkt nicht zurück. Der anspruchsbegründende Sachverhalt muß in den zeitlichen Geltungsbereich der anspruchsbegründenden Norm zumindest hineinragen (offener Sachverhalt)[10].

---

7 GBl. DDR 1982 I, S. 204

8 Vorspruch zum Gesetz zur Änderung und Ergänzung der Verfassung der Deutschen Demokratischen Republik (Verfassungsgrundsätzte) vom 17. Juni 1990

9 GBl. DDR I, S. 299

10 vgl. oben Teil 1 C.I.

I. Offener Sachverhalt

Zunächst ist zu untersuchen, ob vom Standpunkt des § 9 GrenzVO nur solche Enteignungen erfaßt sind, die sich nach Inkrafttreten der Grenzverordnung ereignet haben. Hiergegen spricht jedoch, daß das Grenzgesetz mit seinem Inkrafttreten das Verteidigungsgesetz[11] nicht außer Kraft gesetzt hat[12] und das Grenzgesetz selbst keine Enteignungstatbestand nennt.

Der Wortlaut des § 9 GrenzG, der das Verteidigungsgesetz der DDR ergänzt[13], ist hinsichtlich des Zeitpunkts der Enteignung offen und erfaßt daher gerade auch Enteignungen vor Inkrafttreten des Grenzgesetzes bzw. der Grenzverordnung.

Ansonsten gelten für den einfachgesetzlichen Rückenteignungsanspruch nach § 9 GrenzVO keine Besonderheiten. Die einfachgesetzliche Normierung der Rückabwicklung von Enteignungen greift nicht in einen abgeschlossenen Sachverhalt ein, sondern knüpft an ein künftiges Ereignis an[14] („werden nicht mehr benötigt"). § 9 GrenzVO galt, als der Zweck der DDR-Grenze und der Mauer in Berlin 1989/1990 wegfiel.

Der einfachgesetzliche Rückenteignungsanspruch nach § 9 GrenzVO hat dabei nicht nur für Enteignungen in Ost-Berlin (Mauergrundstücke), sondern auch für Enteignungen in der DDR (Grenzgrundstücke) Bedeutung.

1) Hoheitlicher Eingriff

Der hoheitliche Eingriff in das Rückenteignungsrecht der Betroffen besteht in der Aufrechterhaltung der Enteignung[15], obwohl der Enteignungszweck des Grenzgesetzes weggefallen ist.

Der Enteignungszweck der Grenzgrundstücke fiel schon vor dem 3. Oktober 1990 weg, als das Gesetz über die Verfassungsgrundsätze der DDR vom 17. Juni 1990 für die Übergangszeit galt.

Spätestens der Staatsvertrag über die Wirtschafts- und Währungsunion vom 18. Juni 1990 machte mit der Schaffung eines gemeinsamen Währungsgebietes, einer Wirtschafts- und Sozialunion innerdeutsche Grenzkontrollen auch aus der Sicht der DDR überflüssig[16].

---

11 Fundstelle der Vorschriften vgl. oben Teil 2 vor A.; vgl. auch KITTKE, Das Mauergrundstücksgesetz, S. 464

12 vgl. § 40 GrenG

13 vgl. auch DROBNIG, Rückenteignung bei Verfehlung oder Wegfall des Zweckes von „ordentlichen" Enteignungen in der DDR, S. 229

14 BGH NJW 1990, 2400, 2401

15 vgl. oben Teil 1 C.II.

16 vgl. oben Teil 2 A.I.

2) Subjektives Recht

Folgt man der Rechtsprechung zum Rückenteignungsrecht, so kommt es für eine vermögenswerte Rechtsposition der Betroffenen darauf an, daß die Enteignung unter einem Rückübertragungsvorbehalt gestanden haben muß.

Die DDR hat mit dem auch für Altfälle offenen Tatbestand des § 9 GrenzVO eine Rechtsgrundlage für die Rückenteignung der Mauer- und Grenzgrundstücke geschaffen. Hierin besteht ein wesentlicher Unterschied zu Aufbau- und Baulandenteignungen[17].

Das Bestehen eines einfachgesetzlichen Rückenteignungsanspruchs hat Bedeutung für die anspruchserhaltende verfassungskonforme Auslegung einfachgesetzlicher Rückenteignungsansprüche nach dem Recht der Bundesrepublik Deutschland.

3) Durchsetzbarkeit des Rückenteignungsanspruchs

DROBNIG sieht in der Vorschrift des § 9 GrenzVO keinen unmittelbaren Anspruch auf Rückübertragung, sondern lediglich eine Pflicht der Staatsorgane, die allerdings nicht einklagbar war[18].

Was die Klagbarkeit eines Rückenteignungsanspruch angeht, so wurde bereits oben festgestellt, daß das Rückenteignungsrecht aus einer anderen zeitlichen Perspektive auftaucht[19]. Der Rückenteignungsanspruch entsteht - soweit herrscht Einigkeit - erst im Moment des Zweckfortfalles. Erst in diesem Moment stellt sich die Frage der Klagbarkeit d. h. seiner Durchsetzbarkeit[20].

Hierbei kann nicht außer acht gelassen werden, daß sich die DDR am 17. Juni 1990 durch das Gesetz über Verfassungsgrundsätze von sozialistischen Inhalt der DDR-Verfassung lossagte und das Verfassungsverständnis der Bundesrepublik Deutschland übernahm[21]. Daraus läßt sich gewiß auch die Einführung des Grundsatzes der Rückenteignung bei Verfehlung oder Fortfall des Enteignungszwecks rechtfertigen[22]. Durch diese Konstellation sind bereits vor der Wiedervereinigung in bezug auf die Grenz- und Mauergrundstücke vermögensrechtliche Positionen geschaffen worden, über die die beiden Staaten in Deutschland weder einzeln

17 vgl. oben Teil 1 B.II.
18 DROBNIG, Rückenteignung, S. 232
19 WESSELS, Rückenteignung, S. 462; vgl. oben Teil 1 C.II.1)gg)
20 vgl. oben Teil 1 C.II.2)a)
21 BLUMENWITZ, Die Mauergrundstücke im interlokalen und intertemporalen Konflikt, S. 69
22 DROBNIG, Rückenteignung, S. 233

noch gemeinsam ohne die Beachtung von Grundrechtsschranken verfügen durften[23].

Die Rechtsprechung verlangt allerdings für einen durchsetzbaren Rückenteignungsanspruch, daß die Enteignung unter einem Rückübertragungsvorbehalt gestanden haben muß. Dies ist hier auf einfachgesetzlicher Ebene der Fall. § 9 GrenzVO erfaßt gerade auch Enteignungen vor Inkrafttreten des Grenzgesetzes bzw. der Grenzverordnung.

Stellt dieser Rückübereignungsanspruch auch eine vermögenswerte Rechtspostion im Sinne des Art. 14 GG dar?

II. Einbeziehung in der DDR geschaffener vermögenswerter Rechtspositionen in die Eigentumsgarantie des Art. 14 GG?

Gegen eine Einbeziehung in der DDR geschaffener vermögenswerter Rechtspositionen in die Eigentumsgarantie des Art. 14 GG spricht sich grundsätzlich PAPIER aus[24].

Vermögenspositionen in der DDR seien auf der Grundlage und nach Maßgabe der Rechtsordnung der DDR und damit nach Maßgabe der rechtsbildenden Willen des Regimes entstanden. Für diese Rechtsordnung habe die Eigentumsgarantie des Art. 14 GG nicht gegolten. An diese und an andere grundgesetzliche Gewährleistungen sei allein die vom Grundgesetz konstituierte staatliche Gewalt gebunden, auch in territorialer Hinsicht habe das Grundgesetz in der früheren DDR nicht gegolten. Mit dem Beitritt sei das Grundgesetz im Gebiet der neuen Bundesländer ohne rückwirkende Kraft wirksam geworden. Die bundesdeutsche Überleitungs- und Anpassungsgesetzgebung habe daher keine eigentumskräftigen, unter dem Schutz des Art. 14 GG entstandenen Rechtspositionen vorgefunden.

Hiergegen wendet sich SIMON[25]. Die Einbeziehung in der DDR geschaffener vermögenswerter Rechtspositionen in den Schutz des Eigentumsgarantie stünde nicht entgegen, daß die Rechte bereits vor dem Beitritt der DDR außerhalb des Geltungsbereichs des Grundgesetzes entstanden sind. Auch bei Sachwerten oder bei privaten Geldforderungen hänge der Eigentumsschutz nicht davon ab, wo diese Vermögenswerte erworben wurden.

---

23 BLUMENWITZ, Die Mauergrundstücke im interlokalen und intertemporalen Konflikt, S. 69 f.

24 PAPIER, Eigentumsgarantie bei DDR-Renten, S. 43

25 SIMON, Zum Eigentumsschutz für die in der früheren DDR erworbenen Rentenansprüche und Rentenanwartschaften, S. 41 f.

Wesentlich sei allein, daß die Vermögensposition rechtmäßig begründet sei und dem Rechtsträger zustünde. Mit dem Beitritt der DDR zur Bundesrepublik habe der grundsätzlich verbürgte Eigentumsschutz sowohl die dortigen Sachgüter als auch andere vorhandene eigentumswürdige Vermögenspositionen erfaßt. In solche Positionen habe der bundesdeutsche Gesetzgeber sowohl bei der Durchführung der Überleitung als auch bei späteren Maßnahmen nur in den Grenzen zulässiger Inhalts- und Schrankenbestimmung eingreifen können; lediglich der Umfang dieser Eingriffsbefugnis könne von der Art der Vermögensposition und den näheren Umständen abhängen, nicht aber die Schutzpflichtigkeit als solche.

III. Bewertung

Eine Schlechterstellung von einfachgesetzlich erworbenen DDR-Rückenteignungsansprüchen gegenüber bundesrepublikanischen Altfällen läßt sich nicht begründen.

Im Unterschied zu der am häufigsten diskutierten Fallgruppe der Aufbau- und Baulandenteignungen, bei denen auf einfachgesetzlicher Ebene kein Rückenteignungsanspruch bestand und bei denen der Zweck nach Geltung des Grundgesetzes wegfiel, würde der enteignete Alteigentümer eines Mauer- oder Grenzgrundstücks auf einfachgesetzlicher Ebene in ein Anspruchsloch fallen, obwohl altes wie neues Recht einen Rückenteignungsanspruch vorsehen.

Die DDR hat mit dem auch für Altfälle offenen Tatbestand des § 9 GrenzVO eine Rechtsgrundlage für die Rückenteignung der Mauer- und Grenzgrundstücke geschaffen; die Enteignungen standen unter einem einfachgesetzlich „Rückübertragungsvorbehalt". Unerheblich ist, ob dieser „Rückübertragungsvorbehalt" schon anfänglich bestand, oder erst nachträglich von der DDR geschaffen wurde.

Ein eigentumsfeindlicher „rechtsbildender Wille des Regimes" bestand zum Zeitpunkt des Zweckfortfalles nicht mehr, da sich die DDR zu diesem Zeitpunkt schon zu einer grundgesetzlichen Eigentumsordnung bekannte[26]. In der revolutionären Rechtsordnung der DDR war der Rückenteignungsanspruch durchsetzbar, als der Enteignungszweck der Mauergrundstücke wegfiel.

Das einfachgesetzliche Rückenteignungsrecht stellt eine vermögenswerte Position der Betroffenen im Sinne des Art. 14 GG dar.

Das Bundesverfassungsgericht bezog auch Rechtspositionen, die unter einer fremden Rechtsordnung geschaffen wurden, in den Schutz des Art. 14 GG ein[27]:

---

26 vgl. oben A. vor I.

27 BVerfGE 45, 142, 169

„Art. 14 GG schützt gegenüber hoheitlichen Eingriffen der Bundesrepublik Deutschland selbst solches Eigentum, das aufgrund einer fremden Rechtsordnung besteht, sofern diese Rechtsordnung insoweit nicht der deutschen öffentlichen Ordnung widerspricht (Vorbehalt des ordre public der Bundesrepublik Deutschland)."

Hierzu gehört nach der Rechtsprechung des Bundesverfassungsgerichts auch die Entstehung vermögenswerter Rechtspositionen in der eigentumsfeindlichen DDR.

Zum ersten Mal war das Bundesverfassungsgericht bei seiner Entscheidung zur Mietpreisbindung in den neuen Bundesländern und in Ost-Berlin von einer Überleitung vermögensrechtlicher Positionen, die unter der Rechtsordnung der DDR entstanden sind und mit dem Beitritt in den Geltungsbereich des Grundgesetzes gelangt sind, ausgegangen[28]

Auch genießen in der DDR geschaffene sozialversicherungsrechtliche vermögenswerte Rechtspositionen den Eigentumsschutz des Art. 14 GG[29].

In der mündlichen Verhandlung des im April 1999 vom Bundesverfassungsgericht entschiedenen Verfahrens ging es darum, ob der Einigungsvertragsgesetzgeber von Verfassung wegen frei war, die in der DDR erworbenen Ansprüche und Anwartschaften anzuerkennen, im Zweifel ihnen aber den Schutz von Art. 14 GG gänzlich zu versagen[30].

Nachdem die Regierungsvertreter eine solche gesetzgeberische Freiheit annahmen, fragte der Vorsitzende Richter GRIMM, ob nicht die eine gewisse Vergleichbarkeit bestehe mit dem PKW „Trabant", der mit dem Beitritt in den Geltungsbereich des Grundgesetzes gelangt sei. Bei Sacheigentum, das in den Geltungsbereich des Grundgesetz gelange, so der Vorsitzende Richter, habe niemand Zweifel daran, daß dies den Schutz von Art. 14 GG genieße.

Das Bundesverfassungsgericht entschied, Art. 14 GG erstrecke seine Schutzwirkung nur im Geltungsbereich des Grundgesetzes[31]. Dieser habe sich vor der Vereinigung der beiden deutschen Staaten nicht auf das Gebiet der DDR erstreckt. Das Grundgesetz sei dort auch nicht mit dem Beitritt rückwirkend in Kraft getreten.

Bis zum Beitritt hätten die in der DDR erworbenen Rentenansprüche und - anwartschaften nicht den Schutz von Art. 14 Abs. 1 GG genossen. Mit dem Beitritt und der Anerkennung durch den Einigungsvertrag seien sie jedoch wie andere vermögenswerte Rechtspositionen auch in den Schutzbereich des Grundrechts gelangt.

---

28 BVerfGE 91, 294, 307 f.

29 BVerfG, NJ 1999, S. 356, 360

30 vgl. hierzu WILL, Rente als Eigentum, S. 337, 340

31 BVerfG, NJ 1999, S. 356, 361

Im Ergebnis können sich die Betroffenen der Enteignungen der Mauer- und Grenzgrundstücke nach der Prämisse der Rechtsprechung (!), die von der Wirksamkeit dieser Enteignungen ausgeht[32], mit dem einfachgesetzlichen Rückenteignungsanspruch nach § 9 GrenzVO in Verbindung mit Art. 2 des Gesetzes über die Verfassungsgrundsätze auf eine vermögenswerte Rechtsposition im Sinne des Art. 14 GG berufen.

IV. Wegfall der Rückenteignungspflicht durch Art. 135a Abs. 2 GG?

Die Anwendung des Art. 14 GG als Prüfungsmaßstab könnte jedoch an Art. 135a Abs. 2 GG scheitern, wonach durch Bundesgesetz bestimmt werden kann, daß bestimmte Verbindlichkeiten der DDR und ihrer Rechtsträger oder ihrer Rechtsnachfolger nicht oder nicht in voller Höhe zu erfüllen sind.

Die Befreiungswirkung des Art. 135a Abs. 2 GG setzt voraus, daß der Gesetzgeber die Nichterfüllung oder partielle Nichterfüllung von Verbindlichkeiten „bestimmt“ (Art. 135a GG Abs. 1 GG) und - durch Bundesgesetz - „das Nähere regelt“ (Art. 134 Abs. 4 GG)“[33].

Als Ausnahmebestimmung gestattet die Norm eine Nichterfüllung oder Teilerfüllung von Verbindlichkeiten nur dann, wenn dies erforderlich ist, um einer Gefährdung der staatlichen Aufgabenerfüllung infolge übermäßiger Verschuldung zu begegnen.

Grundsätzlich sind bestehende Forderungen, wie das Bundesverfassungsgericht bereits zu Art. 135a GG alte Fassung im Zusammenhang mit der Hinterlassenschaft des nationalsozialistischen Regimes festgestellt hat[34], nach Maßgabe des Möglichen zu berücksichtigten. Der Gesetzgeber muß sich deshalb entscheiden, ob er von der Befreiungsvorschrift des Art. 135a Abs. 2 GG Gebrauch machen will.

1) Tatbestand des Art. 135a Abs. 2 GG

Es ist schon zweifelhaft, ob Art. 135a Abs. 2 GG die einfachgesetzliche Rückenteignungspflicht erfaßt.

---

32 KG, NJ 1995, S. 263 f.; vgl. oben Teil 2 A.III.5) und BVerwG, DtZ 1996, S. 155 f.; vgl. oben Teil 2 A.V.3)

33 BVerfG, NJ 1999, S. 356, 364

34 Verweis auf BVerfGE 15, 126, 150; 19, 150, 163; 23, 153, 166; 24, 203, 214; 29, 413, 425, 429; 41, 126, 152

a) Verbindlichkeit im Sinne des Art. 135a Abs. 2 GG

Ein Zentralbegriff des Art. 135a Abs. 2 GG ist der Begriff der „Verbindlichkeit“[35]. Eine Verbindlichkeit entsteht aus einem Schuldverhältnis. Ein Schuldverhältnis ist eine Rechtsbeziehung zwischen (mindestens) zwei Personen, kraft deren die eine, der Gläubiger, von der anderen, dem Schuldner, eine Leistung zu fordern berechtigt ist. Aus dem Schuldverhältnis ergibt sich das Recht des Gläubigers auf Leistung, die Forderung. Ihr entspricht als Kehrseite die Leistungspflicht des Schuldners, die Schuld, Obligation oder (synonym) die Verbindlichkeit.

Der Wortlaut des Art. 135a Abs. 2 GG sagt über den Rechtsgrund der Verbindlichkeiten nichts aus. Denkbar sind Verbindlichkeiten rechtsgeschäftlicher oder gesetzlicher Art, zivilrechtlicher, öffentlich-rechtlicher oder auch völkerrechtlicher Natur. Das Grundgesetz schweigt ebenfalls über die Gläubiger der in Art. 135a Abs. 2 GG angesprochenen Verbindlichkeiten. Es könnten als Gläubiger daher natürliche Personen, juristische Personen des privaten und des öffentlichen Rechts, In- wie Ausländer, aber auch andere Völkerrechtssubjekte in Betracht kommen.

b) Notwendigkeit einer vermögenswerten Verbindlichkeit

Sinn und Zweck der Bestimmung erfordern es, daß es sich um eine Verbindlichkeit handelt, der aus der Sicht des Schuldners ein Vermögenswert innewohnt[36]. Die Denkschrift der Bundesregierung zum Einigungsvertrag gibt Auskunft über die Motive für die Aufnahme der Bestimmung des Art. 135a Abs. 2 GG in das Grundgesetz[37]:

„Mit dem Beitritt der Deutschen Demokratischen Republik nach Artikel 23 GG gehen Forderungen und Verbindlichkeiten der Deutschen Demokratischen Republik über. Für die vergleichbare Situation des Übergangs des Reichsvermögens auf die Bundesrepublik Deutschland sieht das Grundgesetz besondere Vorschriften vor (Artikel 134 ff. des Grundgesetzes).

Eine entsprechende Vorschrift ist für diejenigen Verbindlichkeiten erforderlich, die die Deutschen Demokratische Republik in den Gesamtstaat einbringt, um dem gesamtdeutschen Gesetzgeber unabhängig von Artikel 14 GG des Grundgesetzes bei der Regelung dieser Fragen Gestaltungsspielraum zu geben. Dies kann relevant sein für Verbindlichkeiten, die - aus welchen Gründen auch immer - derzeit nicht bekannt sind; vor allem aber wird diese Vorschrift für die

35 HARATSCH, Die Befreiung von Verbindlichkeiten nach Art. 135a Abs. 2 GG, S. 120
36 HARATSCH, a.a.O., S. 121
37 BT-Drucks. 11/7760, S. 355, 359

Regelung der Entschädigungsmodalitäten von Bedeutung sein, die der gesamtdeutsche Gesetzgeber in Zusammenhang mit denjenigen gesetzlichen Regelungen zu treffen haben wird, die zur Umsetzung der Gemeinsamen Erklärung der beiden deutschen Regierungen vom 15. Juni 1990 zur Regelung offener Vermögensfragen noch notwendig sind."

Damit wird auf die vergleichbare Situation hingewiesen, in der sich die Bundesrepublik Deutschland infolge der Verbindlichkeiten des Deutschen Reiches befand.

Art. 135 GG alte Fassung war im Jahre 1957 in die Verfassung aufgenommen worden, um dem einfachen Gesetzgeber ausdrücklich die Möglichkeit einzuräumen, den „Staatsbankrott" des Deutschen Reiches zu bereinigen. Der Bundesgesetzgeber sollte befugt sein, die zur Sanierung der staatlichen Finanzen erforderlichen Regelungen zu treffen und für die Zukunft die Grundlage für gesunde staatliche Finanzen zu schaffen. Dies bedeutet, daß die Nichterfüllung einer Verbindlichkeit aufgrund eines Gesetzes gemäß Art. 135a Abs. 2 GG eine finanzielle Entlastung der öffentlichen Haushalte bewirken sollte.

c) Beschränkung des Tatbestandes des Art. 135a Abs. 2 GG?

Die - zum Zeitpunkt der Beitritts der DDR möglicherweise nicht bekannte Rückenteignungspflicht - wohnte aus Sicht des Schuldners - der DDR - ein Vermögenswert - die Rückenteignung von Mauer- und Grenzgrundstücken - inne.

Eine Einbeziehung in Art. 135a Abs. 2 GG scheidet jedoch aus, wenn Art. 135a Abs. 2 GG ausschließlich auf Entschädigungsverbindlichkeiten beschränkt wäre.

HERDEGEN beschränkt den Anwendungsbereich des Art. 135a Abs. 2 GG. Der verfassungsändernde Gesetzgeber habe die Regelung im Zusammenhang mit der Eigentumsproblematik nur auf Entschädigungsfragen beziehen wollen[38]. Nach dieser Auffassung scheitert die Anwendung des Art. 14 GG nicht an Art. 135a Abs. 2 GG, da diese Norm die in Rede stehende Rückenteignungspflicht nicht erfaßt.

d) Art. 135a Abs. 2 GG aktiv- und passivrechtliche Überleitungsregelung?

Nach Ansicht von MAUNZ handelt es sich bei Art. 135a Abs. 2 GG um eine aktiv- wie passivrechtliche Überleitungsregelung für sämtliche Verbindlichkeiten

---

38 HERDEGEN, Die Verfassungsänderung im Einigungsvertrag, S. 16; zustimmend DREES, Aufarbeitung von SBZ/DDR-Enteignungen im wiedervereinigten Deutschland, S. 132

der DDR[39], so daß hiervon auch die einfachgesetzliche Rückenteignungspflicht unmittelbar erfaßt wäre.

Darüber hinaus werde der Gesetzgeber durch die Regelung in Art. 135a Abs. 2 GG befugt, Verbindlichkeiten der DDR und ihrer Rechtsträger sowie Verbindlichkeiten des Bundes und anderer Körperschaften und Anstalten des öffentlichen Rechts, soweit sie im Zusammenhang mit dem Übergang von Vermögenswerten auf Bund, Länder und Gemeinden stehen oder auf Verbindlichkeiten aus Maßnahmen der DDR und ihrer Rechtsträger beruhen, durch Bundesgesetz mit oder ohne Entschädigung aufzuheben oder zu kürzen, und zwar ohne Rücksicht darauf, auf welchen Ursprüngen sie beruhen und welche Rechtscharakter sie haben, beispielsweise auch Ansprüche aus Enteignungsentschädigung.

e) Übergang der Verbindlichkeiten nach den Regeln über die Staatensukzession?

Gegen beide Ansichten wendet sich HARATSCH[40]. Art. 135a Abs. 2 GG sei keine Überleitungsvorschrift, sondern setze den vorherigen Übergang von Vermögenswerten voraus und knüpfe an die von ihm vorgefundene Rechtslage an. Der Übergang finde rechtstechnisch gesehen im Vorfeld des Art. 135a Abs. 2 GG statt.

Wenn Art. 135a Abs. 2 GG mehrfach die ehemaligen Schuldner der Verbindlichkeiten nenne, seien diese Verbindlichkeiten mit dem Beitritt der DDR und ihrem damit einhergehenden Untergang nicht erloschen; es müsse gefragt werden, ob und auf wen diese Verbindlichkeiten übergegangen sind[41]. Dies beurteile sich zunächst, sofern keine spezielleren Bestimmungen vorhanden seien, nach den Regeln des allgemeinen Völkerrechts über die Staatensukzession. Insoweit entscheide der Übergang der Verbindlichkeiten - als Vorfrage - über die Anwendbarkeit des Art. 135a GG[42].

f) Bewertung der unterschiedlichen Auffassungen

Für das Schicksal der Staatsschulden ist zwischen Verwaltungsschulden einerseits und Finanzschulden anderseits zu unterscheiden[43].

Die Verwaltungsschulden erfassen die Verbindlichkeiten eines Staates, die auf einem generellen, den Staat verpflichtenden Rechtssatz oder auf speziellen, von der Verwaltung eingegangenen Verpflichtungen beruhen. Finanzschulden

---

39 MDHS-MAUNZ, Art. 135a GG, Erl. III
40 HARATSCH, Die Befreiung von Verbindlichkeiten nach Art. 135a Abs. 2 GG, S. 129
41 HARATSCH, a.a.O., S. 127
42 HARATSCH, a.a.O., S. 129
43 GORNIG, Staatennachfolge und die Einigung Deutschlands II, S. 177

hingegen sind diejenigen Staatsschulden, die ihren Ursprung in Anleihen des Staates haben, die der Finanzierung der Aufwendungen dienen, die aus den regulären Staatseinnahmen nicht gedeckt werden können.

In diesem Sinne ist die Rückenteignungspflicht als Verwaltungsverbindlichkeit zu qualifizieren, denn ihre Entstehung hängt nicht mit der Finanzierung staatlicher Aufwendungen zusammen..

Die Frage, ob Verwaltungsschulden des Vertragsstaates auf dessen Nachfolger übergehen, ist völkerrechtlich umstritten[44].

Nach der Betrachtung der einschlägigen Staatenpraxis, der völkerrechtlichen Lehre und der Judikatur läßt sich für die Frage der Nachfolge von Verwaltungsschulden bei völliger Inkorporation des untergegangenen Staates folgendes feststellen[45]:

Der Nachfolgestaat haftet völkergewohnheitsrechtlich für die Verwaltungsschulden des Vorgängerstaates. Zugrunde liegt der Rechtssatz „res transit cum suo onere" und, aus der Sicht der privaten Gläubiger, der Grundsatz des Schutzes der wohlerworbenen Rechte.

Lehnt der Nachfolgestaat die Übernahme der Schulden ab, übernimmt er aber die Aktiva- wie im Fall des Beitritts der DDR zur Bundesrepublik Deutschland -, so würde dies einer Enteignung gleichkommen, auf die die Regeln des allgemeinen Völkerrechts Anwendung fänden[46].

Geht das Gebiet zur Gänze auf einen Gebietsnachfolger über, so hat dieser auch die Finanz- und Verwaltungsschulden des Vermögens mindestens bis zur Hälfte der eigenen Bereicherung zu übernehmen[47].

Das Problem der Frage des Überganges der Verwaltungsschulden wird weitgehend dadurch minimiert, wenn die beteiligten Staaten hierdurch inhaltlich vertragliche Vereinbarungen getroffen haben. Auch hier kann sich aber ein Rückgriff auf die allgemeine völkerrechtliche Regelung als notwendig erweisen, wenn die Vereinbarung lückenhaft oder auslegungsbedürftig ist.

Für die DDR bedeutete der Beitritt zur Bundesrepublik Deutschland den Untergang. Dieser völkerrechtliche Staatsvertrag bewirkte, daß hier ein Fall der Staatennachfolge im Sinne des Völkerrechts vorliegt, wobei die DDR Vorgängerstaat und die Bundesrepublik Deutschland Nachfolgestaat ist[48].

Die Regierungsfraktionen sind in der Denkschrift zum Einigungsvertrag ausdrücklich davon ausgegangen, daß mit dem Beitritt der DDR nach Art. 23 GG alte Fassung auch deren Forderungen und Verbindlichkeiten auf die Bundesrepu-

---

44 GORNIG, a.a.O., S. 199
45 GORNIG, a.a.O., S. 136
46 GORNIG, a.a.O., S. 136
47 SEIDL-HOHENVELDERN, Völkerrecht, Rdnr. 1422
48 GORNIG, a.a.O., S. 175

blik Deutschland übergehen. Es wird ohne weiteres ein ipso jure-Übergang *aller* Verbindlichkeiten vorausgesetzt[49].

2) Rechtsfolge des Art. 135a Abs. 2 GG

Das Mauergesetz stellt keine Ausschlußregelung im Sinne des Art. 135a Abs. 2 GG. Das Mauergesetz kürzt nicht bestehende Rückenteignungsverbindlichkeiten, sondern geht von deren Nichtbestehen aus.

Beispiel für eine Ausschlußregelung ist das Entschädigungsgesetz[50]. Dieses Gesetz gilt für Ansprüche nach dem Vermögensgesetz, wenn statt der Rückübertragung die Entschädigung gewählt wurde. Rückenteignungsansprüche der vorliegenden Art werden jedoch vom Vermögensgesetz nicht erfaßt[51].

Insoweit zeigt sich eine Parallele zu den Aufbauenteignungen und Baulandenteignungen der DDR; die Enteignungen erfolgten gegen eine ordnungsgemäßen Entschädigung[52]. Rückenteignungsansprüche hinsichtlich der Enteignungen nach dem Aufbaugesetz und dem Baulandgesetz der DDR sind nicht wegen der Regelung des Vermögensgesetzes ausgeschlossen, sondern weil es - anders als bei den Enteignungen der Grenz- und Mauergrundstücke - an einem entsprechenden einfachgesetzlichen Rückenteignungstatbestand fehlt.

V. Ergebnis

Nach der hier vertretenen Ansicht stand den Betroffenen der Enteignungen der Mauer- und Grenzgrundstücke gemäß § 9 GrenzVO in Verbindung mit Art. 2 des Gesetzes über die Verfassungsgrundsätze vom 17. Juni 1990 ein einfachgesetzlicher Rückenteignungsanspruch zu. Im Sinne einer verfassungskonformen anspruchserhaltenden Auslegung[53] können die Betroffenen diesen Anspruch entweder nach § 102 BauGB oder dem spezielleren § 57 Abs. 1 Satz 1 LBeschG einfachgesetzlich geltend machen.

§ 57 Abs. 1 Satz 1 LBeschG lautet:

„Der enteignete frühere Eigentümer kann verlangen, daß das nach den Vorschriften dieses Gesetzes enteignete Grundstück zu seinen Gunsten wieder enteignet wird (Rückenteignung), wenn das Grundstück nicht mehr für Aufgaben im

---

49 GORNIG, a.a.O., S. 139

50 BGBl. 1994 I, S. 2624; vgl. HARATSCH, Die Befreiung von Verbindlichkeiten nach Art. 135a Abs. 2 GG, S. 211

51 vgl. oben Teil 1 A.I.5)

52 vgl. oben Teil 1 vor A.

53 vgl. oben Teil 1 B.III.

Sinne des § 1 benötigt wird, oder mit der Ausführung des Vorhabens, dessentwegen das Grundstück enteignet wurde, nicht binnen zweier Jahre, nachdem der Enteignungsbeschluß unanfechtbar geworden ist, begonnen wurde."

Dieser Rückenteignungsanspruch stellt eine vermögenswerte Position im Sinne des Art. 14 GG dar. Die Übergangsvorschrift des Art. 135a Abs. 2 GG ist auf diesen Rückenteignungsanspruch nicht anwendbar.

Das Mauergrundstücksgesetz kürzt keine Rückenteignungsansprüche, sondern geht von deren Nichtbestehen aus und verletzt daher auch unter Zugrundelegung der Prämisse der Rechtsprechung von der Wirksamkeit der Enteignung die Betroffenen in ihrem Grundrecht aus Art. 14 GG.

Das Bestehen eines einfachgesetzlichen Rückenteignungsanspruchs ist darüber hinaus wegen der anspruchserhaltenden Auslegung einfachgesetzlicher Rückenteignungsvorschriften in bundesrepublikanischen Altfällen auch im Hinblick auf Art. 3 Abs. 1 GG geboten.

B. Verfassungsunmittelbarer Rückenteignungsanspruch unter Berücksichtigung der kollisionsrechtlichen Bedeutung des Art. 23 GG alte Fassung

Nach dem Ergebnis des ersten Teils der Arbeit kommt der Geltungsanordnung in Art. 23 GG alte Fassung eine kollisionsrechtliche Bedeutung in der Weise zu. Auf die dortigen Ausführungen wird verwiesen[54].

Gegenüber der im ersten Teil der Arbeit untersuchten Fallgruppe der Enteignungen nach der Aufbauverordnung und dem Baulandgesetz, existiert jedoch für die Rückenteignungen der Mauergrundstücke eine einfachgesetzliche Anspruchsgrundlage.

Dieser einfachgesetzliche Rückenteignungsanspruch nach § 9 GrenzVO in Verbindung mit Art. 2 des Gesetzes über die Verfassungsgrundsätze vom 17. Juni 1990 hat nicht nur für Enteignungen in Ost-Berlin (Mauergrundstücke), sondern auch für Enteignungen in der DDR (Grenzgrundstücke) Bedeutung.

Wegen der Geltung des Grundgesetzes in Groß-Berlin besteht jedoch für die Mauergrundstücke die zusätzliche Besonderheit, daß jede Anknüpfung an die Eigentumsfeindlichkeit der Rechtsordnung der DDR auch verfassungsrechtlich ausgeschlossen ist[55].

---

54 vgl. oben Teil 1 G.
55 vgl. oben Teil 1 G.

Gesamtergebnis

I.

Rechtsnormen können sowohl in Raum als auch Zeit miteinander kollidieren. An die Stelle des interlokalen Konflikts ist in Deutschland die intertemporalrechtliche Kollision getreten.

Vor dem 3. Oktober 1990 bestanden in Deutschland mehrere Rechtssysteme, die mit den überkommenen deutschen Staaten mehr oder weniger intensiv verbunden waren.

In Berlin trafen verschiedene Rechtsbereiche aufeinander. Neben den auf kommunalrechtliicher und staatsrechtlicher Ebene bestehenden deutschen Rechtsordnungen existierte mit dem sogenannten Besatzungsrecht eine weitere rechtliche Ebene.

Die Kollision zweier Staatsgewalten in Groß-Berlin sowie die Überlagerung der deutschen Rechtsordnungen durch das Besatzungsrecht ist kein verfassungshistorisches Thema. Der staats- und völkerrechtliche Status Groß-Berlins hat unter intertemporalrechtlichen Gesichtspunkten unmittelbar Bedeutung für die Lösung vermögensrechtlicher Rechtsfragen im Zusammenhang mit Grundstücksenteignungen im Ostteil Groß-Berlins.

II.

Die Einbeziehung Groß-Berlins in den Geltungsbereich des Grundgesetzes hat Bedeutung für den intertemporalrechtlichen Rückenteignungsanspruch. Das konnte für die Fallgruppe der Aufbau- und Baulandenteignungen nachgewiesen werden. Rückenteignungsrechtlich sind Enteignungen im Ostteil Groß-Berlins anders zu behandeln, als Enteignungen in der DDR, denn nach Art. 23 GG alte Fassung galt das Grundgesetz zum Zeitpunkt der Enteignung in Groß-Berlin und damit auch im Ostteil der Stadt.

Aufbau- und Baulandenteignungen waren keiner anfänglichen *einfachgesetzlichen* - zum Zeitpunkt der Enteignung bestehenden - Zweckbindung unterworfen. Für diese Fallgruppe besteht jedoch ein verfassungsunmittelbarer Rückenteignungsanspruch.

Die hier untersuchten Aufbau- und Baulandenteignungen weisen einen besonderen lokalen Bezug auf: Die Enteignungen ereigneten sich im Geltungsbereich des Grundgesetzes.

1) Ein Eingriff in Art. 14 GG setzt im Hinblick auf eine konkrete Rechtsordnung eine real existierende und durchsetzbare Rechtsposition voraus. Auf die Durchsetzbarkeit des Rückenteignungsanspruchs kommt es erst zum Zeitpunkt des Vorliegens seiner tatsächlichen Voraussetzungen an.

Dies gilt unabhängig davon, ob ein Eingriff in ein Rückenteignungsrecht von der Rechtsprechung davon abhängig gemacht wird, daß die Enteignung unter Rückübereignungsvorbehalt gestanden haben muß.

2) Hinsichtlich der hier untersuchten Rückenteignungsfälle - Aufbau- und Baulandenteignungen im Ostteil Groß-Berlins - geht es in der Sache nicht um eine Grundrechtsbindung der DDR, sondern um die Bindung der Bundesrepublik Deutschland an die objektive Wertordnung des Grundgesetzes nach Art. 1 Abs. 3 GG zum Zeitpunkt der Enteignung.

Die für das Vorliegen eines Rückenteignungsanspruchs geforderte Nachwirkung des durch Art. 14 Abs. 1 GG geschützten Eigentums ergibt sich bei den Aubau- und Baulandenteignungen aus der Schutzpflicht der Bundesrepublik Deutschland für dieses Eigentum gegenüber den Angriffen einer im Geltungsbereich des Grundgesetzes handelnden fremden Staatsgewalt und dem Verbot der staatlichen Bereicherung als einem Element der objektiven Wertordnung des Grundgesetzes.

Die von der Rechtsprechung geforderte Nachwirkung geht damit zurück auf die Geltungsanordnung des Grundgesetzes nach Art. 23 GG alte Fassung.

a) Die faktische Abtrennung Ost-Berlins und seine spätere Integration in die DDR lag außerhalb des Normbereichs dieser Bestimmung und war für dessen Geltungsanordnung unerheblich. Dies konnte unter Zuhilfenahme der Strukturierenden Rechtslehre MÜLLER[S] nachgewiesen werden.

Danach scheidet ebenso die Annahme eines stillen Verfassungswandels des Art. 23 GG alte Fassung aus.

Auch das völkerrechtliche Effektivitätsprinzip vermag die Geltungsanordnung des Art. 23 GG alte Fassung nicht zu beschränken.

Groß-Berlin war ausgehend von der Entscheidung des Bundesverfassungsgerichts im 7. Band aus dem Jahre 1957 ein Gliedstaat der Bundesrepublik Deutschland. Eine Beschränkung des deutschen pouvoir constituant durch das Schreiben der Alliierten vom 12. Mai 1949 läßt sich nicht nachweisen.

Die Überlagerung des Grundgesetzes durch die alliierten Vorbehaltsrechte bedeutet nicht Vorrang im rechtstechnischen Sinn. Die Rechte der Alliierten waren in der Ausübung der Besatzungsgewalt beschränkt. Die uneingeschränkte Bindung an das Völkerrecht in ihren Beziehungen zu Deutschland ergab sich für die Siegermächte aus der Kontinuität Deutschlands als Völkerrechtssubjekt. Durch die bedingungslose Kapitulation hatten sich die vier Mächte der Möglichkeit begeben, sich ihre Befungnisse über die Haager Landkriegsordnung hinaus absichern zu lassen.

b) Positiv entscheidet die Geltung des Grundgesetzes, den Prämissen der Rechtsprechung folgend, unmittelbar über das Bestehen eines Rückenteignungsanspruchs. Damit weist die Geltungsanordnung des Art. 23 GG alte Fassung auch einen kollisionsrechtlichen Gehalt auf. Als eine Norm des öffentlichen Verfassungskollisionsrechts setzt sie sich unmittelbar gegenüber DDR-Rechtsvorstellungen im Einzelfall durch.

Der kollisionsrechtliche Gehalt des Art. 23 GG alte Fassung ist in der Konfrontation zweier Staatsgewalten in Groß-Berlin auf der Ebene des Verfassungsrechts und in der Normstruktur des Art. 23 GG alte Fassung begründet.

In Groß-Berlin erhoben zwei Verfassungsordnungen, die der Bundesrepublik Deutschland und der DDR, auf das selbe Gebiet bezogen ihren Geltungsanspruch. Anders als im Verhältnis von Gliedstaaten eines Bundesstaates untereinander, wo die Entstehung von Verfassungskollisionen durch die territoriale Beschränkung der Gliedstaaten verhindert wird, wurde durch die Konfrontation zweier Staatgsgewalten in Groß-Berlin eine Verfassungskollision ausgelöst.

Der durch die Verfassungskollision enttstandene Konflikt kann wegen der Normstruktur des Art. 23 GG alte Fassung nicht durch Hinweis auf bestehenden Einschränkungen der Anwendungen des Grundgesetzes gelöst werden, denn die Durchsetzbarkeit des Grundgesetz läßt die Geltung des Grundgesetzes vom Standpunkt des Art. 23 GG alte Fassung unberührt.

Die Rechtsprechung löst den in Groß-Berlin entstandenen Verfassungskonflikt durch Anknüpfung an das Eigentumsverständnis der DDR-Verfassung. Eine derartige Haltung ist jedoch mit Art. 23 GG alte Fassung nicht vereinbar.

Die Verfassungsdurchbrechung setzt sich offen über das bisher geltende Verfassungsrecht hinweg und schafft einen Kollisionstatbestand. Der Text der Verfassung ist hier nicht äußere Grenze, sondern Anlaß für die Setzung einer anderen, diese Grenze „durchbrechenden" Norm, hier der Eigentumsfeindlichkeit der DDR-Verfassung, die eine „verfassungsunmittelbaren Rückübertragungsvorbehalt" nicht kannte.

c) Im räumlichen Geltungsbereich des Grundgesetzes ist die Bundesrepublik Deutschland durch die Geltungsanordnung des Art. 1 Abs. 3 GG an den objektiv rechtlichen Gehalt der Grundrechte gebunden.

Obwohl die Aufbau- und Baulandenteignungen nicht von einer an das Grundgesetz gebundenen Staatsgewalt durchgeführt wurden, wirkt das durch die grundgesetzliche Ordnung geschützte Eigentum im Anschluß an die Enteignung in dem Sinne nach, daß den Betroffenen eine eigentumsrechtlich geschützte Rechtsposition, das Recht auf Rückerwerb des Eigentums, verblieben ist, die wirksam wird, wenn es später nicht zu der vorgesehenen Verwendung des enteigneten Gegenstandes kommt.

Hierauf können sich die Betroffenen der Enteignungen nach dem Aufbaugesetz und dem Baulandgesetz wegen der fortbestandenen gemeinsamen deutschen Staatsangehörigkeit auch berufen.

Die Schutzpflicht der Bundesrepublik für Eigentum in Groß-Berlin und das Verbot der staatlichen Bereicherung vermitteln damit gerade jene vom Bundesverfassungsgericht vermißte Rechtsposition, aus der ein Anspruch auf Rückerwerb des Grundstück auch nach den Prämissen der Rechtsprechung abzuleiten gewesen wäre: Entfällt der öffentliche Enteignungszweck, weil das Vorhaben nicht realisiert wird, ist es der Bundesrepublik Deutschland wegen der Geltungsanordnung des Grundgesetzes verwehrt, die grundgesetzliche Werteordnung beiseite zu schieben und ausschließlich an Wertvorstellungen der im Geltungsbereich des Grundgesetzes agierenden fremden Staatsgewalt anzuknüpfen. Im Hinblick auf Art. 79 Abs. 1 Satz 1 GG ist allein die Wertordnung des Grundgesetzes maßgeblich.

III.

Die zweite Fallgruppe, die Enteignung der Mauergrundstücke an der innerstädtischen Sektorengrenze, weist gegenüber den Aufbau- und Baulandenteignungen einen zusätzlichen besonderen Berlin-Bezug auf, der den völkerrechtliche Status Groß-Berlins betrifft.

1) Bei der Überprüfung der privatrechtsgestaltenden Wirkung der Enteignung der Mauergrundstücke ist zu berücksichtigen, daß die im kriegerisch besetzten Gebiet von Groß-Berlin fremde DDR zu militärischen Zwecken in Berlin - für die Bundesrepublik Deutschland anerkennungsfähig - kein Land beschaffen konnte.

Das negative Territorialitätsprinzip ist auch zugunsten fremder Gebietshoheit - der Gebietshoheit der Alliierten - anzuwenden. Fremdes DDR-Recht wird bei der Frage der Anerkennungsfähigkeit dieser Enteignungen für die Bundesrepublik nicht berufen.

Da die Enteignung der Mauergrundstücke wegen ihres militärischen Zwecks gegen die Entmilitarisierungsvorschriften verstießen, fehlt es diesbezüglich an einem außerhalb des Herrschaftsbereichs der DDR anerkennungsfähigen „act of state“.

Die völkerrechtswidrige Enteignung der Mauergrundstücke widersprach auch dem ordre public der Bundesrepublik Deutschland, an dem alle nach interlokalem Recht berufenen Rechtsnormen und Hoheitsakte der DDR zu messen waren.

2) Die Viermächte Rechte bestanden bis zu ihrer Beendigung durch den „2+4"-Vertrag fort. Einigungsvertrag und Vermögensgesetz änderten nichts an der fehlenden Anerkennungsfähigkeit der Enteignung der Mauergrundstücke. Eine Anerkennung oder Perpetuierung derartiger Enteignungen durch den Einigungsvertrag oder das Vermögensgesetz ist nicht eingetreten.

Deutschland wurde erst nach der Unterzeichnung des Einigungsvertrages souverän. Die Vertragsparteien des Einigungsvertrages konnten - entgegen der Auffassung des Bundesverwaltungsgerichts - nicht über Besatzungsrecht disponieren.

Dies wird durch die Protokollerklärung der beiden deutschen Staaten anläßlich der Unterzeichnung des Einigungsvertrages und Ziff. 4a des Notenwechsels vom 27./28. September 1990 bestätigt. Zweck der Ziff. 4a des Notenwechsels vom 27./28. September 1990 ist es, für die neuen wie für die alten Länder den Einklang in der Nachwirkung des dem Überleitungsvertrag zugrunde liegenden Viermächterechts sicherzustellen.

Die von der Bundesrepublik Deutschland zugesicherte Nachbefolgung der Viermächterechte - auch auf dem Gebiet der DDR und in Berlin - verbietet die Annahme des Kammergerichts, der Vier-Mächte-Status habe für Ost-Berlin spätestens seit dem Mauerbau nicht mehr gegolten.

3) Nach dem Mauergrundstücksgesetz vom 15. Juli 1996 werden die gegen das Territorialitätsprinzip verstoßenden, ordre public-widrigen Enteignungen unter Anknüpfung an Rechtsvorstellungen der DDR und der Sowjetunion zur staatsrechtlichen und völkerrechtlichen Stellung Groß-Berlins anerkannt.

Die dem Mauergrundstücksgesetz zugrunde liegenden Prämissen verzerren auf geradezu monströse Weise die von der Deutschland-Rechtsprechung des Bundesverfassungsgerichts bis zur deutschen Einheit vertretene verfassungs- und völkerrechtskonforme Konzeption einer Viermächteverantwortung für Deutschland.

Die allein aus dem Sieg über Deutschland resultierende spezifische Viermächte-Verantwortung war kein Superverfassungsrecht.

Vor allem da aber, wo die Alliierten nach klassischer Völkerrechtslehre im Einklang mit der occupatio bellica für die mit den militärischen Erfordernissen zusammenhängende Demilitarisierung sogenanntes echtes Besatzungsrecht setzen durften und die Ausübung der Gebietshoheit der Alliierten in Groß-Berlin auch vom Grundgesetz in Art. 144 Abs. 2 GG alte Fassung verfassungsrechtlich akzeptiert wurde, knüpft das Mauergrundstücksgesetz an die die Gebietshoheit der Alliierten verletzenden Handlungen der DDR an.

a) Die dem Mauergrundstücksgesetz zugrunde liegenden Prämissen verletzen die allgemeinen Regeln des Völkerrechts, zu denen das negative Territorialitätsprinzip und die für Berlin geltenden Entmilitarisierungsvorschriften in ihrer allgemeine Bedeutung als maßgebliche Beschränkung der DDR-Staatsgewalt gehören. Die unmittelbare Geltung der allgemeinen Regeln des Völkerrechts wird im innerstaatlichen Recht durch Art. 25 GG und Art. 100 Abs. 2 GG gewährleistet.

Das Mauergrundstücksgesetz vom 15. Juli 1996 ist mit den verfassungsrechtlichen Vorgaben aus Art. 25 GG nicht vereinbar. Für die Bundesrepublik Deutschland besteht die Gefahr, sich in einem Verfahren nach der EMRK verantworten zu müssen.

Auf die subjektiven Zweifel der Gerichte kommt es bei der Prüfung der Vorlagepflicht nach Art. 100 Abs. 2 GG nicht an.

b) Das Mauergrundstücksgesetz vom 15. Juli 1996 verletzt auch die Gliedstaatsthese des Bundesverfassungsgerichts. Ost-Berlin wird der DDR zugeschlagen, Ost- und West-Berlin gewissermaßen nachträglich durch eine Staatsgrenze getrennt.

Zur verfassungsmäßigen Ordnung, auf deren Einhaltung sich die Betroffenen nach Art. 2 Abs. 1 GG berufen können, gehören auch die Prämissen zur staatsrechtlichen Stellung Berlins und die hieraus vom Bundesverfassungsgericht abgeleitete Pflicht aller Verfassungsorgane, den Berlin-Status unter Berufung auf das Grundgesetz, im Rahmen der vom ihm vertretenen verfassungs- und völkerrechtskonformen Konzeption einer „Viermächteverantwortung für Gesamtdeutschland", zu verteidigen.

c) Die vorstehende Untersuchung hat gezeigt: Die Betroffenen der Enteignung der Mauergrundstücke haben wegen der Nichtigkeit dieser Enteignungen ihr Vollrecht nie verloren. Die Gericht können sich bei der Beurteilung der privatrechtsgestaltenden Wirkung der Enteignung der Mauergrundstücke nicht auf eine Ausschlußwirkung des Mauergrundstücksgesetzes berufen, das die dargestellten verfassungsrechtlichen Vorgaben in unzulässiger Weise verletzt. Eine Berufung hierauf würde die Betroffenen in ihrem Grundrecht aus Art. 14 GG verletzen.

IV.

Anders als bei den „ordentlichen" Aufbau- und Baulandenteignungen stellt sich bei den Enteignungen der Mauergrundstücke erst in zweiter Linie die Frage, ob den Betroffenen ein Rückenteignungsanspruch zusteht, denn der Rückenteignungsanspruch setzt die Wirksamkeit der Enteignungen nach dem Verteidigungsgesetz der DDR voraus.

Den Betroffenen der Enteignungen der Mauer- und Grenzgrundstücke steht unter der Prämisse der Rechtswirksamkeit der Enteignung gemäß § 9 GrenzVO in Verbindung mit Art. 2 des Gesetzes über die Verfassungsgrundsätze vom 17. Juni 1990 ein einfachgesetzlicher Rückenteignungsanspruch zu.

Das Rückenteignungsrecht stellt eine vermögenswerte Position im Sinne des Art. 14 GG dar, denn das Bundesverfassungsgericht bezog auch Rechtspositionen, die unter der fremden DDR-Rechtsordnung geschaffen wurden, in den Schutz des Art. 14 GG ein. Die Übergangsvorschrift des Art. 135a Abs. 2 GG ist hierauf nicht anwendbar.

Der einfachgesetzliche Rückenteignungsanspruch nach § 9 GrenzVO hat nicht nur Bedeutung für Enteignungen in Ost-Berlin (Mauergrundstücke), sondern auch für Enteignungen in der DDR (Grenzgrundstücke). Wegen der Geltung des Grundgesetzes im Ostteil Groß-Berlins nach Art. 23 GG alte Fassung besteht jedoch für die Mauergrundstücke die zusätzliche Besonderheit, daß jede Anknüpfung an die Eigentumsfeindlichkeit der Rechtsordnung der DDR ausscheidet.

Ausblick

Das Bundesverfassungsgericht hat die Annahme einer Verfassungsbeschwerde gegen das Mauergrundstückstücksgesetz vom 15. Juli 1996 in seinem jüngsten Beschluß vom 3.8.1999 abglehnt und die Beschwerdeführer zur Klärung der Nichtigkeit der Enteignung auf den Zivilrechtsweg verwiesen.

Die in der Arbeit angesprochenen Fragen bleiben solange aktuell, wie der Widerstand der Betroffenen gegen die gesetzlichen Regelungen des Mauergrundstücksgesetzes anhält.

Literaturverzeichnis

Alich, Karl / Weber, Mark: *Rechtsfragen zum Anwendungsbereich von § 1 Abs. 1 MauerG* in Verbindung mit § 8 Abs. 1 GrenzG auf die Grundstücke an der innerstädtischen Sektorengrenze Berlins; ZOV 1997, S. 392 ff.

Alich, Karl / Weber, Mark: Zur Frage der *Geltung von Art. 14 GG* für Enteignungen der DDR-Behörden in Groß-Berlin - Anmerkung zum BGH-Urteil vom 16. Oktober 1997 - III ZR 176/96, ZOV 1998; S. 3 ff.

Apell, Günter-Richard: *Das Bundesverfassungsgericht und Berlin*, Ein Beitrag zur Zuständigkeit des Bundesverfassungsgerichts; Schriften zur Rechtslage Deutschlands, Band 7, Berlin, Bonn, München 1984

Arbeitsgemeinschaft für Völkerrecht beim Institut für internationale Beziehungen an der Akademie für Staats- und Rechtswisssenschaften der DDR (Hrsg.): Völkerrecht, Lehrbuch Teil 1; 2. Auflg., Berlin 1981, zitiert: *Völkerrecht, DDR-Lehrbuch*

Beck, Stefan von der: *Die Konfiskationen in der Sowjetischen Besatzungszone* von 1945 bis 1949: ein Beitrag zu Geschichte und Rechtsproblemen der Enteignungen auf besatzungs-rechtlicher und besatzungshoheitlicher Grundlage; Schriften zum Staats- und Völkerrecht, Band 64, Frankfurt am Main 1996

Berber, Friedrich: *Lehrbuch des Völkerrechts*, II. Band, Kriegsrecht; 2. Auflg. München 1969

Bierling, Ernst Rudolf: *Zur Kritik der juristischen Grundbegriffe*, Neudruck der Ausgabe Gotha 1877-1883; Aalen 1965

Bleckmann, Albert: *Die Völkerrechtsfreundlichkeit der deutschen Rechtsordnung;* DÖV 1979, S. 309

Blumenwitz, Dieter: *Anmerkung zum Beschluß des Bundesverwaltungsgerichts vom 23.1.1996;* DtZ 1996, 155 f.

Blumenwitz, Dieter: *Denk ich an Deutschland*, Antworten auf die deutsche Frage; herausgegeben durch die Bayerische Landeszentrale für politische Bildung, 1. Auflg., München 1989

Blumenwitz, Dieter: *Fünf Jahre Grundvertragsurteil*, Einführungsreferat zu den Grundsatzfragen, in: Fünf Jahre Grundvertragsurteil des Bundesverfassungsgerichts, Symposium, 2.-4. Oktober 1978; Schriften zur Rechtslage Deutschlands, Band 1, Köln, Berlin, Bonn, München 1979

Blumenwitz, Dieter: Intertemporales und interlokales Verfassungskollisionsrecht; in: Josef Isensee und Paul Kirchhof (Hrsg.): Handbuch des Staatsrechts der

Bundesrepublik Deutschland, Band IX, Die Einheit Deutschlands - Festigung und Übergang -, Heidelberg 1997, § 211, S. 455 ff., zitiert: *Blumenwitz, Verfassungskollisionsrecht, §211 Rdnr.*

Blumenwitz, Dieter: *Die Mauergrundstücke im interlokalen und intertemporalen Konflikt;* Deutschland Archiv; Jg. 30/1997, Band 1, S. 62 ff.

Blumenwitz, Dieter: *Das Mauergrundstücksgesetz vom 15. Juli 1996*, NJW 1996, S. 3118 ff.

Blumenwitz, Dieter: *Staatennachfolge und die Einigung Deutschlands I*, Völkerrechtliche Verträge; Forschungsergebnisse der Studiengruppe für Politik und Völkerrecht, Band 10, Berlin 1992

Blumenwitz, Dieter: *Typische Konflikte zwischen Verwaltungsträgern* und ihre Regelung im deutchen Verwaltungsrecht; AöR 96 (1971), S. 161 ff.

Dahm, Georg / Delbrück, Jost / Wolfrum, Rüdiger: *Völkerrecht*, Band I/1, Die Grundlagen. Die Völkerrechtssubjekte; 2. Auflg. Berlin / New York 1989

Die Verträge zur Einheit Deutschlands, München 1990

Doehring, Karl: *Die allgemeinen Regeln des völkerrechtlichen Fremdenrechts und das deutsche Verfassungsrecht;* Köln, Berlin 1963

Dörner, Heinrich: *Interlokales Erbrecht nach der Wiedervereinigung* - ein schwacher Schlußstrich, IPRax 1995, S. 89 ff.

Draht, Manfred: *Die staatsrechtliche Stellung Berlins;* AöR, Band 87, 1957, S. 27 ff.

Drees, Ingrid: *Aufarbeitung von SBZ/DDR-Enteignungen im wiedervereinigten Deutschland;* Hannover 1995

Drobnig, Ulrich: *Innerdeutsches und Interlokales Kollisionsrecht* nach der Einigung Deutschlands, RabelsZ 1991, Bd. 55, S. 268 ff.

Drobnig, Ulrich: *Rückenteignung bei Verfehlung oder Wegfall des Zweckes von „ordentlichen" Enteignungen in der DDR;* DtZ 1994, S. 238 ff.

Ehrlich, Eugen: *Grundlegung der Soziologie des Rechts*; 4. Auflg., Berlin 1989

Fastenrath, Ulrich: *Es bleibt ein schaler Beigeschmack;* FAZ vom 2.12.1992

Fieberg, Gerhard / Reichenbach, Harald (Hrsg.): VermG - Gesetz zur Regelung offener Vermögensfragen - Kommentar, München 1993 (Stand: April 1998), zitiert: *Bearbeiter in: Fieberg/Reichenbach*

Finkelnburg, Klaus: *Die Rechtsstellung Berlins im Bund*; JuS 1967, S. 542 ff.

Forschungsinstitut der Deutschen Gesellschaft für Auswärtige Politik e.V. (Hrsg.): *Dokumente zur Berlin-Frage 1944 - 1966;* Reihe: internationale Politik und Wirtschaft Band 52/I, 4. Auflg., München 1987

Friauf, Karl Heinrich: Staatsvermögen; in: Josef Isensee und Paul Kirchhof (Hrsg.): Handbuch des Staatsrechts der Bundesrepublik Deutschland, Band IV, Finanzverfassung - Bundesstaatliche Ordnung, Heidelberg 1990, § 90, S. 295 ff., zitiert: *Friauf, Staatsvermögen, § 90 Rdnr.*

Gast, Martin: *Das Internationale Enteignungsrecht nach der Wiedervereinigung* - Ein Beitrag zur Dogmatik des Art. 19 EinigungsV; DtZ 1996, S. 102 ff.

Geiger, Rudolf: *Grundgesetz und Völkerrecht;* 2. Auflg., München 1994

Gornig, Gilbert: *Staatennachfolge und die Einigung Deutschland II;* Staatsvermögen und Staatsschulden, Forschungsergebnisse der Studiengruppe für Politik und Völkerrecht, Band 11, Berlin 1992

Graf Vitzhum, Wolfgang (Hrsg.): Völkerrecht; Berlin, New York, 1997, zitiert: *Graf Vitzhum-Bearbeiter, Völkerrecht*

Hacker, Jens: *Der Rechtsstatus und die politische Praxis 1945 - 1989/90;* in: Berlin, Schriftenreihe der Gesellschaft für Deutschlandforschung, Band 59, Berlin 1998, S. 23 ff.

Haratsch, Andreas: *Die Befreiung von Verbindlichkeiten nach Art. 135a Abs. 2 Grundgesetz;* Schriften zum öffentlichen Recht, Band 752, Berlin 1998

Hellmann, Mathias: *Das Mauergrundstückgesetz* - Ende einer unendlichen Geschichte?; VIZ 1996, S. 425 ff.

Henkel, Heinrich: *Einführung in die Rechtsphilosophie;* 2. Auflg., München 1977

Herdegen, Matthias: *Die Verfassungsänderung im Eingiungsvertrag;* Heidelberg 1991

Hesse, Konrad: *Grenzen der Verfassungswandlung;* in ders.: Ausgewählte Schriften, v. Häberle, Peter/Hollerbach, Alexander (Hrsg.), Heidelberg 1984, S. 28 ff.

Hildebrandt, Joachim: Interview in der Berliner Zeitung vom 2. August 1996

Hofman, Rainer: *Art. 25 GG* und die Anwendung völkerrechtswidrigen ausländischen Rechts; ZaöRV 1989, S. 41 ff.

Hofman, Rainer: *Grundrechte und grenzüberschreitende Sachverhalte;* Berlin 1994

Horst, Hans Reinhold: *Rückkauf der Mauer- und Grenzgrundstücke* - Chance oder Farce? -; DWW 1996, S. 325

Hufeld, Ulrich, *Die Verfassungsdurchbrechung*, Rechtsproblem der Deutschen Einheit und der europäischen Einigung; Schriften zum öffentlichen Recht, Band 725, Berlin 1997

Isensee, Josef: *Das Grundrecht auf Sicherheit*, Zu den Schutzpflichten des freiheitlichen Verfassungstaates; Schriftenreihe der juristischen Gesellschaft e.V. Berlin, Heft 79, Berlin New York 1983

Jellinek, Georg: *Allgemeine Staatslehre;* 3. Auflg., Kronberg/Ts. 1976

Kelsen, Hans: *Reine Rechtslehre;* 2. Auflg., Wien 1960

Kayser, August: *Die deutschen Gerichte machen Deutsche aus der DDR zu Bürgern zweiter Klasse;* ZOV 1998, S. 86

Kimme, Johannes (Hrsg.): Offene Vermögensfragen, Kommentar; Köln, Stand: 13. Lieferung, Köln 1998, zitiert: *Bearbeiter in Kimme, Offene Vermögensfragen*

Kirchhof, Paul: Der allgemeine Gleichheitssatz; in: Josef Isensee und Paul Kirchhof (Hrsg.): Handbuch des Staatsrechts der Bundesrepublik Deutschland, Band V, Allgemeine Grundrechtslehren, Heidelberg 1992, § 124, S. 837 ff., zitiert: *Kirchhof, Der allgemeine Gleichheitssatz, § 124, Rdnr.*

Kittke, Horst: *Das Mauergrundstücksgesetz;* NJ 1996, S. 464 ff.

Knauthe, Karlheinz / Heisterkamp, Friedrich Frank: *Die Rückgabe von Mauergrundstücken;* ZOV 1992, S. 18 ff.

Kommentar zum Bonner Grundgesetz: Stand: 51. Lieferung, Heidelberg 1986, zitiert: *Bearbeiter, Bonner Kommentar*

Kopp, Ferdinand: *Verwaltungsverfahrensrecht*, 6. Auflg., München 1996

Lange, Manfred: *Wem gehört das ehemalige Volkseigentum?* - Grundfragen der Art. 21 und 22 EinigungsV, DtZ 1991, S. 329

Larenz, Karl: *Das Problem der Rechtsgeltung,* Nachdruck der Ausgabe Berlin 1929, Darmstadt 1967

Leibholz, Gerhard: *Die Gleichheit vor dem Gesetz;* 2. Auflg., München, Berlin 1959

Leisner, Walter: Eigentum; in: Josef Isensee und Paul Kirchhof (Hrsg.): Handbuch des Staatsrechts der Bundesrepublik Deutschland, Band VI, Freiheitsrechte, Heidelberg 1989, § 149, S. 1023 ff., zitiert: *Leisner, Eigentum, § 149, Rdnr.*

Mahncke, Dietrich: *Berlin im geteilten Deutschland;* Schriften des Forschungsinstituts der Deutschen Gesellschaft für Auswärtige Politik, Band 34, München 1973

Mampel, Siegfried: *Die sozialistische Verfassung der Deutschen Demokratischen Republik*; 2. Auflage, Frankfurt am Main 1982

Maunz, Theodor / Dürig, Gunther / Herzog, Roman / Scholz, Rupert u.a. (Hrsg.): Grundgesetz, Kommentar, Band I bis Band IV, Stand 33. Lieferung, einschließlich der Kommentierung zu Art. 23 (6.Auflg.), München 1998, zitiert: *MDHS-Bearbeiter*

Maunz, Theodor / Zippelius, Reinhold: *Deutsches Staatsrecht;* 30. Auflg., München 1998

Meyer, Susanne: *Die Zurodnung von Mauergrundstücken* nach Einigungsvertrag und VZOG; VIZ 1996, S. 314 ff.

Motsch, Richard: Rückenteignung und Geltungsbereich des Vermögensgesetzes, VIZ 1994, S. 11 ff.

Müller, Friedrich: *Strukturierende Rechtslehre;* 2. Auflg., Berlin 1994

Münch, Ingo von (Hrsg.): Grundgesetz-Kommentar; Band 1 (Präambel bis Art. 20), 4. Auflg. München 1992; Band 2 (Art. 21 bis 69) 2. Auflg. München 1983; Band 3 (Art. 70 bis 146) 2. Auflg. München 1983, zitiert: *von Münch-Bearbeiter*

Münch, Ingo von (Hrsg.) / Kunig, Philip: Grundgesetz-Kommentar; Band 2 (Art. 21 bis 69) 3. Auflg. München 1995, zitiert: *von Münch/Kunig-Bearbeiter*

Münch, Ingo von: *Völkerrecht;* 2. Auflg., Berlin, New York 1982

Münch, Ingo von: Die Verträge zur Einheit Deutschlands, Einführung

Münchener Kommentar zum Bürgerlichen Gesetzbuch: Rebmann, Kurt / Säcker, Franz Jürgen (Hrsg.); Band 10, Einführungsgesetz zum Bürgerlichen Gesetzbuche, Internationales Privatrecht; 3. Auflage München 1998; Ergänzungslieferung zur 2. Auflg., Zivilrecht im Einigungsvertrag, 3. Lieferung, München 1992, zitiert: *Müko-Bearbeiter*

Nagel, Willi: *Die Rechtslage West-Berlins;* Würzburg 1964

Neuhaus, Heike: *Anmerkung zum KG-Beschluß v. 30.3.1993 - W 1117 / 93 - Baul.*; VIZ 1993, S. 503 ff.

Neuhaus, Paul Heinrich: *Die Grundbegriffe des internationalen Privatrechts;* Hamburg 1962

Ossenbühl, Fritz: Eigentumsfragen, in: Josef Isensee und Paul Kirchhof (Hrsg.): Handbuch des Staatsrechts der Bundesrepublik Deutschland; Band IX, Die Einheit Deutschlands - Festigung und Übergang -, Heidelberg 1997, § 212, S. 521 ff.; zitiert: *Ossenbühl, Eigentumsfragen, § 212 Rdnr.*

Papadimitriu, Georgios: *Die Stellung der allgmeinen Regeln des Völkerrechts im innerstaatlichen Recht;* Schriften zum Völkerrecht, Band 25, Berlin 1972

Papier, Hans-Jürgen: *Eigentumsgarantie bei DDR-Renten;* DtZ 1996, S. 43 f.

Papier, Hans-Jürgen: *Verfassungsrechtliche Probleme der Eigentumsregelung im Einigungsvertrag;* NJW 1991, S. 193 ff.

Parlamentarischer Rat: Verhandlungen des Hauptausschusses, Bonn 1948/49

Paschen, Christian: *Das Mauergrundstücksgesetz* - Moralischer Anspruch mit begrenzter Hoffnung; VIZ 1996, S. 620 ff.

Peschel-Gutzeit, Lore: *Schreiben vom 15. August 1997 an den Vizepräsidenten des Bundesverfassungsgerichts, Dr. Otto Seidl, Vorsitzender des Ersten Senats des Bundesverfassungsgerichts zu GeschZ.: 1 BvR 1892/96;* ZOV 6/1997, S. 396 f.

Pestalozza, Christian: *Berlin - ein deutsches Land?;* JuS 1983, S. 241 ff.

Pestalozza, Christian: *Noch einmal: Der Status von Berlin;* JuS 1984, S. 430 ff.

Pfennig, Gero / Neumann, Manfred J.: Verfassung von Berlin; Kommentar, 2. Auflg., Berlin 1987, zitiert: *Bearbeiter, Verfassung von Berlin*

Picht-Hemken / Wohlfahrt: *Das Besatzungsrecht nach dem Inkrafttreten der Verträge;* Beilage zum BAnz Nr. 3 vom 5.1.1956, S. 2 ff.

Presse- und Informationsamt der Bundesregierung (Hrsg.): Der Grundlagenvertrag vor dem Bundesverfassungsgericht, *Dokumentation zum Urteil vom 31. Juli 1973* über die Vereinbarkeit des Grundlagenvertrages mit dem Grundgesetz; Bonn 1975

Presse- und Informationsamt des Landes Berlin (Hrsg.): *Berlin Handbuch*, Das Lexikon der Bundeshauptstadt; Berlin 1992

Prugger, Florian: *Die Nachfolge in das Vermögen der ehemaligen DDR;* Schriften zum Staats- und Völkerrecht, Ein Beitrag zu Art. 21 ff. Einigungsvertrag unter besonderer Berücksichtigung der F.C. Gerlach des Bereichs kommerzielle Koordinierung, Schriften zum Staats- und Völkerrecht, Band 57, Frankfurt am Main 1994

Rädler / Raupach / Bezzenberger (Hrsg.): Vermögen in der ehemaligen DDR, Handbuch zur Durchsetzung und Abwehr von Ansprüchen; Stand: 13. Lieferung; Herne / Berlin 1995, zitiert: *Bearbeiter in Rädler/Raupach/Bezzenberger, Vermögen in der ehemaligen DDR*

Rauschning, Dietrich: *Die Gesamtverfassung Deutschlands*, Nationale und internationale Texte zur Rechtslage Deutschlands, Frankfurt am Main, Berlin 1962

Rauschning, Dietrich: *Fünf Jahre Grundvertragsurteil* des Bundesverfassungsgerichts; Schriften zur Rechtslage Deutschlands, Band 1, Köln, Berlin, Bonn, München 1979

Rapp, Angela: *Rückgabe des besatzungsrechtlich enteigneten Vermögens nach Zivilrecht?* - Die Anwendung des ordre-public-Grundsatzes auf die Enteignungen der Bodenreform, VIZ 1994, 324 ff.

Rechtshandbuch Vermögen und Investitionen in der ehemaligen DDR, Band II, Stand: 30. Ergänzungslieferung, München 1999 (zitiert: RVI-Bearbeiter)

Riklin, Alois: *Das Berlinproblem*, Historisch-politische und völkerrechtliche Darstelltung des Viermächtestatus; Abhandlungen des Bundesinstituts zur Erforschung des Marxismus-Leninismus (Insititut für Sowjetologie), Band IV, Köln 1964

Robbert, Jens: *Die Stichtagsproblematik der Art. 21 und 22 EinigungsV* und ihre Bedeutung für das Mauergrundstücksgesetz; VIZ 1999, S. 192 ff.

Rudolf, Walter: *Völkerrecht und deutsches Recht;* Tübingen 1967

Schäuble, Wolfgang: *Der Vertrag;* Stuttgart 1991

Scholz, Rupert: *Berlin - Status und nationale Aufgabe;* DÖV 1987, S. 358 ff.

Schreiber, Rupert: *Die Geltung von Rechtsnormen;* Berlin, Heidelberg, New-York 1966

Schröder, Dieter: Der Berlin-Status oder Die gegenwärtigen *Grenzen der verfassungsgebenden Gewalt* des Deutschen Volkes, Fünf Jahre Grundvertragsurteil des Bundesverfassungsgerichts; Schriften zur Rechtslage Deutschlands, Band 1, Köln, Berlin, Bonn, München 1979, S. 293 ff.

Schuster, Rudolf: *Deutschlands staatliche Existenz im Widerstreit politischer und rechtlicher Gesichtspunkte 1945 - 1963;* München 1963

Seidl-Hohenveldern, Ignaz: *Internationales Konfiskations- und Enteignungsrecht;* Berlin, Tübingen, 1952

Seidl-Hohenveldern, Ignaz: *Völkerrecht;* 9. Auflg., Köln, Berlin, Bonn, München 1997

Senat von Berlin (Hrsg.): Quellen und Dokumente 1945-1951, 1. Halbband, Berlin 1964

Sendler, Horst: *Berlin - nur ein deutsches Land?;* JuS 1983, S. 903 ff.,

Sendler, Horst: *Berlin juristisch betrachtet aus der Sicht eines richterlichen Praktikers;* JuS 1984, S. 432 ff.

Simon, Helmut: *Zum Eigentumsschutz für die in der früheren DDR erworbenen Rentenansprüche und Rentenanwartschaften;* DtZ 1996, S. 41 ff.

Soergel, Hans Th.; Siebert: Bürgerliches Gesetzbuch mit Einführungsgesetz und Nebengesetzen; Kohlhammer-Kommentar, Band 10, Einführungsgesetz, 12. Auflg., Stand: Anfang 1996, zitiert: *Soergel-Bearbeiter*

Somló, Felix: *Juristische Grundlehre;* 2. Auflg., Leipzig 1927

Stammler, Rudolf: *Lehrbuch der Rechtsphilosophie;* 3. Auflg., Berlin, Leipzig 1928

Stern, Klaus: Das *Staatsrecht* der Bundesrepublik Deutschland, Staatsorgane, Staatsfunktionen, Finaz- und Haushaltsverfassung, Notstandsverfassung; Band II, 1. Halbband, München 1980

Stern, Klaus: Das *Staatsrecht* der Bundesrepublik Deutschland, Allgemeine Lehren der Grundrechte; Band III, 1. Halbband, München 1988

Tomuschat, Christian: Die Entscheidung für die inernationale Offenheit; in: Josef Isensee und Paul Kirchhof (Hrsg.): Handbuch des Staatsrechts der Bundesrepublik Deutschland, Band VII, Normativität und Schutz der Verfassung - Internationale Beziehungen, Heidelberg 1992, § 172, S. 483 ff., zitiert: *Tomuschat, Die Entscheidung für die internationale Offenheit, § 172 Rdnr.*

Trott zu Solz, Jost von: *Rückübertragungsansprüche* bei Enteignungen nach dem Aufbaugesetz und dem Baulandgesetz; ZOV 1991, S. 67 ff.

Uechtritz, Michael: *Rückabwicklung* „fehlgeschlagener" Enteignungen nach dem Aufbau- bzw. Baulandgesetz; VIZ 1994, S. 97 ff.

Verdross, Alfred / Simma, Bruno: *Universelles Völkerrecht* - Theorie und Praxis; 3. Auflg., Berlin 1987

Verhandlungen des Deutschen Bundestages: *Generalberichte* des Ausschusses für das Besatzungsstatut und auswärtige Angelegenheiten zur politischen Bedeutung des Deutschland-Vertrages; 1. Wahlperiode 1949, Stenographische Berichte, Band 14, 240. Sitzung vom 3.12.1952; S. 11171 ff., Bonn 1953

Verhandlungen des Deutschen Bundestages: *Zusätzlicher Bericht zu Teil I des Vertrages zur Regelung aus Krieg und Besatzung entstandener Fragen;* 1. Wahlperiode 1949, Stenographische Berichte; Band 14, 240. Sitzung vom 3.12.1952, S. 11286 ff., Bonn 1953

Völkerrecht: Autorenkollektiv, *Lehrbuch;* 2. Auflg., Berlin 1981, S. 257

Vogt, Eberhard: Wenn's nur ums Geld geht, Focus, Ausgabe Nr. 10 vom 8. März 1999, Seite 62

Weber, Mark: *Mauergrundstücke in Ost-Berlin vor der Rückenteignung?* - Anmerkung zur Entscheidung des Bundesverfassungsgerichts 1 BvR 1611/94; ZOV 1998, S. 95 ff.

Weber, Martin: *Anmerkung* zum BGH-Urteil vom 16.10.1997 - III ZR 176/96 (KG), *LM 3/1998, Art 14, A. GG Nr. 63*

Werner, Elmar: *Die Zuständigkeit des Bundesverfassungsgerichts für Berlin* - Ein Beitrag zur Geltung und Anwendung des Grundgesetzes; München 1972

Wessels, Peter: *Rückenteignung* - Restitution außerhalb des Vermögensgesetzes? -; DVBl. 1994, S. 458 ff.

Wetzlaugk, Udo: *Sonderstatus Berlins 1945-90*, Berlin-Handbuch, Das Lexikon der Bundeshauptstadt, Presse- und Informationsamt des Landes Berlin (Hrsg.), Berlin 1992, S. 1174 ff.,

Will, Rosemarie: *Rente als Eigentum* - die „Ostrenten-Entscheidungen" des Bundesverfassungsgerichts; NJ 1999, S. 337 ff.

Wimmer, Klaus: Verwaltungsrechtliches Rehabilitierungsgesetz, Kommentar, Berlin 1995

Zivier, Ernst R.: *Der Rechtsstatus des Landes Berlin;* 2. Auflg., Berlin 1973, 1974

Zivier, Ernst R.: *Der Rechtsstatus des Landes Berlin;* 4. Auflg., Berlin 1987

AUGSBURGER SCHRIFTEN ZUM STAATS- UND VÖLKERRECHT

Herausgegeben von Professor Dr. Dieter Blumenwitz

Band 1 Fritz-Harald Wenig: Rechtsprobleme des innerdeutschen Handels.

Band 2 Wilfried Niedermeier: Der Beitritt der Bundesrepublik Deutschland zum Statut des Internationalen Gerichtshofes unter besonderer Berücksichtigung der obligatorischen Gerichtsbarkeit.

Band 3 Johann G. Gleich: Die Anerkennung der DDR durch die Bundesrepublik.

Band 4 Matthias Weigand: Der Vertrag über die gegenseitigen Beziehungen zwischen der Bundesrepublik Deutschland und der Tschechoslowakischen Sozialistischen Republik vom 11. Dezember 1973 - Eine völkerrechtliche Analyse.

Band 5 Werner Trützschler von Falkenstein: Die sich ändernde Bedeutung der Feindstaatenartikel (Artikel 53 und 107 der Satzung der Vereinten Nationen) für Deutschland.

Band 6 Reiner Schenk: Die Viermächteverantwortung für Deutschland als Ganzes, insbesondere deren Entwicklung seit 1969.

Band 7 Wolfgang Wagner: Die Verwirklichung der Menschenrechte im Pakt der Vereinten Nationen über bürgerliche und politische Rechte vom 16. Dezember 1966, im Grundvertrag und den ihn begleitenden Nebeninstrumenten.

Band 8 Ulrich Wacker: Der Konflikt verschiedener Rechtssysteme vor, während und nach der Kolonialzeit in Kenia.

Band 9 Wolfgang Enders: Der mexikanische Bundesstaat. Die politische und sozioökonomische Problematik eines föderalen Verfassungssystems in einem Land der "Dritten Welt".

Band 10 Heiner Hasford: Die Jurisdiktion der Europäischen Gemeinschaften. Zur extraterritorialen Wirkung des Gemeinschaftsrechts.

SCHRIFTEN ZUM STAATS- UND VÖLKERRECHT

Band 11 Wolf Dieter Remmele: Die Selbstdarstellung der Bundesrepublik Deutschland im Ausland durch den Rundfunk als Problem des Staats- und Völkerrechts.

Band 12 Elisabeth Lichtenstern: Die Gesetzgebung im Spannungsverhältnis zwischen Bund und Ländern.

Band 13 Peter Gassner: Kollektivmacht und Individualschutz im amerikanischen Arbeitsrecht.

Band 14 Helga Walter: Das Selbstverständnis des modernen Algeriens. Die historisch-nationalen und islamischen Elemente.

Band 15 Dieter Schütz: Der internationale ordre public. Der Ausschluß völkerrechtswidrigen fremden Rechts im Internationalen Privatrecht der Bundesrepublik Deutschland.

Band 16 Klaus-Peter Kißler: Die Zulässigkeit von Wirtschaftssanktionen der Europäischen Gemeinschaft gegenüber Drittstaaten.

Band 17 Rainhardt Freiherr von Leoprechting: Die neue Rohrwaffen-Artillerie-Munition im Lichte des I. Genfer Zusatzprotokolles vom 12. Dezember 1977. Zur Frage der Völkerrechtskonformität der Verteidigung der Bundesrepublik Deutschland mit modernen konventionellen Artilleriesystemen.

Band 18 Roland Steinmeyer: Die Schiffsgläubigerrechte im südafrikanischen nationalen und internationalen Privatrecht. Eine rechtsvergleichende Darstellung unter Einbeziehung des englischen und deutschen internationalen Privatrechts und unter besonderer Berücksichtigung des ordre public.

Band 19 Martin C. Ney: Der Einsatz von Atomwaffen im Lichte des Völkerrechts. Summary: The Use of Nuclear Weapons and International Law.

Band 20 Teodoro Ribera Neumann: Das chilenische Verfassungsgericht und das deutsche Bundesverfassungsgericht - Ein Rechtsvergleich -. 1985.

Band 21 Theodora Antoniou: Europäische Integration und griechische Verfassung. 1985.

Band 22 Georg Teyssen: Deutschlandtheorien auf der Grundlage der Ostvertragspolitik. 1987.

Band 23 Karin Klüpfel: Selbstbestimmung durch Assoziation. Die Assoziation als Verwirklichung des Selbstbestimmungsrechts der Völker - dargestellt am Beispiel von Puerto Rico. 1987.

Band 24 Friedrich Dehner: Die Stellung Berlins im Bundesrat. 1987.

Band 25 Thilo Morhard: Die Rechtsnatur der Übereinkommen der Internationalen Arbeitsorganisation. Zugleich ein Beitrag zur Lehre vom "soft law". 1988.

Band 26 Ralf Jahn: Ansiedlung von Einzelhandelsgroßprojekten (§ 11 Abs. 3 BauNVO 1977). Zur Frage der Bestimmtheit grundrechtsbeschränkender Eingriffsnormen. 1988.

Band 27 Wolfgang Götzer: Der völkerrechtliche Status der Donau zwischen Regensburg und Kelheim. Eine völkerrechtliche Untersuchung des Donauabschnittes Regensburg - Kelheim unter Einbeziehung der gesamten deutschen Donau. 1988.

Band 28 Michael Hakenberg: Die Iran-Sanktionen der USA während der Teheraner Geiselaffäre aus völkerrechtlicher Sicht. 1988.

Band 29 Renate Oxenknecht: Der Schutz ethnischer, religiöser und sprachlicher Minderheiten in Art. 27 des Internationalen Paktes über bürgerliche und politische Rechte vom 16. Dezember 1966. 1988.

Band 30 Raphael Quarshie Avornyo: Deutschland und Togo. (1847-1987). 1988.

Band 31 Friedrich Frhr. Waitz von Eschen: Die völkerrechtliche Kompetenz der Vier Mächte zur Gestaltung der Rechtslage Deutschlands nach dem Abschluß der Ostvertragspolitik. 1988.

Band 32 Gisela Süß: Die Zulassung von Zahnärzten aus dem EG-Bereich zur deutschen Kassenarztpraxis. Ein Beitrag zu Standort und Bedeutung der Grundrechte im Europäischen Gemeinschaftsrecht. 1988.

Band 33 Meggy Steffens: Die deutsche Ostpolitik im Spiegel publizistischer Stellungnahmen in den USA 1969-1973. 1988.

Band 34 Norbert Karl Riedel: Der Einsatz deutscher Streitkräfte im Ausland - verfassungs- und völkerrechtliche Schranken -. 1989.

Band 35 Heidi Dünisch: Der Mundatwald - Zur Bereinigung letzter Kriegsfolgenprobleme zwischen Deutschland und Frankreich.1989.

Band 36 Sabine Niedermeyer-Krauß: Kommunalwahlrecht für Ausländer und Erleichterung der Einbürgerung. Integrationsmöglichkeiten für Ausländer aus verfassungs- und europarechtlicher Sicht. 1989.

Band 37 Dirk-Hermann Voß: Regionen und Regionalismus im Recht der Mitgliedstaaten der Europäischen Gemeinschaft: Strukturelemente einer Europäischen Verfassungsordnung. 1989.

Band 38 Tilo Klinner: Satellitenfernerkundung im Völkerrecht. Inwieweit existiert ein völkerrechtlicher Datenschutz? 1989.

Band 59 Gerd von Laffert: Die völkerrechtliche Lage des geteilten Zypern und Fragen seiner staatlichen Reorganisation. 1995.

Band 60 Wolfram Schneeweiß: Die rechtliche Stellung der Indianerstämme innerhalb der Vereinigten Staaten von Amerika. Ein Modell für den Schutz der *indigenous peoples*. 1995.

Band 61 Marianne Janik: Möglichkeiten und Grenzen einer gemeinsamen Exportkontrolle für sensitive Waren und Dienstleistungen im Lichte des europäischen Gemeinschaftsrechts. 1995.

Band 62 Michael Brems: Die politische Integration ethnischer Minderheiten aus staats- und völkerrechtlicher Sicht. 1995.

Band 63 Martin Vocke: Verfassungsinterpretation und Normbegründung - Grundlegung zu einer prozeduralen Theorie der Verfassungsgerichtsbarkeit. 1995.

Band 64 Stefan von der Beck: Die Konfiskationen in der Sowjetischen Besatzungszone von 1945 bis 1949. Ein Beitrag zu Geschichte und Rechtsproblemen der Enteignung auf besatzungsrechtlicher und besatzungshoheitlicher Grundlage. 1996.

Band 65 Stephanie Baer: Der Zerfall Jugoslawiens im Lichte des Völkerrechts. 1995.

Band 66 Christine Sauerwald: Die Unionsbürgerschaft und das Staatsangehörigkeitsrecht in den Mitgliedstaaten der Europäischen Union. 1996.

Band 67 Silke Buchner: Die Rechtswidrigkeit der Taten von "Mauerschützen" im Lichte von Art. 103 II GG unter besonderer Berücksichtigung des Völkerrechts. Ein Beitrag zum Problem der Verfolgung von staatlich legitimiertem Unrecht nach Beseitigung des Unrechtssystems. 1996.

Band 68 Bernd Weiß: Einführung und Umsetzung der Europäischen Charta der kommunalen Selbstverwaltung in Deutschland, insbesondere in Bayern und Nordrhein-Westfalen. 1996.

Band 69 Gesine Katharina Neumann: Boliviens Recht auf freien Zugang zum Pazifik. Zur völkerrechtlichen Problematik des Zugangs der Binnenstaaten zum Meer. 1997.

Band 70 Elvira Pfrang: Das Verhältnis zwischen Europäischem Gemeinschaftsrecht und deutschem Recht nach der Maastricht-Entscheidung des Bundesverfassungsgerichts. Eine Studie zu den Konflikten beider Rechtsordnungen auf dem Gebiet des Grundrechtsschutzes und der Kompetenzen. 1997.

Band 71 Dieter Blumenwitz / Burkhard Schöbener: Stabilitätspakt für Europa. Die Sicherstellung mitgliedstaatlicher Haushaltsdisziplin im Europa- und Völkerrecht. 1997.

Band 72 Matthias Weinberg: Schutz der deutschen Minderheit in Polen nach den Weltkriegen. Ein Vergleich unter Berücksichtigung der aktuellen Rechtslage. 1997.

Band 73 Reinhard Müller: Der "2+4-Vertrag und das Selbstbestimmungsrecht der Völker. 1997.

Band 74 Stefan Strobl: Das Nichtverbreitungsregime für Kernwaffen nach 1995 und der freie Zugang zu nuklearen Technologien und Materialien. 1997.

Band 75 Christine Weber: Das Gegenzeichnungsrecht unter besonderer Berücksichtigung der Verfassung des Fürstentums Liechtenstein. 1997.

Band 76 Stephan Semrau: Die Gemeinsame Außen- und Sicherheitspolitik der Europäischen Union. 1998.

Band 77 Marcus Schultz: Die Auslandsentsendung von Bundeswehr und Bundesgrenzschutz zum Zwecke der Friedenswahrung und Verteidigung. Völker- und verfassungsrechtliche Analyse unter besonderer Berücksichtigung der Entscheidung des Bundesverfassungsgerichtes zum Einsatz deutscher Streitkräfte vom 12. Juli 1994. 1998.

Band 78 Benedikt P. Kuttenkeuler: Die Verankerung des Subsidiaritätsprinzips im Grundgesetz. Ein Beitrag zur Bedeutung des Subsidiaritätsprinzips für die Kompetenzabgrenzung im Bundesstaat. 1998.

Band 79 Winfried Bausback: Verfassungsrechtliche Grenzen des Wahlrechts zum Deutschen Bundestag. 1998.

Band 80 Elvira Pfrang: Towards Liberalisation of the European Electricity Markets. The Directive concerning Common Rules for an Internal Market in Electricity in the Frame of the Competition and Internal Market Rules of the EC-Treaty. 1999.

Band 81 Alexander Wolf: Prozessuale Probleme des „Maastricht"-Urteils des Bundesverfassungsgerichts. 1999.

Band 82 Jürgen Bartl: Die humanitäre Intervention durch den Sicherheitsrat der Vereinten Nationen im "Failed State". Das Beispiel Somalia. 1999.

Band 83 Thomas Gnielinski: Die Reform des deutschen Staatsangehörigkeitsrechts. Eine Analyse und Bewertung der vorliegenden Gesetzesvorhaben. 1999.

Band 84 Margarita González: Der völkerrechtliche Status des Panamakanals nach Ablauf der Übergangszeit im Jahr 1999. 2000.

Band 86 Markus Allstadt: Die offene Völkerrechtslage im deutsch-tschechischen Verhältnis und ihre Bedeutung für die Osterweiterung der Europäischen Union. Zugleich Überlegungen zu den Auswirkungen zwingenden Völkerrechts in der Vertriebenenfrage. 2000.

Band 87 Gerrit Aschmann: Europol aus Sicht der deutschen Länder. 2000.

Band 88 Mark Weber: Der Berlin-Status im intertemporalrechtlichen Konflikt. Dargestellt am Beispiel von Grundstücksenteignungen im Ostteil Groß-Berlins. 2001.

Band 89 Heidi Hellwig: Die Staatsangehörigkeit als Anknüpfung im deutschen IPR. Unter besonderer Berücksichtigung des Gesetzes zur Reform des Staatsangehörigkeitsrechts. 2001.

Peter Lang · Europäischer Verlag der Wissenschaften

Christian Widmaier

Häftlingshilfegesetz, DDR-Rehabilitierungsgesetz, SED-Unrechtsbereinigungsgesetze: Rehabilitierung und Wiedergutmachung von SBZ/DDR-Unrecht?

Frankfurt/M., Berlin, Bern, New York, Paris, Wien, 1999. 367 S.
Europäische Hochschulschriften: Reihe 31, Politikwissenschaft. Bd. 382
ISBN 3-631-34767-7 · br. DM 98.–*

Mit dieser Arbeit wird untersucht, ob die in Deutschland bisher zur Rehabilitierung und Wiedergutmachung von SBZ/DDR-Unrecht verabschiedeten Gesetze – das Häftlingshilfegesetz, das DDR-Rehabilitierungsgesetz sowie die SED-Unrechtsbereinigungsgesetze – ihrer Zielstellung gerecht wurden bzw. werden. Hierzu werden die Hintergründe, die Geschichte sowie die Entwicklung dieser Gesetze akribisch untersucht. Ein Schwerpunkt wurde dabei auf die Untersuchung des DDR-Rehabilitierungsgesetzes gelegt, zu der umfangreiche Recherchen im Bundesarchiv angestellt wurden. Im Ergebnis werden zum einen Lücken und Mängel insbesondere in den SED-Unrechtsbereinigungsgesetzen aufgezeigt. Zum anderen wird auf Schieflagen zu den Entschädigungsvorschriften zugunsten der NS-Opfer hingewiesen, die es zu beheben gilt.

Aus dem Inhalt: Untersuchung von Hintergründen, Geschichte und Entwicklung der in Deutschland verabschiedeten Gesetze zur Wiedergutmachung von SBZ/DDR-Unrecht · Intensive Untersuchung des DDR-Rehabilitierungsgesetzes · Aufzeigen von Lücken und Mängeln der SED-Unrechtsbereinigungsgesetze · Hinweis auf Schieflagen zu den Entschädigungsvorschriften zugunsten der NS-Opfer

Frankfurt/M · Berlin · Bern · Bruxelles · New York · Oxford · Wien
Auslieferung: Verlag Peter Lang AG
Jupiterstr. 15, CH-3000 Bern 15
Telefax (004131) 9402131
*inklusive Mehrwertsteuer
Preisänderungen vorbehalten

FSC
www.fsc.org
MIX
Papier | Fördert
gute Waldnutzung
FSC® C083411

Kolibri 360 GmbH
Ferdinand-Jühlke-Straße 7
99095 Erfurt, Deutschland
produktsicherheit@kolibri360.de

Druck:
CPI Druckdienstleistungen GmbH
im Auftrag der
Kolibri 360 GmbH
Ferdinand-Jühlke-Str. 7
99095 Erfurt